普通高等教育市场营销专业系列教材

品 牌 管 理

第 2 版

主　编　黎建新
副主编　瞿民华　詹志方　崔文丹　李　丽

机械工业出版社

品牌管理是现代企业营销管理的一项重要工作。本教材既借鉴了其他同类教材的优点，又充分吸收了品牌管理诸多较新的理论研究成果和管理实践经验，主要包括品牌概述、品牌管理概述、品牌形象、品牌个性、品牌定位、品牌设计、品牌沟通、品牌组合与品牌战略、品牌延伸、品牌国际化、品牌老化与更新、品牌保护、品牌危机管理、品牌资产、品牌价值评估等内容。每章以"本章要点""导入案例"开篇，引出本章的主题，章末附有"本章小结""思考题""案例分析讨论"，这样的结构安排既便于学生学习，又利于教师组织课堂教学。

本教材体系完整，内容新颖，实用性强，可作为高等院校市场营销及其他管理类专业的教材，也可供企业管理人员参考。

图书在版编目（CIP）数据

品牌管理/黎建新主编. —2版. —北京：机械工业出版社，2022.2（2024.1重印）

普通高等教育市场营销专业系列教材

ISBN 978-7-111-69978-1

Ⅰ.①品…　Ⅱ.①黎…　Ⅲ.①品牌-企业管理-质量管理-高等学校-教材　Ⅳ.①F273.2

中国版本图书馆CIP数据核字（2022）第007336号

机械工业出版社（北京市百万庄大街22号　邮政编码100037）
策划编辑：曹俊玲　责任编辑：曹俊玲　刘　静
责任校对：孙莉萍　封面设计：张　静
责任印制：郜　敏
中煤（北京）印务有限公司印刷
2024年1月第2版第3次印刷
184mm×260mm·17.75印张·440千字
标准书号：ISBN 978-7-111-69978-1
定价：53.00元

电话服务　　　　　　　　网络服务
客服电话：010-88361066　机　工　官　网：www.cmpbook.com
　　　　　010-88379833　机　工　官　博：weibo.com/cmp1952
　　　　　010-68326294　金　书　网：www.golden-book.com
封底无防伪标均为盗版　机工教育服务网：www.cmpedu.com

在消费者的选择日益丰富、企业面临的市场竞争日趋激烈的环境下，品牌的作用越来越重要。对消费者而言，品牌不仅是区分产品或服务提供者的符号，还是一种消费文化和情感寄托；对品牌所有者而言，品牌不仅是对购买者的一种承诺，还是一种无形资产和差异化优势。在当今社会，品牌在资源整合和竞争力提升中的核心作用日益凸显，从这种意义上来说，现代市场经济就是品牌经济。

纵观诸多品牌的兴与衰，不难发现，一个品牌的建立往往需要几代人、几十年的努力，但要摧毁它可能只需要几个人或几个错误、几天的时间。这就说明，创立品牌是艰辛的，管理品牌的任务更是艰巨的。在一个品牌的发展历程中，对品牌的管理容不得丝毫懈怠，品牌管理的重要性正与日俱增。在管理实践中，越来越多的企业不仅重视品牌创建，更注重品牌管理。为适应这种形势，在高校市场营销及其他管理类专业教育中，越来越多的院校开始将"品牌管理"列为必修课程，有关品牌管理的教材也逐渐增多。

但就目前的情况来看，国内出版的相关教材所涉及的国内企业案例较少，编写体例不太符合国内读者的习惯。因此，编写一本满足国内读者需求，尤其适合高等院校市场营销及其他管理类专业教学的品牌管理教材显得十分必要。

与同类其他教材相比，本教材体现了以下特点：

第一，体系完整。本教材既涵盖了品牌管理的主要工作，又体现了品牌管理的内在逻辑，便于读者系统、全面地掌握品牌管理的内容。

第二，内容新颖。本教材在编写过程中，既借鉴了同类其他教材的优点，又充分吸收了品牌管理方面诸多较新的理论研究成果和管理实践经验，使读者能够站在品牌管理的潮头和前沿。

第三，实用性强。本教材的主要读者定位于高等院校市场营销及其他管理类专业的本科生。根据这一定位，按照本科教学的一般规律，本教材每章都附有本章要点、导入案例、本章小结、思考题、案例分析讨论等内容。章首的导入案例和章末的分析讨论案例都是较新的或典型的，这些内容增强了本教材的亲和力和实用性。

本教材由长沙理工大学、中南大学、哈尔滨理工大学和江西师范大学等单位的专业教师联合编写，黎建新任主编，瞿民华、詹志方、崔文丹和李丽任副主编。第1版的具体编写分工如下：全书编写提纲由黎建新确定，第一、三、四章由崔文丹编写，第五、六、七章由詹志方、薛金福编写，第九、十章由黎建新、王璐编写，第十一、十二章由李丽编写，第二、十三章由瞿民华编写，第八、十四、十五章由黎建新、宋明菁编写。全书由黎建新、瞿民华完成统稿和定稿工作。

为了更好地反映品牌管理研究和实践的最新进展，我们对本教材做了适当修订。本次修订的重点是各章的导入案例、分析讨论案例和品牌视野等，这些内容存在时间较远、情境过时的情况，我们采编了新案例对相关内容进行了替换。此外，还对个别章节的内容做了适当增补。本次修订由黎建新、瞿民华统稿和定稿,各章具体分工为:崔文丹负责第一、三、四章的修订、詹志方负责第五、六、七章的修订,李丽负责第九、十、十一、十二章的修订,瞿民华负责第二、八、十三、十四、十五章的修订。

对本教材的顺利付梓,编者所在单位长沙理工大学、中南大学、哈尔滨理工大学和江西师范大学给予了极大支持,编者在此一并致谢。此外,编者在编写过程中参考了大量文献,对这些文献的著作者表示衷心的感谢。

囿于时间和能力,本教材可能存在诸多不足,恳请广大读者批评指正。

编　者

目 录

前言
第一章　品牌概述 1
　本章要点 1
　导入案例 1
　第一节　品牌的概念及分类 2
　第二节　品牌的特征与功能 10
　第三节　品牌相关概念解析 14
　本章小结 19
　思考题 20
　案例分析讨论 20

第二章　品牌管理概述 24
　本章要点 24
　导入案例 24
　第一节　品牌管理的概念与特征 25
　第二节　品牌管理的沿革及其组织形式 27
　第三节　品牌管理的任务与流程 30
　第四节　品牌管理的原则 33
　本章小结 36
　思考题 37
　案例分析讨论 37

第三章　品牌形象 40
　本章要点 40
　导入案例 40
　第一节　品牌形象概述 41
　第二节　品牌形象的构成 45
　第三节　品牌形象的塑造 55
　本章小结 63
　思考题 64
　案例分析讨论 64

第四章　品牌个性 68
　本章要点 68
　导入案例 68
　第一节　品牌个性概述 69
　第二节　品牌个性的维度 73
　第三节　品牌个性的塑造 81
　本章小结 91

　思考题 91
　案例分析讨论 92

第五章　品牌定位 94
　本章要点 94
　导入案例 94
　第一节　定位理论 95
　第二节　市场定位与品牌定位 97
　第三节　品牌定位的过程 100
　第四节　品牌定位的方法 103
　本章小结 106
　思考题 107
　案例分析讨论 107

第六章　品牌设计 109
　本章要点 109
　导入案例 109
　第一节　品牌设计要素 110
　第二节　品牌名称设计 111
　第三节　品牌标志设计 115
　第四节　品牌附加要素设计 117
　本章小结 120
　思考题 120
　案例分析讨论 121

第七章　品牌沟通 123
　本章要点 123
　导入案例 123
　第一节　品牌沟通概述 124
　第二节　价格与品牌沟通 129
　第三节　渠道与品牌沟通 131
　第四节　广告与品牌沟通 133
　第五节　公共关系与品牌沟通 135
　第六节　品牌杠杆 137
　本章小结 140
　思考题 140
　案例分析讨论 140

第八章　品牌组合与品牌战略 143
　本章要点 143

导入案例 …………………………………… 143
　　第一节　品牌组合 ………………………… 145
　　第二节　品牌战略 ………………………… 149
　　本章小结 …………………………………… 156
　　思考题 ……………………………………… 157
　　案例分析讨论 ……………………………… 157

第九章　品牌延伸 …………………………… 159
　　本章要点 …………………………………… 159
　　导入案例 …………………………………… 159
　　第一节　品牌延伸概述 …………………… 160
　　第二节　品牌延伸动因及其利弊 ………… 164
　　第三节　品牌延伸决策 …………………… 169
　　本章小结 …………………………………… 176
　　思考题 ……………………………………… 177
　　案例分析讨论 ……………………………… 177

第十章　品牌国际化 ………………………… 179
　　本章要点 …………………………………… 179
　　导入案例 …………………………………… 179
　　第一节　品牌国际化概述 ………………… 180
　　第二节　品牌国际化的动因与障碍 ……… 183
　　第三节　品牌国际化战略 ………………… 187
　　本章小结 …………………………………… 192
　　思考题 ……………………………………… 193
　　案例分析讨论 ……………………………… 193

第十一章　品牌老化与更新 ………………… 196
　　本章要点 …………………………………… 196
　　导入案例 …………………………………… 196
　　第一节　品牌生命周期 …………………… 197
　　第二节　品牌老化的概念、原因与对策 … 200
　　第三节　品牌强化与品牌激活 …………… 204
　　本章小结 …………………………………… 208
　　思考题 ……………………………………… 209
　　案例分析讨论 ……………………………… 209

第十二章　品牌保护 ………………………… 211
　　本章要点 …………………………………… 211
　　导入案例 …………………………………… 211
　　第一节　品牌保护的背景及意义 ………… 212
　　第二节　品牌的法律保护 ………………… 215
　　第三节　品牌的经营保护 ………………… 219
　　第四节　品牌的自我保护 ………………… 222
　　本章小结 …………………………………… 224
　　思考题 ……………………………………… 224
　　案例分析讨论 ……………………………… 225

第十三章　品牌危机管理 …………………… 228
　　本章要点 …………………………………… 228
　　导入案例 …………………………………… 228
　　第一节　品牌危机概述 …………………… 229
　　第二节　品牌危机的表现、产生原因与
　　　　　　类型 …………………………… 231
　　第三节　品牌危机管理的策略 …………… 238
　　本章小结 …………………………………… 243
　　思考题 ……………………………………… 243
　　案例分析讨论 ……………………………… 244

第十四章　品牌资产 ………………………… 246
　　本章要点 …………………………………… 246
　　导入案例 …………………………………… 246
　　第一节　品牌资产概述 …………………… 246
　　第二节　品牌资产测量 …………………… 249
　　本章小结 …………………………………… 259
　　思考题 ……………………………………… 260
　　案例分析讨论 ……………………………… 260

第十五章　品牌价值评估 …………………… 264
　　本章要点 …………………………………… 264
　　导入案例 …………………………………… 264
　　第一节　品牌价值概述 …………………… 264
　　第二节　品牌价值评估方法 ……………… 265
　　本章小结 …………………………………… 275
　　思考题 ……………………………………… 275
　　案例分析讨论 ……………………………… 275

参考文献 ……………………………………… 278

第一章

品牌概述

本章要点

(1) 品牌的形成与发展。
(2) 品牌的概念及分类。
(3) 品牌的特征与功能。

导入案例

中国品牌正在崛起并重新定义着"中国制造"

许多人不会忘记，在乔布斯时代，直到深夜依然有看不到尽头的人流排在苹果商店门口，那是苹果作为全球品牌在中国的巅峰时刻。如今，等待购买新机的排队场景，正在纽约、巴黎的华为门店发生。这个清晰可见的变化，标志着中国品牌正在崛起，正在重新定义着"中国制造"。

一个足够有吸引力的品牌，不仅仅是产品的供给者，更是趋势和风口的引领者。如今的中国企业开始逐渐意识到，品牌的价值绝不仅仅是表面所理解的企业公共形象，它意味着企业处于产业链的何种位置，标示着企业在价值链上的作用和角色，更成为当代主流公司的生产要素和核心资产。

2016年，国务院宣布每年的5月10日为"中国品牌日"，中国从模仿到创新、从制造到创造，几年时间，无论是面向百姓的日常生活还是面向产业链端，无论是东方世界还是大洋彼岸，人们正在逐渐改变对"中国制造"的刻板印象——"价廉质低"一度是"中国制造"的标签。今天，在欧洲冰箱市场上，海尔产品的单价从2004年的平均99欧元提高到如今的近千欧元，树立了中高端的品牌形象；大疆生产的"精灵"无人机，被国外媒体列入"当今世界最具影响力的50款科技产品"……近年来，中国品牌的竞争力正在与日俱增。

而在本土市场，"国潮"崛起、老品牌革新，在消费升级的市场环境下，在面向消费者端，中国品牌正在重新焕发光彩。这个时代的年轻消费者已经不再囿于品牌的国别，而是更加注重品质和感受。诸多跨国品牌在中国遭遇水土不服，从另一方面佐证了在一个复杂市场上做生意，需要的是强大的本土思维。

跨国品牌优势渐失，国产品牌正在崛起并非偶然。一方面，当下消费者对于跨国品牌的态度已经从曾经的盲目崇拜走向了理性;另一方面,经过数十年的发展,国产品牌正在摆脱人们的"质差价廉"的固有印象,凭借"好用、好看、价廉加创新"等特点,从智能手机到白色家电,从洗护产品到穿戴品牌、移动支付,国产品牌正在重新成为中国消费者的选择。

但与此同时不可忽略的是,虽然中国制造名声在外,但在部分领域,主导全球价值链的依然是国际巨头。品牌是国家实力的象征,更是创造财富的工具。事实上,企业之间的竞争乃至国家之间的竞争,在经济领域就是品牌的竞争,这也是企业在非市场领域的责任和影响力所在。

在过硬的产品基础上,以更好的品牌形象为产品赋能,打破人们对中国品牌的刻板成见,是中国企业面临的新挑战。正如厉以宁所说,中国的产品能以"中国制造"开拓国际市场是必要的,但中国又不能以"中国制造"为限,而应当努力在某些关键性行业和产品上以"中国创造"代替"中国制造"。

而"中国品牌"恰恰是"中国创造"中一个最为明晰的表达。对于企业来说,要想讲好"中国品牌"故事,除了需要持续的创新投入和过硬的研发水准,更需要重新理解品牌对于企业的价值。

(资料来源:陈白. 从中国制造到中国品牌[N]. 经济观察报,2019-05-07. 有改动)

第一节 品牌的概念及分类

在当今国际经济一体化发展趋势不断加强的时代背景下,品牌对于一个企业、一个地域甚至一个国家的发展、壮大显得越来越重要。品牌决定产品,品牌更决胜未来。可以这样说,谁拥有品牌,尤其是更多、更好的名牌,谁就拥有更大的市场,谁就掌握了未来。

那么,什么是品牌?它是怎样形成与发展的?它又有哪些类别?下文将一一阐述。

一、品牌的形成与发展

"品牌"(Brand)一词源于古斯堪的纳维亚语"布兰多",本意是"烙印"。人们用这种方式来标记家畜等需要与其他人相区别的私有财产。之后,除了符号之外,还出现了以手工艺人的签字作为识别标志的情况,它就是最原始的商品命名(即品牌化)。即使到了今天,也仍有商品沿用这种原始的命名方式。

到了中世纪,欧洲出现了很多手工业协会,为了维持其声誉和产量,它们要求所属的手工艺人在自己制作的器皿上打上一些标志,以便顾客识别产品的产地和生产者。这就产生了最初的商标,并以此为消费者提供担保,同时向生产者提供法律保护。英国1622年通过了一项法律,要求面包房在每个面包上打上标记,如果面包分量不足,就可以找到生产者并给予相应的处罚。16世纪早期,蒸馏威士忌酒的生产商将威士忌装入烙有生产者名字的木桶中,以防不法商人偷梁换柱。到了1835年,苏格兰的酿酒者使用了"Old Smuggler"这一品牌,以维护采用特殊蒸馏程序酿制的酒的声誉。

随着资本主义的发展,18世纪末商标在西方开始出现。由于产品种类与数量的增加,企业之间的竞争加剧,商标的使用逐渐推广开来,成为销售产品和打击竞争对手的重要工具。这时,商标的性质和作用也随之发生了变化,原来作为区别产品的商标,逐渐与产品的使用价值脱节，成为重要的竞争工具。许多经营者开始宣传自己的商标，吸引消费者购买自己的产品。西方各国的商标法也纷纷出台，使品牌运作有了法律依据和保护，从而使品牌的发展变得日益规范、有序。

19世纪末20世纪初，资本主义进入垄断时期，品牌作为竞争手段的作用凸显出来。科技革命的兴起，促使生产技术和生产力快速发展，市场由卖方市场向买方市场转变，产品竞争也日渐白热化。随着社会财富日益增加，人们的消费能力也急剧增强，对产品品质的要求越来越高，不仅要求产品功效等实体质量，而且要求附加在产品功能基础上的服务质量，将品牌作为选择产品的依据。在这一时期，出现了一批名牌，如可口可乐、强生等。

第二次世界大战之后，计算机技术和生物技术的广泛使用使得市场竞争进入了一个全新的阶段，大型企业集团走向成熟，人们的消费开始出现高档化、多样化的特点，商战进入白热化，品牌逐渐成为企业经营的重心。企业对品牌的理解已不再仅仅是"标记"，而是一个含义更广、更抽象的概念，它存在于消费者的心目中，成为企业最重要的无形资产，由此出现了具有现代意义的品牌，如耐克等。

近些年来，发达国家依靠其强大的品牌优势在国际市场竞争中依然占据主导地位，跨国公司的海外扩张也已经从原来的产品输出、资本输出过渡到了目前的品牌输出。这是一个新的历史阶段，正如广告大师大卫·奥格威（David Ogilvy）于1955年在美国广告代理协会上的讲话中所说的，"速卖、强卖的广告形式已成为过去，广告应该是为了构建品牌形象而进行的长期投资"。这一观点深刻揭示出了品牌经营在现代企业发展战略中的重要地位，当今世界已进入了品牌时代。

二、品牌概念的界定

品牌的定义有很多种，不同的定义反映了学者对品牌理解的倾向性不同。下面从国外专家、国内专家和权威组织三个方面介绍有一定影响力的品牌定义。

（一）国外专家对品牌的界定

广告大师大卫·奥格威曾给品牌下过定义："品牌是一种错综复杂的象征，它是产品属性、名称、包装、价格、历史、声誉、广告方式的无形总和，品牌同时也因消费者对其使用的印象以及自身的经验而有所界定。"这一概念指出了品牌的无形资产的特性和品牌自身包含的相关属性，也强调了品牌与消费者之间密不可分的关系。

大卫·阿诺（David Arnold，1992）在其名作 *The Handbook of Brand Management* 中谈何谓品牌时说："品牌就是一种类似成见的偏见，而正如所有的偏见一样，对于较占下风的一方总是有些不公平。品牌化不仅仅是加强产品的特性而已，还和顾客如何看待与购买这个产品有关。"这一概念侧重于从思想意识范畴出发对品牌进行定义，也强调了品牌加强产品特性的功能。

品牌专家大卫·艾克（David Aaker）认为："品牌是用来标志某个销售商或销售集团的产品和服务，并将之与竞争对手的产品或服务区分开来的特有的名称和标志（如标志语、商标或外形）。"这一概念首次表现出有关品牌归属的提法，重点强调品牌识别特性，也是目前比较通行的品牌概念。

品牌专家约翰·菲利普·琼斯（John Philip Jones）把品牌定义为："能为顾客提供其认为值得购买的功能利益或附加值的产品。"琼斯认为，附加值是品牌定义中最重要的部分。

她从1万个人中进行抽样调查，90%的人认为附加值在他们几乎所有的购买决策因素中都起着最重要的作用。这一概念强调品牌蕴涵的情感功能和文化内涵等附加价值，是可以拉近与消费者距离的重要手段，在当今激烈的市场竞争中得到了很好的印证。

美国某公关公司总裁乔·马克尼（Joe Marconi）认为："品牌是个名字，而品牌资产则是这个名字的价值。"这一概念更多地强调品牌的溢价能力，单纯作为名字的品牌不一定具有价值，而如果品牌被作为无形资产来运作就具有可以量化的价值。

营销学者麦克威廉（McWilliam）等人在关于论述品牌的著作中写道："品牌是区分标志，用以识别。同时品牌是速记符号，是更有效沟通的代码。"这一概念把品牌标志的形象记忆功能凸显出来，因为消费者记忆的信息是有限的，那些将抽象化的品牌名称形象化的品牌标志，在信息沟通中的作用往往是无法替代的。

学者霍威思（Hawes）认为："消费者视品牌为可凭消费经验减少购物时间的工具。消费者往往把某个品牌名称当作'信息标志'。通过一个品牌名称，消费者可以回忆起大量信息，如品质、可靠性、保证、广告等。"这一概念侧重强调品牌带给消费者的利益——让渡价值的特性，但是忽略了品牌对于其拥有者所具有的意义。

广告专家露丝（L. Rose）认为："品牌是品质以及信赖和忠诚的永久指南，并能给予那些对于购买决策结果持怀疑态度的顾客更多的信心。"这一概念从品牌维护顾客忠诚和促使品牌偏好产生的角度定义品牌，兼顾了品牌对于品牌所有者和品牌使用者双方的利益。

美国营销学者莱威（Sidney J. Levy）认为："品牌不仅是用以区别不同制造商品的标签，它还是一个复杂的符号，代表了不同的意义和特征，最后的结果是变成了商品的公众形象、名声或个性。品牌中的这些特征比产品中的技术因素显得更为重要。"这一概念强调了从品牌衍生出来的品牌个性、品牌形象和品牌文化等内容对于增强产品的竞争能力所起到的作用。

美国营销学权威菲利普·科特勒（Philip Kotler, 1994）指出，品牌至少可以反映六个方面的内容：属性（Attributes）、利益（Benefits）、价值（Values）、文化（Culture）、个性（Personality）、使用者（User）。他认为："品牌是一个名字、名词、符号或设计，或是上述的总和。其目的是要使自己的产品或服务有别于其他竞争者。"科特勒的品牌观集中代表了现代市场营销中的品牌概念。品牌不仅仅是一个简单的标志或符号，更表现为一种综合的象征，对生产者和消费者都具有重要的意义。对生产者而言，品牌是其谋求与消费者建立紧密关系的有效手段，是其开拓市场、开展竞争的强有力武器。对消费者来讲，品牌为消费者提供了质量、价值和产品满意方面的保证，是消费者选购产品的一个重要依据。在消费者心目中，品牌不仅代表着产品的品质，还可以是一个偶像，一种社会地位，或一位关怀自己的朋友。

因此，理论界对品牌的定义引用最多的是菲利普·科特勒的定义：品牌是用来识别一个企业的产品和服务，并与竞争者相区别的一个名称、专有名词、标记、标志和设计，或是这些要素的综合。

（二）国内专家对品牌的界定

梅高国际广告公司大中华区原董事长林俊明认为："品牌是一个名称、名词、符号、象征、设计或其组合，其作用在于区别产品或服务。对消费者而言，品牌标志标出了产品的来源，并且同时保护了厂商和消费者的利益，可以防止竞争对手模仿。"这一概念比较全面地阐明了品牌的属性和内涵，更重要的是强调了品牌的作用。品牌是促使品牌所有者在市场上与消费者实现双赢的纽带。

艾丰教授认为："品牌的直接解释就是商品的牌子。但在实际运用中，品牌的内涵和外延都远远超出了这个字面解释的范围。品牌包括五种牌子：第一种是商品的牌子，就是平常说的'商标'；第二种是企业的名字，也就是'商号'；第三种是公用品牌，是可以由许多企业共用的，如国际羊毛局颁发的'纯羊毛标志'等；第四种是借用品牌，即品牌本身并不是经济性质的品牌，但经过借用可以发挥重要的经济作用，如2008年奥运会是国际大型体育活动，是借用品牌；第五种是载体品牌，是指某品牌表示的是一个地区或一个范围，它们自身虽然并不完全具备品牌的全部要素，但仍然可以发挥重要的品牌作用，如北京的'王府井''中关村''中央商务区'都属于这一类品牌。"这一提法扩展了品牌依存于产品的特性，从内涵、外延两方面诠释了对品牌的宏观和微观的不同理解。

创立品牌环模型的品牌专家梁中国，从哲学高度和人性化视角定义品牌，他认为："品牌是凝聚着企业所有要素的载体，是受众在各种相关信息综合性的影响作用下，对某种事或物形成的概念与印象。它包含着产品质量、附加值、历史以及消费者的判断。在品牌消费时代，赢得消费者的心远比生产本身重要，品牌形象远比产品和服务本身重要。"这一概念强调了品牌的情感沟通能力，表明现有竞争已经从实体竞争转变为观念竞争的趋势。

学者韩光军在《打造名牌——卓越品牌的培育与提升》一书中指出："品牌是一个复合概念。它由品牌名称、品牌认知、品牌联想、品牌标志、品牌色彩、品牌包装以及商标等要素构成。"这一概念不仅指出了品牌的属性与特征，也列示了品牌评价的相关指标。

（三）权威组织对品牌的界定

美国市场营销学会（American Marketing Association，AMA）在1960年《营销术语词典》（*Dictionary of Marketing Terms*）中对品牌的定义："品牌是指用以识别一个（或一群）卖主的商品或劳务的名称、术语、记号、象征或设计及其组合，并用以区分一个（或一群）卖主或竞争者。"然而，随着市场竞争加剧，品牌功能增强，这一定义已不足以涵盖品牌所具有的属性和意义。

在《牛津大辞典》中，品牌被解释为："用来证明所有权，作为质量的标志或其他用途，起到区别和证明的作用。在实际生活中，有人认为它是一种标志，或者是一种集视觉印象、效果可感知性、市场定位、附加价值、个性化消费等复杂符号为一体的主观反映，也有人认为它是一种名称、术语、标记、符号或设计，或是它们的组合运用，其目的是借以辨认某个销售者或某群销售者的产品及服务，并使之与其竞争对手的产品和服务区别开来。"随着时间的推移，商业竞争格局以及零售业形态不断变迁，品牌承载的含义也越来越丰富，甚至形成了专门的研究领域——品牌学。

2004年6月22日，根据加拿大市场营销协会公布的一个新的研究成果，品牌的定义已经演进为"顾客体验"，73%的加拿大公司将品牌定义为所在国顾客对产品、服务和公司的体验。这项研究调研样本来自加拿大的130个营销业绩领导企业。加拿大市场营销协会主席兼首席执行官约翰·盖斯塔武森（John Gustavson）指出："这项研究一个主要的结论就是品牌概念是一个变化的过程，并且与加拿大的企业一起经历着重大的演进。"

综合以上观点，我们认为，品牌是企业为了满足市场需求、适应市场竞争而将企业或产品的名字、符号、属性、品质、个性、价值、历史、文化等信息融汇于一体，以区别于其他企业或产品的信息组合。

对品牌的理解可以从两个角度来看，即品牌的显性因素和隐性因素。

品牌的显性因素是指那些外在的、具象的东西，可以直接给消费者感觉上带来冲击的品牌要素，具体包括品牌名称、标志物、标志字、标志色、标志包装、广告歌曲等。

品牌的隐性因素是指那些蕴含在品牌的内部，需要深入理解和体会的部分，包括属性、利益、价值、文化、个性和使用者。属性是指产品自身的特性，例如一说到奔驰，就想到这个品牌具有技术精良、耐用、高车速等特性；利益是指产品属性能给消费者带来的好处和收益，例如奔驰的安全属性，能够给消费者节约修理费用和换新车的成本；价值是指产品给消费者提供的利益，例如奔驰象征着拥有者的社会地位；文化是指隐含在品牌中精神层面的内容，例如奔驰代表着有组织、讲效率、高质量、做事严谨等特点；个性是指品牌形象人格化后所具有的个性，如奔驰的个性表述为成功、严谨和权威；使用者是指购买或使用产品的消费者，如奔驰的购买者往往是成熟稳重的成功人士。

品牌视野：品牌体验

品牌体验（Brand Experience）是指顾客个体对品牌的某些经历（包括经营者在顾客消费过程中以及品牌产品或服务购买前后所做的营销努力）产生回应的个别化感受。也就是说，品牌体验是顾客对品牌的具体经历和感受。

哥伦比亚大学商学院教授伯恩德·H. 施密特（Bernd H. Schmitt）在其《体验式营销》一书中将体验分为感觉、情感、思维、行动、关系五个层面，即 SEM（战略体验模块）。他认为交流、信誉、产品、品牌、环境、网络和人员构成体验战术工具，每个战术工具的运用都可以和 SEM 的五个层面进行组合。其中，品牌在表面上是企业产品和服务的标志，代表着一定的质量和功能，深层次上则是人们心理和精神层面诉求的诠释，可以作为一种独特的体验载体。体验营销者将体验这一全新的营销理念运用到品牌中，创造出个性化、互动的营销方式——品牌体验。

品牌体验是品牌与顾客之间的互动过程，是通过令人耳目一新的品牌标志、鲜明的品牌个性、丰富的品牌联想、充满激情的品牌活动来让顾客体验到"快乐""酷""爽"，从而与品牌建立起强有力的关系，达到高度的品牌忠诚。

品牌体验是在"全面体验消费模式"这一大背景下产生的。随着物质文明的进步和生活水平的提高，人们对功能利益的需求已经得到极大的满足，按照马斯洛的需求层次理论，消费者将追求更高层次的满足，"快乐""酷""爽"正是这种需求的表达。中央电视台调查咨询中心曾结合多年来在消费者研究领域的成果提出的中国消费市场十大趋势之一就是"全面体验消费模式"。该模式认为：进入 21 世纪，消费者对产品和服务的要求不只是功能上的满足，品牌能否超越产品功能而给他们带来感官、情结或价值上的满足将变得越来越重要。简单来说，就是品牌不但要具备"功能"上的效益，而且还要有"体验"或"情感"上的效益。

从心理的结构出发，以心理结构的分化与组合过程及人的精神追求的阶段的区分作为划分标准，可把与心理体验相关的体验系统分为以下五个方面：

（1）感官体验。感官体验是指人的感官，如眼、耳、口、鼻、身体等与外界进行信息交换过程中所体会到的愉悦感。例如，看喜欢的色彩与形状、听悦耳的声音、吃可口的饭菜、闻香味、摸手感好的物体都会给人们带来愉悦感。当然，在感官与外界接触过程中形成的快感、痛感、质感都属于感官体验的范畴。

（2）情感体验。人有七情六欲，人的感官体验会引起其他的反应，例如，看到红色的火焰或灰暗的天空，感到的就是一种愉快的或阴沉的情绪，这是在感官体验基础上的情感体验。人的情感体验包括人与物及人与人的情感互动过程。例如，花草树木、流水白云本身并没有什么情感，但由于特定的情感作用，人们会把某种主体的联想赋予它们：树木的呻吟、花儿的飘零、水的低语、白云的来去匆匆。人的情感不仅表现为情与物的融合，还表现为追求关爱与被关爱，追求亲情、友情和爱情，这些都属于情感体验的范畴。

（3）成就体验。按照马斯洛的需求层次理论，人除了基本的生理需要、安全需要和社会需要，还有追求自我尊重和自我实现的需要。人在满足情感生活需要的同时，还需要得到社会的认可，需要通过拼搏奋斗来获得社会成就。因此，人在追求或享受成功的过程中，就会产生成就体验。对成就的追求常常表现为人的控制欲、权力欲和占有欲。

（4）精神体验。现代心理学的研究表明，人的幸福感更大程度上在于精神的满足而不是物质的满足。在满足了物质和名利之后，精神需要更加凸显出来。精神不同于情感，它超越了物质名利。例如，人们沉浸于画的美感与意境中，通过吟诗作赋来言志，通过养花或读书来陶冶情操，这些都是精神生活的表现。这一过程中产生的体验就属于精神体验，表现为人们对世俗名利的舍弃，对高雅情趣的追求。

（5）心灵体验。精神体验超越了物质和普通情感的束缚，使人得到了精神的放松与满足，但精神满足并非人追求的最高境界。人对心灵归宿的追求是最深层、最本质的追求，也是最难达到的追求。人在追求心灵归宿过程中产生的体验就是心灵体验，如宗教体验、心理学巨匠荣格所说的"超级体验"以及马斯洛所说的"高峰体验"。

三、品牌的内涵

关于品牌的内涵（Brand Connotation）有很多种说法，在《兰登书屋英语词典》（*Random House English Dictionary*）中是这样定义的：一个词、名称或符号等，尤其是指制造商或商人为了在同类产品中区别出自己产品的特色而合法注册的商标，通常十分明显地展示于产品或广告中；品牌名称，广为人知的一种产品或产品生产线；（非正式）在某一领域的名人或重要任务。

品牌的内涵和人的内涵表现基本是一致的，都是由若干个要素共同组成，这些要素共同作用，共同体现品牌的内涵。品牌内涵就是能够充分体现品牌的核心本质的综合因素的组合，包括属性、阶层、价值、角色感、利益、情感、文化、个性等，而这些因素一旦组合就能清晰、完整地传递出一个品牌的形象和整体状况。具体来说，品牌的内涵表现为品牌的知名度、美誉度、市场表现与信誉价值四个方面。

（1）品牌的知名度。品牌的知名度是指某种品牌被社会公众认识和了解的程度，或者说，这个品牌在市场上有多少人知道，知道些什么。品牌知名度分为三个明显不同的层次。品牌知名度的最低层次是品牌识别，是指品牌可以让消费者找到熟悉的感觉。人们喜欢熟悉的产品，尤其是对于香皂、洗衣粉和牙膏等低价值的日用品，有时不必评估产品的特点，熟悉这一产品就足以让人们做出购买决策。第二个层次是品牌回想，是指消费者在购买时能够回想起的品牌，品牌回想往往与品牌定位相关联，可以成为左右潜在购买者的采购决策的主要因素。品牌知名度的最高层次是第一提及知名度，是指某品牌在人们心目中的地位高于其他品牌，企业如果拥有这样的主导品牌，就有了强有力的竞争优势。品牌的知名度是一个"量"的衡量指标，经常作为评价企业品牌策略运用得成功与否的标准。通常情况下，品牌知名度高是被广大消费者接受和购买的前提，而知名度低或没有知名度的产品，就是不为消费者所认识和了解的产品，消费者当然不会选择它们。但有些高知名度的产品并不一定是消费者所喜爱的产品，有可能是某些负面新闻致使其成为众人关注的焦点。

（2）品牌的美誉度。品牌的美誉度是指某种品牌被社会公众信任和赞许的程度，或者社会公众对这个品牌是如何评价的。品牌的美誉度是一个"质"的衡量指标。对于品牌的知名度，企业往往可以通过广告宣传等途径来实现，而美誉度反映的是消费者在综合自己的使用经验和所接触到的多种品牌信息后对品牌价值认定的程度，不能靠广告宣传来实现。美誉度往往是消费者的心理感受，是形成消费者忠诚度的重要因素。高美誉度是赢得顾客信任、进行重复购买的重要条件，是维持高品牌忠诚度和高市场占有率的基础。因此，高知名度常常与高美誉度同时作为衡量品牌是否获得公众认可的标志，高美誉度的品牌是那些为顾客提供高品质的产品和优质服务的具有高让渡价值的品牌，是消费者认为性价比高的产品。

（3）品牌的市场表现。品牌的市场表现是衡量企业经营状况和发展前景的量化指标。在通常情况下，衡量一个品牌在市场上的表现有两个指标：一是市场覆盖率，二是市场占有率。市场覆盖率是指品牌所辐射市场范围的大小，是一个绝对量指标，往往是表明企业在地理范围和空间范围的影响力指标，是本企业产品的投放地区占应销售地区的百分比。市场覆盖率按照从低密度的覆盖到高密度的覆盖可以分为独家分销、选择分销和密集分销三种类别。市场占有率是指品牌在全部同类产品销量中所占的比重，是一个相对量指标，往往表明一个品牌在市场上的竞争能力和所处的竞争地位。

（4）品牌的信誉价值。品牌的信誉价值是指某一品牌在某一时点（年度）上的市场竞争力，它反映了该品牌在该产品市场上所处的地位。品牌的信誉价值并不等同于交易价值，但它可以为交易价值的实现提供一个供社会认识和接受的基础，从而有助于交易价值的实现。在经济全球化条件下，品牌只是企业竞争的前提和基础，真正给企业带来实际市场价值的是建立在产品和品牌基础上的企业信誉。不论是企业的人力资源管理还是企业的创新能力，不论是产品服务的质量还是企业的社会责任，最终都将转化为企业信誉而被市场所认可，并且为企业带来巨大的市场价值。因此，品牌价值的核心是信誉，品牌管理的核心是对企业信誉的管理，企业最终的竞争是基于品牌的信誉竞争。

四、品牌的分类

为了使企业能够更好地了解自己的品牌，并根据相应的条件制定切实可行的品牌战略，进行科学的品牌策划和品牌管理，有必要对品牌进行科学的分类。

（一）根据品牌的知名度和辐射区域划分

根据品牌的知名度和辐射区域划分，可以将品牌分为地区品牌、国内品牌、国际品牌。

（1）地区品牌。地区品牌是指在一个较小的区域之内生产销售的品牌。这些品牌的产品只在一定的地区范围内生产和销售，受产品特性、地理条件和文化特性等因素的影响，产品辐射范围不大，知名度也不是很高。例如，我国的啤酒品牌除了燕京、青岛和哈尔滨等品牌之外，各个地区也都有本地生产的啤酒，如牡丹江的花荷啤酒、海南的力加啤酒等。

（2）国内品牌。国内品牌是指在国内知名度较高、全国范围内销售的品牌。在我国，大多数的中国名牌产品或者获得"驰名商标"称号的品牌，都是在全国范围内销售的知名度高的品牌。

（3）国际品牌。国际品牌是指在国际市场上知名度、美誉度较高，产品辐射全球的品牌。跨国公司生产的产品都属于这一种。每年由《财富》杂志、《商业周刊》和Interbrand公司公布的品牌资产排名前100名的企业，都属于国际品牌。

（二）根据产品生产经营所属的环节划分

根据产品生产经营所属的环节划分，可以将品牌分为制造商品牌和经营商品牌（中间商品牌）。

（1）制造商品牌。制造商品牌是指制造商为自己生产制造的产品设计的品牌。制造商品牌是制造商根据自身的需求，在对市场进行调查和了解的基础上，结合企业发展需要而创立的品牌。如果某制造商生产的产品在全国范围内销售，该品牌就被称为公众品牌。

（2）经营商品牌。经营商品牌（中间商品牌）是指由中间商根据消费者对某类产品的需求信息，自行设计产品、自设生产基地或者选择合适的生产企业进行加工生产，最终使用自己的商标进行销售而创立的品牌；或者生产经营能力有限的小企业，缺少创立品牌的实力，为了尽快获得中间商的顾客资源而与中间商协商合作，使用中间商的品牌进行销售而创立的品牌。经营商品牌也被称为私有品牌（Private Brand）。20世纪80年代以来，经营商品牌得到了迅速发展。欧美许多国家的大型超市、连锁商店、百货商店都出售具有经营商品牌的商品。

（三）根据品牌的来源划分

根据品牌的来源划分，可以将品牌分为自有品牌、外来品牌和嫁接品牌。

（1）自有品牌。自有品牌是指企业依据自身需要创立的品牌，如本田、东风等。

（2）外来品牌。外来品牌是指企业通过特许经营、兼并、收购或其他形式而取得的品牌。例如，欧莱雅收购的"羽西"和"小护士"，香港迪生集团收购的法国名牌商标S. T. Dupont。

（3）嫁接品牌。嫁接品牌主要是指通过合资、合作方式形成的带有双方品牌的新产品，如富士-施乐复印机、戴姆勒-克莱斯勒汽车等。

（四）根据品牌的生命周期长短划分

根据品牌的生命周期长短划分，可以将品牌分为短期品牌和长期品牌。

（1）短期品牌。短期品牌是指品牌生命周期持续较短时间的品牌，是由于某种原因在市场竞争中昙花一现或持续一时的品牌，如秦池和爱多等品牌。

（2）长期品牌。长期品牌是指品牌生命周期随着产品生命周期的更替，仍能经久不衰、永葆青春的品牌，如全聚德、可口可乐、奔驰等。

（五）根据品牌的本体特征划分

根据品牌的本体特征划分，可以将品牌划分为个人品牌、企业品牌、城市品牌、国家品牌等。

（1）个人品牌。个人品牌是指单个自然人的品牌。一些电影明星、体育明星等由于事业的成功而获得很高的知名度，其名字就具有了商业价值，如姚明、张艺谋都属于个人品牌，但是当个人品牌进入商业性运营之后就可以发展成企业品牌，如李宁。

（2）企业品牌。企业品牌是指企业用以识别其他提供同类型产品或服务的产品名称和服务标志，外形上通常由文字、字母、标记、符号、图形、颜色等要素或这些要素的组合构成，实质上体现了企业的经营理念、价值取向、社会责任等企业文化的内涵。

（3）城市品牌。城市品牌是指由于自然风光、人文景观、当地的特产和特有事物而使该城市具有很高知名度而形成的品牌，如哈尔滨冰雪节、大连国际服装节等。城市品牌随着旅游业——"无烟工业"的迅猛发展，越来越引起人们的重视，其蕴含的商业价值和潜在价值难以估算。

（4）国家品牌。国家品牌是指某些具有象征一个国家政治经济和社会文化特色的标志性事物而形成的品牌。例如，金字塔、万里长城、埃菲尔铁塔、自由女神像等都属于国家品牌。

（六）其他划分方法

根据品牌所属的行业划分，可以将品牌分为家电业品牌、食用饮料业品牌、日用化工业品牌、汽车机械业品牌、商业品牌、服务业品牌、网络信息业品牌等几大类。

根据品牌的原创性与延伸性划分，可以将品牌分为主品牌、副品牌、副副品牌。例如，"海尔"品牌，现在有海尔洗衣机、海尔彩电、海尔空调等，海尔洗衣机中又分海尔小神童、海尔节能王等。

根据产品品牌是针对国内市场还是国际市场划分，可以将品牌分为内销品牌和外销品牌。由于世界各国在法律、文化、科技等宏观环境方面存在巨大差异，一种产品在不同国家的市场上有不同的品牌，在国内市场上也有单独的品牌。品牌划分为内销品牌和外销品牌对企业形象整体传播不利，但由于历史、文化等原因，不得不采用，而命名新的品牌时应考虑国际化的影响。

此外，根据品牌强度不同划分，可以将品牌分为顶级品牌（Top Brand）、强势品牌（Strong Brand）和弱势品牌（Weak Brand）等。

第二节　品牌的特征与功能

品牌千千万，特质各不同。品牌的特征是品牌所具有的、与众不同的特质。品牌的特征在一定程度上决定了品牌的作用与功能。深入地理解品牌的特征和功能，有利于企业制定合理而有效的品牌策略，进行准确的品牌定位，塑造鲜明的品牌个性，从而树立为消费者所认同的企业形象。

一、品牌的特征

品牌的特征主要表现在以下几个方面：

(一)品牌的专有性

品牌的专有性是指品牌是用以识别生产者或销售者的产品或服务的手段。品牌拥有者经过法律程序的认定,享有品牌的专有权,有权要求其他企业或个人不能使用、仿冒和伪造自己的品牌。品牌的专有性也被称作品牌的排他性或品牌的唯一性,它体现了品牌对企业经营的保护作用。同时,品牌的专有性也为消费者维护自身的权利提供了保证。当然,经过法律程序认定的品牌又被称为商标,但是二者之间不能等同起来,具体的区别在本章第三节中会有详细的论述。

(二)品牌的价值性

品牌的价值性是指品牌作为企业的无形资产,可以令其拥有者凭借品牌的优势不断获取利益、不断开拓市场的特性。这种价值并不能像物质资产那样用实物的形式表述,也不像物质资产随时间的流逝而逐渐被消磨掉,恰恰相反,只要企业的品牌运营策略得当,品牌的价值会随着时间的积累而不断增值,甚至会超越企业物质资产的总额。世界上知名企业的品牌价值都是非常可观的,2020年可口可乐的品牌价值约为568亿美元。此外,品牌具有物质资产的商品特性,可以在市场上进行交易。

(三)品牌发展的风险性和不确定性

品牌发展的风险性和不确定性是指品牌创立后,在其成长的过程中,由于市场的需求不断提高,市场竞争越来越激烈,品牌在为企业带来利益的同时,会受到各种内外部环境因素的影响,有可能销量下降、竞争不力,甚至被市场淘汰。品牌的风险有时产生于企业的产品质量不过关、产品的服务不到位,有时是由于企业品牌资本盲目扩张或品牌运作不当造成的。由于当今市场瞬息万变,国内外总会出现很多昙花一现的品牌,例如三株等很多曾经的知名品牌,都是由于企业品牌意识淡薄,对品牌的理解和认识不够而错误地实施了品牌运营策略,最终走向了消亡。品牌发展的风险性和不确定性伴随着品牌成长的全过程,企业要不断地对其进行客观评价和适时监控,以便企业能够根据评价与监控情况及时调整品牌策略,实现品牌管理的科学化。

(四)品牌的表象性

品牌的表象性是指品牌作为企业的无形资产,不具有独立的实体,不占有空间,但它的目的就是让人们通过一个比较容易记忆的形式来记住某一产品或企业,因此,品牌必须有物质载体,需要通过一系列的物质载体来表现自己。品牌的物质载体主要有两方面:直接载体和间接载体。直接载体主要有文字、图案和符号;间接载体主要有产品质量、产品服务、知名度、美誉度、市场占有率。人们对于某一品牌的评价与认同就是通过这些载体得以实现的。例如,海尔就是依靠其一流的服务,赢得了众多的品牌忠诚者。

(五)品牌的扩张性

品牌的扩张性是指品牌具有识别功能,代表一种产品、一个企业,企业可以利用已经成功的品牌对市场进行开发和拓展,通过品牌延伸策略,发展一体化战略或多元化战略,还可以利用企业的品牌资本进行融资、兼并和扩张。

在当今的商业运作环境中,品牌合作成为增加企业经济效益越来越重要的工具。除了削减成本(包括研发成本和营销成本)之外,品牌合作还可以迅速地将某个品牌的声望、形象和受大众认可的程度转移到另一个品牌上。简而言之,它有助于迅速提升几乎所有市场营销环节(从留下品牌最初印象到建立品牌忠诚度)的效果。例如,划船鞋生产商Sperry

Top-Sider调查发现，越来越多的年轻人在划船时穿着运动鞋，而不是公司生产的传统的划船鞋。Sperry Top-Sider认识到，公司内部没有能力通过创新去满足消费者的需求，因此与运动鞋生产商New Balance实施品牌合作，结果他们合作生产的运动型划船鞋迅速占领了市场。

品牌并购是指企业通过并购其他品牌以获得其他品牌的市场地位和品牌资产，增强自己的实力，重构企业的竞争力范围。在品牌经营时代，并购往往带有品牌扩张的目的，品牌并购主要有以下几种情况：①被并购企业有较好的资源，有利于扩大原有品牌所涵盖产品的生产规模；②企业为避开贸易壁垒进入其他国家和地区；③企业为了加快进入市场的速度，实现品牌的快速区域扩张（特别是海外扩张）的需要；④企业通过收购将被并购企业的产品作为本企业品牌的延伸产品，实现产品多元化的需要。

（六）品牌的领导性

品牌的领导性是指品牌在消费者心目中具有无可替代的地位。由于市场上的强势品牌具有高质量、高价值和高信誉特征，因而在市场上可以引领潮流，影响消费者的价值观，不像刚刚进入市场的产品只是依靠广告、包装和促销来打动消费者。具有领导性的品牌称为领导品牌，它不仅是质量、管理、效率的综合体，还是企业先进的文化、理念、管理水平、生产能力的象征。

要想成为领导品牌，就要努力使自己的品牌成为该领域的代名词，因为消费者在有某方面购买需求的时候，首先想到的必然是那些为行业代名词的品牌，如果没有特别原因，消费者在下次购买时通常还会选择这个曾经使用的品牌。这样，获取领导地位将是一个企业最为宝贵也是最具持续竞争力的战略。某一品牌一旦成为行业代名词，将具有不受生命周期约束的顽强生命力。例如，可乐类碳酸饮料的代名词是可口可乐，快餐的代名词是麦当劳；在中国，国产计算机的代名词是联想，国产家电的代名词是海尔，果冻的代名词是喜之郎……消费者在做最后的购买决策时，往往更偏爱是行业代名词的品牌，因为它是消费者一致公认的第一品牌，消费者往往愿意溢价购买。

二、品牌的功能

品牌的重要性和价值日益为企业界所认识，越来越多的企业希望通过充分发挥品牌的作用和功能，使企业在激烈的竞争中获得优势。不同的学者对品牌功能的界定是有差别的：营销大师菲利普·科特勒认为，品牌具有识别、法律保护、培养忠诚顾客、市场细分和公司形象传播等功能；美国品牌专家凯勒（Kevin Lane Keller）认为，品牌具有识别、法律保护、质量承诺、保持产品特色、保持竞争优势和资产增值功能；英国品牌学家切纳托尼（L. Chernatony）指出，品牌具有识别、法律保护、公司管理、加速记忆、减少风险、市场定位、使产品人性化、体现价值、展望产品发展、提升附加值、提升公司形象和维系顾客关系等功能；我国品牌专家李光斗先生认为，品牌的功能在于阐明产品属性、承诺产品价值、寄托消费者体验、承载消费者情感以及实现自我价值等。

分析以上这些观点，可以看到，不同时代、不同环境的不同品牌的功能，虽然表述各异，但万变不离其宗，它们都有一些相同的作用或共性，可以归纳总结为以下五个方面：

（一）品牌的识别功能

识别功能是品牌最基本最原始的功能。品牌是由于生产者为了将自己的产品与其他竞争对手区别开来而应运而生的，目的是不让自己的产品与竞争对手的产品混淆。品牌化还可以让满意的顾客对企业的品牌保持忠诚，给企业带来源源不断的利益；同时，可以通过顾客对产品的意见和建议，改进产品和服务，以便更好地提高顾客的满意度。众多跨国公司的品牌都具有很强的识别功能，如麦当劳的"金色拱门"标志、苹果产品"被啃掉一块的苹果"等。

（二）品牌的保护功能

品牌的保护功能不仅保护品牌所有者的利益不受侵害，也维护了消费者的利益。每年都会有众多的品牌因为市场的假冒伪劣产品蒙受重大损失，而品牌或品牌的一部分一旦进行商标注册，就具有了对品牌所有者的法律保护功能，品牌所有者可以利用法律武器防止和打击那些假冒和抄袭品牌的行为。但是也应该看到，每年也有很多消费者因为购买了不合格的产品受到财产损失甚至人身伤害，此时，消费者可以以品牌作为维权的依据，通过法律手段获得赔偿。

（三）品牌的情感功能

品牌的个性化和人格化的发展趋势使得品牌具有了强烈的情感功能。品牌的情感功能往往通过情感化的广告诉求、影响力巨大的形象代言人和品牌个性与消费者的契合度等几个方面得以实现。例如，著名打火机品牌 ZIPPO，命名之初是受拉链（Zipper）的启发。在早期，ZIPPO 就是"实用型打火机"的代名词，在任何气压、温度、湿度下都能正常使用。20世纪 40 年代初期，ZIPPO 成为美国军队的军需品。有人因为 ZIPPO 挡住子弹而保住性命，有人用 ZIPPO 和一只空钢盔做了一顿热饭，ZIPPO 成为优质军用品的代言者。第二次世界大战结束之后，ZIPPO 又逐渐成为美国自由文化和男人硬汉情结的象征，给消费者完美的使用体验。如今，ZIPPO 简约而不失文化和时尚特色的外表、清脆悦耳的开盖声音、始终如一的优质功能，都成为让消费者爱上它的理由，ZIPPO 已经升级成为"情感型品牌"。

再如，在美国，可口可乐的忠诚者，是因为可口可乐配方的"神秘感"、悠久历史的"怀旧"情感，以及对美国文化的骄傲和持续不变的支持而选择它；百事可乐的支持者是因为它契合了年轻人追求自由和个性的特点，是"年轻一代的选择"。

（四）品牌的增值功能

品牌的增值功能是指品牌因为能够满足消费者特殊的心理需要而使消费者产生的愉悦的感觉，也称为品牌溢价或增值，这也是当今市场上的奢侈品尽管价格不菲，也会拥有大量品牌忠诚顾客的原因。有人因为拥有了奔驰轿车而获得成就感；有人因为穿着万宝路的服装，而获得开拓未知世界能力的满足感⋯⋯

此外，消费者在进行品牌消费过程中的亲身体验，也能提升品牌的价值。星巴克的高价咖啡之所以能够吸引众多的白领人士，原因在于它不仅能够提供美味的咖啡，还可以提供温暖而具有现代感的环境、轻松愉快的格调、高水平的服务，这些共同营造了一个"小资聚集地"的氛围，符合白领的品位。

（五）品牌的市场分隔功能

品牌的市场分隔功能也可以称为品牌的定位功能，随着社会的发展，竞争日趋激烈，消费者有了更多的选择，也变得更加挑剔，而产品的同质化现象也使得企业的竞争重点转向品牌竞争。品牌由于向外传递的品牌形象信息吸引着特定的顾客群体，使得消费者根据品牌宣传的形象给自己一个购买理由。品牌的市场分隔功能通常可以把消费者按照一定的社会阶层或者生活方式进行区隔，比市场细分更细致、更具体。例如，同属于快餐食品，必胜客与肯德基，在价位、产品种类、就餐环境、提供的服务等方面进行了市场区隔；而肯德基和麦当劳则在本土化策略方面实现了市场区隔。

第三节 品牌相关概念解析

一些名词或概念，如"产品""名牌""商标"等，与"品牌"如影随形，容易引起理解上的偏差，本节将详细阐述它们与"品牌"的关系。

一、品牌与产品

从产品整体概念来看，品牌仅仅是有形产品内涵的一个方面，因此，品牌总是与产品联系在一起的。从企业创办的历史看，起初产品与品牌处于高度黏合状态。但是随着企业长期使用这个品牌，品牌逐渐和具体产品相分离，并产生独立的品牌形象和品牌文化。两者之间关系的演进过程具体表现为以下三个阶段：

（一）品牌从属于产品阶段

品牌从属于产品阶段往往是在品牌的初创阶段。当企业刚推出新产品，或是已有品牌不适合市场需求、欲推出新产品时，企业必须开发一个新的品牌。无论是什么原因，企业总要为新产品选择一个新的品牌。新产品与新品牌的关系是先有产品再有品牌。这时品牌总是与产品形影不离，由产品到品牌，由品牌到产品，两者的联系十分紧密。此时，品牌与产品处于高度黏合的状态，几乎是合二为一的。

从属于产品的品牌的生命力是不强的。因为任何产品都有生命周期，一旦该产品处于衰退期，就面临退出市场的命运，从属于该产品的品牌也就失去了存在的意义。另外，当品牌从属于产品并缺乏品牌独立个性时，企业经营就会被局限于该产品，而无法向新的领域拓展，使企业的发展受到限制，当产品受到替代产品冲击时，企业可能随产品一起陷入衰退。因此，从属性品牌只起到识别作用，尚不具有多少营销功能，也不能为顾客创造额外的附加价值。所以这一阶段的品牌并不是真正意义上的品牌。

（二）品牌与产品平行阶段

品牌与产品的平行关系是指品牌不再从属于产品，品牌作为独立于产品之外的力量，与产品一起合力开拓市场。品牌产品不但因产品的优良品质赢得了顾客的信任和肯定，也以其独特的品牌形象和品牌个性赢得顾客的好感与认同。因此顾客购买的是品牌产品而不仅仅是产品，顾客同时也在购买品牌所具有的形象和个性。此时，品牌衬托产品的高质量，产品高质量的表现又强化了品牌高品质的形象，二者相辅相成，同时成为企业发展壮大的工具。

品牌与产品的平行关系实际上有利于企业在该品牌下推出新产品，也就是所谓的产品线延伸。由于消费者对于该品牌已经非常熟悉，而且对其产生了信赖感，同品牌的其他产品被接受的可能性大大加强，这无形中就提高了新产品投放市场的成功率，缩短了新产品开拓市场的时间，也节省了企业重新开拓市场的费用。

（三）产品从属于品牌阶段

品牌由初始阶段从属于产品，经品牌的定位和一定时间的使用后，逐渐确立自己的个性和形象，这时品牌的地位和作用就会逐渐强化，成为企业的一面旗帜，发挥其市场号召力。此时，品牌成为企业经营理念的集中体现，会产生无法被取代和模仿的品牌文化，这一阶段被称为产品从属于品牌阶段。

例如，李维斯（Levi's）是自由、冒险和独立精神的象征；万宝路（Marlboro）的西部牛仔形象，是男人粗犷、豪放、冒险的代名词。此时的品牌是具有深刻文化内涵的无形资产，其价值远高于产品本身所带来的功能性利益。这时产品必须服从于品牌，从属于品牌。因此，产品从属于品牌的关系是最高形式的品牌建设成果，意味着品牌文化的确立。

二、品牌与名牌

名牌是驰名品牌、著名品牌的简称。在我国，对名牌颇有误解，有不少人认为名牌就是知名度很高的品牌，这种理解只强调了品牌的认知性，而忽视了品牌的形象和权益。名牌应该是知名度和美誉度的完美统一，是优异品质和美好联想的代名词。

在欧美国家，较少用 Well-known Brand（驰名品牌）这个概念，更多的是用 Power Brand（强力品牌）或 Strong Brand（强势品牌）的概念。在国内有一份报纸，专门辟有一个名牌专刊，其英文名是"Top Brand"。但是，这些差异只是文字表述的差别，各个国家的名牌都具有区别于一般品牌的特征。

（一）名牌是高知名度的品牌

名牌之所以被称作名牌的一个重要衡量指标就是它的品牌知名度，也就是说，有多少人知道这个品牌，有多少人喜爱这个品牌。在某种程度上，名牌一定是高知名度的产品，但是高知名度的产品不一定是名牌。不能像某些企业一样，只是一味地追求高知名度，进行铺天盖地的广告轰炸，而忽略对品牌产品的内涵建设，结果很多人知道这一品牌，却不一定喜爱这一品牌，更不一定会选择这一品牌。

（二）名牌是经得起时间考验的品牌

世界上很多知名品牌，如可口可乐、肯德基、强生等都有着很长时间的经营历史，我国的王致和、张小泉等品牌也是有着三四百年历史的著名老字号品牌。这些品牌都是在科学技术不断进步、竞争环境日趋激烈的社会发展中，不断调整自己的品牌运营策略，经受了时间的考验，始终保持活力的强势品牌。

（三）名牌是高市场占有率的品牌

名牌应该是在众多或若干品牌中市场占有率明显占优的品牌，但是应该强调的是，该品牌的市场占有率不是指在某类产品的全部市场上的占有率，而是在特定目标市场上的市场占有率。例如，可口可乐是世界级名牌，在可乐市场上，其市场占有率高达40%以上，但在饮料类（可乐、汽水、纯净水、果汁、茶、奶类等）综合市场上的占有率却十分有限。

（四）名牌是能获得溢价的品牌

一个品牌如果成为名牌，为消费者所偏爱，那么它就能获得溢价。例如，深受消费者喜爱的某品牌，其产品的实际产地集中在中国、越南等劳动力价格低廉的国家，但是其售价要比生产国家的同类型产品高。其根本原因在于名牌可以获得顾客的信任，顾客也愿意为此支付相对高的价格。

（五）名牌是信誉卓越的品牌

名牌产品不仅要在产品的性能上让顾客满意，还要在售前、售中和售后服务等方面为顾客尽可能多地提供便利，真正做到视顾客如"上帝"。例如，海尔多年来一直秉承服务至上的理念，让每位顾客在购买产品后都会感到心满意足，为顾客创造超额的顾客让渡价值，从而获得顾客的信任，不少顾客在购买海尔产品后成了海尔不支薪的促销员。

（六）名牌是消费者愿意拥有或渴望拥有的品牌

名牌有两大类：一类是大众名牌；另一类是贵族名牌，亦称奢侈品品牌。

大众名牌是普遍大众能够买得起，并且愿意购买的品牌（产品）。例如，饮料要喝可口可乐，运动服要穿李宁等。这些品牌都是大众名牌，一旦你想要购买某种满足你需要的产品，就会想到相应的品牌，并且会去购买这个品牌的产品。

贵族品牌不是人人都能买得起其产品的品牌。这些品牌产品只是一种象征，象征着某种地位、权力、成功或一种生活方式。贵族品牌的产品往往销售数量不多，但价格昂贵，利润丰厚。例如，阿玛尼、轩尼诗、爱马仕、兰博基尼等贵族品牌，遍及各个产品领域。目前，国际上主要的奢侈品品牌在中国都有销售。

三、品牌与商标

商标是指商品生产者或经营者为使自己的商品在市场上同其他商品生产者或经营者的商品相区别，而使用于商品或其包装上的，由文字、图形、字母、数字、三维标志、颜色组合和声音等或由上述要素的组合所构成的一种标记。商标是商品经济发展到一定阶段的产物。为了保护商品生产者、经营者的利益和消费者的权益，最终用法律形式确立了商标的法律地位和不可侵犯性。

（一）商标与品牌的联系

商标和品牌之间有十分密切的历史渊源，在古代社会，人口稀少，家养的牲畜放养于广袤的牧地，为了不至于混淆，牲畜的主人会在家畜上打一个特别的记号。这就是品牌最早的起源，也是英文品牌"Brand"一词最原始的解释：烙印。

随着社会生产力的进步，商品经济逐渐发达，一些手工业者和商人从自给自足的农牧业中分离出来，只进行专有产品的生产制造和经营销售活动，一些质量好、信誉好的产品，获得了很好的口碑，回头客频频光顾，认准标志（Mark）或商号购买的情形开始出现，与此同时，假冒现象也出现了。一些著名的企业要求国会或立法院制定反假冒的相关法律。法国、英国、美国几乎在同一时期制定并通过了类似商标法的法案。可口可乐、柯达等就是最早一批受法律保护的商标。

因此，商标是在品牌、标志基础上发展起来的，是经过法律程序和法律确认的品牌，受到法律的保护。从这个角度讲，现代意义上的品牌都是商标。商标和品牌从表现形式上看没有区别。所以，从大众使用角度看，品牌就是商标，商标也就是品牌。

但是，从品牌管理角度看，两者还是有区别的。品牌要成为企业的资产，获得排他性使用权，必须注册成为商标。本书在后面还会指出一个品牌可以是多个注册商标的组合，还可以是多个名称的组合。不过，一个品牌的某些要素（虽已形成独特性）是不能注册的，它们不是商标或商标的一部分（如颜色及其组合、口号、音乐等），但却是品牌的有机组成部分。所以，品牌与商标之间不是一一对应的关系，而是包含关系。一个品牌里必须至少有一个商标，有时甚至有几个商标，以商标的独占性来建立品牌识别性和品牌资产。

品牌视野：中国商标法的演进

商标法律制度起源于19世纪，1803年法国制定的《关于工厂、制造场和作坊的法律》，是世界上最早的包含商标保护规定的法律，但最早的商标成文法应当是法国1809年制定的

《备案商标保护法令》。世界上最早的全国性商标法也诞生在法国,即1857年颁布的《关于以使用原则和不审查原则为内容的制造标记和商标的法律》,该法确立了全面注册商标保护制度。

在中国,有关商标的相关法律出现在鸦片战争之后,当时,清政府被迫授予西方国家诸多贸易和外交特权,商标制度和知识产权制度就是在这样的背景下引入的。

1889年,"百日维新"期间,清政府曾发布法令保护中国商人的著名商标,但这一保护却不适用于外国商标。1902年,中英签订了《中英续议通商行船条约》,其中涉及为商标立法,以法的形式保护商标的专用权等问题。1904年,清政府颁布了《商标注册试办章程》,这是中国历史上第一部成文的商标法。1904年11月23日,清政府海关总税务司在津、沪两地正式受理商标挂号(即注册),这标志着商标法在中国正式开始实施。1923年北洋政府制定《商标法》及《商标法施行细则》;1930年中华民国国民政府制定新的《商标法》。

1890年上海燮昌火柴公司使用的"渭水"牌火柴商标,是目前已知的最早的经政府核准使用(即注册)的商标。

1949年以后到20世纪70年代末,实行国家对商标的控制。70年代中后期,政府开始恢复1963年以前专利、商标和版权的有关条例和规定。1979年,中美两国签订了一项贸易协定,双方表示要重视对知识产权的保护。1982年出台了《中华人民共和国商标法》,恢复承认商标的区别功能,承认并规定注册商标人的商标专用权。

1982年,全国人大常委会通过了中华人民共和国的第一部商标法,也是中华人民共和国成立后的第一部知识产权单行法——《中华人民共和国商标法》(简称《商标法》)。《商标法》确立了对商标专用权的保护,并建立起有效的注册、公告和异议制度。1983年,国务院发布实施了《中华人民共和国商标法实施细则》。1985年,中国成为《保护工业产权巴黎公约》成员国,1988年起正式采用《商标注册用商品和服务国际分类》和《商标图形要素国际分类》,1989年正式加入《商标国际注册马德里协定》。

为了履行国际公约义务和履行中美贸易谈判中做出的承诺,1993年,全国人大常委会通过了《关于修改〈中华人民共和国商标法〉的决定》,对《商标法》进行了第一次修订,以使其更能适应市场经济发展的新情况。本次修改的主要内容有:①增加了有关服务商标的规定;②增加了对不当注册商标的撤销的规定;③加强了对商标侵权的打击力度。

2001年,我国为了履行加入WTO的相关承诺,全国人大常委会对《商标法》(1993)进行了第二次修订。本次修改的主要内容有:①扩大商标权主体和客体的范围;②明确将地理标志纳入商标保护体系;③明确保护驰名商标;④引入对商标确权程序的司法审查;⑤禁止恶意抢注行为及增加工商机关的查处手段。

2013年,为了满足国内实践对商标法提出的要求,全国人大常委会对《商标法》(2001)进行了第三次修改。本次修改的主要内容有:①增加申请注册和使用商标应遵循诚实信用原则的规定;②取消申请商标注册的标志应为可视性标志的规定,增加声音可作为商标注册的规定;③对商标禁用条款做出修改;④增加驰名商标认定机关和程序,并增加"驰名商标"字样不得作为商业标识使用以及用于商业活动的规定;⑤增加对于商标代理机构的法律规定;⑥商标注册申请由"一标一类"改为"一标多类",同时对数据电文方式申请的法律效力进行确认;⑦商标异议申请的事由区分为绝对事由和相对事由,并对异议裁定的法律效力做出区分规定；⑧注册商标续展期由期满前6个月延长至12个月；⑨将"注册商标争议的裁定"修改为"注册商标的无效宣告"，并对无效宣告的程序和法律效力做出相应修改；⑩增加有关商标侵权行为的列举式规定；⑪对侵犯商标专用权损害赔偿的计算方法进行修改，提高法定赔偿数额。

2019年4月23日，第十三届全国人民代表大会常务委员会第十次会议通过《关于修改〈中华人民共和国建筑法〉等八部法律的决定》，对《商标法》进行第四次修正。本次修改的主要内容有：①增加诚实信用原则条款，修改要点：新《商标法》第七条规定了"申请注册和使用商标，应当遵循诚实信用原则"。②禁止抢注因业务往来等关系明知他人已经在先使用的商标。新《商标法》第十五条增加第二款："就同一种商品或者类似商品申请注册的商标与他人在先使用的未注册商标相同或者近似，申请人与该他人具有前款规定以外的合同、业务往来关系或者其他关系而明知该他人商标存在，该他人提出异议的，不予注册。"③增加惩罚性赔偿的规定，提高侵权赔偿额。新《商标法》引入了惩罚性赔偿制度，规定对恶意侵犯商标专用权、情节严重的，可以在权利人因侵权受到的损失、侵权人因侵权获得的利益或者注册商标使用许可费的1~5倍的范围内确定赔偿数额。同时，新《商标法》还将在上述三种依据都无法查清的情况下法院可以酌情决定的法定赔偿额上限从50万元提高到了500万元。④增加侵权人举证责任。新《商标法》规定在商标侵权诉讼中，人民法院为确定赔偿数额，在权利人已经尽力举证，而与侵权行为相关的账簿、资料主要由侵权人掌握的情况下，可以责令侵权人提供与侵权行为相关的账簿、资料，侵权人不提供或者提供虚假账簿、资料的，人民法院可以参考权利人的主张和提供的证据判定侵权赔偿数额。⑤增加关于商标注册审查和案件审理时限的规定。新《商标法》规定，"对申请注册的商标，商标局应当自收到商标注册申请文件之日起九个月内审查完毕"。而针对涉及单方当事人的商标确权案件，新《商标法》增加了9个月的审理时限，针对涉及双方当事人的确权案件，增加了12个月的审理时限。有特殊情况需要延长的，"经国务院工商行政管理部门批准"，可以延长3个月或者6个月。⑥加强对商标代理机构的规范。新《商标法》增加了商标代理机构从事商标代理业务应当遵循诚实信用原则的内容，商标代理行业组织对违反行业自律规范的会员可实行惩戒并记入信用档案。另外，新《商标法》还规定了对于商标代理机构或者商标代理人违反诚实信用原则，侵害委托人合法利益的，应当依法承担民事责任。⑦修改异议复审制度。新《商标法》规定商标局对商标异议进行审理后，对异议不成立、准予注册的商标，将直接发给注册证，异议人不服的只能向商标评审委员会请求宣告该注册商标无效，而对商标局裁定异议成立、不予注册的，被异议人可以向商标评审委员会申请复审。⑧限定异议主体和理由。新《商标法》第三十三条将有权依据相对理由提出异议的主体，由原来的"任何人"改为"在先权利人、利害关系人"。但针对违反禁用和禁注条款的商标，新《商标法》继续保留了"任何人"可以提起异议的规定。⑨增加禁止宣传和使用"驰名商标"的规定。新《商标法》第十四条第五款规定，"生产、经营者不得将'驰名商标'字样用于商品、商品包装或者容器上，或者用于广告宣传、展览以及其他商业活动中"。违反此规定的，根据第五十三条，"由地方工商行政管理部门责令改正，处十万元罚款"。⑩商标侵权判定中引入"容易导致混淆"要件。新《商标法》第五十七条将原《商标法》第五十二条中"在同一种商品或者类似商品上使用与注册商标相同或者近似的商标"的侵权情形进行了细分，对于不属于在"同一种商品上使用相同商标"情形的侵权判定，增加了"容易导致混淆"的判定要件。

（二）商标与品牌的区别

1. 权限范围不同

商标权有国界而品牌使用无国界。世界各国有自己的商标法律，在一国注册的商标仅在该国内有排他性使用权，超越国界后就失去了排他性权利。一些拥有著名商标的企业，由于没有及时到出口国注册，在当地市场赢得一定声誉后，被一些投机者抢先注册，结果丧失了在当地的竞争机会，造成了无法弥补的损失。因此，商标只有在注册国家是商标，在未注册的国家就不是商标，不受法律保护。品牌则不同，某一个品牌可能没有注册或注册失败，但作为一个品牌却被长期使用，可以有很强的识别性。

2. 使用的程序不同

商标需经法律程序审批，而对品牌的使用企业可以自己决定。商标必须经过法定程序才能取得，在注册成功之前它不具有独占性。一个标志、一个名称或两者的组合能否成为商标，不取决于企业，而取决于国家的商标管理部门，在我国为国家知识产权局商标局。品牌则不同，公司取一个名称，请人画个图案，就可以宣称"这就是我的品牌"，而且用不用、怎么用都不需要其他人或机构来批准。

3. 时效不同

从时效上讲，商标和品牌也不同。商标的有效性取决于法律，世界各国商标法的规定不尽相同。有的国家规定商标有效期为 20 年，而有的国家规定商标有效期只有 7 年。我国规定商标有效期为 10 年。当然，如果商标权人需要继续使用该商标，可以续注。因此，商标权实际上是一种永久性权利。但品牌则不同，法律上有效不等于市场有效，经不起市场历练而被淘汰的品牌，其经济寿命可能远短于其法律有效期。

4. 适用商品类别操作上不同

品牌可以延伸，商标则需重新申请注册。品牌延伸，也就是某类产品的品牌用到另一类产品上去。例如，从娃哈哈营养液，到娃哈哈果奶，再到娃哈哈纯净水等，就是品牌的延伸。品牌延伸并没有改变品牌，因为其品牌名不变，品牌的标志、图案不变。但按我国的规定，当品牌延伸到一种新产品时，必须作为一件新商标重新办理商标登记注册。因此，商标注册时必须严格注明用于什么产品。例如，可口可乐在美国申请商标时要注明是用于碳酸饮料。

▶ 本章小结

（1）品牌是企业为了满足市场需求、适应市场竞争而将企业或商品的名字、符号、属性、品质、个性、价值、历史、文化等信息融汇于一体，以区别于其他企业或商品的信息组合。

（2）根据不同的划分标准，将品牌划分为不同种类：根据品牌的知名度和辐射区域划分，可以将品牌分为地区品牌、国内品牌、国际品牌；根据产品生产经营所属的环节划分，可以将品牌分为制造商品牌和经营商品牌；根据品牌的来源划分，可以将品牌分为自有品牌、外来品牌和嫁接品牌；根据品牌的生命周期长短划分，可以将品牌分为短期品牌和长期品牌；根据品牌的本体特征划分，可以将品牌划分为个人品牌、企业品牌、城市品牌、国家品牌等。

(3) 品牌的特征主要表现在：品牌的专有性、品牌的价值性、品牌发展的风险性和不确定性、品牌的表象性、品牌的扩张性以及品牌的领导性。品牌的功能主要包含品牌的识别功能、品牌的保护功能、品牌的情感功能、品牌的增值功能、品牌的市场分隔功能等几个方面。

(4) 品牌与产品、品牌与名牌、品牌与商标的区别与联系。

思考题

1. 什么是品牌？
2. 品牌有哪些分类标准？内容如何？
3. 品牌的特征有哪些？
4. 品牌的功能有哪些？
5. 什么是商标？品牌和商标的区别和联系分别是什么？
6. 品牌和名牌的关系如何？

案例分析讨论

中国中药品牌在崛起

近年来，随着国家不断出台政策支持和鼓励，中药传统用法在新中药时代得以回归和升级，也重新赢得了国人重视的目光。在这一背景下，品牌中药正在迅速崛起，迎来更广阔的发展前景。

中药作为极具代表性的中国元素之一，在我国从经济大国迈向经济强国的发展进程中，更好地向世界传递了我国自主创新的成就，以及中华文明的底蕴和故事。品牌中药企业在促进品牌价值焕新、增强品牌活力、传承与创新等方面做了大量的工作。

品牌升级

中国医药保健品进出口商会中药部负责人在接受《经济观察报》记者采访时称，近年来中药企业，尤其是中小型中药企业特别重视自己的品牌建设。云南白药、同仁堂等老字号品牌有很多药品是国家保密配方，这些老字号品牌企业在整个中药行业里属于中流砥柱，为我国中药产业注入了很多力量。

近年来，我国中药行业在市场规模、资产规模及利润等方面均呈增长态势。在国家政策的支持和鼓励下，中药饮片需求得以改善、中药消费品正在崛起。而在中药产品、中药类健康消费品迎来新机遇的同时，中药也在不断完成从智造升级到品牌升级的嬗变。

据中商产业研究院数据，2018年，中药行业71家上市公司披露的半年财报显示有53家同比增长。2018年，我国中药行业上市公司总市值排名前十的企业分别为云南白药、白云山、片仔癀、康美药业、同仁堂、天士力、济川药业、东阿阿胶、华润三九、步长制药。其中，云南白药市值770.22亿元，白云山市值581.38亿元，片仔癀市值522.77亿元。

不仅如此，东阿阿胶、同仁堂还跻身2018中国品牌价值百强榜。近年来，知名中药老字号品牌、企业品牌正在行业里起着标杆引领的作用。

创建于1902年的云南白药，不仅是我国中药行业的一张名片，还被誉为中华老字号中的金字招牌。云南白药集团带着"云南白药"的品牌故事，于2018年入选福布斯全球企业2000强、亚洲最佳上市公司50强、财富中国500强。在Interbrand、胡润、BrandZ等发布的中国品牌价值排行榜中，云南白药持续稳居行业第一，2015年获中国商标金奖，拥有3个中国驰名商标。

2018年，云南白药集团有限公司实现营业收入267.08亿元、利润总额38.26亿元，加权平均净资产收益率17.37%。1999年—2018年，公司营业收入从2.32亿元跃升至267.08亿元，增长约115倍，年复合增长率达28.38%。

云南白药还延伸打造了多个品牌领域，如云丰、童俏俏、云健等药品；个人健康护理产品包括日子、金口健、朗健、养元青、采之汲等；原生药材及大健康产品包括白药养生、豹七、千草堂、千草美姿、天紫红等。

与此同时，云南白药近年来凭借创可贴、云南白药气雾剂、云南白药膏等药品占据中国市场同类产品销量第一；云南白药牙膏位居同类产品全国市场份额第二、民族品牌第一的领军地位。

云南白药这样一家民族品牌中药企业，不断深化自身品牌，开始实现横向发展，而不只是局限于药品方面，这一策略非常正确。这使得云南白药在健康和日化领域都有了沉淀。

就云南白药的产品结构来看，因为药品不能做广告宣传，所以从牙膏、日化等领域切入，对于"云南白药"品牌药品的助力比较大。

同样，作为一个有故事的中华老字号品牌，传承500年中药品牌魅力的片仔癀，其品牌故事可追溯到明朝末年的宫廷秘方。如今承载这一品牌的漳州片仔癀药业股份有限公司，2018年以249.03亿元在中华老字号品牌中位居第二。2013年—2017年，片仔癀五次荣登胡润品牌榜，2017年位居医药保健品行业第五位。

片仔癀药业以科研传承和践行中药品牌从本土走向世界为发展战略，领导层曾不止一次表示，只有用现代科技手段来证明中医药的疗效，片仔癀才能更好地"走出去"。

同样有着宫廷制药基因的同仁堂，自1669年（清康熙八年）乐显扬创办至今，始终是中华老字号阵营里的传奇角色。如今已成为国有独资企业的北京同仁堂（集团）有限责任公司，业务涵盖制药业、零售商业和医疗服务三大板块。截至2017年，集团拥有药品、保健食品等六大品类2600余种产品。

截至2018年年底，同仁堂连续5年实现营业收入与净利润双增长：2018年营业收入达142.09亿元，同比增长6.23%；净利润11.34亿元，同比增长11.49%。

与有着百年老字号品牌积淀的企业不同的是，现代起家的一些中药企业在一路摸爬滚打中也创造出了斐然的业绩，同样形成了强劲的品牌优势。"中药必须走现代化之路。"步长制药的掌舵人曾这样表示。而如今连续4年营业收入逾百亿元的步长制药，从创立至今已走过了20多年的风雨路。

20多年前，当时只是一名普通内科医生的步长药业创始人，在时常看到中风患者治疗没效果的情形下，决心攻克中风偏瘫的医学难题。就这样，1993年咸阳步长制药有限公司成立。2018年，步长药业营业收入约136.73亿元；利润23.06亿元，同比增长31.14%；利润总额22.64亿元，同比增长15.47%；归属于上市公司股东的净利润为18.89亿元，同比增长15.31%。

在步长制药起家的同一时期，天士力医药品牌创立。但这个现在已经被人们所熟知的中药企,在创立初期曾陷入困境与挫折,公司老总1994年在"中国药品交易会"上连一瓶药都没有卖出去。而2010年,天士力集团凭借复方丹参滴丸销售额突破16亿元,并且该药以药品身份进入南非、俄罗斯、韩国、加拿大等国家和地区销售。"现在,步长制药、天士力这类企业的盈利很可观,未来发展趋势也非常好。因为它们通过创新步入了现代化中药发展阶段,有几个独家拳头产品,销量可观,在很多地区患者接受度都比较高。"尽管不是老字号品牌,但这类企业靠品质和科研以及联合来做产品,让患者去体验,进而逐渐攻占市场。这类企业拼的是实力,然后形成品牌知名度,逐渐提高竞争力,其盈利水平已与老字号品牌基本持平。

品牌维护

如今,我国中药品牌的阵营越来越强大,白云山、东阿阿胶、九芝堂、华润三九、天目药业、康美药业、济川药业、吉林敖东、康恩贝、以岭药业、贵州百灵、广誉远、珍宝岛、奇正藏药、中新药业、辅仁药业、桂林三金、通化金马、上海凯宝等众多知名企业及老字号都在讲自己企业的故事,而品牌价值也越来越成为企业核心的竞争力。

"很多中药企业都生产安宫牛黄丸,但多数消费者只认同仁堂品牌;同样很多企业都有三七,但多数消费者只认云南白药品牌,这就是品牌价值,真的很重要。"

品牌的背后是品质,唯有品质才能成就品牌。如今,企业都在以品牌建设来打造可持续增长的长久基业。

云南白药未来将在全球开放配置资源以应对国内和国际市场,坚持内生性增长与外延式扩展并举的发展思路,围绕网络化、平台化、生态圈,着力强化竞争实力,不断为用户和投资方创造价值。

企业品牌价值的基石是其产品的质量以及质量检测符合药典要求。目前,中药企业比较受重视,国家也比较支持,已经形成了企业群体共同发展品牌建设的趋势。放眼国际来看,知名药企其实都是百年品牌的老店,都是靠品牌来铸造企业的实力、竞争力和知名度的。

事实上,在中药企业横向拓展其业务领域的道路上,也出现过一些备受诟病的事件,而这些恰恰是在品牌长久维护中所避之不及的。

目前,众多企业已经开始较为重视企业品牌和产品品牌的建设,这是企业发展进入一个新阶段的体现。而未来对于品牌的长久维护,需要企业怎么做,的确是一个新课题。

这是因为很多企业此前可能没有意识到对于品牌的维护应该投入什么以及投入多少。大多数中药企业只是对于主要的产品管控较为严格,一些企业在跨领域发展中也容易产生负面问题,这都为企业敲响了警钟。

未来,企业会逐渐意识到维护品牌的重要性,因为企业打造的是自身的品牌。那么,企业在跨领域合并、兼并、重组、国际化进程中,就要开始注意自身对品牌的重视和维护。

中药企业的发展和品牌之路的大趋势向好,经过一些短期的震荡和调整,中药或传统药整体市场未来还是比较乐观的。并且欧美以及日本等国家已经逐渐认可中药的一些优势和疗效,未来将有很好的发展机遇。

(资料来源:史凯. 中国中药品牌在崛起. https://finance.sina.com.cn/roll/2019-05-05/doc-ihvhiewr9837183.shtml)

讨论题：
1. 根据案例分析我国中药企业品牌发展面临的机遇与挑战。
2. 根据案例分析我国中药企业是如何实现品牌升级的。
3. 根据案例分析企业品牌与产品品牌的关系。

第二章

品牌管理概述

本章要点

(1) 品牌管理的概念与特征。
(2) 品牌管理的沿革。
(3) 品牌管理的流程。
(4) 品牌管理的原则。

导入案例

"山村米姑娘"的品牌管理

炒饭是我们日常生活中常常会吃到的,要想把炒饭做得好吃其实不难,但是要把它做成一个品牌,就需要点技术,而要想把炒饭做成全国连锁,就不是一件容易的事情了。

山村米姑娘炒饭品牌创立10年,在全国很多地方皆有门店,已然成为业内的一个奇迹。据了解,加盟山村米姑娘的小店有50%的月营业额已超过同行业品牌3~5倍。这不禁引起不少业内人士的好奇:都是做炒饭的,为什么山村米姑娘的炒饭就这么受欢迎?其实,归根到底只有一个原因,那就是它的品牌经营之道很独特。

1. 目标市场定位明晰,顾客来源稳定

山村米姑娘把其主要的顾客源定位为学生群体。关于为什么定位为这个群体?沈阳一家加盟店的老板李先生说:"学生群体收入单一,又不愿意花太多的时间在等餐上,所以我们这种物美价廉的快餐正适合他们,这也是我当初要做炒饭的原因。"其实不仅是学生群体,打工族也是山村米姑娘最主要的消费群体之一。在城市的郊区,我们会发现很多小巷里也有山村米姑娘的店面。这里是城市打工族的居住地,很多人都喜欢来米姑娘吃便宜又美味的炒饭。正是有了这些稳定的消费群体,山村米姑娘才有了今天的成就。

2. 适应消费方式的变化,满足顾客需求

当代学生的生活基本是以学习、娱乐为主,除了聚餐,一般都吃得很简单。尤其自己一个人的时候甚至都懒得吃饭,开展送餐业务能将众多懒得出门吃饭的学生开发成为顾客,其消费数量将是可观的,这也将会是炒饭店收入的主要来源。山村米姑娘当然不会错过这个商机,几乎所有的加盟店都开辟了线上业务,通过入驻外卖平台,山村米姑娘成功实现了线上引流。

3. 讲究品质，服务用心，保证食品健康

店开得再火，味道再好，如果不能保证食品健康，也难逃倒闭的命运。对此，山村米姑娘有很深的认识。"我们见过太多企业因食品安全问题而倒下了，餐饮行业更是重灾区。"米姑娘厦门加盟店的王老板说。为了能彻底保证加盟店的食品安全，所有加盟店采用的食材全部来自总公司。公司旗下也有自己的种植基地，并有专业团队负责食材的品质，保证食材绿色健康。

4. 赢得顾客心，味道是独门秘籍

炒饭看似简单，但山村米姑娘家的味道却是独一无二的，这得益于它传统的秘方：酱汁。酱汁是老一辈人长时间经验的积累，经过千锤百炼后，终于研制出了广受大众喜爱的口味，并流传至今。正在山村米姑娘家吃饭的小张说："在这儿，我吃出了外婆的味道。"

上述几点，做企业的人都明白其中的道理，但却很少有企业在经营和市场打拼中能一一做到。想消费者之所想，并在品牌的经营管理中切实贯彻执行，这也许正是山村米姑娘的成功之道。

（资料来源：山村米姑娘品牌是如何把炒饭做成全国连锁？https://www.chinapp.com/pinpai_jiedu/195843）

第一节　品牌管理的概念与特征

一、品牌管理的概念

品牌需要管理，并且随着品牌价值的日益增长与显现，品牌管理已经成为企业管理领域一个新的热点、一个时髦的概念，已上升到企业战略管理层面。

那么，什么是品牌管理（Brand Management）呢？不同的专家学者给出了不同的定义。

余明阳等人认为，品牌管理是指企业有效运用各种内外部资源，通过计划、组织、领导、协调、控制等管理职能，创立、维护、塑造品牌以使品牌价值最大化的过程。

周志民将品牌管理定义为企业管理者为培育品牌资产而展开的以消费者为中心的规划、传播、提升和评估等一系列战略决策和策略执行活动。

杨晨借鉴美国哈佛大学商学院教授 Michael Porter 的价值链（Value Chain）理论来研究品牌管理，认为品牌管理是涉及企业研发、生产、营销等价值环节的协同管理，是一个兼顾企业和消费者互动循环的管理系统，包含了建立、维护、巩固品牌的全过程，是一个监管、控制品牌与消费者之间关系的全方位管理过程。企业只有通过品牌协同管理才能实现品牌愿景，最终获取品牌优势。

丁桂兰则认为品牌管理是指针对企业产品和服务的品牌，综合运用企业资源，通过计划、组织、实施、控制来实现企业品牌战略目标的经营管理过程。

综合这些观点，我们认为，所谓品牌管理，是指企业管理者以消费者为中心，有效配置企业所拥有的各种资源，如资金、人才、资本、信息等，通过规划、沟通、协调、控制、决策等职能的行使，以创建、维护、提升、整合品牌并壮大品牌资产的过程。

二、品牌管理的特征

1. 全方位性

品牌管理不仅是营销部门或品牌推广部门的工作，还涉及企业各个职能部门，并贯穿整个商业流程，成为跨部门、具有战略意义的工作。品牌管理因而具有全方位性的特征。

2. 长期性

冰冻三尺，非一日之寒。塑造优秀的品牌不是一蹴而就的，不会立竿见影。品牌的创立、维护与提升，需要进行长期的规划与不懈的努力，要计划、组织、协调等，是一个长期的过程；作为企业发展战略之一的品牌战略，更是一场持久战，往往需要经过几代人的努力。以完善品牌美誉度和提高品牌忠诚度为指数，扎扎实实地培育、塑造和管理品牌，才能使品牌健康、稳定、快速地发展，实现品牌价值的最大化。

广告也许可以使一个品牌一夜成名，使之无人不知、无人不晓，但是品牌的知名度绝不是品牌的美誉度和忠诚度，也与品牌的重复购买率没有太大的相关性。如某口服液，依靠其"裂变式"的销售渠道，使得品牌知名度在短期内迅速提升，响彻大江南北，创造了依靠营销渠道成名的"神话"。然而，由于该企业急功近利，没有进行系统性的、整合性的、持久性的品牌管理，某口服液如昙花一现，已销声匿迹。

3. 系统性

品牌管理是一项系统工程。从品牌关系而言，它是涉及所有品牌利益人的关系系统；从品牌价值链来说，它涉及采购、生产、营销、财务、人力资源等价值链的各个环节；从品牌管理的范围而论，它从最初的原材料选择一直延伸至最终的用户服务，涉及企业的整体业务规划；从管理参与者的广度而言，它涉及品牌管理机构各个部门的所有人员，更是一个庞大的系统。

作为一项系统工程，品牌管理需要企业科学、严谨地遵循品牌创建及发展规律，从战略角度出发，持之以恒地进行品牌发展规划，以提升企业品牌的核心竞争力。

4. 战略性

随着市场竞争的加剧，企业管理者越来越强调将品牌运营上升到公司战略，即将品牌作为企业核心竞争力，以获取差别利润和价值。著名的品牌学者凯勒（K. L. Keller）教授和卡普菲勒（J-N. Kapferer）教授不约而同地将他们所撰写的品牌管理教材命名为《战略品牌管理》（Strategic Brand Management），可见品牌管理在学术界已经上升到战略的高度。而在品牌经理的眼中，品牌管理也应该是企业战略管理层面的问题，而不是传统观念当中的战术问题。

从品牌管理的战略性地位来说，强势品牌都把品牌管理上升到战略管理的高度，设立战略性品牌管理部门。其主要职责包括：制定品牌管理的战略性文件，规定品牌管理与识别运用的一致性策略方面的最高原则；建立母品牌的核心价值及定位，并使之适应企业文化及发展需要；定义品牌架构与沟通组织的整体关系，并规划整个品牌系统，使企业每一个品牌都有明确的角色；解决品牌延伸、提升等方面的战略性问题；进行品牌检验、品牌资产评估、品牌传播的战略性监控等。

第二节 品牌管理的沿革及其组织形式

品牌管理经历了一个从无到有、从起步到成熟的过程。经过对其发展脉络的梳理，我们认为，品牌管理的发展经历了业主负责管理、品牌职能管理、品牌经理管理和品牌整合管理四个阶段；与之对应，先后出现了业主负责制、职能管理制、品牌经理制、品类经理制和品牌管理委员会五种品牌管理组织形式。

一、业主负责制

20世纪20年代以前，市场还是卖方市场，品牌经营还相对简单，企业品牌管理仅靠高层管理者个人——业主就能够从容应付。例如，福特汽车公司的亨利·福特（Henry Ford）、麦当劳餐厅的雷·柯洛克（Ray Kroc）、可口可乐公司的坎德勒（Asa Griggs Kandler）等，都亲自管理品牌的创建和发展，都亲自参与品牌决策的制定与执行，这就是业主负责制。所谓业主负责制，是指品牌的决策乃至组织实施全由企业高层领导承担，只有具体的执行工作才授权下属完成的一种高度集权的品牌管理组织制度。

业主负责制的优点是决策迅速，能方便地整合资源；能为品牌注入企业家精神，使品牌具有鲜明的企业家个性。

但它的缺点也很明显，一旦企业规模扩大，管理者个人管理幅度有限，就没有精力处理所有品牌相关的事宜。

在这个时代，业主负责制是西方企业品牌管理的主流形式。

二、职能管理制

品牌职能管理盛行于20世纪20~50年代的西方，源于"科学管理之父"泰勒开创的职能工长制。所谓职能管理制，是指在企业的统一领导、组织与协调下，将品牌管理的职责分配到各个职能部门当中，各职能部门负责人在其权力范围内行使相关的品牌决策与计划权、承担相应责任、履行相应义务的一种品牌管理组织制度。例如，市场部门承担品牌调研工作，宣传部门承担品牌推广工作等。

职能管理制的优点：一是使高层管理者摆脱了品牌具体事务的纠缠，可以抽身做其他重大的战略决策；二是将专业化的职能分工和科学管理带入品牌管理当中，通过合理的分工和明晰各部门责权，能够消除经验管理的弊端，使管理从经验化走向科学化，提高了企业运作和品牌经营的效率，使品牌能在更复杂的环境下健康成长。

但这种品牌管理组织形式也存在一些缺陷。一方面，在职能管理制下的品牌管理事务由若干职能部门分别完成，其管理绩效主要取决于相关职能部门间的合作，而企业内各职能部门属于平行机构，缺乏一个上级领导来进行有效的协调和沟通，容易出现扯皮和推诿现象，产生品牌管理的"真空"，致使企业品牌形象受到损害。另一方面，在品牌职能管理制下，若企业品牌拥有量较少，企业高层管理者能够有效地控制和管理每一个品牌，所引发的问题相对较少；但当企业的品牌数目增多时，企业高层领导不得不将较多的品牌决策权下放，这种不均衡的授权使得各平行部门间的协调较为困难，管理效率也就随之下降。

三、品牌经理制

1926年,尼尔·麦克尔罗伊(Neil Mcelroy)刚从哈佛大学毕业,被美国宝洁公司指派负责规划宝洁第二个香皂品牌"佳美"的广告活动。1930年,宝洁决定为"佳美"选择新的广告公司,并向这家广告公司许诺,绝不为竞争设定任何限制。这样,跳出宝洁另一品牌"象牙"翻版阴影的"佳美"的销售业绩迅速增长。于是,麦克尔罗伊萌发了"一个人负责一个品牌"的构想,并于1931年5月31日起草了一个具有历史意义的文件——《品牌管理备忘录》。这就是品牌经理制的起源。

品牌经理制是指企业为其所开发的每一个产品品牌配备一名专职经理,具体、全面地负责该品牌的产品开发、销售及利润的一种品牌经营管理制度。专职的品牌经理统一协调产品开发部门、生产部门和销售部门,处理影响品牌运营的各种具体问题。

(一)品牌经理制的优点

1. 增强职能部门运作的协调性

品牌经理制为每一个品牌设置了专职管理者,负责品牌分析、规划和执行等全过程,从而为品牌的成长提供了保障;品牌经理为品牌建设进行了有条不紊的安排,有利于消除企业所属各部门间因利益博弈而出现的推诿、扯皮等现象,从而增强了各职能部门的协调性,实现各部门的局部最优,达到公司整体最优。

2. 提高品牌产品市场定位的有效性

随着市场由卖方市场转向买方市场,以顾客需求为中心的营销理念已深入市场、深入人心。品牌经理在新产品研发前,首先会考虑消费者的需求偏好、消费者偏好的个性化发展趋势,从而确定新产品的目标市场、档次和价格等,并根据这一市场定位明确新产品的功能与要求,更注重塑造产品的个性,从而提高品牌产品市场定位的有效性。

3. 维持品牌的长期发展与整体形象

品牌经理制能够驱动品牌经理在产品线延伸方面保护品牌个性,在销售过程中消除短期销售行为,并能根据品牌的长远利益做出正确的抉择,使品牌得到长期发展。

4. 有利于培养高级的综合管理人才

品牌经理制对品牌管理人员的素质要求很高,一个品牌经理必须能够全面应付品牌管理的各项工作,这有利于为企业培养出高级的综合管理人才。例如,品牌经理制的提出者尼尔·麦克尔罗伊(Neil McElroy)后来荣升为宝洁公司总裁,再后来被艾森豪威尔总统赏识,担任了美国国防部部长。

(二)品牌经理制的缺点

品牌经理制能够有效地协调企业营销及研发、生产等部门的职能,以对市场变化做出积极响应。但也存在一些缺点,具体表现如下:

1. 品牌经理缺乏整体观念

在品牌经理制下,因各品牌经理业务上相互独立,极易因为保持各自品牌产品的利益而发生摩擦,各个品牌的各自为战可能会使得每个品牌的风格自成一体,导致整个企业品牌形象杂乱无章,缺乏整体的、全局的考量。

2. 品牌经理管理权力有限

品牌的运营需要协调企业研发、生产、市场等职能部门的关系,而品牌经理由于得不到足够的授权，难以协调有关部门的相互关系，从而无法有效地履行其职责。即品牌经理只能依靠劝说的方法取得广告、销售、生产等部门的积极配合与支持，其成效低，且往往达不到预期的目标。

3. 多头领导造成困惑

由于岗位权责划分不够清晰，下级可能会因多方面的指令而困惑。例如，产品广告总监在制定广告战略时，需接受产品市场营销经理的指导；而在预算和媒体选择上，则受制于品牌经理，这易导致品牌运营计划难以有效地贯彻执行。

4. 品牌管理费用过高

由于同一家企业的不同品牌也相互视为竞争者，致使每个品牌都需要独立投入，结果出现重复建设、资源内耗等现象。可见品牌经理制的管理方法需要较多的资金支持。因此，品牌经理制适用于规模较大的企业，而不适用于中小企业的专业化品牌。

四、品类经理制

为了克服品牌经理分散管理的弊端，妥善处理品牌长期发展战略和短期战术运作的关系，促进企业各品牌的协调发展，在强调企业整体竞争力背景下产生了一种新的品牌管理模式，即品牌整合管理。这是一种由企业高层管理者从企业发展的战略高度对企业品牌（或产品品牌）进行的系统化管理，而不是将品牌交由处于较低层次的品牌经理进行的分散管理；这种新的管理模式，将企业内部众多品牌（从高层的企业品牌到底层的产品品牌）整合起来，使之彼此关联、互为支撑、相互促进，形成一个有机的整体，凝聚合力，而非各自为战。

品类经理制是与这种新的品牌管理模式对应而生的一种品牌管理组织形式。

1994年，英国《经济学家》杂志发表了题为《品牌经理制的终结》一文，对品牌经理制的弊端进行了尖锐的批评。而在实业界，美国的宝洁公司也同时在探索一种更好的品牌管理组织形式，这就是品类经理制。品类经理制也称为品牌事业部制，是指为多个品牌构成的一个产品类别设置一名经理，由其负责该品类的管理和盈利。在本质上它与品牌经理制一样，都是设置专职管理人员来负责品牌管理，且都是由各职能部门人员共同组成的一种矩阵式管理组织形式；不同之处在于品牌经理制只负责具体一个品牌的管理，而品类经理制要同时负责几个同类产品的品牌管理。

品类经理制的优点是能够协调品类内各品牌的关系，整合各品牌的优势，避免了品牌经理制中出现的资源内耗和重复建设；能够充分利用品类经理的行业专业优势，提高品牌管理的效率。

品类经理制的缺点是虽然强调了各品牌之间的协调与配合，但品类与品类之间依然缺乏整合、难以整合，从而导致企业整体品牌形象不突出、不鲜明、不统一。

五、品牌管理委员会

21世纪初，一些跨国公司在品牌整合管理的实践中改进了品类经理制的不足，形成一种新的品牌管理组织形式。它由企业的主管副总、品牌委员会委员、品牌项目经理（管理一个产品类别下的多个产品品牌）、品牌经理（分管某一产品的品牌管理者）、技术人员、营销人员、财务人员等组成品牌管理委员会，注重各品类以及各职能的相互合作与协调，以一个战略性的品牌管理部门或人员来弥补前面几种品牌管理体制和组织的不足。其主要职责是制定企业品牌管理的规划、设计品牌视觉形象、抉择新品牌推出计划等战略性问题；其主要目标是构建整体品牌体系，建立整体的品牌战略，确保各事业部品牌之间的沟通与整合。国内外很多企业，如惠普公司、润迅通信集团等，都建立了自己的品牌管理委员会。

品牌管理委员会能够有效协调各职能之间、各品类之间的关系，提高品牌管理效率，统一企业整体形象；同时，因为品牌管理委员会处于企业的高层位置，对整个企来都有管理权限，从而有助于建立全员品牌导向，这是组织制度的优点。但事物总是一分为二的，高层管理者身居高位，远离各品牌、品类的一线市场，容易出现一些决策过于主观化的问题；另外，这种品牌管理组织形式对高层管理者的品牌管理水平要求高，高层管理者并不等同于品牌的专业管理者，也并不意味着高水平的品牌管理决策，出现一些非专业的错误在所难免。

随着全社会品牌意识的提高，很多企业开始设置了首席品牌官（Chief Brand Officer, CBO）一职来主持品牌管理委员会，全面负责企业发展中品牌的创建、维护、宣传和推广等事宜。首席品牌官是现代组织（包括企业、政府或其他组织）中设置的专门负责品牌战略管理与运营的高层管理人员，他不仅是企业品牌的传播者，更是企业品牌价值的设计者和企业品牌资产的运营者。首席品牌官作为品牌管理制度建立与执行的核心人物，正在成为企业的新宠。

第三节　品牌管理的任务与流程

一、品牌管理的任务

品牌是企业重要的无形资产，品牌管理实质就是品牌资产管理。品牌管理水平的高低直接关系到品牌资产投资和利用效果的好坏，因而，品牌管理可谓任重而道远。一般而言，企业品牌管理的主要任务包括：监控品牌运营状况，设计或参与设计品牌，申请注册商标，管理品牌或商标档案，管理商标标签的印制、领用与销毁，处理品牌纠纷，维护商标权，协助打假，进行品牌全员管理教育等。

品牌管理的根本任务是使企业行为更忠实于品牌核心价值与精神，实现品牌资产最大化，让品牌经久不衰。

二、品牌管理的流程

中外大量品牌专家对品牌管理问题进行了深入的研究和思考，对品牌管理的流程提出了各自的观点和看法，仁者见仁，智者见智。

国外专家，如英国伯明翰大学的品牌营销教授切纳托尼，在其著作《品牌制胜：从品牌展望到品牌评估》中提出了著名的切纳托尼八步品牌管理流程；凯勒教授在其有"品牌圣经"之誉的著作《战略品牌管理》一书中，站在品牌战略的高度分析了战略品牌管理流程的四个环节。

国内很多学者如周志民、杨晨等，都对品牌管理的流程展开了深入研究，提出了很多富有见地的观点。

在学习和借鉴国内外专家学者研究成果的基础上，本书遵循品牌成长的自然规律，把品牌管理的流程分为四个阶段、九个步骤。

第一阶段：创建品牌

本阶段的任务是在综合分析宏观环境、微观环境、企业目标及品牌自身资源的前提下，从消费者角度提出的品牌未来可能的价值内涵，并以品牌符号外显出来。

第一步，塑造品牌形象与个性

品牌形象是由营销人员所发展、实行与管理的一种拟人化的运营活动，是消费者对某一品牌产生的总体印象和判断（品牌形象相关内容见第三章第一节）。品牌形象包含品牌特色、品牌利益、品牌价值、品牌文化、品牌个性和品牌对象等具体内容，所以品牌形象的塑造就要从这些方面去努力，以期在消费者心目中形成理想的品牌形象。

这一步的价值在于使品牌从无到有，为产品增加了附加价值。

第二步，品牌定位与设计

品牌定位是针对一个目标市场所确定的品牌的独特卖点，具有指向性、差异化和相关性。如果说品牌识别是品牌身份的确定，品牌定位就是将品牌向消费者传播过程中的方向选择。好的定位能使本品牌从诸多竞争品牌中脱颖而出，能正确指引品牌发展的方向，它是品牌营销策略的决定因素。品牌定位的目的是占据消费者心中的位置，使得企业的潜在利润最大化。

品牌设计是品牌定位中品牌塑造的内容，其目的是通过品牌设计更准确地表达品牌理念。品牌设计一般包括品牌名称、品牌标志、品牌说明、品牌口号、品牌故事、品牌广告语/曲、品牌包装和品牌人物形象七个方面，又称之为品牌设计七大要素，它们不是彼此独立的，而是一个相互依存的整体系统，都执行一脉相承的品牌理念。

第三步，品牌沟通

品牌沟通是指将品牌所具有的价值、品质、精神、文化通过企业人员对市场策略的运用而使消费者理解、认同与融合的管理过程。这一过程总体来看由三大因素确定，即品牌策略的各要素、品牌内部沟通和品牌外部沟通。只有三大要素达到同一声音、同一行为，品牌沟通的效果才能达到最佳。

品牌沟通的途径方式多样，主要包括促销、广告、公益活动、公共关系、直销和赞助等。品牌沟通不仅要采取上述方法中的一种或者几种，还要通过有效的营销手段促使这些方法形成一个有机体——品牌沟通策略组合——去发挥整体效应，这就是整合品牌沟通。

第二阶段：品牌提升

本阶段的目的是对已经建立起来的品牌进行进一步的调整和经营，以帮助品牌资产的提升。相关工作包括品牌延伸与授权、品牌组合管理、品牌更新、品牌国际化等。

第四步，品牌战略与规划

品牌战略是指品牌机构通过对外部竞争环境的现实状况和未来趋势的分析，根据自身条件，在品牌战略思想的指导下所进行的关于品牌塑造和未来发展的整体规划和实施。

品牌战略规划是将一个品牌战略目标分解到各个具体的操作步骤之中，然后对各个实施步骤进行程式化和规范化操作，使它们尽量能够自动实现；并且详细地阐述每一步骤预期产生的后果或结果。战略规划的过程就是收集管理层从各个方面得到的信息，然后将其融入品牌发展方向的愿景规划之中。

第五步，品牌延伸与国际化

品牌延伸是指企业将已有的品牌应用到刚推出的新产品中，不只是借用表面上的品牌名称，而是整个品牌资产的策略性移用，达到以更少的营销成本占领更大市场份额的目的。品牌延伸可分为产品线延伸和产品种类延伸两类。

品牌国际化是品牌的区域延伸，是促使品牌延伸的因素，也是品牌国际化的基本动因。品牌国际化具有不同的形式，最低级的形式是产品的销售，即有品牌商品的输出，但产品国际化不等于品牌国际化；较高级的形式是资本的输出，即通过在品牌延伸国投资建厂达到品牌扩张的目的；最高级的形式是通过无形资产输出，即通过签订商标使用许可合同等方式，实现品牌的扩张。

第三阶段：品牌维护

第六步，品牌老化与更新

如果不对品牌勤加保养，就可能会出现老化现象。老化的具体表现是：一个原来有较高知名度的品牌，在市场竞争中出现销售量、市场占有率及美誉度和忠诚度的持续下降。品牌老化对于企业，尤其是高科技企业来说，往往是致命的。经营品牌如逆水行舟，不进则退。一个成功品牌或老品牌只有不断创新、不断更新，才能不被消费者抛弃。

第七步，品牌保护与危机管理

所谓品牌保护，是指对品牌的所有人、合法使用人的品牌实行资格保护措施，以防范来自各方面的侵害和侵权行为，促使品牌的保值和增值，具体包括品牌的法律保护、品牌的经营保护和品牌的自我保护。

市场变幻莫测，危机时时存在，企业外部环境的变化或企业品牌运营管理过程中的失误会致使品牌形象损害和品牌价值降低，其后果甚至危及企业的生存。因而有必要对潜伏的或正在发生的品牌危机进行有效的管理，以控制不良事态发展，尽可能减少对品牌的潜在损害，维护品牌价值的稳定。

第四阶段：品牌绩效评估

品牌绩效评估又可称为绩效考核，是指按照一定的标准采用科学的方法检查和评定品牌在营销计划推广实施中所取得的成效，即评估和诠释品牌业绩。这对了解品牌营销计划的效率非常重要，而品牌价值链无疑是一个有效工具。通过品牌价值链可以追踪品牌价值的产生过程，这有助于更好地了解品牌营销支出和投资对财务的影响。本阶段分为以下两个步骤：

第八步，品牌资产测量

品牌资产是由品牌形象所驱动的资产，它是一个系统概念，由一系列因素构成。品牌专家大卫·艾克认为：品牌资产主要由品牌忠诚度、品牌知名度、品质认知度、品牌联想和其他专属性资产五部分组成。而以上五大组成部分，借助市场研究方法可以获得量化检测。本书基本借用大卫·艾克的观点，具体从品牌忠诚度、品牌知名度、品质认知度、品牌联想四个维度阐述品牌资产测量的方法。

第九步，品牌价值评估

品牌价值是企业和消费者相互联系、作用形成的一个系统概念。它来源于消费者的购买，体现在企业通过对品牌的专有和垄断获得的物质文化等综合价值，以及消费者通过对品牌的购买和使用获得的功能和情感价值。品牌价值评估的目的是认识品牌价值的本质，寻找提高品牌价值的途径。品牌价值评估应该成为企业经营管理的工具。

品牌视野：奥美360°品牌管家流程

将 VI（Vision Identi，视角识别系统）规划、广告、公共关系、媒介、顾客关系、互动等手段加以整合，运用专业方法打造及呵护品牌，并在品牌与消费者之间建立有效的沟通。这在奥美被称为360°品牌管理。所谓360°，就是：①每一个与消费者的接触点都能达到预期的效果；②每一个接触点都能准确地传达信息；③经验更加容易获取、信息更加丰富。奥美360°品牌管家可以简单地划分为以下六个步骤：

第一步：信息收集

品牌管家过程的第一步是彻底了解品牌，找出所有关于品牌的知识，如产品、消费者、竞争者、公司、环境等。

第二步：品牌检验

品牌检验是把感情、印象、联系、意见、记忆中的闪光点、期望、满意，以及批评和失望，不管是正面的还是反面的，统统融合在一起，从而形成关于品牌的消费者认知。这需要以精心设计的问卷方式检验消费者与品牌的关系，探讨具象与抽象的资料。

第三步：品牌探测

品牌探测为回答品牌检验问题提供必需的材料和依据。在遇到非常复杂的品牌，或在小组完成品牌检验时出现迥然不同的意见时，就需要更多的信息来解决这个问题，这时候，品牌探测尤其有用。

第四步：品牌写真

品牌写真就是要了解有关品牌的核心真相（Core Truths）及精神（Spirit），做出对品牌DNA（基因）的陈述。它以知觉和态度为基础，来自品牌检验中的闪光点。

第五步：使用品牌写真

品牌写真成了简报会议（Briefing）和评价创意工作的一个重要的附加文件以及简介过程的中心部分。它提供给创意团队一种更微妙、更多彩的关于消费者和品牌关系性质的描述。

第六步：品牌检核

品牌检核是一种简单的反省过程，通过已经确认的消费者提问和研究，使得投入于品牌写真绘制中的时间和努力不会白白地被浪费。

第四节 品牌管理的原则

品牌之所以能成长为强势品牌、顶级品牌或大品牌等，其原因何在？这些品牌的成功是偶然的还是必然的？有没有什么秘诀？在品牌管理的实践中，是否存在一些人们必须遵循的规律或原则？这些问题，都激发了许多品牌学者和咨询顾问的研究兴趣，从而使他们展开了对品牌管理原则的理论探讨。

其中具有代表性的国外专家学者，如帕特里克·汉伦（Patrick Hanlon），根据多年品牌管理的经验，归纳总结出一套称之为"顶级品牌密钥"的品牌管理理论。这套经过实践检验的品牌管理理论体系包括创业历史、信条、徽记象征、仪式、对立阵营、神奇术语和领导者共七个方面。帕特里克·汉伦的"顶级品牌密钥"强调的是品牌联想，说明建立丰富、正面、强烈的品牌联想是品牌成功的关键要素，一些成功的品牌如哈雷摩托车、苹果计算机、可口可乐等都是如此。

吉拉德·特里斯（Gerald J. Tellis）和彼得·戈尔德（Peter N. Golder）认为，关注大众市场、管理持续性、财务承诺、持续创新和资本运营是"保持品牌领先地位的五个要素"。特里斯等的观点是品牌如何保持领先地位，这一理论对于一个处于中等市场或初级市场地位的品牌并不合适。

此外，还有阿尔·里斯（Al Ries）和劳拉·里斯（Laura Ries）出版的专著《打造品牌的22条法则》，为品牌管理指明了方向；斯科特·贝德贝里（Scott Badbury）在其著作《品牌新世界》（A New Brand World）中提出了创建品牌领先地位的八项原则。

国内专家学者，如广东省广告公司副总经理丁邦清在《品牌成长八链》一书中认为，一个品牌的成长需要构建八个链条，即"八好"原则：好名称、好包装、好产品、好价值、好广告、好活动、好终端、好管理。

深圳大学学者周志民在品牌专家大卫·艾克教授和凯勒教授有关建立强势品牌原则论述的基础上，提出了品牌管理的12条原则：建立品牌识别；品牌能很好地提供消费者真正需要的利益；品牌定位恰当；品牌保持与消费者个性的相关性；定价战略以消费者对价值的看法为依据；品牌有连续性；品牌组合和品牌等级结构合理；品牌具有杠杆作用；通过运营和协调工作、营销活动建立品牌资产；构建品牌职责；给品牌适当的支持并长期坚持下去；监测品牌资产来源。

在借鉴国内外专家学者优秀理论成果的基础上，经过梳理与归纳，我们认为，在品牌创建、成长、发展壮大与维护的进程中，一般要注意以下八个方面，俗称"八项纪律"：

1. 品牌识别要独特鲜明

品牌应该与众不同，拥有自己的独特性，要让受众在众多品牌中容易识别出来，一个强势品牌必然有独特、鲜明的品牌特征。

品牌识别是指通过对产品、企业、人、符号等营销传播活动如何具体体现品牌核心价值进行界定，从而发展区别于竞争对手的品牌联想。品牌识别体现品牌管理者期望要发展的品牌联想及品牌代表的方向，界定品牌要如何进行调整与提升。品牌识别有效传达给消费者后就形成了实态的品牌联想。一个品牌被消费者认同，也不可能仅仅靠核心价值，还要有企业理念、技术形象、产品特点、品牌气质、亲和力等丰富的品牌联想。

每个品牌都要建立自己的识别系统，识别功能是品牌最基本、最原始的功能。品牌是由于生产者为了将自己的产品与其他竞争对手区别开来应运而生的，目的是不让自己的产品与竞争对手的产品混淆。但是，品牌化还可以让满意的顾客对企业的品牌产品保持忠诚，给企业带来源源不断的利益；同时，可以通过顾客对产品的意见和建议，改进产品和服务，以便更好地提高顾客的满意度。

2. 品牌定位要准确恰当

品牌定位是指通过塑造企业品牌，然后传播给目标市场，使之在目标顾客心目中占据有别于竞争对手品牌的位置。定位准确、恰当的品牌，更能吸引目标顾客的眼球，并能在其心目中占据特别的位置。

品牌定位是一项非常困难的工作，因为品牌定位面临两个不可回避的关键问题：一是如何发现目标顾客的思想，二是如何在竞争市场中提出合理的品牌理念。

品牌定位的实质是通过塑造品牌形象，让顾客在思想上认同品牌理念。思想是客观存在并反映在人的意识中经过思维活动而产生的结果，一般是指价值观、世界观和人生观。所以，品牌要通过品牌理念、文化、标志、口号、故事等定位客体演绎其核心价值，使之与顾客思想相符或接近，融入目标顾客的价值观、世界观和人生观之中，占据顾客的思想"空间"，从而提高品牌的知名度、忠诚度和美誉度。

例如，金盾服饰的品牌口号是"成功男人的标志"，这与追求成功的男人的价值观产生共鸣，从而在目标顾客思想中留下金盾即是成功男人的标志的印象。

又如，劳斯莱斯定位于"皇家贵族的坐骑"，宝马定位于"驾驶的乐趣"，沃尔沃定位于"安全"。这些金字招牌的定位都已深深刻在了消费者的心中。

3. 品牌沟通要及时到位

品牌沟通是品牌营销过程中一个重要的环节。

品牌沟通要及时到位，无论是内部沟通还是外部沟通，或是品牌策略各要素的彼此协调，都只能提前不能拖后，否则就会影响品牌策略的具体实施。

在创意时代的品牌沟通活动中，沟通的内容无论是品牌的感性成分还是理性成分，都是传播者思想、意识形态和创意形式的一种表达。信息沟通的主体是人，沟通的受众和传播者也是人，因此人是沟通的中心。产品由工厂制造出来，更多是物理性的；而品牌来自心灵的创造，更多是心理性的。所以，品牌沟通应该深入顾客的心灵，"心战为上，兵战为下"，把个性鲜明的核心价值刻在消费者内心深处。

无数长寿、强势大品牌的成功案例表明，要让消费者记住品牌的核心价值并认同之，就必须及时与消费者沟通，让消费者从内心深处真切地感受到品牌的核心价值。

4. 品牌结构要科学合理

品牌结构是指一个企业不同产品品牌的组合，它具体规定了品牌的作用、各品牌之间的关系，以及各品牌在品牌体系中扮演的角色。在企业初创期，在单一的产品格局下，营销传播活动都是围绕提升单一产品品牌的资产而进行的，随着企业的发展，产品种类增加，企业就面临着这样一些难题：是进行品牌延伸、新产品沿用原有品牌，还是针对新产品推出一个新的品牌？若新产品采用新品牌，那么原有品牌与新品牌之间的关系又如何协调？企业总品牌与各产品品牌之间的关系如何处理？这些就是品牌结构要解决的问题。合理、科学的品牌结构，有助于寻找品牌与品牌之间的共性并产生协同作用；有助于清晰地管理多个品牌，减少对品牌识别的损害；有助于品牌管理者快速、高效地对各个品牌做出调整，更加合理地在各品牌中分配企业资源。

5. 财务支持必不可少

为了保持市场领先地位，企业需要为持续的研发和市场开拓付出高昂成本。例如，2005年英特尔公司加大对新产品研发以及设备改建的投资力度，总投资额超过100亿美元；比2004年多出14亿美元；又如，三一重工的企业制度规定，每年必须将年销售收入的5%~7%用于产品的升级与研发。可见，财务上充足的研发与维护资金，是品牌长盛不衰的必要保障。

6. 品牌更新要与时俱进

消费者追求新奇的特性和复杂多变的需求，使其对某品牌难以保持始终如一的忠诚，所以品牌老化在消费者心目中不可避免，这是每个品牌都面临的问题。品牌管理者可以通过开展市场活动、品牌战略、产品开发战略等一系列品牌再加强策略来加强品牌效应,避免品牌效应随着时间的推移而弱化。而当消费环境变化,新的竞争对手、新的技术等对市场环境的影响过于激烈时,品牌资产所依赖的根基将会动摇,品牌再加强策略将失去作用,这时往往需要实施品牌激活策略来重构、更新新的品牌认知与品牌联想,赋予老品牌新的生命力。

7. 品牌保护要面面俱到

在市场无情的竞争面前,没有一家企业愿意让自己苦心经营的品牌被市场无情地淘汰,其经营者无不千方百计、想方设法地维护品牌形象、维持品牌的市场地位、防范来自各方面的侵害和侵权行为,促使品牌保值和增值。品牌保护一般包括品牌的法律保护、品牌的经营保护和品牌的自我保护三部分,必须面面俱到,缺一不可。

8. 品牌资产监测要快速有效

目前的品牌资产监测方法大多是从企业的角度出发,从企业的成本、销售额、市场占有率以及利润等方面分析评价品牌的价值,而忽略了对消费者的研究。品牌价值评估要真正成为指导企业经营管理的工具,就应该加强对消费者购买行为和消费者对企业贡献的研究。

本章小结

(1) 品牌管理是指企业管理者以消费者为中心,有效配置企业所拥有的各种资源,如资金、人才、资本、信息等,通过规划、沟通、协调、控制、决策等职能行使,创建、维护、提升、整合品牌,壮大品牌资产的过程。

(2) 品牌管理涉及企业的各个职能部门,甚至涉及企业的每一位员工,具有全方位性;品牌管理是一项系统工程,涉及环境与资源、战略和策略、内部和外部等多方面问题;冰冻三尺,非一日之寒,对于品牌的创立、维护与提升,需要做长期的规划与不懈的努力,要计划、组织、协调等,是一个长期的过程;随着市场竞争的加剧,企业管理者将品牌管理上升到战略管理的高度,设立战略性品牌管理部门。

(3) 品牌管理的发展经历了业主负责管理、品牌职能管理、品牌经理管理和品牌整合管理四个阶段;先后出现了业主负责制、职能管理制、品牌经理制、品类经理制和品牌管理委员会五种品牌管理组织形式。

(4) 企业品牌管理的主要任务包括:监控品牌运营状况,设计或参与设计品牌,申请注册商标,管理品牌或商标档案,管理商标标签的印制、领用与销毁,处理品牌纠纷,维护商标权,协助打假,进行品牌全员管理教育等。其根本任务是使企业行为更忠于品牌核心价值与精神,实现品牌资产最大化,让品牌经久不衰。

(5) 品牌管理的流程可以分为四个阶段、九个步骤。第一阶段:创建品牌,包括塑造品牌形象与个性、品牌定位与设计、品牌沟通三个步骤;第二阶段:品牌提升,包括品牌战略与规划、品牌延伸与国际化两个步骤;第三阶段:品牌维护,包括品牌老化与更新、品牌保护与危机管理两个步骤;第四阶段:品牌绩效评估,包括品牌资产测量、品牌价值评估两个步骤。

(6) 在品牌创建、成长、壮大与维护的进程中,一般要注意以下八个方面,俗称"八项纪律":品牌识别要独特鲜明;品牌定位要准确恰当;品牌沟通要及时到位;品牌结构要科学合理;财务支持必不可少;品牌更新要与时俱进;品牌保护要面面俱到;品牌资产监测要快速有效。

思考题

1. 品牌管理的内涵是什么?
2. 请运用一种品牌管理流程理论来描述联想的品牌管理。
3. 你认为品牌管理成功的原则有哪些?试结合具体案例阐述。
4. 品牌管理过程中将面临哪些挑战?如何解决?
5. 我国企业的品牌管理实践中有哪些误区?

案例分析讨论

《申五的店》带来的品牌管理启示

韩国小说《申五的店》,讲述了一个真实的故事。

韩国人申五真名叫申五性,大学学的是机械工程专业,毕业后进了沿海一家颇有名气的国有企业。因为他过于质朴,在公司中遇到了不可调和的人际关系矛盾,于是自动下岗了。

他希望开一家餐馆,因为没有本钱,于是在经营餐馆之前卖了将近两年的泡菜。

他做泡菜与他人不同,总是选取最好的原料,连大小也要一样,把大的掰下一些。而掰下的白菜叶子他舍不得扔掉,就自己连续吃。

因为他的泡菜质量高、价格合理,生意一下就火了。他忙不过来,把他的姐姐请来帮忙。他做事认真,他的姐姐做事更认真。

"没人看见,也要对得起良心。"这是他们姐弟俩的口头禅。

她姐姐在所有的菜坛上都标了时间:什么时候腌制,什么时候开坛。过了时间就倒掉,绝不允许拿去卖。

有一次,因为连续下了几天雨,泡菜卖得不多,有一坛辣萝卜超过了腌制时间。在申五性看来,这几天下雨天凉,多腌两天质量不会有什么改变,无非酸味儿稍重一点而已。于是,他没有和姐姐商量,就把这坛辣萝卜拿到市场上去卖。

他姐姐发现腌过头儿的辣萝卜坛子不在了,估计是拿到市场上去卖了,于是赶紧跑到市场上,二话没说,搬起菜坛子就走,并且还把申五性狠狠地训了一通。

在市场上,一些小商户缺斤短两的现象十分普遍,但申五性坚持每次都多给顾客一些。他说,只希望不会有人因为自己家的秤不准而误会他的泡菜缺斤少两,就是每天少赚几十块钱,也不能让别人对自己的信誉产生什么误会。

和他常挂在嘴边的话一样,"没人看见的时候,也要对得起良心"。正是这个信念保证了他的生意兴隆。

申五性做的泡菜质量、口味都好,附近小区经常有人远道赶来买泡菜。一次,有几个顾客下了班特地坐车来找他买泡菜。不巧的是,他的泡菜当天卖完了。

有位老顾客告诉对方:"申五性的泡菜卖得快,来晚了买不到很正常。"

申五性却觉得很对不起人家,告诉他们说:"明天来吧,我给你们留着。"

第二天,直到市场关门也没看到昨天的那几个人来。同在市场做生意的商户们提醒申五性:"别傻了,给他们留着,说说就行了。人家知道你是商户,卖东西赚现钱最重要。"

可申五性记住每天都留下两颗泡菜,一直等到市场关门。

很多商户都觉得申五性太心实，一两天还行，时间长了留下来的泡菜就得扔掉，这可都是钱啊！

一周以后，那几个人中的一个来了。他看见申五性就问还有没有泡菜？

申五性还没有说话，旁边的商户先抱怨开了："你们说第二天来也没有来，人家每天都给你们留着。"

"申五家从来不卖陈菜，你们几天没来，人家几天为你们留着的泡菜都最后扔了。"

申五性的认真使他的生意十分火爆。为了扩大规模，申五性经人介绍加入了一家濒临倒闭的泡菜生产厂——一个福利企业。

凭着自己一丝不苟的做事方式，仅用了三个月的时间，小厂就还完了欠款，并开始盈利。半年后，还与一家食品企业合作，对小厂进行了改制。这家食品企业用新设备和部分资金做投资，彻底解决了制约小厂发展的瓶颈，申五性的口碑和良好的客户关系还顺利地为这家食品企业的其他产品打开了市场。

在泡菜厂改造后，申五性身边也聚集了几个志同道合的人，他们每天和工人一样装车、发货，根本分不出来谁是主管，谁是工人。工人们也都很珍惜这个机会。他们越是觉得自己被尊重，就越是对工作一丝不苟。大家都拿这个厂当自己的家，十分尽力。

正当泡菜厂经营得红红火火的时候，申五性还是离开了，他更感兴趣的还是做餐馆。

开过餐馆的邻居告诉申五性，老年顾客是要求最多的。比如他会对你提出面不要太硬了，汤要热一点，牛肉要多带肥的等诸多要求。如果你忙中出错，忽略了，那么这顿饭他也就吃得不开心了。

尤其这些老人，大都是被晚辈带到这里来用餐的，他们是绝对重要的人物，但却不是桌上的主角，年轻人只顾谈论自己的事情，常常忽略了老人。于是，申五性经常抽空和老人们聊天，给他们带来了去其他任何餐馆都不可能得到的慰藉。

尽管申五性的店服务和饭菜都是没有挑剔的，但还是经常有已经上门的客人走掉。

"你们也都有文化，好好想想，客人到底为什么走？"申五性盯着服务员们问。

终于有个姑娘开口了："他们等不及了。"

"说得对。如果我们及时过去了，他们就不会走掉，对吗？那你们有没有认真观察一下，客人等多久后开始烦躁的？"

他发给服务员每人一个笔记本，"这周我们来统计一下，看看客人到底能等多久。"

一周以后，结果出来了，8~12s是临界时间。也就是说，如果客人进店后在8s内得到服务员的关注，一般不会离开。

于是，申五性定了一条规矩：在5s内必须做出反应，或是扬扬手，或是点点头，10s必须到达客人身边。

几周的强化实施杜绝了让客人等待的现象的发生。而这仅仅是5s的差距。

申五性做泡菜做得好是远近闻名的，于是餐馆也发展迅速，在很短的时间内就成为有规模的连锁名店。

申五性的生意并不时髦，也没有高科技，更没有自吹自擂地打广告，他所做的仅仅是对客人负责，选料质量不打折扣，加工工艺不打折扣，以诚信为本，以对客人高度负责任的态度做事。

总之，"在客人看不见的地方讲卫生"。这就是良心，就是真诚，就是对对方负责任。

以诚立信、以信立人,"天之所助者,顺也;人之所助者,信也"。客户是上帝,客户也是衣食父母,客户购买你的产品,是对你的一种支持。只有怀着一颗感恩的心,以诚相待,才能够得到更广泛的客户认同。由此可见,诚信负责,就是品牌的核心价值,其他价值都是附着在这个核心价值上的。没有核心价值,其他价值也就无所依托。因此,诚信是品牌管理者首先必须夯实的基础。

(资料来源:舒化鲁. 从申五的故事看品牌管理. http://blog.sina.com.cn/s/blog_4d78596f0100z9bv.html)

讨论题:

1. 试分析归纳案例中《申五的店》涉及的品牌管理的具体内容。
2. 《申五的店》所涉及的品牌管理成功的因素有哪些?
3. 请你梳理出《申五的店》中所涉及的品牌管理的流程。

第三章

品牌形象

本章要点

（1）品牌形象的含义、特点与作用。
（2）品牌形象的构成。
（3）品牌形象塑造的原则和注意事项。

导入案例

从"雕"牌牙膏到"纳爱斯"牙膏的品牌转变

20世纪90年代初，"雕"牌洗衣粉凭着优异的品质和一句"只选对的，不买贵的"广告语风行国内洁物类日化市场，而这一通俗、到位的广告语已深深扎根在中国老百姓的内心深处，接着，纳爱斯集团以《下岗篇》《潮流篇》《奋斗篇》《邻里篇》等一系列切中大众平民消费群内心的广告在目标消费群心目中了形成这一品牌的形象印记——"大众的、平民化"产品，并将"雕"牌发展成为大众消费人群的第一洁物类品牌，即只要一提到洗衣粉或肥皂，就能快速联想到"雕"牌。

在取得辉煌业绩的同时，纳爱斯集团开始采用品牌延伸策略。1999年，以一则煽情的广告《后妈篇》开始了推出"雕"牌牙膏的推广活动，试图以"真情付出，心灵交汇"的广告诉求，打动目标消费者的心。但是，"雕"牌牙膏的销售状况并不理想，经过市场调研，纳爱斯发现：①广告内容中所表现的二婚家庭并非社会主流；②由于"雕"牌的产品属性联想是洗衣粉品牌，85%的消费者不愿意"使洗衣粉在口中搅拌"。

于是，2005年，纳爱斯集团将"雕"牌牙膏转变成"纳爱斯"牙膏，首先"纳爱斯"是企业品牌，没有消费者对于产品的品类限制；其次，部分洁肤类产品如"纳爱斯营养香皂""纳爱斯水晶皂"等，在市场上享有相当的品牌知名度和美誉度；最后，"纳爱斯"为英文"nice"的中文谐音，意为"好的、漂亮的"意思，"纳爱斯"牙膏，可以顺利地沿袭这一理念。

"纳爱斯"牙膏在包装上进行了全新的改变，包装首创透明管体，并且配合"海洋之星""营养维C""绿野清风""玉白冰清"四种系列产品，开发了蓝、黄、绿、白四种颜色的牙膏外包装，从视觉上树立了"纳爱斯"牙膏高端、时尚的产品形象；在广告策略上，选择中央电视台这一最具影响力的媒体，并在黄金时段集中进行广告宣传，通过"看得到的品质，尝得到的 VC、VE"的广告诉求重点打出了"营养"新概念，以差异化的功能诉求切入市场，避免了和高露洁、佳洁士等品牌的正面冲突，同时也为产品的高端定位提供了有力支持，从而顺利实现了"纳爱斯"牙膏的品牌战略。

上述案例恰恰证明了"品牌形象一旦确立不能轻易改变"的论断，"雕"牌牙膏被迫更名的原因就是企业的品牌延伸策略影响了原有的品牌形象，为了维护"雕"牌在洗涤类产品上的领先地位，又不失去已经开拓的牙膏市场，才不得不采取折中的策略，将牙膏产品更名为"纳爱斯"品牌，以企业品牌进入新的产品类别市场，而通过"纳爱斯"牙膏更名事件也说明品牌名称和品牌形象除了具有长期性的特点之外，也有因为与市场发展趋势不符合而进行修改的必要性。

（资料来源：余曹龙. 从"雕"牌牙膏到"纳爱斯"牙膏的品牌转变. 中国营销传播网，2005-02-24）

第一节　品牌形象概述

在了解了品牌管理的含义之后，接下来进入具体的品牌管理内容的学习，首先从品牌形象管理开始。品牌形象这一概念曾因解决了产品同质化给市场带来的难题而风靡于 20 世纪 60 年代，至今仍在广告界广泛流行。

一、品牌形象的定义

学术界对品牌形象的定义有很多，但就其实质内容来看，都是相近的。在早期的研究中，对品牌形象的概念一向很模糊，一般多从消费者的心理知觉角度去探索。早在 1911 年，智威汤逊的创始人汤普逊（Walter Thompson）就在其著作中提到了品牌形象（Brand Image）这一概念，倡导综合运用广告、促销、赞助和公关活动，帮助客户实现短期业务增长，并力求创造长期的品牌价值。20 年后，广告科学学派的鼻祖克劳德·霍普金斯（Claude Hopkins）对品牌形象做了专门的论述，他认为"试着替每一位广告主塑造他的风格，创造适当的个性才是卓越的成就"，表明了企业形象是实现企业差异化影响的重要手段。

奥美广告的创始人大卫·奥格威（1955）认为："那些竭尽全力用广告来为他们的产品品牌树立最有利的形象的生产厂商，最终将以最大的利润获得最大的市场份额；同样，那些处于困境中的生产厂商则是目光短浅的机会主义者，他们把多数广告资金用于宣传便宜的价格……削价可能使你销售较多的产品，但这样的代价太大，因为它不会为产品建立起坚固的形象，而坚固的形象正是使你的品牌成为美国生活的不可分割的组成部分的唯一途径……正是品牌的整体个性而不是琐细的产品差别，决定了它在市场上的最终地位。"这一概念的提出促使品牌形象成为消费者行为研究的重要概念，清晰的品牌形象易于消费者辨认产品、评估产品品质，降低购买时的认知风险，确认品牌所能满足的需求，以得到差异化的感受与满足。

大卫·艾克（1991）在《管理品牌资产》一书中指出，"品牌形象通常是按照一定的目的组织的一系列联想"，"联想和形象都代表人们的感知程度，这种感知程度可能反应客观现实，也可能没有反应客观现实"。这一概念将品牌形象与品牌联想联系起来，强调通过符号和名称等品牌形象的表现形式在消费者头脑中的再现，判断该品牌的品牌联想度。

贝尔（Alexander L. Biel，1993）认为，品牌形象通过公司形象、用户形象和产品/服务本身形象三种形象得以体现。品牌形象主要起源于消费者对品牌相关特性的联想，其中联想可分为"硬性"和"软性"属性。这一概念强调品牌形象是消费者通过广告、包装、企业识别、公共关系及促销活动等表现公司形象、用户形象和产品/服务本身等信息，经过认知处理后在心目中产生的品牌联想。

凯勒（1993）在其品牌知识框架中，更深入地以"联想网路记忆模式"和"扩张性的活化作用"来探讨品牌形象的形成，并认为品牌形象是"存在消费者记忆中一切有关品牌联想的认知反应"。这一概念强调品牌形象的形成原理，为企业进行品牌形象塑造提供了思路。

罗诺兹（Reynolds）和刚特曼（Gutman）从品牌策略的角度提出，"品牌形象是在竞争中的一种产品或服务差异化的含义的联想的集合"。他们还列举了品牌形象操作的策略性途径：产品认知、情感或印象、信任度、态度、形象个性等。

赛迪·利维（Sidney J. Levy）认为，品牌形象是存在于人们心里的关于品牌的各要素的图像及概念的集合体，主要是品牌知识及人们对品牌的总体态度。这一概念从心理学的角度对品牌形象进行了分析，强调形象源于态度。

此外，帕克（Park）和斯瑞尼瓦森（Srinivasan）于1994年提出，"品牌形象产生于营销者对品牌管理的理念中，品牌形象是一种品牌管理的方法"。他们认为，任何产品或服务都在理论上可以用功能的、符号的或经验的要素来表达形象。

综上所述，本书认为，品牌形象是由营销人员所发展、实行与管理的一种拟人化的运营活动，是消费者对某一品牌产生的总体印象和判断。品牌形象可以像人一样，有年龄或性别等区别。

企业根据自己的优势、产品或服务的特点、消费者需求、市场状况等因素，来确立品牌核心价值和品牌文化要素。然后用品牌的核心价值和品牌文化为指导，设计品牌标志、选择品牌名称组合、定义品牌属性、制定品牌传播方案，通过执行品牌管理的各项职能，让企业所预设的品牌形象进入目标消费者心中。

有没有好而鲜明的品牌形象，是衡量一个品牌成功与否的重要评价指标。那些世界著名的品牌，都能使人在脑海里浮现出它独特的品牌形象。"麦当劳"（McDonald's）是快乐、亲和的形象，"梅赛德斯-奔驰"（Mercedes-Benz）是庄重、典雅的形象等。这些成功的品牌形象，都是品牌所有者根据其自身战略和目标消费者心理而精心设计的，能够被其消费群体认同和接受，甚至形成消费者偏好，对该品牌产生狂热的追求。一旦消费者对某一品牌产生偏好，当对此类产品有需求时，消费者就会购买该品牌的产品。在消费者购买偏好没发生改变的情况下，这种购买行为将会持续下去。也就是说，消费者对该品牌产品的忠诚度比较高。

二、品牌形象的特点

目前，对品牌形象的特点的表述主要采用三维特征关系来界定，即具体性、主观性和稳定性，三者之间的相互关系如图3-1所示。

（一）品牌形象的具体性

品牌形象的具体性是指品牌形象使消费者对品牌的具体的感知、联想和评价等，可以直接被描述出来。例如，韩国的化妆品品牌兰芝，代表着青春、娇嫩、文雅的东方女性的形象；而法国的香奈儿，则代表着性感、迷人的法国女郎的形象。每一个品牌都代表着独具特色的品牌形象，也使得品牌具有明显的识别性。

品牌管理的任务就是尽量增强品牌的视觉形象，让品牌带给消费者的品牌利益和品牌价值能够形象、具体地展现在消费者面前，使抽象的品牌文化和品牌个性具体化，通过各种传播媒介、企业家形象以及与品牌形象一致的形象代言人等方式赋予品牌"看得见"的形象，增强品牌文化和品牌个性的可视性。此外，企业要注意"事实胜于雄辩"这一亘古不变的真理，时刻坚持用品牌的利益和价值取信于民，而不是依靠每天大规模的广告轰炸来提升品牌的知名度。

（二）品牌形象的主观性

品牌形象作为企业对品牌形象的塑造以及消费者对品牌的认知而客观地存在着，但是，由于企业及其产品市场覆盖率的差别、产品信息传播效果的差异和消费者自身特点的差异等因素造成了消费者对企业和产品的认知、理解出现差异，从而使品牌形象在不同时间、不同地点呈现多样性的特征，而消费者对品牌的感知、联想和评价

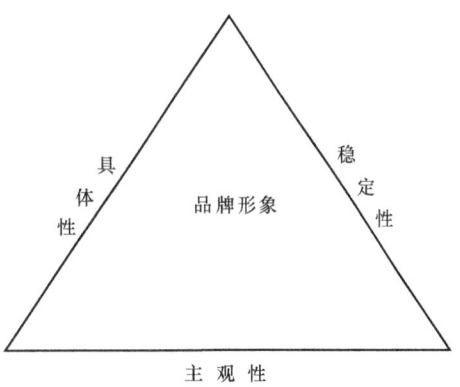

图 3-1　品牌形象特点的相互关系图
（资料来源：陈祝平. 品牌管理［M］.
北京：中国发展出版社，2005）

带有明显的主观性。例如，对于某些都市白领来说，LV 属于奢侈品品牌，代表着成功、富有的形象，正符合其心理需求，从而促使其去追求、跟风；但是，对于社会上那些把金钱只作为一种数字概念的高收入人士来说，可能认为 LV 只是其生活中必不可少的必需品，对 LV 代表的成功、富有的形象不再会有强烈追逐的心理，反倒去追求返璞归真的消费行为。

品牌形象的主观性一方面对品牌管理是不利的，例如，某位消费者对某品牌形象的错误或偏颇的评价，影响着该消费者身边利益相关者对于该品牌的评价和相应的购买行为，从而放大对品牌形象的负面印象；另一方面，品牌形象的主观性能为品牌管理者提供塑造令消费者喜爱的品牌形象的依据，从而刺激那些对这种品牌形象有需求的消费者成为品牌忠诚者。

（三）品牌形象的稳定性

品牌形象的稳定性是指品牌形象一旦形成就不会轻易改变，这是一种消费者的心理定式。一方面，一个品牌，一旦建立起良好的品牌形象，这种品牌形象就会成为企业长期享有的财富，即便在该品牌面临危机和困难时，也会获得消费者的理解和原谅。另一方面，企业的品牌形象建立之后，企业不能轻易改变这种形象；否则，不仅无法更好地吸引新顾客，也会造成大量原有忠诚顾客的流失。

品牌形象除了上述三个典型的特征之外，还具有组合性、可塑性和情景性的特点。

（1）组合性。组合性是指品牌形象不是由一个或两三个指标所构成的，而是由多种特性共同构成的，并受多种因素的影响。例如，轿车的品牌形象既包括轿车的质量、安全性能、颜色、价格等指标，又包括服务、企业内涵以及使用者特性等指标，众多的评价因素组

合在一起形成一个整体性的品牌形象。

（2）可塑性。可塑性是指企业通过努力可以按照自己的意图建立品牌形象，改造原有的品牌形象，增加品牌内涵的新特征，甚至重新塑造品牌形象。例如20世纪70年代以前，IBM一直是高质量商用设备的代表，而到了20世纪80年代初却遭遇严重的危机，顾客的评价是"大""全""笨"。后来经过改革和品牌形象再造，IBM恢复了科技先锋、高品质和优质服务的品牌形象。

（3）情景性。情景性是指在特定的条件下，不管是一些重大的事件还是一些细微的事件，都可能完全且迅速地改变原有的品牌形象。这种特点是由品牌形象本身的心理因素所引起的。虽然建立品牌形象必须具备强有力的客观基础，如长期稳定的企业规模和优质的产品质量，以及标准化、系统化的服务体系等，但是由于人的心理具有流动性与复杂性等特征，在周围环境与事实的影响之下，会出现相应的心理变化而导致品牌形象随之发生变化，个别消费者的心理变化可能会使品牌形象出现轻微的波动。

三、品牌形象的作用

品牌形象对于企业提高品牌竞争力、培养具有品牌偏好的忠诚顾客等方面都会产生积极的影响。具体来说，品牌形象可以起到管理目标、吸引市场、调控标准和资产继承等作用。

（一）品牌形象有助于品牌管理目标的确定

对于任何一个企业来讲，品牌形象都有助于品牌管理目标的确定。如果一个企业设定了清晰、明确的目标，那么，这个企业在日常营销过程中就知道哪些工作该做，哪些工作不该做，也知道哪些工作是为了提高短期销量而又不会稀释品牌资产，哪些工作可以提升品牌形象、增强品牌联想、有利于品牌的长远建设等。但是，品牌管理目标的确定要考虑消费者的期望和企业战略计划设计两个方面，单方面地考虑企业的需要，可能使得品牌形象偏离消费者的意愿，毕竟品牌形象是消费者对企业品牌的感知、联想和评价，因此，品牌形象可以作为企业制定品牌管理目标时的参考依据。

（二）品牌形象可以增强市场吸引力

由于消费者在进行品牌选取时所关心的就是品牌的特色、利益和价值，而品牌的价值恰恰是对产品品牌所包含的产品特色、带给消费者独特利益的形象的、可视化的反映。良好的品牌形象是吸引消费者、促使其成为品牌忠诚者的重要砝码，也是品牌在激烈的市场竞争中取胜的关键。始终如一地坚持品牌形象的塑造与维护可以不断增强该品牌在今后市场竞争中的吸引力。

（三）品牌形象已经成为企业营销活动的调控手段

品牌形象可以成为企业对市场活动进行调控的主要手段。因为企业可以通过市场调研，了解消费者对自己品牌的评价，了解自己的品牌在消费者心目中所处的位置。如果品牌形象良好，就要继续和维持这一形象；如果出现了品牌形象问题，就要进行品牌危机管理，试着考虑改变现有品牌形象，或者对现有品牌形象进行改进和创新。当今的市场环境瞬息万变，影响企业经营销售的因素相互交织、错综复杂，这就要求企业的营销活动必须进行适时的、灵活的调整。

（四）品牌形象是可以继承和不断增值的企业资产

品牌形象作为企业无形资产的重要组成部分，因其无法复制性而使企业区别于竞争对手，吸引无数的品牌忠诚者，给企业带来了巨大的价值，而且随着时间的推移，其品牌资产价值不但不会像有形资产那样被逐步消耗和侵蚀掉，在没有出现品牌危机的情况下会不断积累，越聚越多，成为企业可以继承和不断增值的无形资产。

第二节 品牌形象的构成

品牌形象的构成有时也被称为品牌形象的内容，由于研究视角的不同，品牌形象构成的形式有很大的差异。

一、根据表现形式确定的品牌形象构成

按品牌形象的表现形式，可把品牌形象分为内在形象和外在形象两部分，其中，内在形象主要包括产品形象及品牌文化形象，外在形象则包括品牌标示系统形象与品牌在市场和消费者中表现出的品牌信誉。

（1）产品形象。产品形象是品牌形象的基础，是和品牌的功能性特征相联系的形象。品牌形象主要是通过产品形象表现出来的。产品形象包括产品质量、性能、造型、价格、品种、规格、款式、花色、档次、包装设计以及服务水平、产品创新能力等。产品形象的好坏直接影响品牌形象的好坏。一个好的产品可以使广大消费者纷纷选购，一个差的产品只能使消费者望而生厌。企业只有通过向社会提供质量上乘、性能优良、造型美观的产品和优质的服务，才能塑造良好的产品形象和品牌形象，才能得到消费者的喜爱和社会的认可，确保企业在竞争中立于不败之地。

（2）品牌文化形象。品牌文化形象是指社会公众、用户对品牌所体现的品牌文化或企业整体文化的认知和评价。企业文化是企业经营理念、价值观、道德规范、行为准则等的集中体现，也体现了一个企业的精神风貌，对其消费群和员工产生着潜移默化的熏陶作用。品牌文化是企业文化的重要组成部分，具体来说，品牌文化形象是指品牌所蕴含的深刻的价值内涵和情感内涵，也就是品牌所凝练的价值观念、生活态度、审美情趣、个性修养、时尚品位、情感诉求等精神象征。品牌形象的核心是品牌文化内涵，它的独特魅力就在于它不仅提供给消费者某种效用，而且实现消费者的追求，体现消费者的品位、格调、时尚和生活方式。品牌文化形象实际上就是一种文化积淀，每个成功品牌的背后都有其深厚的文化土壤，都有一个传达真、善、美的故事。"麦当劳"三个字所包含的不仅仅是香脆的薯条、美味的汉堡包和清新爽口的冰淇淋，也不仅仅在于其清洁舒适的用餐环境和周到细致的服务，还在于它所代表的美国快餐文化，以及它所体现的现代化的、快节奏的生活方式。

（3）品牌标示系统。品牌标示系统是品牌带给人们的第一印象，代表着企业的理念、风格、文化、精神，而不仅仅是具有视觉美感的形象。品牌标示系统包括品牌名称、商标图案、标志字、标准色以及包装装潢等产品和品牌的外观。社会公众对品牌的最初评价来自其视觉形象，是精致的还是粗糙的、是温暖明朗还是高贵神秘……通过品牌标示系统把品牌形象传递给消费者是最直接和快速的途径，尤其是在现代社会，产品极大丰富，新产品更新换代的速度越来越快，由原来的几年发展到现在的几个月，众多的品牌往往给人一种目不

暇接的感觉，这种信息过剩会分散消费者的注意力，也会影响消费者的判断力。品牌只有通过鲜明的品牌标示系统先抓住消费者的视线，才有可能通过优质的品牌产品带来的独特利益进一步抓住消费者的心。

（4）品牌信誉。品牌信誉是指社会公众及消费者对一个品牌信任度的认知和评价，其实质来源于产品信誉。品牌信誉的建立需要企业各方面的共同努力，需要贯穿于整个品牌经营活动，它包含了丰富的内容，即质量信誉、服务信誉、合同信誉、包装信誉、三包三保信誉、首选信誉等。品牌信誉是维护顾客品牌忠诚度的前提，也是品牌维持其独有魅力的法宝。世界权威杂志美国《读者文摘》每年委托 AC 尼尔森媒体研究机构（Nielsen Media Research）开展跨国性的年度市场调查，进行"信誉品牌"的评选活动，其评分标准包括信赖度、形象可靠性、质量、价值、了解客户需求的程度及品牌的创新能力。"信誉品牌"能够充分反映客户对产品的需求，也是消费者在购买商品时的一个重要参考。

二、贝尔品牌形象模型的品牌形象构成

贝尔品牌形象模型如图 3-2 所示。

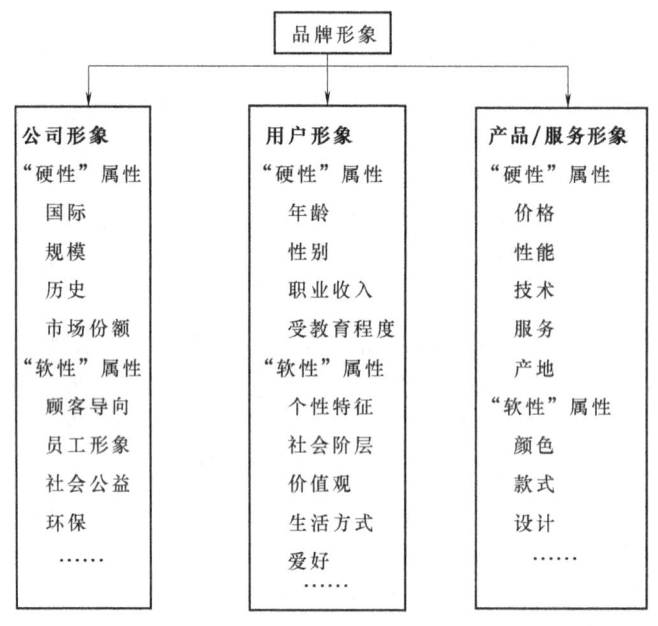

图 3-2　贝尔品牌形象模型

（资料来源：汪明华，曹鸿星. 品牌形象模型的比较研究［J］. 北京大学学报，2003（3））

（一）贝尔模型内容分析

所谓"硬性"属性，是对品牌有形部分的或功能性属性的认知。例如，对于轿车而言，相关的"硬性"属性就是马力强劲、启动快。这种"硬性"属性对于品牌而言是十分重要的因素，如果一个品牌一旦对某种功能性属性形成"独占"，别的品牌往往很难再以此属性进行定位，一些市场领导者品牌往往都在某些功能性属性方面取得了垄断地位。但是，"硬性"属性已不再是形成品牌差异的绝对因素。

而"软性"属性反映品牌的情感利益。例如，"野马"车很容易使人联想到男性、自由

和冒险。这种"软性"属性现在已成为区分品牌越来越重要的因素。因为这种情感利益一旦建立,就很难为他人所模仿。

消费者将有关公司的各种信息和使用公司产品的经验总称为公司形象,这是品牌形象的重要组成部分,也可以称为组织形象。其构成要素主要包括企业的历史、规模等"硬性"属性和社会公益、环保等"软性"属性。

用户形象是指品牌用户的人口统计特征,包括年龄、性别、职业、收入、受教育程度等企业进行市场细分时的人口统计因素的内容,这是"硬性"属性。另外,用户形象还包括用户的个性特征、社会阶层、价值观和生活方式等"软性"属性。

产品/服务形象是与产品/服务本身功能或所带来的利益特征相对应的品牌特性,另外,产品的产地、设计以及其所能满足顾客的需求等特性都构成了产品/服务的形象。

这三个不同的子形象对品牌形象的贡献依据不同的产品和服务会有所不同。通常来说,这三个子形象之间会相互作用,共同对品牌形象产生影响。在我国,品牌的公司形象非常重要。公司形象让我国消费者感到更有信心,积极的公司形象将加强消费者对公司产品的积极感知。当品牌名称与公司名称密切相关时,公司形象与品牌形象之间的联系尤为重要。但是,有些时候这三个子形象可能与品牌形象没有产生绝对性影响。

(二)贝尔模型的优缺点

贝尔模型认为品牌形象由公司形象、用户形象、产品/服务形象组成。任何品牌都存在这三种形象。但是,不同种类的产品,这三者的重要程度相差很大。例如,日用消费品是生活必需品,人人都在使用和消费,用户可能是社会阶层中的任何人,因而其用户形象不清晰;而某些产品,特别是工业用品,很多消费者很少知道,甚至不知道生产产品的公司,因此,公司形象无从谈起;对于奢侈品或特殊品而言,由于其固有的特点,人们对这三种形象都有一定的认识。而且,特殊品属于形象性品牌,以塑造独特的品牌形象、建立竞争优势为主要经营之道。因此,贝尔模型最适合用于对特殊品的品牌形象进行测量和评价,对企业广告主题、形象代言人以及促销方式的选择有着直接的指导意义。

与所有模型一样,贝尔模型也存在自身的缺点,主要表现为没有描述各子形象之间的相互关系,没有考虑三个子形象的相对重要程度,在企业实际运用时,其指导和借鉴意义就会减半。

三、大卫·艾克品牌形象构成

根据大卫·艾克的理论,品牌形象由四个方面、12个因素组成。作为产品的品牌包括:产品范围、产品属性、质量/价值、使用场景联想、使用者联想和与国家或地区相联系;作为组织的品牌包括:组织属性、本地还是全球;作为个体的品牌包括:品牌个性、品牌-顾客关系;作为符号的品牌包括:视觉形象/符号、品牌传承。具体内容如图3-3所示。

为了确保品牌形象有内涵、有深度,企业应当从产品、组织、个人和符号四个方面考虑品牌。每个方面都大不相同,但都用于帮助战略的制定者思考不同的品牌元素和模式,从而使得品牌形象清晰、丰富并且具有独特性。

并不是每个品牌形象的塑造都需要考虑所有的方面,对有些品牌而言,只有一个方面也可能是可行的或合适的。但每个品牌都应该考虑到所有这些方面,并将那些有助于在消费者心目中清楚表达品牌形象的方面应用到实际中去。

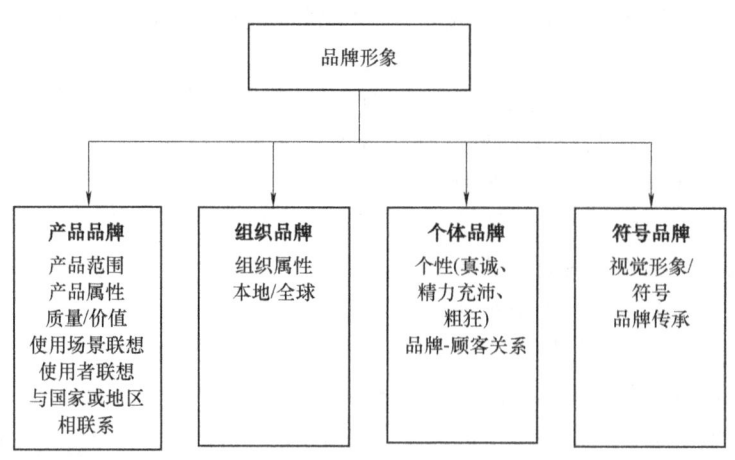

图3-3　大卫·艾克品牌形象构成

（一）作为产品的品牌

1. 产品范围

品牌形象的核心元素通常是产品驱动力，它会影响组织希望实现并且可行的联想类型。对哈根达斯而言是冰淇淋、对别克而言是汽车……与产品类别牢固的联系意味着当顾客想到这些产品时，就会回忆起这个品牌。

当产品类别扩大时，会产生一个关键的形象问题：对大多数人而言，惠普一直与领先的打印机相联系，但是当打印机、扫描仪、传真机和复印机的区别日益模糊时，与打印机的牢固联系就从原来的关键资产变成一个需要积极管理的问题。惠普需要调整打印机的形象，从而使之应用到更广泛的产品类别上。因此，惠普有了扫描仪（ScanJet）、传真机（FaxJet），甚至集传真机、复印机和打印机于一身的机器（OfficeJet）。

2. 产品属性

购买或使用直接相关的属性能够为消费者提供功能利益，有时还会有情感利益。例如，力科（Noreco）通过提升切剪系统，为用户提供更服帖的剃须感受；7-11连锁店能够提供比杂货店更便利的服务；万豪连锁酒店（Marriott Hotels）加快结账速度；麦当劳无人可敌的在全球各地提供相同品质产品的能力等。

3. 质量/价值

在每个竞争领域，感知质量要么接受价格（你需要提供最低限度的质量水平才能生存下来），要么决定竞争关键（拥有高质量的品牌才能获胜）。多数企业将质量作为一种核心形象元素。

4. 使用场景联想

一些品牌成功地拥有了特殊的用途或应用，并强迫竞争者的举动限制于此。例如：佳得乐（Gaterade）拥有的使用者场景是运动员期望保持高水平的发挥。尽管漂白粉可以用在很多东西的清洁、消毒上，但高乐士（Glorox）漂白粉与布匹漂白紧紧联系在一起。卡夫奇妙酱（Kraft）是一种多功能色拉调味酱，但其与三明治制作紧紧联系在一起。星巴克咖啡通过友善的雇员营造了一个亲切、高端的休闲场所。

5. 使用者联想

根据使用者类型定位品牌是为了表现品牌的价值主张和品牌个性。例如，艾迪·鲍尔（Eddie Bauer）公司为拥有户外生活习惯的人提供流行时尚；嘉宝（Gerber）专注于婴儿；慧俪轻体（WeightWatchers）与那些对控制体重和健康生活的人相联系；而喜悦（Friskies）则为宠物猫准备食物。

6. 与国家或地区相联系

能够与一个国家或地区相联系往往可以提升品牌的可信度。例如，香奈儿（CHANEL）被认为是永恒的法国品牌，斯沃琪（Swatch）是瑞士的，贝克（BECKS）啤酒和梅赛德斯-奔驰（Benz）是德国的……原产地效应的强弱程度因产品类别不同而各异。例如，在人们心目中，日本的电子产品比日本的食品原产地效应更强。

（二）作为组织的品牌

把品牌看作组织的视角更多地聚焦于组织的属性，诸如创新、对质量的追求、对环境的关注等组织属性是由雇员、文化、价值观和企业计划所创造的。例如，土星汽车的价值观是建造世界一流的经济型轿车，将零售商企业和雇员（认同该价值观的群体）有机地连接在一起。

与产品属性相比，组织属性更持久，对竞争宣传的抵抗力更强。第一，仿制一个产品要比复制一个具有独特雇员、价值观和规划的组织要容易得多。第二，组织属性可以应用于一系列的产品类别，而来自单一产品类别的竞争者很难与之抗衡。第三，具有创新能力的组织的属性很难评价和传播，竞争者也很难证明他们已经跨越了任何一个感知的沟壑。

（三）作为个人的品牌

把品牌看作人的视角指示了另一种品牌形象，它比建立在产品属性上的品牌形象更丰富、更有趣。一个品牌就像一个人，可以被认为是高层次的、有能力的、令人印象深刻的、值得信赖的、有趣的、积极的、幽默的、休闲的、正式的、年轻的或是聪明的……也称为品牌个性，具体内容在本书第四章有详细介绍。

（四）作为符号的品牌

一个强有力的符号可以帮助品牌形象获得凝聚力和层次，并使品牌更容易得到再认和回忆。任何代表品牌的事物都可以成为符号，包括麦当劳的罗纳德麦当劳屋计划，土星的不讨价还价定价策略等，综合起来形成的品牌符号有：视觉形象、比喻和品牌传统。

视觉形象的符号容易记忆、力量强大。麦当劳的金色拱形门，可口可乐经典的玻璃瓶造型，奔驰车的车标……这些符号只需一瞥，品牌就会进入脑海。

如果符号设计中使用了比喻，能够代表某种功能、情感或自我表达利益，这些符号就显得更有意义。例如，迈克尔·乔丹的弹跳能力代表耐克的性能，劲量电池的小兔宝宝代表电池的使用寿命长……

生动形象、意义深刻的历史传承有时也能代表企业的精髓。例如，美国的海军陆战队凭借其丰富、精彩的品牌传承，生成了"少数派、自豪者、海军陆战队"这一口号；美国铁路公司将乘客体验与一流的铁路旅行联系起来，用广告语提醒顾客"总有一些关于火车的神奇故事"。

四、品牌形象的维度

品牌形象的维度是指品牌形象的具体内容，包括品牌特色、品牌利益、品牌价值、品牌文化、品牌个性和品牌对象。后面各章会对相关内容进行详细介绍，这里只做简要的说明。

（一）品牌特色

品牌特色是指品牌明显区别于竞争对手的部分，主要包括产品特色和定价特色。拥有专利和专有技术的产品，因为在功能、款式等方面拥有竞争对手无法模仿的优势，使其产品与竞争对手的产品具有明显的差异性，而这种差异性又是企业进行差别定价的基础，此时，消费者根据产品的性能、产品的价格等因素轻易地将自己喜爱的品牌识别出来，这就是其品牌特色所具有的优势。但是，当今世界，产品的同质化现象十分严重，产品差异性越来越模糊，根据功效和质量进行差别定价的可能性也越来越小，此时用于区分品牌的主要指标是品牌文化和品牌个性等。

（二）品牌利益

品牌利益是指品牌为消费者提供的之所以购买该品牌产品而不是其他品牌产品的理由。品牌利益主要有两个方面：功能性利益和精神性利益。功能性利益是指缘于品牌属性使消费者获得的独特效用，满足的是消费者对品牌的功能需求，是品牌产品应该具有的基本层面；精神性利益是指缘于精神因素而使消费者获得的满足，例如奔驰展示了高收入人群的身份，动感地带表现了当代青年追求自我、崇尚自由的利益要求。

品牌所有者可以通过对特定消费群的研究、分析来确定自己的品牌利益，只有让品牌利益能够准确、独特地满足消费者的需求，才能让自己的品牌与竞争对手的品牌区分开来，以品牌所传播的独特利益来吸引消费者购买自己的品牌产品，并最终成为品牌忠诚者。

（三）品牌价值

品牌价值是品牌管理要素中最为核心的部分，也是品牌区别于同类竞争品牌的重要标志。迈克尔·波特在其品牌竞争优势中曾提到：品牌的资产主要体现在品牌的核心价值上，或者说品牌的核心价值是品牌的精髓所在。

品牌价值因其所依附的价值理论不同，被赋予了不同的内涵。根据劳动价值理论，品牌价值是品牌客户、渠道成员和母公司等方面采取的一系列联合行动，能使该品牌产品获得比未取得品牌名称时更大的销量和更多的利益，还能使该品牌在竞争中获得一个更强劲、更稳定、更特殊的优势（凯勒，2003）。这一定义强调了品牌价值的构成因素和形成原因。而根据新古典主义价值理论，品牌价值是人们是否继续购买某一品牌的意愿，可由顾客忠诚度以及细分市场等指标测度，这一定义则侧重于通过顾客的效用感受来评价品牌价值。

由此可以看出，品牌作为一种无形资产之所以有价值，不但在于品牌形成与发展过程中累积的成本的价值增值，而且在于它是否能为相关主体带来价值，即是否能为相关主体带来更高的溢价，也能够确保其获得未来稳定的收益，或者是否能满足使用主体一系列情感和功能效用。所以品牌价值是企业和消费者相互联系、作用形成的一个系统概念。它体现在企业通过对品牌的专有和垄断获得的经济价值、社会价值和生态价值等综合价值，也包括消费者通过对品牌的购买和使用获得的功能和情感价值。

（四）品牌文化

品牌文化是指通过赋予品牌深刻而丰富的文化内涵，建立鲜明的品牌定位，并充分利用各种强有效的内外部传播途径形成消费者对品牌在精神上的高度认同，创造品牌信仰，最终形成强烈的品牌忠诚。拥有品牌忠诚就可以赢得顾客忠诚，赢得稳定的市场，大大增强企业的竞争能力，为品牌战略的成功实施提供强有力的保障。

品牌在经营中逐步形成的文化积淀，代表了企业和消费者的利益认知、情感归属，是品牌与传统文化以及企业个性形象的总和。与企业文化的内部凝聚作用不同，品牌文化突出了企业外在的宣传和整合优势，将企业品牌理念有效地传递给消费者，进而影响消费者的心智。品牌文化作为一种重要的无形资产，一般来自两个方面：一是企业在长期的经营管理、营销传播过程中自己的优势积聚；二是借助社会资源提升企业和产品的地位，企业产品一旦形成品牌就具有了文化力。这时候，产品不仅仅是单纯的物质，而是由企业和消费者共同创造的生活方式。品牌文化与行业文化、产品文化和企业文化一起形成了文化营销的着力点，对整合营销传播产生有效的推动作用。

（五）品牌个性

品牌个性是特定品牌拥有的一系列人性特色，即品牌所呈现出的人格品质。它是品牌识别的重要组成部分，可以使没有生命的产品或服务人性化。品牌个性能带来强大而独特的品牌联想和丰富的品牌内涵。品牌个性的价值不仅表现在建立与消费者的认同上，而且它本身也能够为品牌产品增加价值。品牌个性的附加价值在于品牌的表达能力。本书第四章会有详细论述。

（六）品牌对象

品牌对象就是消费者，包括两大类：一是品牌的使用者，二是品牌的潜在使用者。品牌的使用者是品牌实际利益实现者，他们购买和使用某个品牌的产品，来帮助这个品牌实现其品牌价值，是这个品牌存在的基础。品牌的潜在使用者是品牌发展和持续的动力，他们中有些人会成为品牌的使用者，有些人永远都不可能成为品牌使用者。例如，奔驰是很多人向往的品牌，当某些人在事业上取得成功以后，会选择购买这一品牌的轿车，但是大多数人没有能力购买。

五、品牌形象分类组合

品牌形象分类组合（Brand Image Classification Combination，BICC）是关于解决品牌形象的分类及其组合的技术性问题。

品牌形象分类就如同将工具房中的工具进行分类。在人类社会早期，由于产品单一，需要的生产工具也很简单，所以没有必要对生产工具进行分类。但是，随着人类社会不断发展和进步，不仅劳动力需要进行分工协作，生产中人们所采用的技术手段和生产工具也日趋多样化，不同的工具满足不同的加工需要，此时，如果把众多的工具堆放在一起，必然会因为找寻合适的工具而浪费大量的时间，为了提高工作效率，有必要按生产工具一定的功能属性对种类繁多的生产工具进行分类。

品牌形象也具有相似的特点，在品牌竞争初期，由于策略手段单一，BICC 技术也显得无关紧要。可是发展到今天，成千上万的品牌所开创的具体操作方法和技术各不相同，因此单从创意考虑问题显然过于宽泛，操作难度大而且具有很大的盲目性。为了解决这一问题，

BICC 技术（将品牌形象分类，明确所需的形象类型和各自的比重，以此确定创意的方向）就成为最为有效的方法之一。BICC 为企业的营销推广提供了一个可测量的方法，用理性代替直觉，为企业做出正确的营销决策提供了科学的依据。

（一）品牌形象阶段划分

BICC 将品牌形象的发展过程主要分为以下五个阶段：说明性品牌形象阶段、工业（实力）性品牌形象阶段、技术性品牌形象阶段、价值性品牌形象阶段和精神性品牌形象阶段。

1. 说明性品牌形象阶段

当某类产品市场处于卖方市场阶段，经营者们所要做的就是在兼顾产品质量的同时尽可能增加产量，因为此时企业之间几乎不存在真正意义上的竞争，销售畅通与否取决于企业是否将产品信息传递给消费者，以及能否通过畅通的营销渠道将产品交付到消费者手中。在这一阶段，企业品牌的功能主要是告诉消费者品牌名称、提供什么产品（服务）、产品有什么用途……这就是单纯说明性的品牌形象。

随着产品生产多样化的趋势日益明显，这种单纯说明性品牌形象对大部分品牌而言已经不再适用。但对于相当一部分品牌而言它还是有其存在价值的，有时又是必要的。例如，一个新产品在刚推出时由于目标顾客对它的用途特点还不了解，这时候说明性品牌形象就应该在推广时占较大的比重，以后随着目标顾客对它的逐渐熟悉，说明性品牌形象会逐渐减少。

说明性品牌形象的存在理由主要表现在：①产品或服务本身始终是顾客购买的主要目的；②由于人的记忆周期是有限度的，每天众多同类品牌和其他大量信息源源不断地输入消费者大脑，很可能把以前灌输的信息挤压出去；③新的目标顾客对产品和服务信息了解不足，需要补足等。

2. 工业（实力）性品牌形象阶段

随着科技的进步，工业生产流程的标准化现象成为主流，这些必然为企业不断扩大生产规模，以便降低生产成本、提高产品质量提供了可能。在这一阶段，无论是品牌拥有企业，还是地方政府，都将规模生产视为企业经营和经济建设的首要追求目标，因此，这一阶段也被称为规模经济时代。规模经济的标志就是企业由于批量生产而大大降低成本，从而促使产品价格降低，因此，此时竞争的关键就是提供物美价廉的产品，而实现规模经济的条件就是现代化设备的使用和原材料的批量采购，这都需要企业实力予以支持。所以，在这一阶段，企业品牌的功能主要是向大众传达出企业所具有的实力的品牌形象。

工业（实力）性品牌形象阶段对于工业门槛较高、技术协作程度高、产品质量判断不直观、需要时间或专业知识和技术、价格昂贵的产品而言具有重要作用。例如家电、汽车等产品，如果没有强大的企业实力形象支持是很难让顾客放心购买的。此时，企业广告的宣传重点是企业的工业（实力）性品牌形象。

3. 技术性品牌形象阶段

尽管规模经济可以提供大量的物美价廉的产品，但是消费者的需求差异性随着人们生活水平的不断提高而越发明显，而且伴随着时代的变迁，生产同类产品的企业迅速增多，各企业的产品质量和价格已非常接近，企业难以创造竞争优势。此时，提升产品功能和降低使用成本成了企业市场竞争的制胜关键，这就需要先进的科学技术和不断创新的经营观念的支持。因此，在这一发展阶段，企业广告宣传的重点就是围绕高素质技术人员、先进科研和生产设施、企业创新精神等方面塑造品牌形象，借以区别于竞争对手。

技术性品牌形象主要适用于技术含量较高,对高素质研发、生产、管理人才依赖性强,产品更新换代较快,产品质量判断不直观,需要时间或专业知识和技术,价格较高的产品。例如,计算机软硬件产品以及基于 IT 技术支持下的数码产品,这些企业的竞争主要依靠的就是技术性品牌形象。

4. 价值性品牌形象阶段

近些年,由于企业间产品高度同质化和创新成本越来越高,企业经营者越发意识到,产品给消费者带来的直接和间接利益的诉求更能打动消费者。对于价值性品牌与说明性品牌的区别主要表现在,说明性形象是指产品或服务的功能、特点等,而价值性形象是指产品或服务功能完成后给顾客所带来的利益。例如洗发水,有些品牌的诉求是去屑,有些品牌的诉求是给消费者带来好心情,去屑是说明性品牌形象,而好心情等则属于价值性品牌形象。

价值性品牌形象主要适用于发展较为成熟或进入门槛较低的行业。具体到某个品牌时,此品牌的现有形象及其他同类品牌对价值性形象的应用情况均是决定价值性形象效力高低的关键。自身品牌在目标顾客中的信心指数越高,价值性品牌形象比重就应该越大;同类产品的竞争品牌对价值性品牌形象的应用越少,该企业运用价值性品牌形象策略的效果就越明显。

5. 精神性品牌形象阶段

精神性品牌形象不需在形象塑造上受到产品的诸多限制,可脱离产品而赋予产品之上的某种精神文化,这就使得该类品牌形象宣传的取材广泛,具有更广阔的诉求空间。因此,即使企业普遍采用精神性品牌诉求,其产生的形象必然比上述四个阶段的品牌形象诉求更容易体现出鲜明的个性特征,使得各企业品牌之间竞争的激烈程度降到最低,市场结构更有层次性。由于精神性品牌形象诉求空间的广阔性,如何确定有价值的品牌诉求点就有一定的难度,市场容量的大小和消费者接受程度也不容易把握。

精神性品牌形象是企业产品品牌形象的最高形式,它赋予品牌产品以人的特征,改变了人们购买产品的功能性要求,通过品牌蕴涵的精神与消费者心理寻求契合点,从而更容易创造品牌偏好和品牌忠诚。

价值性品牌形象有时候也是为满足精神需要的,例如某品牌洗发水的广告诉求是让消费者更自信,它给消费者带来的是精神上的改变,但这种改变是由头发更舒服带来的。这是一种因果关系,因此它仍属于价值性品牌形象的范畴。精神性品牌形象与价值性品牌形象可以有一定的联系,但不是必然的联系。精神性品牌形象的规划是否具有市场价值,完全取决于目标顾客的个性和生活方式,因此对于进入精神性品牌营销阶段的行业和品牌而言,市场细分的方法、目标顾客的选择,以及对目标顾客心理的研究是否科学、有效,是品牌成败的关键。

(二) 品牌形象类型计算方法

品牌形象类型计算包含三个评价参数,即顾客对产品的熟悉度、顾客信心指数和市场集中度,具体的计算公式为

$$BICC = \frac{顾客对产品的熟悉度 + 顾客信心指数 + 市场集中度}{3}$$

顾客对产品的熟悉度主要体现在对产品的功能及其原理的熟悉和关心程度,对使用者的技能要求高低等方面。顾客对产品的熟悉度取值范围是 0~100,可以通过顾客容

易理解的表述性语言及对目标顾客的调查来获得，具体的取值范围与评价分类情况如图 3-4 所示。

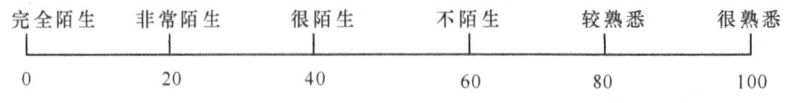

图 3-4　顾客对产品的熟悉度取值范围

顾客信心指数主要是指顾客对产品性能、质量、寿命等的担心程度。例如服装，由于其技术含量很低，革新速度慢以及质量、性能比较直观，顾客普遍具有一定的判断能力等，所以顾客信心指数非常高。又如汽车，由于其工业投资门槛高，生产工艺复杂，需要很多配套厂商合作才能生产出性能卓越、质量可靠的产品，因此如果品牌知名度和美誉度不高的话，顾客信心指数就会很低。

顾客信心指数取值范围为 0~100，具体情况如图 3-5 所示，数值的确定必须通过对目标顾客的调查来获得。为了便于调查，可将顾客信心指数用顾客容易理解的表述性语言来代替。

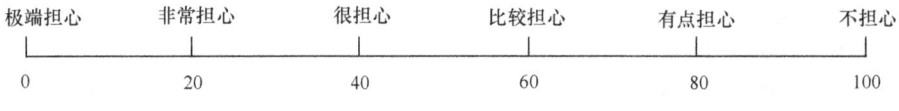

图 3-5　顾客信心指数取值范围

市场集中度是指在目标市场中前七位品牌在其中的市场份额总和乘以100。例如，前七位品牌市场份额总和为 70%，那么市场集中度的数值就是 70。

（三）品牌形象类型数值的调查和统计前提

品牌形象类型数值的调查和统计必须在明确四个基本前提条件下进行：①目标市场区域；②目标顾客经验；③目标顾客特征；④所属品牌群族类型。

1. 目标市场区域

对许多产品而言，不同的市场区域计算品牌最佳形象类型的三个相关数值往往具有较大的差异。所以企业应该选择重点的目标市场区域来获取相关数值，这样才能对制定正确的品牌战略发挥出应有的成效。

2. 目标顾客经验

目标顾客是否具有购买或使用经验，具有多少经验。初次购买或使用者与具有经验的顾客相比，其信心指数和对产品的熟悉程度往往具有比较大的差异，因此企业选择没有经验的目标顾客还是选择具有较丰富经验的目标顾客，在品牌战略的制定上应该是有所不同的。

3. 目标顾客特征

之所以要明确目标顾客的特征，主要是因为：①不同的消费者对相同品牌的接受速度有快有慢；②不同的消费者需求层次不同，例如，年轻人较成年人接受个性品牌的速度要快，收入高的人比收入低的人对产品的信心指数要高。

影响品牌形象类型正确确定的目标顾客特征包括目标顾客的自然特征和行为特征。由于划分行为特征的调查难度大，而且准确率较低，因此一般还是按比较容易识别和操作的主要自然特征来进行，如性别、年龄、职业、收入等。

4. 所属品牌群族类型

是否需要划分品牌群族进行调查统计取决于两个因素：①消费者对不同的品牌群族是否有不同的看法或评价；②不同的品牌群族所能满足的消费群体特征是否有明显的差异。

品牌群族主要包括：①地域背景，如是国内品牌还是国际品牌、是发达地区品牌还是欠发达地区品牌等；②品牌背景形象，如一个新的手机品牌在推出手机产品之前是否在其他产品领域拥有知名度，形象如何；③原形象与现产品的形象有多大的关联性等。

第三节　品牌形象的塑造

一、品牌形象塑造的原则

品牌形象的塑造是当今企业品牌运营策略中十分重要的一环，能否塑造出令消费者喜爱和支持的品牌形象是每一个企业在竞争中取胜的关键。在进行品牌形象塑造过程中，一般要遵循以下几个原则：系统整合原则、全员参与原则、统一持续原则、民族特色原则、情感诉求原则。

（一）系统整合原则

品牌形象的塑造涉及多方面因素，需要进行大量艰苦细致的工作。在企业内部要注意增强员工的品牌意识，重视品牌战略的整体设计，做到周密计划、科学组织、上下配合、各方协调，在动员各方面力量的同时，对各种资源实现优化组合，以便发挥整合效应，在不断加强和完善品牌管理的同时，使企业获得最佳的经济效益和社会效益。

但是也应该注意到，品牌形象的塑造不是单纯在企业内部就能够完成的，还要通过企业外部公众的认可才能实现，因为品牌形象的信息最终要通过媒体传递到公众中去，然后通过公众的消费行为表现出来。品牌形象充分显示出企业信息流的通畅与否，以及实现双向沟通的必要性。

此外，企业作为社会的一分子，必须承担一定的社会责任，其品牌形象必须面向社会，接受社会的批评。因此，品牌形象的塑造是一项复杂的社会系统工程，必须遵循系统整合原则。

（二）全员参与原则

品牌形象的塑造需要企业的全体员工共同参与，每一位员工都应该能够清楚、准确地将品牌形象传递给外部公众，就是要求所有的员工都能真正地认识、理解品牌形象，使得企业所有员工对工作有使命感，对企业有归属感，从而形成强大的凝聚力，共同为企业的前途而奋斗。

美国品牌学专家大卫·艾克在《品牌领导》一书中提出，企业应把内部品牌的传播工作放在优先考虑的地位，即在得到外部认同之前，首先在内部推行，达到内部认同，因为内部认知的差异可能误导策略的实施。

除了让企业内部全体员工参与品牌形象的塑造之外，全员化原则还有一层含义，就是动员社会公众的力量。企业的营销、服务、公关和广告要能够吸引公众，打动公众，使公众关注品牌形象，热心参与品牌形象的塑造，使品牌形象牢固树立在公众的心目中，产生永久的、非凡的魅力。可见，全员参与的品牌形象管理对塑造品牌形象是至关重要的。

（三）统一持续原则

品牌形象的统一持续原则是指品牌识别，即品牌的名称、标志物、标志字、标志色、标志性包装的设计和使用必须统一标准，不能随意变动。例如，同一企业或产品的名称在一个国家或地区的翻译名称要统一，像日本的松下、丰田和美国的通用、微软等的中文名称就不能随便采用其他汉字来代替。

凭借一只鸡腿跑遍了全世界的国际性的快餐连锁店——肯德基，其最大特征是：始终如一地保持着"一家是一家，十家是一家，千家还是一家"的经营理念。无论身处何地，只要到了肯德基，就会发现那红白条的屋顶、大胡子山德士上校的图像、宽敞明亮的大玻璃窗、笑容可掬的服务生，还有香喷喷、脆松松、金灿灿的炸鸡。

（四）民族特色原则

所谓特色性，其实就是指品牌形象的差异化或个性化。品牌的特色性可以表现为质量特色、服务特色、技术特色、文化特色或经营特色等。品牌形象只有独具特色，才能吸引公众，才能通过鲜明的对比在众多品牌中脱颖而出。抄袭、模仿的品牌形象不可能有好的效果，也不可能有大的魅力。例如，当其他企业都在宣传自己生产的摩托车轻便、快捷、安全时，如果本企业也宣称自己生产的摩托车轻便、快捷、安全，那就不会有什么特色。

特色性原则中还有一点很重要，就是品牌形象的民族化。民族化的产品总是富有特色的，因为"只有民族的，才是世界的"，只有抓住民族特色而赋予品牌形象一定的特殊含义，才能促使品牌建立起与众不同的品牌文化内涵，建立起自己的品牌个性和品牌形象。

（五）情感诉求原则

品牌形象是品牌对公众情感诉求的集中体现，如奔驰的自信、富有、成熟，百事可乐的年轻、活泼、时尚，都是品牌情感化的化身。品牌形象塑造过程要处处融入情感因素，使品牌具有情感魅力，以情动人，这样才能缩小其与公众的距离，实现和公众的良好交流。

麦当劳以情感塑造形象的招数可谓绝妙。作为世界范围内最负盛名的快餐店之一，麦当劳最初的经营业绩也很平淡。直到1957年，一个名为哥德斯坦（Oscar Goldstein）的人加盟麦当劳后，为了促销，才开始做广告。1960年，美国广播公司开播了一个全国性的儿童节目——波索马戏团，哥德斯坦觉得很有趣，他看准时机，独家赞助了马戏团，并请波索的扮演者为麦当劳做广告。波索这个滑稽的小丑殷勤地向孩子们喊道："别忘了叫爸爸妈妈带你们去麦当劳哟！"孩子们在嬉笑声中牢记波索小丑的话，于是光顾麦当劳的人越来越多，营业额直线上升。然而好景不长，1963年，波索马戏团节目停办，麦当劳的经营日渐惨淡。哥德斯坦深知父母爱自己的孩子，哪怕是小小的要求，父母都会认为合情合理。鉴于波索小丑在孩子们心中留下的深刻印象，哥德斯坦决心创造一个忠实地站在孩子们一边的"麦当劳叔叔"，成为孩子们的大朋友。当"麦当劳叔叔"的塑像展示在店堂前时，还真的吸引了很多顾客，其中有不少是孩子。从此，麦当劳的生意又日渐红火起来。

二、品牌形象塑造的内容

（一）品牌文字

品牌文字是品牌形象的文字表达部分，包括品牌名称、品牌口号、品牌年度报告、品牌产品目录、品牌手册等内容。品牌文字的含义、读音和多义性，品牌文字设计的趣味性和艺术性，都能促使消费者产生品牌认知和品牌联想。

1. 字体、字形方面

汉字字体、字形的发展经历了象形文字、甲骨文、大篆、小篆、隶书、楷书（真书）、草书、行书、宋体、黑体等漫长而不断变换的一个过程。不同的字体具有不同的特点：甲骨文字形不规范，图形化；大篆形方，笔画线条化、均匀化、规范化；小篆则是长方形，整体协调、整齐而美观；隶书改曲为直，结构简化，字形偏扁，有了偏旁部首；楷书（真书）用横、捺取代了隶书的蚕头燕尾，字形端庄，为方形；草书笔墨飞舞，感情奔腾；老宋体横细竖粗，起落笔有饰角，字体方正，是程式化的硬笔字体；仿宋体具有宋体与楷体的特点，字形细而稍长，粗细均匀；黑体又称等线体，笔画粗细基本相等，转角处不留钝角，显得端庄平整、浑厚稳健、庄重有力。

西方拉丁文字的发展也经历了漫长的过程。首先也是一种象形文字，后来经过古希腊人的修改、增补，演化成表音的字母，罗马人在此基础之上加工与完善，形成相对稳定的26个字母体系，后来又出现了卡罗林小写字母。

19世纪20年代初，出现了德国的艾克曼字体；20世纪20年代出现了国际主义（黑体）字体；它们是根据功能需求而设计的字体；1929年，受装饰艺术的影响，出现了新艺术和现代主义设计相结合的比夫字体；20世纪五六十年代出现的路比琳字体，提出字体应表达情感的口号，字体之间的距离应重新组合、相互渗透；20世纪60年代以来，比较盛行文字肌理的处理。

2. 文字内容方面

品牌文字的内容表达要按照品牌文学的具体功能而定，品牌名称的设计要遵循易读、易懂、易记、易传的原则，往往追求新、奇、特的效果，让人一下子就能记住，还要尽可能反映品牌的经营项目，体现品牌个性和品牌文化（具体的设计内容将在品牌设计部分做详细介绍）。

品牌口号是为了能更好地塑造品牌形象，一定要简洁、有韵律，让消费者读起来朗朗上口，便于记忆，一般控制在八个字以内最佳。例如，雀巢咖啡的"味道好极了"，耐克的"Just Do It"，松下电器的"Ideas for Life"……都是让消费者耳熟能详的品牌口号。

品牌年度报告是上市公司和跨国公司向公众展示品牌实力的最重要的平台，因此，年度报告的编制要本着实事求是的态度，客观、真实地反映品牌业绩。

品牌产品目录是向受众全面传递产品信息的工具，包括企业不同产品类型、产品线的具体规格、型号、组件、操作步骤等内容，要把主打产品放在最前面进行展示，力求内容简洁而充实。

品牌手册是企业对自己所属的某一品牌进行介绍，包括品牌的使命、特性等内容，甚至还包括招商的内容。在制作过程中不要只追求印制精美，要能用文字清晰、准确地将品牌的内涵表达出来。

（二）品牌标志

品牌标志是指品牌的标志性图案，包括品牌的标志物、标准色、标准字和包装物，是建立品牌形象的重要手段。由于品牌标志通常以各种不同的图形和色彩表达，因此比较形象，也更容易吸引消费者的注意力，也是更能凸显品牌文化内涵的主要构件。

品牌标志作为品牌形象的核心要素，在诠释品牌内涵、传播品牌文化、与消费者沟通中有着不可估量的作用。而品牌标志的演变和升级也体现了品牌形象的升级，为了防止品牌老化，品牌标志要随着环境的变化而不断创新。

从世界著名品牌的标志转变案例来分析，品牌标志转变（升级）一般有两个前提：一是在品牌发展的过程中，为了适应市场环境、消费者环境的变化而进行的升级或演变。原则是要在保持主体形象（颜色、字体）的基础上赋予品牌标志以创新的内涵，力求在内容上进行简化，在视觉上要简约。图3-6是Nike品牌标志的演进。二是在品牌发展的过程中因为产业转型（积极主动）或因为知识产权（消极被动）等问题，对包括品牌标志在内的形象进行更换。前者如夏新电子，从当初的以彩色电视机为主，到以手机为主，再到以3C［Communication（通信），Consumer Electronics（消费电子），Computer（计算机）］产业融合为核心的相关多元化战略，其品牌标志形象不同时期有不同的意义。

图3-6　Nike品牌标志的演进

（三）品牌传播

品牌广告、品牌展览、品牌公关和品牌形象代言人都是企业常用的品牌传播方式。

（1）品牌广告。品牌广告是企业进行品牌形象塑造必不可少的环节。企业通过广播、电视、报纸、杂志、网络等广告媒体形式，将产品的品牌特色、品牌文化、品牌利益以及企业的经营理念和经营哲学通过形象生动的广告传递给广大受众，吸引消费者的注意力，培养消费者的品牌偏好，最后促使消费者产生购买行为，并将消费者逐渐培养成企业的忠诚顾客。

（2）品牌展览。品牌展览是企业将品牌推向全国乃至世界的一种经济、实惠的品牌传播手段。我国的茅台酒在1915年旧金山举行的博览会上一举扬名，当年，有31个国家参加了该博览会，中国展出了丝绸、瓷器、茶叶、农产品与工艺产品等产品。其中，仅参展的酒类就有数十个品种，茅台酒作为贵州省的特产参展。可是，由于当年茅台酒的包装其貌不扬，眼看这届博览会的酒类评比就要结束，茅台酒却无人问津，参展的工作人员很着急。一天，几名评委来到农业展厅参观，中国工作人员急中生智，拿起一坛茅台酒朝地上一摔，酒香四溢，顿时引来众多观众，引起了评委的关注，从此茅台酒成为享誉世界的著名品牌。

（3）品牌公关。品牌公关就是企业通过体育营销、文化营销和事件营销等公益活动，宣传品牌、提高品牌知名度和美誉度的主要手段。例如，王老吉因为在"5.12"汶川大地震中巧妙地运用事件营销的公关活动，成功获得了众多消费者的认同。在地震事件营销中，王老吉采用了对比策略、社会认同引导、短缺制造、喜好原理、互惠原理、承诺与一致权威认证等策略进行口碑互动传播，其中与万科王石的对比策略、制造"封杀王老吉"的短缺效应，以及通过报纸权威性报道王老吉断货引发群体购买效应的策略应用得非常流畅。汶川大地震发生后，王老吉在第一时间选择捐款1亿元，使原本在众多饮料品牌市场中名不见经传的王老吉瞬间成为家喻户晓的品牌；然后通过报纸报道王老吉在超市缺货，制造一种社会群体购买的效应，引导相似消费者进行购买；接着又三个小时内在百度贴吧发满 14 万帖，宣扬"咱四川人帮你把这 1 亿元喝回来"的互惠原则，制造了"四川人报答王老吉"的社会效益，成为非常成功的品牌公关活动。

（4）品牌形象代言人。品牌形象代言人也是企业能够成功进行品牌传播的手段，但是品牌形象代言人选取与企业产品品牌传递的形象是否一致，是至关重要的。这方面成功和失败的例子都很多。例如，当初雅客 V9 上市前，企业因为听从营销专家叶茂中的建议，出高价请了正当红的周迅做形象代言人，结果品牌无形中就借到了明星的影响力而一炮打响，取得了很好的品牌传播效果。相反，一旦选择的企业代言人与品牌形象不符，或者代言人爆出品行不端或恶性绯闻，必将连带影响到其代言的品牌。又如，喜之郎果冻的顾客群主要是青少年，如果选择人们所熟知的、稳重大气的中年明星做形象代言人，那么二者传递的形象信息不一致，就不太可能取得好的传播效果。

（四）品牌销售环境

品牌销售的地点、场地、设施、工具、用品、信息资料、人员、顾客、气氛等因素都是建立品牌形象的销售环境。销售环境是促使消费者产生购买行为的至关重要的外部诱因。因为品牌销售的地点直接表明该品牌的价值取向，知名品牌一定会选择在当地影响力大、以高档消费群体为目标顾客群体的销售地点；而面向普通消费者的产品则会选择超市或批发市场等价格低廉的销售点。例如，小护士作为中国市场上知名护肤品牌之一，由于面向普通大众，其主要销售渠道是超市和大卖场，因此，其销售业绩在 2003 年曾经取得市场占有率达 5%、品牌在消费者中认知度达到 96% 的骄人业绩。但是，2004 年欧莱雅集团对小护士进行了品牌收购之后，希望通过拉高小护士的渠道形象来提高品牌形象，于是在全国开始推广专柜销售，对于小护士的固有销售模式改动太大，同消费者的认识偏差更大，使得小护士的销售业绩急剧下滑。

（五）品牌促销活动

品牌促销活动对品牌形象的建立起到非常重要的作用。在执行任何形式的促销活动过程中，企业还需懂得规避风险，以便进行有效的促销。其实，每次促销活动是一把双刃剑，一面是利润目的，另一面是品牌形象的维护。对于消费者来说，折扣越低，回馈的赠品越多，越能促使消费者的冲动性购买，尤其是一些知名品牌。但是，这种活动不能是经常性的，否则，消费者对于原有品牌的品质和形象会产生困惑，甚至怀疑，从长远来看可能会造成大量忠诚顾客的流失。但是，这并不意味着从来不打折，或者很少开展促销活动就是明智的选择，因为消费者毕竟是利益寻求者，当竞争对手提供的产品和品牌利益与本企业的产品大体相当时，竞争对手的促销活动会造成本企业的顾客流失。

（六）品牌形象的维护

品牌形象一旦确定就要注重品牌形象的维护，因为任何一个品牌在发展过程中都会出现这样和那样的问题，即品牌危机。而品牌形象的形成需要长期的、持之以恒的努力才能实现，因此，企业要始终如一地注重维护品牌形象。

1982 年 9 月，美国芝加哥地区发生有人服用含氰化物的泰诺药片中毒死亡的严重事故，一开始死亡人数只有 3 人，后来却传说全美各地死亡人数高达 250 人，其影响迅速扩散到全国各地。事件发生后，在当时的首席执行官吉姆·博克（Jim Burke）的领导下，强生公司迅速采取了一系列有效措施。首先，强生公司立即抽调大批人员对所有药片进行检验，发现所有受污染的药片只源于一批药，总计不超过 75 片，并且全部在芝加哥地区，不会对全美其他地区有丝毫影响，而最终的死亡人数也确定为 7 人，但强生公司仍然按照公司最高危机方案原则，即"在遇到危机时，公司应首先考虑公众和消费者利益"，不惜花巨资在最短时间内向各大药店收回了所有的数百万瓶这种药。对此《华尔街日报》报道说："强生公司选择了一种自己承担巨大损失而使他人免受伤害的做法。如果昧着良心，强生将会遇到很大的麻烦。"这种首先考虑公众和消费者利益的信条和举动，最终拯救了强生公司的信誉。其次，用公司医学总监盖茨做品牌形象代言人，强调"泰诺享有整个医疗界及 1 亿美国人长达 20 年的信任，我们非常珍惜这一信任，决不允许任何人损害它。我们希望您继续信任泰诺"。这一举动及时维护了"泰诺可信任的"品牌形象。最后，强生公司积极呼应美国政府和芝加哥等地的地方政府制定的新药品安全法，率先响应要求药品生产企业采用"无污染包装"的新规定，仅用五个月的时间就夺回了原市场份额的 70%，在止痛片市场上挤走了它的竞争对手。

品牌视野：20 世纪著名的品牌形象

美国是世界上拥有众多知名企业的国家，无论是长达百年历史的可口可乐、肯德基，还是近 20 年来引领全球 IT 业发展的微软等，都是家喻户晓的，它们融入人们生活、成为人们生活不可或缺的部分。但是在品牌形象塑造方面，称得上经典的有：麦当劳的罗纳德·麦克唐纳、绿巨人、米其林男人、贝蒂香脆食品的贝蒂·克罗克、劲量电池的兔子、吉米玛姨妈薄煎饼和糖浆的吉米玛姨妈、家乐氏糖和糖果的托尼虎、皮尔斯伯里食品的小面人、博登乳制品的埃尔斯。这里只介绍几个为中国人所熟悉的品牌形象塑造的例子。

1. 罗纳德·麦克唐纳
产品：麦当劳
导入时间：1963 年
创始人：麦当劳特许经营者奥斯卡·戈尔茨坦及广告代理公司

麦当劳叔叔的小丑形象——罗纳德·麦克唐纳最早是由麦当劳华盛顿特许经营者奥斯卡·戈尔茨坦及广告代理公司在 1963 年推出的。从那时起他的名字已与一个大型慈善机构——麦当劳叔叔基金会紧密联系在一起。有一次，麦当劳叔叔在密尔沃基探望那里患病的孩子，当他来到一个年龄最小的昏迷的孩子身边时，孩子的眼睛注视着麦当劳小丑，并在那之后恢复了意识。没有办法解释这件事是如何发生的或为什么发生，但没有比这件事更令人惊喜的。自从在 1963 年推向市场，麦当劳叔叔的小丑形象一直发挥着神奇的魔力，帮助麦当劳品牌成为地球上最著名的快餐连锁企业。他体现出麦当劳最重要的商业特性：他不卖麦当劳，他是麦当劳。

2. 绿巨人
产品：绿巨人蔬菜
导入时间：1928 年
创作人：明尼苏达 Valley 食品有限公司

绿巨人在 1928 年全国广告亮相时令人失望。明尼苏达 Valley 食品有限公司开发出了一个巨人作为产品商标，但在他的早期，他弯着腰，皱着眉，穿着邋遢的熊皮，更像个老园丁，而不是今天看到的绿巨人。为巨人进行改造任务的是年轻的李奥·贝纳，他提高了巨人的驼背等，把巨人皱着眉头的可怕形象变成了阳光明媚的笑容，给他穿上了明亮的绿叶装备。他还为这个高大的家伙设计了一个新背景——山谷的作物，突出了巨人的高度。李奥·贝纳给绿巨人起了一个名字"快乐"，为了强化绿巨人的形象，还创作了一首轻快的歌曲《好东西》。

3. 米其林男人

产品：米其林轮胎

导入时间：1898 年

创作人：创意的构思是爱德华·米其林

艺术家表现：奥格勒普 DDB 广告公司

安德烈·米其林委托他的弟弟爱德华用轮胎堆积的形式显示人的形象，创作了这个快乐的、圆嘟嘟的形象。用轮胎创造出的这个臃肿的男子，在哥哥安德烈的心目中却是艺术家的素描，特别是举起啤酒杯高喊"现在是举杯的时候了！"的口号，体现了米其林轮胎克服一切障碍的精神。今天，米其林男人是世界上最古老、最容易识别的商标，在 150 多个国家和地区都有米其林轮胎。

4. 劲量兔子

产品：永备劲量电池

导入时间：1989 年

创作人：Chiat/Day

这个长耳朵鼓乐手劲量兔子是一个获过奖的偶像。营销专家称之为"终极产品演示"，因为它在新的发明上，以新的方式有效地展示出产品的独特销售主张——长寿命电池。劲量通信产品经理马克拉森说"小兔子已成为长寿、毅力和决心的最高象征"。在过去十年中，从政治家到体育明星都使用劲量兔子来形容后劲。兔子的化身实际上有 DDB 公司李约瑟的想法延续，这个粉红色的兔子是依靠劲量电池供电的玩具。

5. 老托尼

产品：Kellogg's Sugar Frosted Flakes（家乐氏糖霜玉米片）

导入时间：1951 年

创作人：李奥·贝纳公司

只有一只著名的猫可以理所当然地声称它出现在电视广告中：它就是老虎托尼。这只宣传猫出生于 1951 年。托尼是最初创造的推销谷物的四种动物之一，但它很快就击败了袋鼠卡蒂、角马纽特和小象埃尔莫，成为厂商唯一的广告明星。托尼的原设计师、儿童书籍插图画家马丁·普罗文森，首先创建了一个带有黑条纹的橙色猫，有着一个蓝色的鼻子，始终用四肢行走。但像大多数名人一样，托尼经历了几十次的变化。例如，托尼足球状的头部被一个圆的、较软的物品取代；眼睛的颜色从绿色到金黄色，增加了胡须；从一个骨瘦如柴的小猫，变成 6ft○ 高直立的小老虎；1952 年，托尼的儿子小托尼被创作出来；在 20 世纪 70 年代初，托尼的妈妈、托尼的妻子和托尼的女儿相继诞生，日益壮大的托尼家族吸引了众多观众的眼球。

○ 1ft＝0.3048m。

三、品牌形象塑造的注意事项

近些年，品牌形象在经济领域成为备受关注的时髦词语，充斥于报纸、杂志、电视、网络等大众传播媒体，但是，我国的很多企业并没有真正理解品牌形象的含义和它包含的庞大体系，只是为了赶时尚、求新奇，开展一些所谓的品牌形象塑造活动。由于这些企业对品牌形象认识不足，采取的运营手段和方法有误，很难收到好的品牌传播效果，甚至有时会对品牌产生负面影响。在品牌塑造过程中，有以下三方面的注意事项：

（一）切忌为形象而形象

有些企业并不真正理解品牌形象的重要性，认为大家都在进行相关的宣传，为了表明企业并不落伍，也象征性地进行所谓的品牌形象塑造，以为挂几块招牌、做几次广告，企业形象就塑造出来了。花费了大量的精力做表面功夫，而不在经营、管理、技术、质量等方面切实地进行企业形象的塑造。这种舍本逐末、缘木求鱼的做法，是基于一种投机取巧、企图一步登天的侥幸心理，所塑造的品牌形象很单薄、没有根基、没有生命力。因为巨额的广告投入和频繁的广告暴露频次并不一定能够强化企业的品牌形象。

企业为了提高品牌产品的市场份额和提升品牌形象会做大量的广告，但广告应该与其品牌形象相符合，不能为了短期内提高销量和知名度而进行过度的营销传播，否则可能反而使品牌的美誉度下降，最终导致企业的品牌危机。

企业要认识到，树立一个品牌形象，赢得消费者喜爱和信赖不可能在短时间内一蹴而就，也不是一味迎合消费者的喜好就能实现的。社会时尚瞬息万变，消费者的消费理念和消费习惯也会因为外界因素的变化而不断改变，企业只有塑造有个性、有文化内涵的品牌形象，才能够引领消费时尚、倡导流行，真正实现对消费者的消费习惯和消费主张的引导和改变。

（二）要尽量做到实事求是

在当今的产品市场上，用虚假的广告和华丽的词汇过度美化品牌形象、虚构品牌形象的现象屡见不鲜，广告主本意是为了吸引消费者购买产品，但是结果往往事与愿违。因为真正被消费者喜爱和认同的品牌产品必须要经得起时间的考验，那些虚夸的广告在短时间内可能会起到增加销量和市场份额的作用，但是，消费者在使用该产品之后，发现该产品提供的功能和利益与宣传不符，必然产生上当受骗的感觉，不会再次购买，也会影响其周围相关群体购买该品牌产品。

在我国，这种现象在药品、医疗、保健食品、化妆品、美容服务等领域最为明显。例如，在美容化妆品行业，不论是专业线还是日化线，近些年来的消费者投诉案件时有发生，最主要的原因就是虚假宣传等引发的诚信危机。虚假广告宣传突出表现在以下三个方面：①功效夸大宣传，"速效去斑""快速美白""10天还你青春""一针见效"等产品功效宣传语充斥坊间，美容毁容的惨剧时有发生，部分大品牌甚至利用明星代言夸大功效宣传，欺骗消费者；②服务欺诈陷阱，以免费体验为诱饵，骗取顾客好感，然后鼓动开卡高额消费，消费者上钩后，承诺的服务却不到位，效果大打折扣，或者采用"偷梁换柱"的伎俩，以次充好，以低充高，赚取高额利润；③虚拟科研机构，声称拥有先进技术、采用进口原料等，诱使消费者消费。

事实上，消费者对某一品牌的评价主要依据品牌带来的利益。比较同一类型的产品所提供的顾客让渡价值的大小，一旦形成对品牌的认知和评价后，消费者对某一品牌的态度绝对不会因为过度的宣传而改变，反而会对那些过度"包装"的品牌产生反感。品牌宣传要根据企业和产品的实际情况进行宣传，绝对不能过分夸张、过度拔高，只有这样，才能赢得消费者的信任和忠诚。但是也应该看到，在对产品和企业进行宣传的过程中也要融入一些感情色彩，以便拉近与消费者之间的距离，适度修饰和夸张可以使消费者以相对轻松和愉快的心情接受广告传递的品牌形象的相关信息，会收到意想不到的效果。

（三）品牌形象一旦形成就不要轻易改变

品牌形象的一个最重要的特点就是具有稳定性，而且一旦形成很难改变。有一些企业对此缺乏认识，对企业的经营业绩评价单纯依靠销量和市场份额，产品销售额一下降，或者市场状况一改变，就不知所措，急于重新开始塑造品牌形象；也有一些企业，尚未界定品牌内涵，没有进行准确而清晰的品牌定位，就投入大量的广告费用，进行铺天盖地的广告宣传，哪个明星红，就请其做品牌形象代言人，忽视品牌形象宣传的一致性，结果既投了资金，又花了气力，品牌形象却一塌糊涂。

以百事可乐与可口可乐竞争的案例来说明企业形象轻易改变带来的负面影响。百事可乐在20世纪80年代，以吸引越来越多的美国消费者参加未标明品牌的可乐饮料口味测试，以及宣扬百事可乐的青春、激情、冒险的品牌形象必将取代可口可乐的经典与传统的形象的一系列竞争举措，揭开了与可口可乐的又一次"生死大战"，引起了美国年轻一代对百事可乐的追随。为了应对来自百事可乐的挑战，1982年，可口可乐开始实施代号为"堪萨斯计划"的更改可乐秘方的营销行动。2000名调查员在十大城市调查顾客是否愿意接受一种全新的可乐，结果只有10%～12%的顾客对新口味可口可乐表示不安，接着，可口可乐又投入400万美元进行了一次由13个城市的19.1万名消费者参加的口味大测试，在众多未标明品牌的饮料中，新可乐以61%比39%的压倒性比例战胜了旧可乐。于是，1985年4月23日，"新可乐"上市，但是，结果大大出乎领导层的预料，在四个小时之内，接到抗议更改可乐口味的电话就有650个；4月末，抗议电话的数量达到每天上千个；到5月中旬，批评电话多达每天5000个；6月，这个数字上升为8000多个——与电话相伴而来的，是数万封抗议信，大多数美国人表达了同样的意见：可口可乐背叛了他们！为此，可口可乐公司不得不新开辟数十条免费热线，雇用更多的公关人员来处理这些抱怨与批评，焦头烂额的可口可乐决定恢复传统配方的生产，定名为"Coca-Cola Classic"（古典可口可乐）；同时继续生产"New Coke"（新可乐），才使该公司度过了品牌危机。可口可乐面对百事可乐的竞争而进行的更改产品配方的案例说明，随意改变品牌形象这种错误是什么企业都有可能犯的。

但是，这并不意味着品牌形象要一成不变。随着历史的发展和时代的变迁，人们的价值观念和消费习惯都会发生一定的变化，对品牌形象的喜爱类型也会发生改变，企业对品牌形象的宣传与塑造也要适时调整。

▶ 本章小结

（1）品牌形象是由营销人员所发展、实行与管理的一种拟人化的运营活动，是消费者对某一品牌产生的总体印象和判断。了解品牌形象具有具体性、主观性和稳定性的特点，明了品牌形象对于企业提高品牌竞争力、培养具有品牌偏好的忠诚顾客等方面都会产生积极的影响。

（2）按品牌形象的表现形式，可把品牌形象分为内在形象和外在形象两部分。而贝尔模型将品牌形象分为公司形象、用户形象和产品/服务本身形象三部分，贝尔模型的优点是最适合对特殊品的品牌形象进行测量和评价，缺点是没有描述各子形象之间的相互关系，没有考虑三个子形象的相对重要程度。品牌形象的维度是指品牌形象的具体内容，它包括品牌特色、品牌利益、品牌价值、品牌文化、品牌个性和品牌对象。

（3）品牌形象塑造的原则包括系统整合原则、全员参与原则、统一持续原则、民族特色原则、情感诉求原则；品牌形象塑造的内容有品牌文字、品牌标志、品牌传播、品牌销售环境、品牌促销活动；在品牌形象塑造过程中切忌为形象而形象，要尽量做到实事求是，遵循品牌形象一旦形成就不要轻易改变的规律。

思考题

1. 什么是品牌形象？品牌形象具有哪些特点？
2. 品牌形象的作用有哪些？
3. 品牌形象的维度有哪些？
4. 塑造品牌形象应该遵循的原则有哪些？
5. 如何塑造品牌形象？
6. 如何走出品牌形象塑造的误区？

案例分析讨论

海尔品牌之路

1984年12月，当时的青岛市家电公司副经理张瑞敏来到青岛电冰箱总厂担任厂长，带领700名海尔人踏上了创业之路。张瑞敏选择了一条差异化的道路：追求的不是有形的产量，而是无形的品牌，并制定了海尔发展战略——名牌战略。依据"起步晚、起点高"的原则，海尔在引进德国利勃海尔四星级电冰箱生产设备的同时，还引进了1942条德国标准以及ISO国际标准。1991年，创业仅仅六年的海尔，就获得了全国首批"十大驰名商标"称号；与茅台酒、青岛啤酒等老字号品牌并列。海尔是其中最年轻的一家，也是当时家电行业唯一的一家。

1991年，海尔开始实施多元化战略，首先在青岛东部高科技开发区征地800亩⊖，建立了海尔工业园；然后于1995年7月，海尔整体接收面临破产的青岛红星电器公司，张瑞敏确定了一个思路，那就是用海尔的无形资产去盘活有形资产，用海尔文化激活"休克鱼"，结果取得了三个月扭亏为盈、五个月盈利150万元的骄人业绩，并在两年后荣获中国洗衣机"十佳品牌"；此后，海尔又先后兼并了18家亏损企业，并且全部实现盈利。

海尔在创国际品牌的路程中，提出并实施"三步走"的理念，即"走出去，走进去，走上去"。"走出去"就是指进入国际市场，这一步海尔已经走得比较成功了。海尔主要通过缝隙产品、差异化的产品打进国际市场。例如，在美国，海尔为学生设计的"电脑桌冰箱"很受欢迎；在日本，海尔了解到日本的单身女性比较多，专门为她们设计了"个人洗

⊖ 1亩≈666.7m²。

衣间"洗衣机等。海尔小冰箱在美国占据小冰箱市场50%的份额。

"走进去"是指进入海外主流渠道,销售主流产品。到2009年,海尔已进入美国排名前十位的连锁销售渠道,但销售主流产品还有困难,只有一部分渠道已经开始销售海尔主流产品,所以海尔"走进去"这一步只走了半步。

"走上去"是指海尔要在国外的主流市场成为主流品牌。例如,日本的丰田在美国,可以说是在主流市场上成了主流品牌。所以,在创国际品牌这方面,海尔走了"一步半",还有很长的路要走。

1998年,海尔进入国际化战略阶段,海尔创品牌的视野则从"中国市场"投向了"国际市场"。1999年,海尔在美国的南卡罗来纳州独资建设美国海尔工厂,通过高质量和差异化的产品逐渐打开当地市场;在随后的三年内,海尔在意大利、巴基斯坦、约旦、印度尼西亚、突尼斯等九个国家建立了工厂。到今天,海尔已经拥有30个海外生产基地,在美国、欧洲、中东、东南亚等市场上,已经实现了设计、生产、销售三位一体的本土化经营。海尔在当地树立了良好的企业形象,产品获得所在国消费者的信任和欢迎。

2005年年底,海尔进入全球化品牌战略阶段。海尔的目标是创出属于中国人的世界名牌——"海尔,中国造"。海尔在全球实现了当地化员工、当地化设计研发、当地化生产、当地化销售,提高了海尔的竞争力,推动了海尔品牌的建设。

在自主设计方面,海尔拥有全球化的设计平台,整合全球资源,开发全球设计资源网络,在全球有10个研发中心,并建立了海尔海外研发体系。

在全球化生产布局方面,海尔在全球拥有25个工业园,在美洲、欧洲、非洲、南亚、中东等地建立20多个海外工厂。首个中国境外经济贸易合作区:巴基斯坦海尔-鲁巴经济区是依托原海尔巴斯基斯坦工业园的生产、销售渠道和物流基础建立的。现在巴基斯坦海尔-鲁巴经济区正逐步为中资企业搭建拓展巴基斯坦及周边南亚、中东等市场的跨国平台,吸引了一大批中国家电、汽车、建材、纺织机械、服装、服务和贸易等行业的名牌企业入区发展,打造具有中国自主知识产权的世界级品牌集群。

在全球化营销方面,每年"海尔"牌的产品通过全球多个贸易公司的销售终端销售到全球100多个国家和地区,受到了当地消费者的喜爱。在美国,全球消费电子报纸TWICE报道:"海尔在美国依靠不断的技术创新和进步,成为2007年美国家电市场发展的新亮点。"在欧洲,欧洲第二大家电经销商Comet,将海尔高端滚筒洗衣机摆在了店中最显眼的位置;在日本,Bic Camera渠道主推四个套餐,其中有三个是海尔产品套餐;在巴基斯坦,当地用户喜欢把海尔产品的POP(卖点广告)标贴贴在家里的门上,他们认为使用海尔产品是身份的象征;在尼日利亚,很多消费者走进商场不是像以前一样说自己要购买冰箱或者冷柜,而直接说:"我要海尔!"

随着全球化和信息化的突飞猛进,2007年,海尔开始了信息化流程再造,用1000天实现流程系统创新,打造一条管理的"白领流水线"。目的是创建卓越运营的商业模式,建立从目标到目标、从用户到用户的"端"到"端"的卓越流程,创造和满足全球用户需求,提供卓越的服务。

全球化、信息化的浪潮此起彼伏,尽管存在次贷危机、原材料涨价诸多不利因素,海尔品牌发展的势头依然迅猛,品牌美誉度不断提高。

2008年是海尔全球化战略的第三年。海尔品牌在全球化品牌战略的指引下迅速扩展着。

据《青岛日报》2008年4月17日报道，由韩国《每日经济报》和国际权威专业调查机构C-NEWS以韩国、中国、日本三国的成年男女为对象，进行了"三个国家国民经济意识共同调查"活动，在调查中国、韩国、日本各自"最先令人想到的企业和品牌"（即"第一品牌"）的时候，中国海尔与韩国三星电子、日本索尼同时位列其中，海尔成为中国唯一一个"最先令人想到的企业和品牌"。

与此同时，在2008年海尔还斩获多项品牌大奖，在国内被评为"首选理想品牌""最具竞争力中资跨国企业""中国最受尊敬企业"等，在国外力克戴尔、惠普、西门子等全球著名品牌，获得了"亚洲信誉品牌"金奖。诸多事实证明，海尔已经成为全球知名的大公司，其品牌影响已深深扎根在中外消费者心中。

2009年5月，海尔集团以8200万新西兰元（约4亿人民币）投资参与新西兰斐雪派克（Fisher & Paykel）公司一项股权融资计划，其中包括定向增发、股东配股和补充增发三部分。此计划完成后，海尔集团将获得该公司20%的股份，成为该公司新的大股东。海尔与斐雪派克在达成认购协议的同一时间还签署了一项合作协议：在全球范围内互补和强化双方的技术优势，共享双方的市场资源和供应链资源，发展高端家电产品，为用户提供解决方案。双方还将在全球范围内加强售后服务合作。

2012年2月15日，海尔集团在日本东京举行新闻发布会，正式推出新品牌AQUA系列产品；同时宣布将在日本成立海尔亚洲总部和研发中心，这标志着海尔在日本市场正式开启"双品牌"战略，即海尔可以在日本市场同时运营AQUA和海尔两个品牌。AQUA作为三洋家电洗衣机业务的子品牌于2006年创牌，搭载了全球首创的独有技术和独有功能，以"珍惜水源的洗衣机"为理念，不仅仅是面向日本消费者，而是定位于亚洲市场的高端品牌，现主要经营东南亚及日本市场。为此，海尔为AQUA设定了"人生是珍贵的"（Life is Precious）理念，将其献给"珍惜每一天的人们"，传达"为了真实人生的人们，用独特的技术解决本质问题"。

2016年，海尔以55亿美元全资收购百年美国企业——GE旗下的GE家电产业板块。目前在我国市场上已经出现GE品牌的家电产品，目标受众定位于中高端，准确来说是深入到高端工业类型的家电品牌。GE的一台冰箱大概是17万元人民币，目前其在美洲的市场份额将近20%。

海尔另一个国际化品牌叫作LEADER，即统帅品牌，是面向年轻族群的互联网定制家电品牌，在我国市场上比较常见。统帅品牌是海尔原创的子品牌。

卡萨帝（Casarte）是海尔旗下的高端家电品牌，于2006年成立，是海尔原创于欧洲研发中心的一个自主品牌，是源自意式生活灵感的国际高端家电品牌，以艺术家电和嵌入一体化厨电为核心产品线，秉持"创艺家电，格调生活"的品牌理念。卡萨帝在"汲取精致生活的灵感，缔造永恒的艺术品质"的核心品牌宣传语下，每一件产品都诠释着家电生活艺术化的趋势，致力于为都市精英人群打造优雅、精致、有格调的生活。

日日顺是海尔集团旗下的综合服务品牌，旗下有日日顺物流、日日顺乐家、日日顺健康等产业平台。日日顺品牌以诚信为核心，以社群为基本单元，致力成为后电商时代的引领平台。

海尔依托上述品牌，致力于推进一种互联网化的网络化战略管理模式。将企业完全打散开，成为一个开放的平台。这个开放的平台将会成为一个共创共赢的生态圈，试图推进所有海尔内部的员工,与海尔的利益关联方的这些企业员工和创新公司,能够在海尔的平台上进行创新和创业,能够实现个人用户和企业的多重共赢。未来,海尔要将全球家电第一品牌转型成为全球知名的物联网生态品牌。

讨论题:

1. 海尔的品牌形象是否发生了转变?为什么?
2. 海尔品牌形象的核心内容是什么?
3. 海尔品牌形象塑造运用了哪些方法?

第四章

品 牌 个 性

本章要点

(1) 品牌个性的概念与内涵。
(2) 品牌个性的维度。
(3) 塑造品牌个性应遵循的原则。
(4) 品牌个性形成和发展的条件。

导入案例

香奈儿的哲学：我解放了我的身体

提起香奈儿（Chanel），经典的山茶花、5号香水、斜纹软呢料套装、菱格纹金属链皮包、黑头双色鞋、人造珠宝等清晰地映入人们的脑海。它不但是时尚界举足轻重的品牌，更成为女士优雅时髦品位的象征。

1910年，可可·香奈儿（Coco Chanel）在巴黎开设了一家女装帽店子，她凭着非凡的针线技巧，缝制出一顶又一顶款式简洁耐看的帽子。她的两名知己为她介绍了不少名流客人。当时，女士们已厌倦了花巧的饰边，因此香奈儿简洁、舒适的帽子对她们来说犹如一股清泉。短短一年时间内，生意节节上升，香奈儿把她的店铺搬到了环境更时尚的康明街（Rue Cambon），至今这里仍是香奈儿的总部。做帽子绝不能满足香奈儿对时装事业的雄心，于是她开始进军高级定制服领域。

20世纪20年代，可可·香奈儿设计了不少创新的款式，例如针织水手裙、黑色迷你裙、樽领套衣等。而且她从男装上获得灵感，为女装添上了一点儿阳刚味道，一改当年女装过分艳丽的绮靡风尚。例如，将西装褛加入女装系列中，又推出了女装裤子。可可·香奈儿这一连串的创作为现代时装带来了重大革命，一改女装局限于裙装的社会风尚。1914年，可可·香奈儿开设了两家时装店，影响深远的时装品牌香奈儿宣告正式诞生。香奈儿眼中的美女是"风格，要有风格。记住，时装在变，但风格延续"。这也构建起香奈儿的品牌个性，而这一个性也一并延续到了香奈儿其他的产品上。

除了时装，香奈儿还在1921年推出了Chanel No.5香水。No.5香水瓶是一个具有装饰艺术（Art Deco）味道的玻璃瓶。而"双C"标志也让这瓶香水成为香奈儿历史上最赚钱的产品之一，且在恒远的时光长廊上经久不衰，至今在香奈儿的官方网站上依然是重点推介产品。

1926 年，香奈儿女士第一次发布了她的小黑裙，这赋予了女性一种全新的自由，来展现传统既定规范外的另一种女性美。这个时机可谓选择得相当完美，因为第一次世界大战给欧洲社会带来的暴风雨般的改变，这为小黑裙创造了机会。在它面世后，人们用最好卖的美国汽车的名字来称呼它——Ford 裙。香奈儿小黑裙的受欢迎程度可想而知。可可·香奈儿说："女人一心想着所有的色彩，而常会忽略了无色彩。"她认为黑色与白色一样，凝聚了所有色彩的精髓，它们代表着绝对的美感，展现出了完美的和谐。

20 世纪 30 年代，香奈儿女士以一朵山茶花让小黑裙焕然一新。自 1960 年起，从最简单的白色绢花到纷繁多样的服装配饰，山茶花开始四处绽放。21 世纪伊始，香奈儿高级珠宝将山茶花视为最重要的作品主题之一，这也是缘于香奈儿女士对山茶花的偏爱。今时今日，手工匠人们仍以巧夺天工的独特技艺完成每朵山茶花的制作，完美体现着香奈儿高贵优雅的独特品位。

1955 年 2 月，香奈儿第一款菱格纹手袋诞生，2.55 手袋也因这个日期而得名。香奈儿的经典 2.55 手袋完美融合了美观和实用功能，成为顶级奢侈品的象征。皮穿链、菱格纹、微笑口袋、原创方扣……2.55 手袋每一处精致细节都成为不可复制的时尚典范。包中最小的一个口袋是特别用来放置一支香奈儿唇膏的，因为香奈儿女士不涂唇膏绝不出门。

1957 年，香奈儿女士更以男式休闲鞋为灵感来源，推出了一款与传统大相径庭的双色鞋。黑色鞋尖令女性的双足显得更加纤细灵巧，米色鞋身和后系带与肌肤融为一体，拉长腿部线条，鞋侧加上松紧带更加贴合舒适。这些极具巧思的创新元素使香奈儿双色鞋成为伟大的设计，时至今日，仍有众多品牌从中汲取灵感。

2012 春夏巴黎时装周上，香奈儿推出了轰动一时的呼啦圈造型单肩包，让大家看到了另类的时尚。现任掌门人嘉柏丽尔·香奈儿对许多事物都有她自己的见解。她曾说："要想不可取代，必须与众不同。"她的特立独行，塑造出了一种难以复制的人格魅力；而她的创作，也体现了这种绝不"人云亦云"的独特。浪淘尽多少昙花一现的设计，然而香奈儿的服饰和香水，堪称经典之作，被众多世界级艺术馆和全球无数消费者永久典藏。

（资料来源：http://www.doc88.com/p-9292884934343.html）

第一节 品牌个性概述

品牌不是人，却具有自己区别于其他品牌的"精、气、神"，这就是品牌的个性。成功的品牌都具有鲜明的个性。那么，什么是品牌个性？它有何特征？怎样去塑造？这是所有品牌管理者要探讨的问题，也是本章要学习的内容。

一、品牌个性的含义

（一）品牌个性的起源

随着对品牌内涵的深入研究，美国精信（Grey）广告公司在 20 世纪 50 年代首次提出了"品牌性格哲学"；接着日本小林太三郎教授提出了"企业性格论"，伯利·加德纳（Burleigh B. Gardner）和赛迪·利维（Sidney J. Levy）1955 年在《哈佛商业评论》上发表了

《产品与品牌》一文，提出了情感性品牌和品牌个性的思想，从而形成了广告创意策略中的另一种充满生命力的新策略流派——品牌个性（Brand Character or Brand Personality）理论。

品牌个性理论认为，在与消费者的沟通过程中，从品牌标志到品牌形象再到品牌个性，品牌个性是最高的层面，品牌所有者为了实现更好的传播沟通效果，应该将品牌人格化，应该思考"如果这个品牌是一个人，它应该是什么样子？"即找出自己品牌要传递的价值观、外观视觉表现和媒体传播的声音和图像等特征，极力塑造出独具一格、令人心动、历久不衰的品牌个性。塑造品牌个性关键的是用什么图案和什么主题来表现出品牌的特定个性，寻找出能代表品牌个性的象征物或品牌形象代言人等。

（二）品牌个性的概念

到目前为止，尽管对品牌个性理论的研究日渐深入，但是对品牌个性的概念的界定仍没有一个统一的定论，不同的学者从不同的角度对品牌个性加以界定和解释，试图将品牌个性这一个相对抽象的概念形象、具体地表现出来。

詹妮弗·艾克（Jennifer L. Aaker，1997）提出，"品牌个性是与品牌特定使用者相连的人类特性集合"，并确定了品牌个性的维度。例如，人性化的Absolute Vodka，倾向于被描述成酷的、赶时髦的25岁的当代青年；Stoli Vodka的人格特征被描述为一位有教养的、保守的老者。因此她认为品牌个性既包括品牌性格，又包括年龄、性别、阶层等排除在人格、性格之外的人口统计学的特征。她还进一步指出，和产品相连的属性倾向于向顾客提供实用功能，而品牌个性倾向于向顾客提供象征性和自我表达的功能。这一概念强调了品牌个性使目标顾客的性格与产品的自然属性紧密相连。

品牌策略专家雷尼·阿普绍（Lynn B. Upshaw，1995）认为："品牌个性是指每个品牌向外展示的品质……是品牌带给生活的东西，也是品牌与现在和将来的消费者相联系的纽带。它有魅力，也能与消费者和潜在消费者进行感情方面的交流。"这一概念强调了品牌个性具有的沟通信息与情感的特性，可以超越时空的阻隔形成相对稳定的品质。

此外，艾伦和奥索尼（D. E. Allen & J Olson，1995）用叙述法的观点指出，品牌个性就是品牌具有的内在特征，而这些内在特征是消费者在个性化的品牌或品牌特征的表现行为基础上定义的；苏珊·法尼尔（Susan Founier）运用关系法的观点来定义品牌个性："将品牌看作人的一个积极的有贡献的伙伴，这个伙伴的行为活动形成的一系列特质总结起来就是消费者认知的品牌个性。"

国内的研究者何佳讯从品牌个性的来源上来解释品牌个性。他认为品牌个性来自两大类因素：一是与产品相关的因素，如产品类别、包装、价格和产品属性；二是与产品无关的因素，如用户形象、公共关系、象征符号、上市时间长短、广告风格、生产国、公司形象、总裁特质和名人背书。他用类比的方法指出品牌的"包装""广告""公共关系"相当于品牌的"穿着打扮""言""行"三个方面。这一概念，形象、具体地把品牌个性的表现形式与产品的基本属性之间的关联性表现出来。

卢泰宏认为，塑造品牌个性，把握住三个问题，就事半功倍了。这三个问题是：第一，你的产品或服务有什么突出特征或特质？第二，你的产品或服务如何定位？以谁为目标顾客？这些目标消费群偏好何种生活形态和心理个性？第三，你的产品或者服务怎样人格化，

以使广告对象产生"代入"感？这三个问题归纳起来，可用一个公式表示为

$$产品 + 定位 + 个性 = 品牌性格$$

在对上述诸多观点进行归纳总结之后，我们认为：品牌个性就是指品牌的独特气质和特点，是品牌的人性化表现，没有了人性化的含义和象征，品牌也就没有个性可言。

（三）品牌个性的内涵

1. 品牌个性代表特定类型的消费者

当我们想到一个人时，就会用性别（男性或女性）、年龄（年轻或年老）、收入（工薪阶层或高薪）、受教育程度（文盲、高中、大学等）来加以描述。同样，品牌通常也能用是男性化的或女性化的、时髦的或过时的、普通的或奢侈的来进行识别。例如，奔驰和LV等品牌已成为体现消费者的身份和地位的标志，这些产品的品牌形象塑造就必须通过公关和广告等信息传播手段，将品牌的名称、标志等要素创造成为高档品或奢侈品的标志，将品牌的特定类型消费者定义为成功人士和有品位的消费群体。

每一个品牌，因为拥有特定的消费群体，也因此具有该类群体的特性，可以通过各种传播媒介将品牌的特性和特征传递出去，让消费者知晓自己的品牌个性，从而成为该品牌的忠诚消费者。

2. 品牌个性体现品牌消费者的价值观念

价值观是主导人工作、生活和消费的精神意念，也通过人的具体行为表现出来，如积极向上的生活态度、追求新鲜刺激的消费心理、渴望成功及被人尊重的感觉等。具有独特个性的品牌可以与某一特定价值观建立强有力的联系，据此吸引那些认同和推崇这种价值观的消费群体。当然，某一品牌也可以根据目标市场的关键消费者的价值观偏好创造出符合其消费心理的品牌个性。也就是说，品牌个性的塑造源于对目标消费者的思想、追求、价值理念的深刻理解，同时，这种品牌个性又会反作用于消费者，使之采取相应的消费行为。例如，"长颈XO，高人一等"，体现出该品牌代表的追求高品质生活态度的主张；"Just Do It"体现出耐克所代表的追求自我表现、敢作敢为的生活态度；"钻石恒久远，一颗永留传"代表DeDeers（戴比尔斯）坚贞的、追求永恒爱情的美好愿望。

3. 品牌个性是消费者选择品牌的依据

消费者不是技术专家，选择消费自己不熟悉的产品类别时，主要依据是品牌形象。品牌个性是品牌形象的核心内容，是品牌内涵的外在表现，是一种特殊境界的品牌力的集合，最能体现品牌形象中最激进活跃、最具生命力、最具识别性的部分。从某种意义上说，品牌鲜明的个性可以牢牢地吸引消费者，使人过目不忘、印象深刻。品牌个性也是在激烈的竞争中保护品牌利益不受侵犯的法宝，因为品牌的外表形象可以模仿，但是品牌个性却无法模仿，更难以改变。品牌个性是通过品牌传播赋予品牌的一种个性心理特征，是品牌形象的内核，是特定品牌使用者情感和生活价值观的类化，人格化、活性化的品牌个性产品最能获得消费者的青睐。

二、品牌个性的内容

美国的品牌学家大卫·艾克认为，品牌性格可借助于人口统计因素（年龄、性别、社会阶层和民族等）、生活形态（活动、兴趣、爱好、举动和意见等）或者人的个性特点（外向、内向等）等方面的内容来描述。因此，相对于人的个性，品牌个性可以相应分为品

能力、品牌气质、品牌性格和品牌个性倾向四个层次。正如性格是人个性的核心一样，品牌性格也是品牌个性的核心部分。

（一）品牌能力

品牌能力是指品牌产品获得顾客认同的能力，也就是说品牌产品必须具备的某些特性。任何一种品牌产品，获得消费者认同的最基本特性就是产品的功能属性和提供给消费者最直接的利益。例如，人们购买汽车首先要考虑的就是汽车的安全性、节能效果、价格等，这些构成汽车了使用价值的最基本因素。品牌能力是和品牌产品的核心产品、延伸产品、附加产品等所包含的具体利益相联系在一起的，离开了具体利益，既不能表现品牌的能力，也不能发展品牌的能力。

（二）品牌气质

心理学认为，人的气质是先天的，由神经的生理特点决定，它虽然会在人的一生中发生某些变化，但变化却极其缓慢，具有明显的持久性和稳定性。品牌气质同样是品牌的典型的和稳定的个性特征，一个品牌从诞生时就存在其固有的品牌气质。

（三）品牌性格

性格是一个人个性中起核心作用的心理特点，是一个人对现实的稳固态度与习惯化了的行为方式的统一体。人的性格具有可塑性，反映了人的主观意识和主观能动性等特点，因为作用于其的诸因素是不断变化的。同样，品牌性格的最终确定也主要来自人的有意识创造，不可能永远停留在一个水平上。

（四）品牌个性倾向

品牌个性倾向主要是指与目标消费群相关的人口统计特征，如年龄、性别、社会阶层和民族等相联系的品牌特性。这部分内容是它与心理学的个性概念与含义有所区别的地方，因为在某些品牌产品上，这些特征显得尤为重要。例如，服装、小轿车等产品往往依据消费者的性别进行品牌个性的塑造。

塑造品牌个性，关键就是塑造品牌能力与品牌性格，因为气质是先天决定的，是难以改变的，而品牌个性倾向的可控性太差，品牌管理人员很难控制和把握目标消费群的相关特征，所以工作重点应是塑造品牌能力与品牌性格。

三、品牌个性的特征

（一）持续性与稳定性

一般来说，品牌个性的形成是需要经过一段时间的信息传播才能建立起来的，而且一旦形成了就不会轻易改变，如锐步的野性、年轻、活力，微软的积极、进取、自我。在品牌形象的"硬性"属性中，无论是产品的外观还是其伴生的功能，都是可以被模仿的，只有"软性"属性中的品牌个性是难以被模仿的，而且具有持续性，可以使品牌与其他竞争品牌的区隔变得明显。

一般来说，品牌个性都需要保持一定的稳定性。因为稳定的品牌个性是持久地吸引顾客的关键，也是品牌形象与消费者体验相结合的共鸣点，如果品牌没有内在的稳定性以及相应的行为特征，那么消费者就无法辨别品牌的个性，品牌的个性自然就谈不上与消费者的个性相吻合，消费者也不会主动地选择这样的品牌，品牌最终会失去魅力。

（二）差异性与一致性

品牌个性的差异性是指该品牌与同类型品牌间存在的区隔性。品牌个性是品牌核心价值的集中表现，最能代表一个品牌与其他品牌的差异，尤其在同类产品中。许多细分品牌定位差异性不大，只有通过品牌个性才会脱颖而出，表现出自己与众不同的感觉，从而实现品牌区隔。例如，宝洁公司在日化产品上有飘柔、海飞丝、潘婷等多个品牌，由于在产品细分功能上，提炼出单一的独特卖点，针对不同消费者的利益需求，塑造出不同的品牌个性：使用飘柔是为了柔顺头发，使用潘婷是为了滋养发根与发梢，使用海飞丝是为了去头屑……这些差异性使宝洁公司的产品实现了品牌区隔，最终达到了多品牌经营的目的。

品牌个性的一致性则是指该品牌的个性表现与消费者利益需求取向相同。品牌个性不会脱离产品本身孤立存在，恰当的品牌个性是在经过准确有效的品牌定位后，对产品功能和属性进行有效揭示及形象化的演绎，以便传达出品牌个性所蕴含的特殊意义，揭示出品牌产品与消费者之间的双赢和互利的关系，促使消费者选择该品牌。

（三）保护性与排他性

品牌个性的保护性是指由于品牌被赋予了特有的个性得以脱颖而出，正是这种个性促使消费者对该品牌进行评判、筛选，最终形成偏好，而由于品牌忠诚消费者的广泛存在，使得该企业在竞争者面前始终扮演着强者的角色，不易受到来自新品牌或同类品牌的竞争对手的攻击，同时强势品牌地位也有利于企业品牌延伸或子品牌策略的实施。

品牌个性的排他性是指如果品牌个性得到了目标消费者的共鸣和接纳，那么企业就建立起品牌的"防火墙"，使竞争对手无法模仿，有利于品牌持续的经营。随着知识和技术的进步，产品的物理差异越来越小。但对于体现了品牌独特内涵的"软性"属性即品牌个性，即如同人的个性一样难以模仿，这就会表现出品牌的强烈排他性，同时促使本企业借势现有成功品牌实施品牌运营策略。

第二节　品牌个性的维度

所谓品牌个性的维度，是指组成品牌的个性要素。这方面的研究一直是营销理论和营销实践领域中的一个热点。下面将重点介绍几个具有代表性的学者的理论成果和几种研究方法。

一、品牌个性的分类

（一）以提供和接受品牌的产品与服务的主客体分类

研究员兼顾问亚历山大·比尔（Alexander L. Biel，1988）将品牌个性分成了三种：供应者为导向的品牌个性、用户为导向的品牌个性和产品或服务为导向的品牌个性。

供应者为导向的品牌个性通常是指提供服务的企业，因为他们所销售的是看不见的产品，也就是服务，所以企业在很大程度上需要人们的信赖。最常见的是保险业，保险业的品牌个性是靠供应者的形象支撑的，如"旅行者们，我们给您撑伞"。这些品牌的定位所表现的是值得消费者信赖的供应者形象，它们的品牌个性反映的是提供给消费者那种慈父般的保护。

用户为导向的品牌个性是通过接受服务的客户的形象来实现的。一般的做法是把品牌和现有的或未来的用户的个性联系起来。例如，Chanel、Weight Watchers 等许多基于愿望的品牌，把品牌定位在具有较高社会地位、有很强的消费能力而又非常具有消费品位的人群，像强化产品那样，不断地强化着品牌的个性。它们的品牌个性反映的是提供给消费者被周围人认可和尊重的心理满足感。人们普遍认为，品牌所建立的以用户为导向的品牌个性对潜在的消费者更有说服力，因为很少有消费者对自己的现状很满意。

产品或服务为导向的品牌个性常常由一大批价格适中的品牌组成，如汰渍、卡夫等。它们的品牌个性的基础都是产品或产品运送系统本身。由于这些品牌始终提供物有所值的产品和服务，因而人们记住了它们。另外一些具有这样品牌个性的品牌，为了强化自己品牌的个性而增加了一些其他品牌所不具有的特点，以便更容易被人们记住。这些品牌的产品具有十分好用的特征，被认为是针对产品而设计的品牌特征，例如，很多企业都会因为抢先提供某些具有新功能和新用途的产品而被消费者青睐。

（二）以是否表达自我为标准进行分类

以是否表达自我为标准，可以将品牌个性分为以下四种类型：

1. 目标消费者表达型

目标消费者表达型是指品牌的个性表现的是目标消费者实现的或向往、渴望的个性、生活方式、价值观等。消费者用这样个性的品牌来表现自己，从而确定自己的身份特征、社会地位、归属社会团体等。一般地说，社交性产品及私人用品适合塑造成此类个性。例如，有些人认为开奔驰轿车表明自己生活富足、事业有成。

2. 目标消费者欣赏型

目标消费者欣赏型是指品牌表现的个性往往是目标消费者所喜爱的个性，因此对待这样的品牌目标消费者就把他当作自己的好朋友、爱人、亲人一样，自然会在购买时有所倾向。一般说来，很多非社交性、非私人性产品，如家庭用品、办公用品，尤其是服务性品牌适合塑造成此类个性，这样有助于形成品牌偏好和忠诚。例如，劲量兔子是精力充沛、耐力持久的象征。

3. 目标消费者交际型

目标消费者交际型是指品牌个性表现的是具有一定的交际情感特征，目标消费者购买此类品牌就是想从中获取一定的情感寄托，借助品牌个性来表达亲情、友情、爱情等情感。例如钻石品牌戴比尔斯象征着"爱情"，麦斯威尔因"好东西要与好朋友分享"的个性而成了友谊的象征。

4. 功能象征型

功能象征型是指消费者对这一类品牌，往往比较看重产品的性能，但是又不可能或不愿意花费时间和精力去收集相关产品的信息、数据，做出比较分析，因此在大多数情况下只好凭感觉和经验来做出购买决策。有意识地塑造功能象征型的品牌个性能有意想不到的收获，如米其林轮胎的强劲有力的工人形象。

二、品牌个性的评价尺度

在品牌个性的研究中，对品牌个性的评价尺度的研究是其中很重要的一个方面，主要有以下一些观点：

（一）弗洛伊德维度

在弗洛伊德的理论中，人的个性维度表现为两维，即表现（Expression）与压抑（Repression）。弗洛伊德及其追随者研究了人的个性及其与社会的联系，并解释了人为什么会产生焦虑和紧张情绪，为什么会产生积极的情绪，如高兴等，他们认为是人的意识——自我（Ego）决定了人的个性。

体现在品牌个性上，表现层面就是指 Feel good，即品牌消费者在消费该品牌过程中所获得的乐趣和快感，具有这种维度的品牌可以满足人们情感方面的需要，如一些化妆品品牌；压抑层面就是指 Do good，即品牌消费者在消费该品牌过程中所获得的对产品基本功能或功效的需要的满足，从而解除人们的忧虑或压抑，如一些药品品牌。事实上，大多数品牌个性维度介于这两个维度之间，而且往往是这两个品牌个性维度要素的组合。

（二）阿德勒维度

阿德勒是弗洛伊德的追随者，但又不完全认同弗洛伊德的观点，他提出了一个新的维度：顺从（Conformism）与武断（Assertiveness）。弗洛伊德的理论比较适于解释男性的个性心理，但是，随着消费品领域出现了越来越多的女性化品牌，弗洛伊德的个性维度理论不能很好地解释其中出现的品牌个性心理。针对这一现象，阿德勒提出了阿德勒维度。

相比弗洛伊德维度，阿德勒维度更加关心社会对人的个性的影响，强调自尊的重要性。因此，在阿德勒维度中，一个维度是强调个体及权力，追求优越，即武断，这些多是男性化的特征，如统治欲、勇气、能力、技术等；另一个维度则更多地强调女性化的特征，如顺从、温柔、关怀。反映在品牌个性维度上，武断表现为个人化色彩更强，如专业、成功；而顺从则更多地表现为群体性导向，如关怀、分享。

（三）海伦、道森和辛普森的品牌个性维度

海伦、道森和辛普森（L. Heylen, Dawson, Sampson）等人把弗洛伊德维度与阿德勒维度二者结合起来，构成了一个新的品牌个性二维模型，又称 Heylen 模型。这一模型是对人的个性、品牌个性维度以及品牌个性与消费者需求的关系理解的突破。该模型指出任何品牌的品牌个性都可能位于这个二维模型中的某个位置。

Heylen 模型就是目前国际上非常流行的"阴阳二重性"品牌人格理论的雏形。后来，荣格人格维度也被运用于品牌人格维度研究之中，其理论中的阿尼玛和阿尼玛斯概念可以帮助解释男性消费者消费女性化品牌，以及女性消费者消费男性化品牌的现象。可以看出，基于人格类型论的品牌人格维度研究已经在开始借鉴"阴""阳"理论，但由于此类研究只是从潜意识认识人格的角度去理解品牌人格，而未能从人格的原型去阐述品牌人格，其操作性不强。而且，国外学者对"阴""阳"理论理解的差异，以及国外"阴""阳"原型理论的不完整，导致国外基于人格类型论的品牌人格维度研究受到了很大的制约，只有很少的学者进行了深入研究。Heylen 的品牌个性二维模型涉及的主要内容如图4-1所示。

（四）詹妮弗·艾克的品牌个性维度（五维）

1997年8月，美国加利福尼亚大学詹妮弗·艾克教授于在《营销研究》（*Journal of Marketing Research*）上发表了一篇题为《品牌个性维度》的论文，第一次就品牌个性维度在某一个国家进行了系统的研究。在该研究中，她把品牌个性维度作为单一变量结构分离出来，第一次从个性分析的角度提出了品牌个性维度系统结构框架。

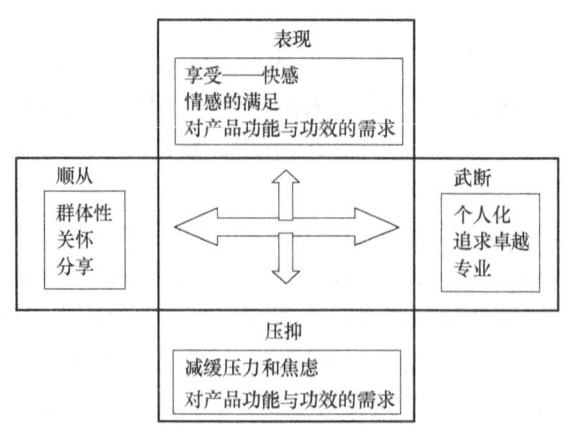

图 4-1　Heylen 品牌个性二维模型

(资料来源：张红明. 品牌人格化——品牌价值实证研究 [M].

武汉：华中科技大学出版社，2007)

三、品牌个性的测定方法

(一)"大五"模型

最早的有关人格因素的"大五"模型（Big Five 或 FFM，Five-Factor Model）研究可以追溯到 1949 年，费思科（Fiske）做出了理论雏形。在此基础上，考斯塔和麦克科瑞尔（Costa & McCrae，1985）编制了测量"大五"的人格问卷 NEO-PI。后来，他们又编制了新的修订版 NEO-PI-R 和 NEO-FFI。很多学者都相继提出了他们各自的"大五"模型，他们运用自然语言中描述人格的形容词进行因素分析，进而得出五因素。卡特尔（Cattell）和艾森克（Eysenck）于 1975 年也做出了各自的特质分类，并编制了应用广泛的 16PF 和 EPQ 问卷。

现在公认的人类个性量表是高登伯格（Goldberg，1990）总结的"大五"模型，在这一量表中，人类个性被规划到五个方面的测量维度：开放性（Openness）、尽责性（Conscientiousness）、外向性（Extraversion）、愉悦性（Agreeableness）和神经质（Neuroticism），这些维度常常被缩写为 OCEAN，即"海洋"的意思。这似乎和该分类系统广泛的代表性及含义相一致，模型中有 30 个具体的特征指标，按照人类个性进行分析归类，这是建立在生理学、心理学和进化论等基础之上的研究成果。

詹妮弗·艾克教授根据西方人格理论的"大五"模型，以个性心理学纬度的研究方法为基础，以西方著名品牌为研究对象，发展出来的一个系统的品牌个性度量表，即品牌个性测量工具——"大五"模型，这套量表是迄今为止对品牌个性所做的最系统也是最有影响力的品牌个性的测量量表，可以解释西方 93% 的品牌个性的差异。该量表第一次从个性分析的角度提出了品牌个性维度的系统结构框架。

通过总结个性心理学中个性形容词以及消费者联想所获得的品牌个性形容词，詹妮弗·艾克初步获得了 309 个意义比较单一的品牌个性形容词，并通过测试淘汰，获得 114 个用于测试品牌个性的特质词，再通过对 631 个具有全国代表性（代表美国）的样本共 37 个品牌的初步测试，得到了一个包括有五个维度、15 个层面和 42 个品牌个性特质的品牌个性维度量表，具体情况如表 4-1 所示。

表 4-1 詹妮弗·艾克的品牌个性维度量表

品牌个性维度	层面	典型形容词
真诚	脚踏实地	脚踏实地、家庭导向、小城镇
	诚实	真诚、诚实、真实
	健康	健康、原来的
	愉悦	愉悦、感情丰富、友好
激动人心	大胆	大胆、时髦、令人兴奋
	活泼	活泼、酷、年轻
	有想象力	有想象力、独特
	时尚	时尚、特立独行、紧随时代
能力	可靠	可靠、勤奋、安全
	智慧	智慧、技术、团结
	成功	成功、领导、自信
精细	上流社会	上流社会、富有魅力、外形美观
	有魅力	有魅力、女性化、流畅
粗犷	户外	户外、男性化、西部的
	结实	结实、粗犷

（资料来源：Jennifer L. Aaker. Dimentions of Brand Personality [J]. Journal of Marketing Research, 1997（8）：347-356）

后来，著名的品牌专家大卫·艾克把这套量表的特质词汇扩展到64个（详见表4-2）。

表 4-2 大卫·艾克的品牌个性维度量表

品牌个性维度	层面	典型形容词
真诚 坎贝尔、贺曼、柯达	脚踏实地	家庭导向、小城镇、传统、蓝领、美国人的
	诚实	真诚、诚实、合乎伦理、体贴、有同情心的
	健康	原创、名副其实、永葆青春、经典、老套
	愉悦	感情丰富、友好、热心、幸福
激动人心 保时捷、伏特加、贝纳通	大胆	时髦、令人兴奋、反传统、炫目、煽动性的
	活泼	酷、年轻、有活力、开朗、具有冒险精神
	有想象力	独特、幽默、令人惊奇、美感、有趣
	时尚	特立独行、紧随时代、创新、积极进取
能力 美国运通、CNN、IBM	可靠	勤奋、安全、有效、值得信赖、仔细
	智慧	技术、团结、技艺精湛
	成功	领导者、自信、有影响力

(续)

品牌个性维度	层面	典型形容词
精细 雷克萨斯、梅塞德斯	上流社会	富有魅力、外形美观、自命不凡、精密复杂
	有魅力	女性化、流畅、性感、温柔
粗犷 李维斯、万宝路、耐克	户外	男性化、西部、活跃、运动
	结实	粗犷、强壮、直截了当

（资料来源：David Aaker. 创建强势品牌 [M]. 吕一林, 译. 北京: 中国劳动社会保障出版社, 2004）

有些市场研究公司在詹妮弗·艾克的美国品牌个性维度量表的基础上，结合定性研究的投射技术，发展出一些品牌视觉图，用以品牌个性研究。2001年，为了探索品牌个性维度的文化差异性，詹妮弗·艾克（1997）与当地学者合作，继续沿用了1997年美国品牌个性维度开发过程中使用的方法，对日本、西班牙这两个分别来自东方文化区以及拉丁文化区的代表国家的品牌个性维度和结构进行了探索和检验，对三个国家的品牌个性维度变化以及原因进行了分析。研究结果发现：美国品牌个性维度的独特性维度在于"强壮"（Ruggedness），而日本品牌个性维度是"平和的"（Peacefulness），西班牙的品牌个性维度却是"热情/激情"（Passion）。

随后，弗蓝迪（Ferrandi, 1999）等人在法国也测量了品牌个性量表的适用性，研究结果使詹妮弗·艾克量表中的42个指标减少到33个指标，并且五个维度也相应转化为：真诚、激动人心、精细、活力和嗜好。

瑟芬兰和格让豪格（Supphellen & Gronhaug, 2003）在俄罗斯对品牌个性量表进行了跨文化有效性的研究，发现在俄罗斯文化环境中，品牌个性维度应包含的维度为：成功与现代的、激动人心的、粗犷、真诚和精细。

桑格和廷可汉姆（Sung & Tinkham, 2005）在对韩国的品牌个性维度研究时发现，当一系列韩国和美国的全球性品牌在同样的品牌因素上被评分的时候，发现有六个共同的维度和两个契合各自文化的因素出现。韩国品牌中两个带有文化特殊性的因素是：被动的令人喜爱和优势支配地位，这反映了在韩国社会和经济体系中儒家哲学的价值观。而美国品牌的两个特殊因素是：白领的和雌雄同体的，意味着与职业地位和性别角色相联系的文化价值观。

我国学者黄胜兵、卢泰宏借鉴詹妮弗·艾克教授的"大五"模型开发了一套符合我国文化背景的品牌个性量表，该量表包括"仁、智、勇、乐、雅"五个纬度，66个中国化的品牌个性词汇，其中，"仁""智""勇""乐""雅"分别与西方品牌个性维度研究中的"Sincerity""Competence""Ruggedness""Exciting""Sophistication"相对应。在原有词汇含义的基础上，融入中国传统文化，拓宽了品牌个性的内涵。

（二）扬·罗必凯公司品牌个性测量法

扬·罗必凯公司设计出另一套测量品牌个性的方法。首先，他们从前人关于个性研究和深度访谈的成果中，挑选出了50个描述人类特性的形容词，如"愉悦的""年轻的""优雅的"等；其次，他们认为，品牌个性是极具象征性的，所以公司开发了几组象征物作为答案，供被调查者选择，来实现对被调查的品牌的个性进行测量。这几组象征物包括：29个动物、25个不同的行为、17个植物、35个职位、20个国家和21本杂志。问题则一般是"假如该品牌是个人,你认为他(她)会穿哪一类织物的衣服,读哪一本杂志……"等形式。在具体的品牌个性测量中,他们先列出一个品牌,让数个消费者按不同问题,从每组象征物中挑选出一个象征物作为答案;然后,请这些消费者用上述50个形容词中的若干个来描述他们选出的答案。

从操作性上讲,这种方法比上一种更简便,而且它用了几组性质不同的象征物,组成了"立体探测工具",从而可多角度地探测消费者对一个品牌的个性的看法。但是,该方法在选择个性形容词时带有主观色彩,容易漏掉一些重要的个性特质。

(三)扎尔特曼隐喻推导法

扎尔特曼隐喻推导法(Zaltman Metaphor Elicitation Technique,ZMET)是由哈佛大学杰拉尔德·扎尔特曼(Gerald Zaltman)和康涅狄格大学的罗宾·希吉·库尔特(Robin Hig Coulter)共同开发的一种旨在揭示驱动消费者思考和行为的心理模型。这两位学者在研究过程中通过使用消费者隐喻(指从另一事物来了解和体验某一事物)的方式来描绘模型特征。扎尔特曼隐喻推导法有七个前提基础:①人类很多交流是非语言的;②虽然思想经常用语言表达,但它仍主要出现在非语言形象中;③隐喻是思维的基本单元,是观察消费者思想和感觉、了解消费者行为的重要窗口和机制;④感观图像能提供更多的隐喻;⑤消费者通过心理模型——相互关联的有关市场经验的想法(概念或观点)——反映他们的知识和行为;⑥能够接触到隐藏的或更深层的思想;⑦情感和理智是在消费者心中混合的推动力。

扎尔特曼隐喻推导法用定性法探测消费者视觉和其他感观印象,并由此推导出驱动消费者思想和行为的隐喻、观念和心理模型。其具体研究方法是:邀请大约20个人参加调查研究,要求他们通过拍照和/或收集图片(从杂志、书、报纸或其他来源)等,指出某个品牌对他们意味着什么,参与研究者在最初的一周或十天后,与研究人员进行一对一的个人交谈,即"引导性对话"。"引导性对话"包括以下部分或全部步骤:

(1)讲故事。参与者描述每一张图片的内容。

(2)遗漏的图像。参与者没能得到的图片及它们的意义。

(3)分类。参与者将图片按不同的含义分类,并为每组图片贴上标签,给出描述。

(4)含义推导。参与者通过"凯利(Kelly)收集网络法"和"架梯法",用图片作为刺激物,揭示基本概念和它们之间的相互联系。

(5)最有代表性的图片。参与者指出哪张图片最具有代表性。

(6)反面图像。参与者指出哪些是与所给品牌和所分配任务相反的图片。

(7)感观图像。参与者指出哪些描述了或未能描述颜色、情绪、声音、气味、口味、触觉等方面概念。

(8)心理图。先对所有提及的观念进行回顾,并且询问参与者,这些概念是否准确地代表了他们所表达的含义,还有没有什么重要的想法被遗漏。之后,参与者便能描绘一张心理地图或建立一个因果关系模型,将推导出的概念相互连接。

(9)概要图像。参与者用自己所收集的图像(或由图像库提供的图像)制作一幅概要图像或综合画,用来表达重要观点。

(10)解说词。参与者用一小段文字或录像帮助传递重要观点。

在完成对参与者的访谈之后,研究者便开始识别关键主题和概念,对数据进行编码,将最重要的概念组成一幅综合图。对数据进行定性分析，可以为广告、促销和其他推销决策提供信息。ZMET 有多种用途，包括它可以作为帮助了解消费者对品牌、产品、公司印象的测试工具。

除了以上介绍的品牌个性测量法之外，经常被人们采用的还有照片筛选法、自由联系法、场景联想法、心理投影技术等方法。

品牌视野：对品牌个性的相关研究

与詹妮弗·艾克的研究在时间上平行的另一研究是由卡罗纳（Caruana，1997）进行的。为适应越来越多超越产品品牌化而关注公司品牌化的研究需要，卡罗纳运用定性研究方法来确定在公司声誉构成中起作用的因素。通过焦点团体小组座谈，配合文献分析，最终的研究结果为发展 34 个测量公司声誉指标提供了基础。后来，戴维斯、达·索瓦和罗珀（Davies，Da Suva，Roper，2003）发展了公司个性量表（Corporate Personality Scale），这一量表试图测量不同利益相关者如何将组织作为一个整体看待，而非只看见组织向市场提供的个别产品和服务。通过对 15 个组织和 4600 个受访者的实证调查，他们从在探索性研究后保留的 93 个因素中提取出包含七个维度——愉悦性（Agreeableness）、能力（Competence）、进取心（Enterpri）、无情（Ruthlessness）、别致（Chic）、男子气概（Machismo）和非正式（Informality），共 49 个指标的量表模型。总体上，詹妮弗·艾克的 42 个指标的品牌个性量表和戴维斯等人的 49 个指标的公司声誉量表具有相似性，二者具有 20 个同样的指标。可见，文化在品牌个性中起着举足轻重的作用，这不仅仅是因为不同文化中的不同经验影响着个性发展，更重要的是，个性是存在于文化背景中的。

鉴于品牌个性所受的关注度日益增高，罗曼纽克（Romaniuk，2008）对两种广为流行的品牌个性测量方法进行了比较：一种是詹妮弗·艾克（1997）采用的，运用分离样本检验（Split Sample Tests）以及五级量表测量品牌个性的方法；另一种是由业界操作者所常用的自由联想法。研究发现，两种方法对品牌的各种个性特征的评估结果相差无几，也都能从品牌使用者那里获得较高的回应。不过，自由联想法能够更好地区分不同的品牌，并能提供更为多样化的特征联想。所以作者指出，在被试者事先对整个市场（包括竞争品牌的使用者及不使用品牌产品的消费者）有一定了解的前提下，自由联想法是一种更为有效的测量品牌个性的方法。

在意识到消费者往往希望品牌所有者能具有一定的社会责任感并对这种社会责任感的存在与否较为关注后，马喆高和布什（Madrigal & Boush，2008）进一步研究指出，品牌个性应该还有一个相对独立的维度——社会责任，该维度以前被隐含包括在纯真/仁和教养/雅中。由于品牌个性是大家对其的一种认同，同时也是大家对其的一种希望，如果品牌表现与品牌个性不吻合或相违背时，将给消费者与品牌的关系带来负面影响并导致消费者对品牌不满意。

研究发现，消费者确实会把社会责任感看作品牌个性中的重要一环，品牌的社会责任感对消费者的产品态度、广告态度及品牌态度等都会产生一定影响，而这种影响又为消费者对品牌的社会责任感的回报心理所调节。此外，对于那些希望为品牌的社会责任感有所回报的消费者来说，品牌所具有的社会责任感反过来又能对其品牌态度施以积极影响。

（资料来源：①蓝燕玲. 品牌个性的测量模型及其适用性［J］. 新闻界，2009（3）：176-178；②杨传卫，王詠. 心理词汇法在品牌人格研究中的应用［J］. 心理科学进展，2009，17（2）：460-466；③黄敏学，李小玲，朱华伟. 企业被"逼捐"现象的剖析：是大众"无理"还是企业"无良"［J］. 管理世界，2008（10）：114-126）

第三节　品牌个性的塑造

在纷繁复杂的市场上，产品品种千千万，那些毫无性格、随波逐流的品牌，很快就会被人们遗忘；而那些个性鲜明的品牌却畅行无阻，大受欢迎。可见，产品品牌必须塑造出鲜明的个性，才能与众不同。

一、品牌个性塑造的必要性

（一）品牌个性是产品持久差异化的源泉

市场经济最主要的特征就是竞争，而企业要想在激烈的市场竞争中取得胜利，就必须为市场提供与众不同的产品。而随着产品同质化现象的趋势越发明显，如何使自己的产品表现出差异性，是每一个企业必须思索的问题，品牌个性正是表现产品和品牌差异性的最佳手段。

品牌个性能够给产品一个脱颖而出的机会，并使得产品个性长时间地保留在消费者脑海里。例如，步步高无绳电话用一个其貌不扬的男子因为电话线所造成的尴尬场面，来传达步步高无绳电话为消费者提供的便利功能。广告通过幽默、戏剧化的表现方式显示出步步高无绳电话滑稽、幽默的品牌个性，其独特鲜活的品牌个性就很难被其他品牌所模仿。企业要根据自己品牌面向的特有顾客群体，有针对性地创造出吸引目标顾客的品牌个性，培养品牌偏好，形成品牌核心竞争力。

（二）品牌个性使消费者印象深刻

品牌个性还具有强烈的情感感染力，只要它把握住人们生活的深层次需求，就能够抓住潜在消费者的心。真正有生命的品牌，一定是深深植根于人们的生活之中的。在许许多多可以选择的品牌中，当消费者开始考虑选择某个品牌时，并不意味着该品牌已经与潜在消费者联系上了，只有通过赋予品牌人性化的特征，使品牌变得有生命，才能让人们有愿望去接近它，想要得到它。

品牌所体现出来的个性特点，如活泼、浪漫、温馨、稳重等信息都是通过企业的有创意的广告宣传、贴近民心和民意的公共关系和各种新颖独特的推广活动而传播的，并在消费者心目中留下深刻印象。这比让消费者记住那些晦涩的功能术语要容易得多，当消费者想起一个品牌，就会不由自主地联想起这个品牌的整体风格、色彩、代言人（明星或者形象象征物）、广告语等，这些都是该品牌个性的体现，也是证明该品牌是成功品牌的关键所在。

（三）品牌个性有利于提高顾客忠诚度

没有个性的品牌就像一杯白开水，淡而无味，必将在激烈的市场竞争中被淘汰。消费者所钟爱的品牌，不仅要能满足消费者实际功用和基本利益的要求，更重要的是能使消费者获得品牌附加的服务价值和形象价值，满足消费者的心理需求。只有具有鲜明品牌个性的产品，才能吸引消费者的注意，唤起消费者内心的好感，才能长久地吸引兴趣相投的消费者进行重复购买。

当然也要注意到，消费者不会无缘无故、不加选择地接受一个品牌，他只接受那些符合他的心理要求和个性特征的品牌产品，也只有那些他所认可的品牌产品才能与他建立起深层次的重复购买关系，也就是顾客忠诚。鲜明的品牌个性能够促使品牌忠诚的产生，而持续不变的顾客忠诚是企业长久发展的保证。

（四）品牌个性可以创造品牌价值

品牌之所以有价值，并不在于产品本身的功能、知名度的大小，而是产品和品牌所体现出来的一种个性与品位。例如就服饰而言，成本一般都很低，可是同样的产品被赋予高档品牌个性之后，产品的价格就会增加几倍，甚至几十倍，因为穿戴这种服饰会让消费者感觉自己有个性、有品位和有层次，消费者愿意为此多付钱，这就是品牌的价值所在。这部分远远超过产品成本的增加价值就是品牌的价值。在长达百年的品牌竞争中，百事可乐依靠不断展示出来的个性——年轻、有活力、特立独行和自我张扬，以"年轻一代的选择"的广告口号迷倒了"新新人类"，新一代年轻人饮用百事可乐不仅仅是喝饮料，更是认可、接受百事可乐的品牌个性，想通过百事可乐来展示他们与上一辈不一样的个性。正因为百事可乐的品牌个性促发了青少年与百事可乐的情感联系，才使百事可乐变得人性化，从而促使青少年喜爱百事可乐，强化了他们的购买决策，进而造就了百事可乐的品牌价值。

品牌视野：品牌个性的12种品牌原型案例

天真者品牌原型案例：麦当劳

专为儿童与家庭设计的麦当劳，对消费者所许下的承诺是：这是个好玩的地方。

拱门一向是"进入梦幻之地"的极佳象征，而麦当劳金色的M字拱门，更显示了这里有"食物、人群与欢乐"。

对小孩子来说，麦当劳叔叔、快乐儿童餐，以及以原色为主的装潢，都和游乐设施具有一样大的吸引力。另外，麦当劳在慈善活动上的努力，也符合其想要为儿童创造更美好世界的期望。

探险家品牌原型案例：星巴克咖啡

星巴克在它的名称、商标、包装、零售店、产品、服务和神话上一致地表现了探险家这个原型形象。

星巴克这个名称源自一部古典文学著作：赫曼·梅尔维尔的《白鲸记》，这艘捕鲸船的大副名叫星巴克。星巴克商标是一名满头卷曲长发的女海神，强化了探险家品牌关于海洋的主题。

星巴克出售许多高品质的咖啡，提供给每一位浮躁好动的探险家——不论是他们需要一个舒适的地方，还是急着带一杯咖啡上路。

智者品牌原型案例：邦诺书店

这个名字令人联想起古老的修道士形象：一家由爱书的老板为爱书的客人开设的小书店。即使邦诺书店运用大杀价的策略来击败对手，这家公司的形象仍然令人联想起智者式的理想书店。

经营者学会了如何创造智者们所喜爱的环境。这个地方甚至还成了喜欢思考的年轻人认识彼此的场所。由于经营者能够支持智者的形象，并更新其卖书的策略，使得邦诺书店成了全球最大、最成功的连锁书店之一。

运动者品牌原型案例：耐克

耐克的理念是要了解与唤起运动者的灵魂，其"just do it！"的口号即是在倡导勇于承担的英雄特质。

产品名称 NIKE 是长有翅膀的胜利女神之名，而公司是由热爱比赛并对跑步情有独钟的运动员所创立。耐克最初的成功与慢跑的热潮有密不可分的关系，因为这股热潮不仅带动了健康风潮，更是把跑步与勇者形象画上了等号。20世纪90年代，耐克的造势活动大部分是以两件事为主轴：一是邀请迈克尔·乔丹担任代言人，二是免费提供耐克鞋给顶尖的职业球队与大学运动队伍，并说服教练让运动员穿着训练和比赛。

创新者品牌原型案例：苹果电脑

苹果公司曾制作过一则广告，广告中把代表统治者原型的 IBM 比为"老大哥"，而苹果电脑化身为一个健康、有活力、有反叛精神的年轻女子。广告中，这名女子用大锤砸烂了老大哥正在讲话的屏幕。苹果电脑的科技创新能力是有目共睹的，它总是以革命性的设计制造出令人耳目一新的产品，使很多人只要看到苹果出品的产品就想马上购买，上手体验。

魔法师品牌原型案例：万事达卡

产品有一系列以神奇时刻为主题的造势广告，其中大部分广告都是把产品实际带来的价值与无价画上等号。

例如万事达卡一则广告的内容是，晚餐：37美元，付给玛席拉：2416美元，50岁生日贺卡一张：1.95美元，女式睡衣：45美元，让爱人脸红心跳：无价。广告成功地把万事达卡与类似的无价时刻结合在一起，而且历久不衰。

信用卡的使用具有神奇的特性，你可以买到你所想要的一切而不必担心最后有没有钱可以付账。这个特性增加了其魔法师品牌原型的实际消费感受。

凡夫俗子品牌原型案例：土星汽车

因为创新能力不足而无法与日本车抗衡，美国底特律的名声在当时跌到了谷底。通用公司决定淡化土星汽车与母公司的关系，更有意摆脱底特律的阴影，将公司搬到了春山市，代表重拾美国乡村的传统价值。

Saturn 这个名称是古罗马神话中农业之神的名字，这部车因此便和乡村产生了关系。此外，Saturn（土星）在占星学上也代表了务实、脚踏实地、稳重和刻苦耐劳的特性。

在营销策略中，以公司而非以卖车为卖点。广告中，土星汽车工厂的工人们对于公司的品质标准深感自豪。

情人品牌原型案例：香奈儿

最初，香奈儿5号香水的广告语是"最不适合名门闺秀的香水"。

在整个品牌发展的历程中，香奈儿一直都是将独立女性和性感女性的概念结合在一起，否定了许多错误的观点。

品牌的创始人可可·香奈儿本身即是知名的服装设计师，也是众多知名人物的情人。她本人的这种形象，强化了产品的情人形象。

潮流品牌原型案例：百事可乐

百事可乐强调对于新生一代产品所带来的欢乐时刻，它总是充满活力。曾聘请迈克尔·杰克逊、麦当娜等明星出任产品代言人，将品牌所倡导的时尚、轻松、众人皆乐的生活方式传达给了全世界。

照顾者品牌原型案例：通用（GE）

通用向来是把本公司产品的价值，与提升居家生活品质的能力结合在一起的。通用源自爱迪生的研究实验室，他的愿望就是发明能够改善农场、居家和工厂生活品质的产品。

通用的名称和标志就是希望看起来像"朋友的昵称"，而它的标语"电气化生活更美好"正说明了该公司助人的主题。后来，其标语变为"科技打造更好的生活"。1979年，调查显示，消费者一想到通用，就会想到大男人形象。为了软化公司形象，标语便又改为"通用——我们为生活带来美好"。

创造者品牌原型案例："芝麻街"电视节目

电视本身即是品牌创造和诞生过程的最佳例证。"芝麻街"创始人在1966年3月的一场晚宴谈话中，首次透露了"芝麻街"的设想。

这个节目之所以成功，相当程度上是因为这个节目介绍了强力的学习方法，在开发出课程后，再以创造性的、别具吸引力的、创新的表达方式，将这些课程付诸实现。收看节目的第一代观众一辈子都记得，他们第一次遇见和自己完全不一样的人就是透过"芝麻街"。

该节目已经播映几十年，成为全球最知名、最受尊敬的品牌之一，已经获得很多座艾美奖和格莱美奖奖杯。

统治者品牌原型案例：拉尔夫·劳伦服装

拉尔夫·劳伦从小迷恋领导者形象，在其他人听猫王时，他却在搜集社会成功人士艾拉夫·费兹杰的资料。当其他人还穿着紧身的黑棉衣时，他已经开始被海军领毛衣、卡其色的衬衫所诱惑。他的梦想是到著名的大学学习。

现在身份各异的消费者，都可以从企业的每一个副品牌上接收到某种服饰风格，与更重要的行为表现。

品牌呈现了"人生当如是"的一贯观点——文明、有条理、永远高雅。

二、品牌个性塑造的误区

（一）品牌个性就是品牌形象

现实生活中，品牌个性和品牌形象有很多交叉重叠的部分，因此，一部分人往往将两者等同起来，事实上品牌个性只是品牌形象中的一部分。品牌形象是人们对品牌由外而内的整体评价，而品牌个性则是品牌所自然流露出的具有代表性的精神气质，是品牌的人性化表现。

品牌个性就像人的个性一样，它是通过品牌传播赋予品牌的一种心理特征，是品牌形象的内核，它是特定品牌使用者个性的类化，是其关系利益人心中的情感附加值和特定的生活价值观。品牌个性具有独特性和整体性，它创造了品牌的形象识别，使我们可以把一种品牌当作人看待，使品牌人格化、活性化。

品牌个性是品牌形象的核心，是品牌形象中最能体现差异、最激进活跃、最具生命力的部分。从某种意义上说，品牌之所以成为品牌，就在于它有鲜明的个性。这种独特的个性可以牢牢地吸引消费者，使人过目不忘、印象深刻。外表形象可以模仿，可以改变，个性却无法模仿，更难改变。

（二）品牌个性就是品牌定位

品牌定位是指品牌管理者向消费者宣传的核心策略，对企业来说是由内而外的；而品牌个性是指消费者对品牌的人格化评价，对企业而言是由外而内的。品牌个性的形成离不开准确的品牌定位，它是以品牌定位为基础的。品牌个性反映品牌定位，同时又是对品牌定位的深化。如果品牌定位不明确，传递给消费者的信息就会模糊不清，该产品也就无法获得消费者的认同，品牌个性也就难以建立起来。

但是，品牌定位并不能决定品牌个性，两个品牌可能存在同样的定位，但却可以拥有不同的个性。例如，万宝路和云丝顿香烟的定位、口味、诉求对象、竞争类别和提供的利益点相同，表现方式也相对接近，都强调高品质，强调一个现代而出众的形象。但万宝路因创造了粗犷、豪放的西部牛仔形象而使品牌个性更加突出，因而在世界市场上的份额长久地遥遥领先于其他品牌的香烟。

品牌定位是确立品牌个性的必要条件，在当今世界，产品的同质化现象越来越严重，人们很难在产品的性能、产品的质量和提供的服务上找寻到差异性，对于产品的选择也就越来越随机，这时就需要产品品牌所渗透出来的品牌个性化差异帮助消费者进行选择。

从 Grey 品牌性格生长模式中，可以准确把握品牌定位与品牌个性的关系，从而演绎品牌定位、品牌个性、品牌形象三者的关系，即

$$产品 + 品牌定位 + 品牌个性 = 品牌性格$$

其中，产品部分解决的是"你是什么的问题"；定位是指企业要明确自己的竞争对手和目标顾客更适合那一种销售方法，解决的是"怎样做"的问题；个性解决的是让消费者知道"你是谁"的问题。

品牌个性是企业经营理念、顾客消费理念与社会价值文化理念的辩证统一，深刻表达了品牌真正人性化、哲理化的理念。品牌个性可以超越品牌的物理性能和使用价值而存在，不仅能够创造丰富的品牌意象，促使消费者产生恰当的品牌感知和品牌联想，还可以通过品牌的感性诉求，唤起消费者内心深处的认同感，从而强化消费者的购买动机，促进产品销售。

对企业而言，突出和发展品牌个性是制造产品差异化、增强企业竞争优势的基本途径；对消费者而言，品牌个性是其对产品进行有效识别和选择的重要依据。总之，缺乏个性的品牌迟早会被市场淘汰。

三、品牌个性塑造的原则

塑造一个品牌的个性，具体方法多种多样，但是，必须遵循一定的基本原则，才不会使整个活动偏离品牌策划的目标。具体来说，企业应遵循的基本原则包括持续一致原则、新颖独特原则和人文关怀原则。

（一）持续一致原则

持续一致是指品牌个性不仅要在纵向上（即时间上）持续一致；又要实现横向的持续一致，即要在一段时间内，坚持围绕品牌的个性目标，进行品牌的整合传播活动。如果品牌个性不断发生变化，消费者会无所适从，无法将该品牌与竞争对手的品牌区分开来。

持续一致原则要求品牌的个性特质及其内涵、对目标群的生活态度和价值观的理解始终持续一致，具体来说，持续一致原则就是品牌传播的语句、风格、图文、音色等品牌个性信息要具有一定的持续性，并且各种信息传播手段所传递的信息要一致。无论是展现品牌形象的核心图案，还是企业选择的品牌代言人（品牌象征物）的气质，都应该体现出持续性和连贯性。当然，这并不意味着企业的品牌传播活动千篇一律，因为消费者都有喜新厌旧的特

点，一成不变的个性传播有时会让消费者感到落伍和厌烦，因此，品牌个性的传播要力求做到"形变而神不变"，既让消费者感到新奇和刺激，又要让消费者感受到老朋友的温馨。

（二）新颖独特原则

所谓新颖独特，是指品牌自身的优势与特点是不同于其他品牌的风格和气质的，具有差异性和可识别性，始终表现出品牌与众不同的地方。这里所说的新颖独特并不是说盲目追求为新而新，为奇而奇，追求一些与普通大众价值观念和行为准则的格格不入的思想和行为的个性特征。真正意义上的新颖独特是指那些能让人们有更深刻的感受、让人念念不忘的品牌个性。

新颖独特原则具体来说有以下两层含义：①品牌个性中必须有竞争品牌的个性中没有的内容，这样才能让目标顾客容易区分和识别；②独特不是奇特，不是不顾目标群体的现实或渴望而盲目塑造出的个性。评判品牌个性的独特是否有效的基本依据，是看它能否深深吸引、打动目标群体，引起消费者的共鸣。

（三）人文关怀原则

作为生活在社会群体中的一员，每一位消费者都有着自己的情感需求，都有着渴求爱与被爱、关心与被关心的心理，同时也都有着循规蹈矩和偶尔叛逆的行为，这些共同构成了丰富多彩的人生，而这其中自然也少不了来自不同品牌带给消费者的快感和满足。如果对一个品牌进行人性化塑造，就会使人们感到亲切，更容易得到目标群体的信赖和认可。

人文关怀原则不仅要求品牌个性的情感诉求，也要求品牌产品在人们生活细节中的关怀与呵护。雕牌洗衣粉广告中"妈妈，我可以帮你干活了"渗透着浓浓的情感，让人怦然心动，难以忘怀，自然会唤起渴望真爱的人们对其品牌的偏好。

没有人格化的品牌个性，往往缺少人文关怀细节，就很难与消费者建立深层次的情感沟通，自然就无法形成品牌个性应该具有的稳定的内在特性和行为特征，这样就会影响消费者对品牌个性的感觉和认知，从而降低了消费者选择这个品牌的可能性。品牌消费实际上是一种消费者的体验，品牌不仅与消费者建立了理性的关系，而且要让他们感受到强烈的情感乐趣，只要掌握了消费者对某种产品的情感需求，加上提供能满足其功能需求的产品，自然就能够影响消费者的购买行为。

四、品牌个性形成和发展的条件

不是任何品牌产品都能形成自己的鲜明的品牌个性，只有那些能够满足品牌个性形成和发展条件的企业才能形成符合消费者要求并获得其认同的品牌个性。一般来说，一个品牌要形成个性，必须具备一些必要条件。

（一）长时间的累积

一个鲜明的品牌个性，往往经过数十年的努力，经过品牌的孕育阶段、形成阶段、维护阶段和提升阶段才能得以实现。品牌个性形成和发展需要建立一个完整的品牌管理体系，从品牌个性的萌芽到品牌个性的确立，从品牌个性的鲜明化到后期不断赋予品牌个性以新的内涵，始终能够实现对品牌产品整个生命周期的全程监控，对品牌个性发展的各个阶段活动进行统筹管理，以期最大限度地共享资源和获得最大效益。随着品牌管理实践水平的提高，以及现代品牌管理理论的不断完善，塑造一个鲜明的品牌个性的时间有减少的趋势。世界上众多的知名品牌都是经过了长时间的锤炼才形成了为顾客所喜爱的品牌个性，无论是尊贵、稳重的奔驰，还是以自我掌控能力为象征的宝马，都经过了长时间的品牌个性塑造才获得了众多消费者的喜爱。

（二）雄厚的品牌传播预算

没有哪一个品牌的建立与发展能离开对品牌个性的传播，品牌个性的传播渠道主要有广告、促销和公关等活动，而每一种信息传播活动都需要一定的费用支持。在当今日益激烈的市场竞争中，信息泛滥、商品同质化现象普遍存在，为了使品牌产品在竞争中脱颖而出，就必须塑造一个个性鲜明的品牌，为此所花费的成本费用往往不是小数目。因此，企业在进行品牌传播时首先要考虑财务预算，根据财务预算来选择适合的广告公司、个性鲜明的形象代言人、有影响力的广告媒体等决定品牌个性成功塑造的关键因素。当然，品牌管理者应在广告策划时，寻求以较低成本塑造品牌个性的途径，力求实现投入产出比最大。

（三）品牌管理者的专业水平

虽然品牌个性形成、发展的过程是客观的，依赖于产品自身的功能和特点，但是，品牌个性塑造是由品牌管理人掌控的。所以，品牌个性塑造过程的长短以及品牌个性的鲜明程度，以及能否与同类型产品的品牌个性相区别，都取决于品牌管理者的主观认识和努力程度，取决于品牌管理者的品牌管理水平和管理能力，这就要求品牌管理者必须具备专业的理论知识素养，对产品和市场的变化很了解，还要有丰富的实践经验。

（四）品牌塑造者的创造力

品牌要形成鲜明的个性，需要由有创造力的品牌塑造者来塑造。没有李奥·贝纳的创造，就没有男性烟民的最爱的代表——追求自由、阳刚的万宝路的品牌个性；没有大卫·奥格威就没有麦斯威尔（Maxwell House）的"滴滴香浓，意犹未尽"（Good to the last drop）的浪漫……因此，没有品牌塑造者的非凡创造力，即使品牌具备了优良品质，企业拥有了雄厚的资金，也无法确保塑造出令消费者推崇和追随的品牌个性。

五、品牌个性塑造的内容

（一）深刻体会品牌个性的来源

品牌个性作为品牌的核心价值，是构成品牌力的重要组成部分，是产品人性化的一面，反映的是品牌带给消费者的感觉，特别容易让人与使用者形象联系起来。这种感觉一方面来自产品本身让人联想到的特性，例如，使用信用卡让人觉得很方便，开车让人觉得节省时间。另一方面来自品牌的独特个性，是通过营销手法、广告塑造或代言人的运用，在消费者心目中留下的特殊印象。例如，台新银行发行的"玫瑰卡"是女性化的，奔驰让人觉得成功、庄重。也就是说，品牌个性的形成有来自情感的部分，也有来自逻辑思维的部分。

品牌个性的产生来自与品牌有关的各个方面，品牌专家大卫·艾克将各影响因素分成两部分，即与产品有关的特性和与产品无关的特性。

1. 与产品有关的特性

与产品有关的特性包括产品类别、质量、包装、价格、产品属性等整体产品概念的属性，是产品品牌表现的最重要的载体，技术先进、性能卓越、价格合理、质量过硬、服务周到的产品才有可能进一步建立自己独有的品牌个性。因为只有具备上述特性中的一种或几种，才使得品牌产品具有基本的竞争能力，才能保证产品在市场上存在的时间长久，才有形成自己鲜明个性的机会。

2. 与产品无关的特性

与产品无关的特性包括品牌使用者形象、公共关系、象征符号、上市时间、广告风格、原产地、公司形象、总裁特质和名人背书等方面内容。

（1）品牌使用者形象。由于一群具有类似背景的消费者经常使用某一品牌，久而久之，这群使用者共有的个性就被附着在该品牌上，从而形成该品牌稳定的个性。阿迪达斯是世界上著名的运动品牌，一开始就是为那些参加体育比赛的运动员设计产品，因此，阿迪达斯的使用者集中在各种运动项目的运动员身上，渐渐地，运动员共同的行为特征就凝聚在阿迪达斯品牌上，形成了它专业、自信的品牌个性。而耐克作为后来者，在全民健身的大背景下吸引了年轻一代，故而形成时尚、前卫、敢作敢为的品牌个性，并成为体育用品市场上最具有竞争力的品牌之一。

（2）公共关系。公共关系（Public Relations）多简称PR或公关，主要行使组织机构信息传播、关系协调与形象管理事务的咨询、策划、实施和服务的管理职能，包括促成组织的成功、降低组织失败的影响、宣布变更等。公关关系是企业机构唯一一项用来建立公众信任度的工具。在理解公共关系时，特别要注意的是认清公共关系是一种组织活动，而不是个人行为，不要将一些个人行为也称为公共关系。例如，某公司总裁以个人名义向野生动物基金会捐款，这是个人行为，而不是公共关系；但当他以公司的名义捐这笔款时，便可把这种行为理解为一种旨在提高组织（公司）的知名度和美誉度、扩大组织影响力的公共关系行为。在当今社会，由于公众对企业价值的评估标准发生了变化，评价范围由对产品质量和服务扩大到企业生产经营和社会活动的各个方面，这使公众舆论对企业产生了更大的影响。争取舆论支持，争取公众信任，成为企业生存和发展的重要条件之一，而公共关系的根本目的是通过深入细致、持之以恒的具体工作树立组织的良好形象和信誉，以取得公众理解、支持、信任，从而有利于企业推出新产品，有利于创造"消费信心"，有利于企业筹集资金，有利于吸引、稳定人才，有利于寻找协作者，有利于协调和社区的关系，有利于政府和管理部门对企业产生信任感，最终促进组织目标的实现。

（3）象征符号。象征符号与图像符号和标引符号的本质差别在于，象征符号是指那些在符号样式与符号指涉对象之间没有内在的自然因果关系，或外在形式特征的相似性，而是仅仅依据文化的约定俗成关系把两者联系起来，形成一种意指关系的符号类型。也就是说，象征符号与意指对象之间的关系是任意的，通过约定俗成的惯常思维，使符号具有某种象征含义。

（4）上市时间。公司上市的时间与时机、上市时间的长短等因素对于品牌认知都会产生直接的影响。通常情况下，品牌知名度会因为公司的上市而得到提升，消费者对品牌的信赖程度也会因为公司的上市而得到加强。企业股票长期坚挺就意味着企业的实力和发展前景是乐观的，有利于企业产生更多的品牌溢价。在我国，上市公司是指所发行的股票经过国务院或者国务院授权的证券管理部门批准在证券交易所上市交易的股份有限公司，这种公司到证券交易所上市交易，除了必须经过批准外，还必须符合一定的条件：①公司股本总额不少于人民币3000万元；②公开发行的股份占公司股份总数的25%以上；③公司股本总额超过人民币4亿元的，其向社会公开发行股份的比例为10%以上；④公司在最近3年内无重大违法行为，财务报告无虚假记载。

（5）广告风格。广告风格是指广告作品在内容和形式的统一中所体现出来的整体特色、

风貌。不同的广告创意会赋予产品不同的风格,通常有以下四种模式:

1)幽默夸张型。它是指依据产品的特点,通过幽默夸张的语言或画面,使公众在欢笑声中记住广告,记住产品。例如,有一家理发店在其店前挂了这样一副对联以招徕顾客:"提起刀人人没发,拉下水个个低头。"这虽是理发工作的真实描写,但由于令人望而生畏,一时间店铺门可罗雀。后来店主人将其改为"虽属毫末技术,却是顶上功夫"。"顶上"二字,既指头顶,又指技艺高超,虽有自夸之意,但夸得幽默、巧妙,从此,该店生意兴隆。幽默广告由于其独特的创意,其产生的效果是十分明显的,在各类型广告中占的比重最大。

2)情感维系型。它主要是指通过广告的情感诉求,打动消费者,表达他们的心声,维系与消费者心中的对话,如"孔府家酒,令人想家""麦氏咖啡,朋友情谊贵乎至诚相待,互相支持帮助,互相激励。啊,滴滴香浓,意犹未尽!麦氏咖啡,情浓味更浓"等。

3)豪言壮语型。它主要是指广告以表达企业的追求和产品的高质量为诉求重点,可以给人一种信任感,如"长虹以产业报国、民族昌盛为己任,太阳最红,长虹更新""鄂尔多斯羊绒衫,温暖全世界""东西南北中,好酒在张弓"等。但也应该注意,如果这类广告若过于夸大,则会令人反感,起到反作用。

4)祝福型。它主要是指企业通过广告宣传反映企业对社会的祝福和希望,也反映企业欲为此而做出的努力,如"柳工柳工,祝您成功"等。

(6)原产地。原产地是指品牌出产的国家或地区。在文化环境的影响下,不同原产地的产品形成了代表着不同产品固有内涵的品牌文化,有些产品,由于原产地来自发达国家,自然为其产品品质增加了砝码,也更容易获得消费者的信任。因此,通常情况下,品牌需要进行原产地标记。原产地标记是原产地规则的一项重要内容,是原产地工作不可分割的组成部分,包括原产国标记和地理标志。原产国标记是指用于指示一项产品或服务来源于某个国家或地区的标志、标签、文字、图案以及与产地有关的各种证书等;地理标志是指一个国家、地区或特定地方的地理名称,又将该名称用于指示一项产品,且该产品的质量特征完全或主要取决于地理环境、自然条件、人文背景等因素。WTO多边贸易规则中规定,如果本国产品未得到原产地标记保护,其他国家也没有对此保护的义务。原产地标记的作用有:①证明产品:一是正宗产品,二是具有广告效应,三是促进产品销售,四是保证产品不受侵犯;②保护消费者的权益,即消费者的选择权、知情权、追溯权、消费者受到侵害时有法可依;③规范市场,打击假冒伪劣产品,随着打假的深入,知识产权保护的深度与过去有所不同,还应对名、优、特产品在市场上给企业带来的无形资产回报予以保护。

(7)公司形象。公司形象也称企业形象,是指人们通过企业的各种标志(如产品特点、营销策略、人员风格等)而建立起来的对企业的总体印象。企业形象是企业精神文化的一种外在表现形式,它是社会公众与企业接触交往过程中所感受到的总体印象。这种印象是通过人体的感官传递获得的。企业形象能否真实反映企业的精神文化,以及能否被社会各界和公众舆论所理解和接受,在很大程度上取决于企业自身的努力。企业要在社会公众中树立良好的形象,首先要靠自己的内功——为社会提供优良的产品和服务;其次,还要靠企业的真实传播——通过各种宣传手段向公众介绍、宣传自己,让公众了解熟知、加深印象。通过公共关系来树立企业形象的任务,主要体现在企业的内在精神和外观形象这两个方面。

(8)总裁特质。某些企业的影响力会由于其创始人的名声而不断增强。因为人们往往渴望了解究竟是什么样的人可以创造如此的奇迹,所以品牌创始人自身所散发出来的品质就会成为该企业或某产品的品牌的个性。例如，松下电器的创始人松下幸之助先生，曾经因为"以拯救民族工业为己任"的豪言壮语广为世人所称颂，他守信、自律，不靠政治赚钱，严格遵守商人道德，诚恳、细心地谨守礼节，这一品性，也感染了公司全体员工，形成了一股可贵的"社风"。他始终贯彻顾客至上的精神，形成了松下电器"Ideas for Your Life"（创意生活）的品牌个性。

（9）名人背书。名人背书又称名人证言（Celebrity Testimonials），是指企业让一个名人使用某品牌（产品），或者为某品牌（产品）做广告，通过名人的影响力提高品牌或产品的竞争力。如果名人选择得当，往往可以把该名人称为品牌代言人。借用名人效应，可以塑造企业的品牌个性，但是必须要求形象代言人传递的信息与企业品牌传递的信息是一致的。当年中国移动开发的新产品"动感地带"，考虑到主要的消费群体是大学生，因此，聘请深受大学生喜爱的周杰伦作为形象代言人，使得周杰伦的叛逆不羁、才华横溢与动感地带所要表达的自我表现、个性张扬、激情四射的品牌理念巧妙地结合在一起，并且相得益彰，以惊人的速度网聚了大批拥护者和追随者，当时甚至形成了一个新的社会阶层——"动感一族"。

（二）根据品牌核心价值和品牌定位建立品牌个性

品牌的核心价值是品牌个性的内核，而品牌个性是品牌价值的集中表现，两者是相互统一的。在了解个性特征的基础上，以品牌核心价值为核心，塑造鲜明的品牌个性，并不断丰富品牌文化内涵，以便更好地演绎品牌个性。例如，可口可乐在确定了品牌核心价值是"活力、奔放、激情的感觉以及精神状态"之后，将品牌对象定位为年轻人，针对年轻人的特点和品牌核心价值，设计出火红色的包装，给人一种"火热、活力、运动"的感觉，再加上舞动的飘带，以及个性化的瓶子，潜移默化地告诉消费者：它是属于年轻人的产品。接着，可口可乐将广告诉求集中在情感诉求层面，利用欢快而动感十足的歌声与音乐，选择流行的、活力四射的体育明星和娱乐明星作为形象代言人，把年轻人的"洒脱、奔放、自由、热情、活力、动感"等性格特征融合在一起，不断地演绎着可口可乐"洒脱、自由、快乐"的品牌个性，并长期保持着这一品牌个性，不断地累积品牌资产，成为世界上最具价值的品牌之一。

凡是成功的强势品牌，它的品牌个性往往就是其经典的广告口号的表述，而就是这样的一句话就可以让消费者倾心。例如，"一切皆有可能"表现了李宁自信勇敢的品牌个性和不断进取的经营理念。

（三）设计出人格化的品牌

无论是滑稽的麦当劳叔叔，还是憨态可掬的米其林轮胎形象都是堪称经典的形象设计，将抽象的、冰冷的品牌名称变身为形象生动的、充满人情味的卡通形象，一下子拉近了品牌与消费者之间的距离。Absolute Vodka虽然同轩尼诗、路易十三等相比定位较低端，但是，它以其经典的"趣味酒瓶"系列广告将伏特加酒人格化，塑造出"躁动、野性和另类坏小子"的品牌个性，也成为人们喜爱的酒中精品。

要想设计出品牌的人格化形象，最重要的就是要注重情感诉求，让消费者看到的不是冷冰冰的商品和抽象的标志，而是形形色色的人。如果能够为品牌创造一种个性，满足消费者的情感需求，并且不断地深化与消费者的情感沟通，就容易打动消费者。如同人际关系一样，往往正是这种情感方面的因素，促进了消费者对品牌的忠诚，从而使品牌更好地发展。

因此，在对品牌目标市场进行深入分析与研究的基础上，准确找出能够融合目标消费者个性的品牌特质,再以独具一格、扣人心弦的广告诉求重点,将品牌个性传播出去,以实现打动目标消费者的目的。在日常生活里,正面、积极的品牌个性不仅可以满足消费者的情感需求,而且可以拉近品牌与消费者的距离,增强消费者购买的欲望,形成品牌忠诚,从而提高品牌核心竞争力。可见,建立品牌个性的重要一环,就是塑造能够代表购买产品和服务的消费者的想法、追求和精神的品牌个性。

(四)进行整合营销传播

在与消费者的沟通中,如何将品牌个性传递给消费者,以及如何将消费者对品牌个性的态度反馈回来,一直是困扰每一个企业品牌管理者的难题。在信息社会,一个品牌能够展现品牌个性的载体有很多,除了被消费者所熟悉的广播、电视、网络、报纸、杂志等大众传播媒体形式,还有博客、播客等新型网络传播媒体形式,还有体育营销、文化营销、事件营销等公关手段,品牌管理者应该寻找出消费者最易接触的、最直接、最简单的传播形式,以品牌文化内涵为基础,有的放矢地选择有利于塑造鲜明品牌个性的整合传播形式。当然,针对不同地区的文化差异和目标人群,整合传播的载体也要不断地进行调整和完善,以便更能打动消费者,最终提升品牌价值。例如,著名品牌路易·威登,它的目标消费者是成功人士,在品牌的打造过程中,它斥巨资不断对其"高贵、成功"的品牌个性进行了维护和管理,甚至采用了限量生产和预约登记的方法,想通过措施限定使用人群,带给目标消费者独一无二的感受,彰显"高贵"个性。

▶ 本章小结

(1)品牌个性就是品牌的独特气质和特点,是品牌的人性化表现,没有了人性化的含义和象征,品牌也就没有个性可言。品牌个性的内涵体现在:品牌个性代表特定类型的消费者;品牌个性体现品牌消费者的价值观念;品牌个性是消费者选择品牌的依据。相对于人的个性,品牌个性可以相应分为品牌能力、品牌性格、品牌气质和品牌个性倾向四个层次。正如性格是人个性的核心一样,品牌性格也是品牌个性的核心部分。

(2)品牌个性根据提供和接受品牌的产品与服务的主客体不同可以分为三种类型:供应者为导向的品牌个性、用户为导向的品牌个性及产品或服务为导向的品牌个性。以是否表达自我为标准,可以将品牌个性分为以下四种类型:目标消费者表达型、目标消费群欣赏型、目标消费群交际型、功能象征型。品牌个性的维度主要有弗洛伊德维度、阿德勒维度、海伦、道森和辛普森的品牌个性维度,詹妮弗·艾克的品牌个性维度。品牌个性的测定方法主要有"大五"模型、扬·罗必凯公司品牌个性测量法、扎尔特曼隐喻推导法等。

(3)品牌个性塑造的误区主要是指现实生活中混淆了品牌个性与品牌形象、品牌个性与品牌定位的概念。品牌个性是产品持久差异化的源泉,它具有使消费者印象深刻,有利于提高顾客忠诚度,为企业创造品牌价值等作用。在品牌个性的塑造过程中应遵循持续一致原则、新颖独特原则和人文关怀原则。要深刻体会品牌个性的来源,根据品牌核心价值和品牌定位建立品牌个性,设计出人格化的品牌,进行整合营销传播。

▶ 思考题

1. 什么是品牌个性?
2. 品牌个性的内容是什么?

3. 品牌个性的测定方法有哪些？
4. 塑造品牌个性应遵循的原则是什么？
5. 如何塑造品牌个性？

案例分析讨论

里昂比恩的故事

里昂比恩（L. L. Bean）公司创建于1912年，其创始人里昂·里昂伍德·比恩是一位户外运动爱好者。公司的第一款产品是防水胶底、轻便皮面的鞋。和当时厚重的皮靴相比是一大进步。但是最初邮寄的100双鞋子存在缝纫质量问题，于是比恩决定退款给客户，并重新返工。因此有了里昂比恩"保证百分之百满意"的佳话和品质信誉的传统。接下来，公司又为爱好狩猎、钓鱼和野营活动的人们推出了一系列产品。

里昂比恩的业务一直以产品目录册为销售模式，目前营业收入已经超过10亿美元。最初的零售店成立于中心干道上，当时以招揽路过的客户为主，如今已经发展成为展示品牌的旗舰店，也成为缅因州著名的旅游景点。虽然里昂比恩一直都侧重于野营、狩猎和钓鱼，但多年以来公司已将业务领域扩展到休闲和运动服饰以及其他户外运动产品上。其核心的竞争优势包括：高品质的产品、周到的服务、热衷户外运动的客户和员工。

与其他历史悠久的公司一样，里昂比恩也希望更新自己的视觉形象。过去的视觉形象总是与配备着原始古老设备的传统钓鱼者和野营者联系在一起。而如今，公司希望通过其视觉形象能反映出更加丰富多彩的户外活动和人们回归山林和自然的热情。

里昂比恩对其品牌个性的阐释旨在支持品牌创建工作。其品牌个性包括：友好、诚实、乐于助人、为全家服务、经济实惠、幽默感、优秀的向导以及拥有健康的生活方式。但是，这些词汇过于抽象，不能很好地展示里昂比恩的品牌内涵，为此，公司做了如下阐释：

友好——里昂比恩平易近人，关心客户。它不故作姿态，让客户觉得舒心、亲近。

诚实——里昂比恩坦诚开放，从不误导客户。一直以来都是以实事求是、无欺诈的方式展示自己的产品。

乐于助人——里昂比恩的客户服务有口皆碑。自公司成立以来，善待顾客就是其经营之道。无论是帮助选择最合适的产品还是解答有关户外运动的疑问，里昂比恩的员工都竭尽所能地为顾客提供帮助。

为全家服务——由于公司的传统是提供狩猎和钓鱼产品，加上受到其创始人热爱户外运动的影响，公司的企业形象颇有些男性化。而如今，里昂比恩则是为热爱户外运动的全体家庭成员提供产品和服务。

经济实惠——里昂比恩注意产品多样性和改进产品性能。其产品设计体现着美国人的心灵手巧，而且价格公道、风格平易近人、款式不花哨。

幽默感——里昂比恩一直在客户的生活中扮演着非常适宜的角色，从不过分突出自己，保留着美国人传统的幽默感。

优秀的向导——里昂比恩体现了一个经验丰富、熟知地理的客户向导所具有的特征。

健康的生活方式——里昂比恩的客户和员工一直都坚信户外活动和锻炼能带来持久的好处。他们坚信，户外运动能够促进人们的身心健康，从而提高整体生活质量。

为了更好地诠释这些品牌内涵，里昂比恩创建了一系列活动。例如："友好"决定了商品目录和商店里陈列的商品要让人有亲近感；"坦诚开放"意味着实事求是、不欺诈的经营之道；"实用实惠"要求在设计产品及其特征时，增强产品性能；"优秀的向导"是一种象征，说明该品牌有着丰富的专业知识，这也是沿袭公司传统的表现。

品牌个性的诠释也决定了里昂比恩形象进行怎样的拓展。由于原来的品牌形象过于男性化，而现在要面向全体家庭成员，因此公司的平实风格不允许太过突出自我。该品牌有着新英格兰地区的传统，但并不是土气，反而是代表着热爱户外运动的现代人。

（资料来源：根据网络资料整理）

讨论题：

1. 里昂比恩的品牌个性是什么？
2. 里昂比恩从哪些方面凸显其品牌个性？
3. 根据案例分析品牌个性与品牌形象的关系。

第五章

品牌定位

本章要点

(1) 品牌定位的内涵。
(2) 品牌定位的过程。
(3) 品牌定位的方法。

导入案例

李宁的品牌定位

李宁,如今已无可争议地成为服装品牌朋友圈的"网红"。2019年7月2日,李宁股价在开盘后到达19.08港元的高位,创下全年新高,这也是李宁自2011年以来的股价新高。潮牌不是靠一天、一个月、一年打造出来的,这个29岁的运动品牌从被认为要"倒下"到如今蜕变为"网红"体质,与其品牌定位息息相关。

李宁公司成立于1990年,成立之初依靠的是创始人的名人效应,定位于国家队的运动服装,人们通过电视在奥运赛场上看到李宁品牌,李宁就这样走红了。历史数据显示,从1993年到1996年,李宁每年的销售收入增长幅度都在100%以上,1996年更是创下了6.7亿元的销售纪录。

然而,随后的亚洲金融危机阻碍了李宁的快速发展步伐,原定的2000年完成20亿元的目标不仅没有完成,而且因为未能及时调整策略,大规模的扩建,大面积的广告宣传,注重营销、推崇终端销售、不重视产品迭代创新等问题逐渐显现出来。自1990年以来,李宁定位一会儿是国家队运动服装形象,一会儿是国际化浪潮,一会儿是时尚,品牌形象一直在变。从最初的"中国新一代的希望",到"把精彩留给自己""我运动我存在""运动之美世界共享""出色,源自本色""一切皆有可能",创意的火花一个接一个,却模糊了李宁品牌的定位及形象。

2010年6月30日,李宁定位于"90后李宁",新口号为"Make the Change",品牌新标识则抽象了李宁原创的"李宁交叉"动作。这个时候的李宁把目标客户定位于更钟爱国外品牌的"90后"身上,放弃"70后""80后"市场。虽然营销偏重"90后",但又吃不透"90后"的消费习惯,导致其既失去了"80后"和"70后"的消费者,又没有吸引到"90

后"的年轻人。这应该也是李宁品牌史上最痛苦的一个阶段,使李宁的扩展策略遭受到了沉重打击,严重的库存危机最终让李宁在接下来的3年中连续亏损,亏损额达到31亿元,市值蒸发了约76%。

2014年年底,李宁重启"一切皆有可能"的口号,公司战略定位由"体育装备提供商"向"互联网+运动生活体验"提供商转变,开启了公司最重要的一次变革。而这次变革的核心就是重燃"原创"。2018年纽约时装周上,李宁树立了"国潮"概念,得益于新风格和设计引发的广泛好评,公司在2019年销售收入同比增长18%,达到105.11亿元,时隔8年首破百亿;净利润同比增长39%,达到7.15亿元。2019年6月,李宁延续国潮风,在巴黎时装周上,用20世纪八九十年代的风格,演绎了运动服的经典设计,强调品牌的中国渊源和国货情怀。借助国际时装周进行营销造势,李宁建立起了与世界时尚界的文化联系。同时,主打复古和中国元素也让李宁在运动时尚品类里实现了产品差异化。李宁欲以奥运冠军背后的拼搏精神加上对原创文化的坚守,来实现品牌"逆转"。

(资料来源:根据网络资料整理)

第一节 定位理论

定位是一个内容常新的话题,自创立以来一直受到理论界的追捧,并从市场营销领域逐步扩展到其他多个领域,这是一种有趣的社会现象,现在就让我们花一点时间,去追溯其发展轨迹,理解其内涵。

一、定位概念

"定位"一词诞生于20世纪60年代末70年代初,时至今日它已成为最伟大的商业词汇之一。定位理论源于广告理论,其发展却远远突破了广告的范畴,大至国家定位,小至个人定位,都得到了广泛的运用。定位理论的广泛应用,促使众多事物以其独特的个性,在人的大脑中占据着独特的位置,并留下深刻的"痕迹"。例如,百度给人的印象是"最懂中文的搜索",日本汽车是精细节能的,香港是购物的天堂,中国制造的产品是低价实用的,悍马是大气、安全、顶级的。还有提起迈克尔·乔丹(Michael Jordan)的名字,就让人联想起经典的红色,伟大的23号,集优雅、力量和柔韧于一体的扣篮,无数次经典绝杀,"篮球之神""飞人乔丹"的伟大称号……

根据以上例子可以将定位的含义简单地概括为"事物在人们心中的印象"。定位的概念诞生于市场营销学领域,所以其定义带有很强的商业色彩。"定位"概念首次由美国营销学者阿尔·里斯和杰克·特劳特(Jack Trout)于1969年提出,他们在美国营销杂志《广告时代》和《工业营销》上发表了一系列文章,将定位解释为"确定产品在市场中的位置"。后来,他们对定位的定义做了修订,1972年,两人在《定位时代》一文中提到:"所谓定位乃是你对未来的潜在顾客的心智所下的功夫,也就是将你的产品在你未来潜在顾客的心中确定一个位置。"1979年,他们在《广告攻心战略——品牌定位》一书中将"定位"定义为:"以产品为出发点,如一种产品、一项服务、一家公司、一所机构甚至一个人……但定位的对象不是产品,而是针对潜在顾客的思想。"1981年,两人又在他们的著作《定位》中提出:"任何一个品牌(产品、服务或企业），都必须在目标受众的心智中，占据一个特定的位置，提供有别于竞争者的利益，并维持好自己的经营焦点。"

阿尔·里斯和杰克·特劳特开始将定位的客体界定为产品，后来扩大到了服务、公司、机构、个人等，将定位的场所从市场转移到顾客的心智和思想，同时加入了区别于竞争对手这个要素。由此可见，定位理论并不局限于商业领域，定位的客体可以扩大到其他事物，但是其他事物必须是可塑造的。因为定位本身是一个动作行为，不可塑造的事物就不是定位的客体。例如，月光是很难塑造的，它不容易成为定位的客体。另外，原生态的事物在人脑中形成的印象不是定位，因为原生态的事物没有经过塑造，即使在人脑中占据特殊位置也是自然形成的结果。例如，南极给人的印象是严寒的，但是这种印象不是南极定位的结果，是南极的自然气候给人造成的感觉。

所以，总结以上分析可以得出三个结论：定位是一个动作性过程，它是定位主体（在商业领域通常是企业组织）刻意的动作行为；定位的客体可以是企业组织、非营利性组织、甚至个人，是可塑造的事物；塑造后的客体形成客体形象，客体形象必须传播给受众，使受众留下与定位客体形象一致的"印象"。从严格意义上讲，定位是指一种行为过程，即定位主体将定位客体塑造成客体差异化形象，然后将客体差异化形象传播给受众，使客体差异化形象在受众大脑中占据特殊的位置。

二、定位图解

定位的实质是把差异化形象"烙印"在受众的大脑中。图 5-1 清晰地表达了定位这一行为过程。

图 5-1 主要反映定位主体、定位客体、定位客体形象与印象之间的关系，从市场细分的角度表达了定位的内涵。可以从以下几个方面来理解定位的内涵：

（1）定位是一种定位主体有目的的行为过程，主要包括塑造客体形象和传播形象这两个有意行为。自然形成的结果不是定位。

（2）定位的客体非常广泛，可塑造事物都是定位客体。例如，国家、城市、旅游景点、企业、产品、个人等。

（3）定位客体形象通过有意塑造形成。例如，图 5-1 把定位客体形象塑造成圆形。

（4）定位客体形象通过传播与场所（人的大脑）发生关系，在传播过程容易受到噪声的干扰。

（5）传播之后，客体形象在场所（人的大脑）中占据特殊的位置，在人的大脑中形成客体形象的"痕迹"，通常称"印象"。例如，图 5-1 客体形象在场所（人的大脑）中占据了特殊位置，在大脑中形成了被塑造的圆形"印象"。

由此可见，定位的动作是塑造客体形象和传播客体形象，场所是人的大脑，目标是在人的大脑中占据特殊位置。可以从两个角度来理解定位，一是从定位主体角度，即通过塑造客体形象，然后通过传播将客体形象"植入"场所中，占据大脑的"空间"位置；二是从场所角度，即人的大脑接收被塑造客体形象的信息，从而产生客体"印象"，留下客体"痕迹"。值得注意的是场所中形成的客体"印象"不一定与主体想塑造的客体形象相同，因为在传播中存在噪声的干扰，每个场所对信息的解码不一样，这样形成的结果印象就与客体形象有一定的偏差。

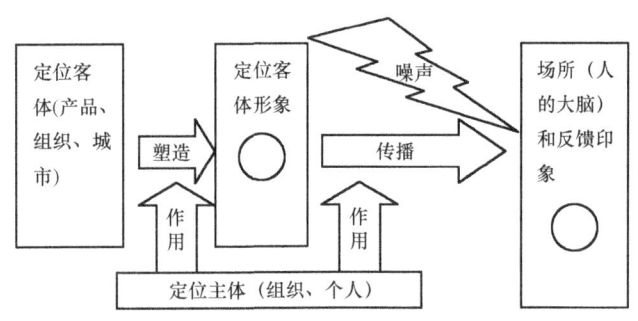

图 5-1　定位定义图解

实际上，定位是以占据人的大脑位置作为目标，使大脑形成对事物的"印象"。定位以"攻心"为主的理念，改变了传统"攻物"为主的理念，对各个领域的研究和创造起到了非常重要的作用，尤其给营销界带来了变革性的影响，极大地推动了市场营销的发展。因此，2001年，定位理论压倒菲利普·科特勒的营销理论、迈克尔·波特的竞争理论，被美国市场营销协会评为"有史以来对美国营销影响最大的观念"。

第二节　市场定位与品牌定位

如前所述，定位概念由阿尔·里斯和杰克·特劳特明确提出，但罗瑟·瑞夫斯（Rosser Reeves）的 USP 理论[⊖]显然对定位理论的概念有很大的启示作用。可见，定位理论在营销界有较长的历史，定位理论源于广告领域，后来广泛应用于各个领域，特别又在营销界得到深入发展，使营销理论由传统走向现代，开创了一种新的营销思维模式。

一、市场定位

定位理论的产生和发展是市场形态发展的必然结果。在卖方市场环境中，由于产品供不应求，营销的重点在产品上，即通过大规模生产产品和降低成本来提高市场竞争力。大规模生产极大地提高了产品供给能力，市场形态也从卖方市场发展到了买方市场。在买方市场中，大量的产品充斥着市场，消费者可选择的产品非常多，企业产品往往被淹没在产品市场的"海洋"中。所以，大规模生产产品和降低成本已经不再是企业市场竞争力的核心，企业把营销的重点从生产和改善产品转移到争取顾客上，而占领顾客的心智资源成了争取顾客的主战场。可见，定位理论是市场竞争的结果，也首先产生于市场营销中。

定位理论是适应信息化发展需要的必然结果。进入信息化社会以后，信息大爆炸意味着产品信息不再是稀缺资源，注意力成为稀缺资源。如何让消费者在海量的信息中注意到企业信息，成为营销推广的首要任务。所以，在信息化社会中，从消费者心理入手，将企业信息通过传播"植入"到消费者大脑中，是营销工作的重要内容，因此，定位的

⊖ 20 世纪 50 年代初，罗瑟·瑞夫斯提出 USP 理论，要求向消费者诉说一个"独特的销售主张"（Unique Selling Proposition），简称 USP 理论。

作用也就越来越重要。另外，在信息化社会中，消费者选择性心理发生了变化，消费者更喜欢追求个性化的商品，大市场不断地被细分成小市场。定位也是为了适应消费者个性化心理的需要。

如今的市场营销已经从产品至上时代和形象至上时代发展到了定位至上时代。定位理论在市场营销中的应用与定位理论有一定的区别。严格来说，定位理论产生于营销界，属于营销理论，但是定位理论的发展又突破了营销的范畴。所以，营销界的定位理论是定位理论的一部分，同时又具有自己的特点，通常称为市场定位。

市场定位是指企业通过塑造企业及有关内容的概念和形象，然后传播给目标市场，使之在目标顾客大脑中占据着特殊的有别于竞争对手的位置。相对于定位理论，市场定位具有其特殊性，具体表现在以下几个方面：

（1）市场定位的主体主要是企业组织。

（2）市场定位的客体是企业及其内容，一般包括企业、产品、竞争和品牌，所以，市场定位也细分为企业定位、产品定位、竞争定位和品牌定位。

（3）市场定位的场所是目标顾客的大脑，目标顾客包括潜在顾客和现有顾客。

（4）市场定位的概念和形象信息要有目的地传播到目标市场中。

（5）引入了竞争对手这一要素。市场定位是市场营销的竞争战略，从战略的高度与竞争对手竞争，其实质是有别于竞争对手，寻求竞争市场的"蓝海"。

（6）市场定位更注重从目标顾客的需求入手，根据目标顾客的心理和行为塑造企业及其信息，同时针对目标市场选择传播渠道。

所以，市场定位选择目标顾客需求作为切入点，将营销的战场从产品转移到顾客大脑中，属于"攻心为上"的战略，严格上说是"攻脑为上"，其真谛是"大脑攻击战"。1996年，杰克·特劳特和瑞维金（Steve Rivkin）合作出版了《新定位》一书，认为：消费者的心灵或知觉是营销的终极战场，营销和广告宣传应将"火力"集中在一个狭窄的目标上，要创造出一个心理的独有的"第一说法、第一事件、第一位置"。为目标顾客创造一个独有的"空间"，这样就区隔了竞争对手，从而避免同质化竞争。可见，市场定位是营销战略中的"蓝海战略"。

二、企业定位、产品定位、竞争定位、品牌定位

市场定位一般包括企业定位、产品定位、竞争定位和品牌定位四种。四种定位的含义和侧重点不同。

（1）企业定位。企业定位是指通过塑造企业形象、文化，提高员工素质等，然后传播给目标市场，使之在目标顾客大脑中占据着有别于竞争企业的位置。例如，招商银行通过提高员工服务质量，树立了其优秀服务银行的企业形象。

（2）产品定位。产品定位是指通过塑造产品性能、质量、外观等，然后传播给目标市场，使之在目标顾客大脑中占据着有别于竞争对手产品的位置。例如，阿依莲女装以淡蓝、粉红和纯白为主色调的设计风格，给消费者以淑女装的直观印象。

（3）竞争定位。竞争定位是指通过塑造竞争力要素，然后传播给目标市场，使之在目标顾客大脑中占据着有别于竞争对手竞争力的位置。例如，淘宝网面对易趣网的强大竞争，做出了具有挑战性的竞争定位——实行免费的开店策略，从而吸引了很多商家进行投资，以

此为竞争力很快成为 C2C 的领军企业。

（4）品牌定位。品牌定位是指企业塑造品牌，然后传播给目标市场，使之在目标顾客大脑中占据着有别于竞争对手品牌的位置。

品牌定位的客体主要是指品牌理念、文化、标志、口号、故事等，客体的核心是品牌理念。品牌定位的场所是顾客的思想"空间"。思想是客观存在，反映在人的意识中经过思维活动而产生的结果，一般是指价值观、世界观和人生观。品牌定位的实质是通过塑造品牌形象，让顾客在思想上认同品牌理念。品牌定位的目的是让顾客接受和认可品牌文化，即品牌宣传的品牌文化与顾客思想相符或接近，从而提高品牌知名度、忠诚度和美誉度。例如，金盾服饰的品牌口号是"成功男人的标志"，这与追求成功的男人价值观产生共鸣，从而在目标顾客思想中呈现出"金盾即是成功男人的标志"的印象。表 5-1 揭示了四种定位之间的关系。

表 5-1　市场定位内容比较分析

名　称	对　象	切入点	客　体	塑造内容	参　照　物
企业定位	目标顾客大脑	顾客需求	企业本身	企业形象、文化、员工素质等	竞争对手企业、企业本身
产品定位	目标顾客大脑	顾客需求	产品	产品的性能、质量、外观等	竞争对手的产品
竞争定位	目标顾客大脑	顾客需求	竞争力	企业具有竞争力的要素	竞争对手的竞争力
品牌定位	目标顾客大脑	顾客需求	品牌	品牌理念、文化、标志等	竞争对手的品牌

由表 5-1 可见，四种定位的客体、塑造内容和参照物不一样，但是这四种定位的切入点都是顾客需求，定位的对象都是目标顾客大脑，因为各种定位最终需要通过占领目标顾客的大脑空间来实现。

理解市场定位还需要注意以下四层关系：

（1）市场定位与消费者定位。按照定位的定义，消费者定位的提法是错误的，消费者定位的客体是消费者，场所也是消费者的大脑，显然是错误的。其实，通常所说的消费者定位就是市场定位，只是从两个不同角度理解，市场定位是从企业角度理解，消费者定位则是从顾客角度理解。

（2）市场定位与市场错位。市场定位兴起之后，又出现了错位理论。错位理论属于营销理论，分为横向错位和纵向错位。横向错位是伴随着市场定位而生的，从市场定位的反面理解，即市场定位就是找到与竞争对手相错位的位置。纵向错位是指企业及其内容与顾客的心理预期发生错位。例如，一件衣服质量不错，顾客觉得值 200 元，结果产品报价却是 150 元，低于顾客心理预期。

（3）市场定位与目标市场。目标市场是指对潜在市场细分之后，根据产品情况选择一个或几个作为营销对象的目标群体。因为市场细分是根据人口、地域、行为、心理等因素细分的，对目标市场的描述也是从这几个方面入手的。但是，很多人把目标市场的描述误认为市场定位。例如，某品牌服装的市场定位是年龄在 20~30 岁的青年女性，这种提法犯了概念性错误。市场定位是一个过程，不是某种状态或事物；目标市场的顾客是市场定位的对象,而不是市场定位本身。

(4) 产品定位与品牌定位。产品定位与品牌定位很容易混为一谈,其实两者具有明显的区别(见图5-2)。

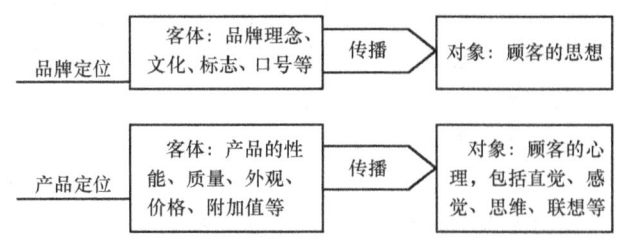

图5-2 产品定位与品牌定位的比较

图5-2揭示了产品定位与品牌定位的关系。产品定位的客体是产品的性能、质量、外观等,对象是顾客的心理,即占据顾客的心理"空间",其目的是唤起顾客的生理诉求和心理诉求,让顾客对产品信息产生记忆并激起顾客的购买欲望,提高产品销售量。品牌定位的客体是品牌理念、文化、标志、口号等,对象是顾客的思想,即占领顾客的思想"空间",其目的是让顾客接受和认可品牌文化,提高品牌知名度、忠诚度和美誉度。产品定位满足顾客的生理和心理诉求,建立购买关系;品牌定位满足顾客的思想诉求,即与顾客的思想产生共鸣,建立忠诚关系。品牌定位建立在产品定位之上,产品定位是品牌定位的基础。

第三节 品牌定位的过程

品牌定位的过程是品牌定位工程的具体化和行为化。品牌定位是一个系统工程,必须与市场定位中的产品定位、企业定位、竞争定位保持统一。品牌定位本身又是一个行为过程,品牌定位的过程其实就是品牌定义的细化和扩大化(见图5-3)。

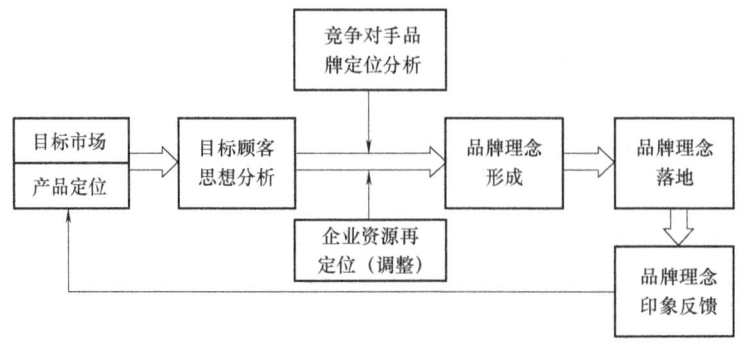

图5-3 品牌定位的过程

下面以超人品牌童装为例来说明品牌定位的具体步骤。

(一) 品牌定位的基础是产品定位

产品定位的重要内容是细分市场和选择目标市场。在品牌定位之前必须研究目标市场,从顾客年龄、性别、收入、受教育程度、宗教信仰、地域文化、购买心理和购买行为等方面分析目标市场,深入了解目标市场。

童装市场一般按年龄细分为婴幼市场、小童市场、中童市场、大童市场（少年市场）。另外，还可以根据儿童的性别、家庭收入水平、父母受教育程度等细分。以超人童装为例，超人童装的目标市场是4～12岁的儿童及其父母，主要面对中国中高等收入的城市家庭，从超人童装的目标市场可以得出超人童装是走高端品牌路线的。值得注意的是童装市场的目标顾客虽然都是儿童及其父母，但在儿童的不同年龄段其目标顾客的主次并不一样。

（二）目标顾客思想分析

品牌定位的对象是目标顾客的思想，对目标顾客的思想分析显得非常重要。思想是指人对客观事物思维后的结果，不是简单的反应，是人深层次的意识，一般包括价值观、世界观和人生观。分析目标顾客思想的目的就是需要了解目标顾客深层次的诉求。只有满足了目标顾客的思想诉求，与顾客的思想产生共鸣，才能建立起忠诚的关系。

童装顾客可分为儿童和父母，儿童和父母的思想显然有很大差异，另外，不同年龄段的儿童思想差异也很大。例如，婴幼儿和小童基本上没有形成思想，没有价值判断能力和审美能力。所以，婴幼儿市场和小童市场主要分析儿童父母的思想。以超人童装为例，4～12岁的儿童在一定程度上有自己的思想，有部分判断能力和审美能力。儿童崇拜超人是因为超人正义凛然，用超人能力捍卫地球。超人在儿童心目中成了正义和勇敢的象征。这折射出儿童对真实世界的渴望，对正义行为的崇拜，对邪恶事物的摒弃。概括起来，这是人类对真善美之真的追求。父母期望自己的孩子更受人关注，赢得老师、同学的尊重，凸显出孩子存在的价值，概括起来，这是父母对真善美之善的追求（真善美之善，在哲学中解释为价值）。孩子和父母对美丽、个性、时尚的追求一直没有停止过，都希望穿着美丽、个性和时尚的服装，享受外表美、体验心灵愉悦，概括起来，这是儿童和父母对真善美之美的追求。所以，超人童装的目标顾客思想是追求真善美。

（三）品牌理念形成

形成品牌理念是企业识别系统（Corporate Identity System，CIS）中理念识别系统（Mind Identity System，MIS）的工作，是品牌定位的核心和灵魂工作。分析了目标顾客的思想之后，就要提出一个品牌理念来满足目标顾客的思想诉求。满足目标顾客思想诉求的品牌理念很多，但是哪种品牌理念是最优的，一方面需要了解竞争对手的品牌定位，即竞争对手满足了顾客的哪些思想诉求，如何满足的；另一方面需要衡量和整合企业资源。

在分析竞争对手的品牌定位中加入竞争对手的要素，有助于了解企业在竞争市场中的品牌定位，避免同质化竞争，赢得比较优势。以超人童装为例，可以用正义、勇敢、舒适、干净、美丽、个性、童趣、时尚、休闲、自信、关爱等理念来满足超人目标顾客对真善美的诉求。首先收集竞争对手的资料做系统分析，然后比较选择。

表5-2列举了著名童装品牌理念及其目标顾客的思想诉求，不同的品牌理念满足不同的思想诉求。超人童装目标顾客的思想诉求是追求真善美，从表格中比较发现，大多数童装品牌顾客的思想诉求是求美，部分求善，极少求真。所以，从竞争对手的品牌定位分析可以得出，满足顾客求真的诉求竞争相对小，求善次之，求美的竞争最为激烈。超人童装可以扬长避短，选择满足顾客求真思想诉求为主打，求善和求美次之，满足目标顾客正义自信之真、个性价值之善、卡通时尚之美。超人童装以正义为核心理念，以个性和时尚为主要理念。正义理念健全孩子追求真理的人格，培养孩子独立的性格；个性理念充分突显了儿童的价值，即与众不同的个性和气质，满足孩子要求受尊重和重视的需求；时尚理念给顾客一种愉快的

心灵体验，满足了孩子及其父母对时尚、美丽的追求。

表5-2 著名童装品牌理念与思想诉求分析

童装品牌	品牌理念	思想诉求
ELLE	优雅、高贵、简约、舒适、艺术气息	高贵之美
KINGKOW	丰富多彩，品质尽善尽美	绚丽之美
FABLES	休闲、流行、时尚	时尚之美
IPP	个性化、返璞归真、古典美	古典之美，个性价值之善
小猪班纳	美丽、七彩童年，文化内涵	多彩之美，文化价值之善
派克兰帝	快乐、舒适、健康和自信	快乐自信之真
小数点	关爱宝宝成长（中、小童）	关爱本真
巴布豆	活泼、可爱、卡通	卡通可爱之美
红黄蓝	乐观、自信、独立、品质、尊重儿童	彰显本真，赢得尊重
jojo	时尚、个性、有型，黑白经典	时尚之美，个性价值之善

除了分析竞争对手的品牌理念，确定品牌理念还必须衡量企业资源，即企业是否可以整合核心资源实现品牌理念。先分析执行这种品牌理念需要运用哪些资源，哪些是核心资源，再考虑企业如何整合核心资源。企业可以从企业资金、品牌积淀、渠道资源、人才资源、人脉资源等方面考虑企业的资源。

（四）品牌理念落地

品牌理念落地实际是品牌理念的执行。企业要从两个方面执行品牌理念：一方面是根据品牌理念改造相关主体，包括产品的设计、质量、价格、包装、分销渠道、宣传广告、企业形象和品牌内涵等；另一方面是企业内部学习和理解品牌理念。

对产品功能一般不会进行改造，只是在产品定位的基础上做些"修饰性"改变，如根据品牌理念调整设计、改善质量、增强系列化等；一般不会突然重新构建分销渠道，只是小部分改变或者有计划地重新构建；在宣传广告方面，增加品牌宣传广告。企业形象是企业识别系统中视觉识别系统（Visual Identity System，VIS）的内容，根据品牌理念改变企业形象，这对服务性企业尤其重要；企业可以深挖品牌内涵，如品牌故事等，更好地表达品牌理念。

企业内部学习和理解品牌理念是企业识别系统中行为识别系统（Behavior Identity System，BIS）的内容。如果企业内部员工都没有完全理解品牌理念，在进行品牌推广时就会造成品牌理念含糊或者多个理念版本的后果。所以，企业需要有计划地对内部员工，特别是对一线销售人员和招商代表进行品牌理念的培训，让品牌理念首先在企业内部落地。

超人童装利用卡通超人形象，采用蓝色、红色和黄色为主色调，很好地通过产品表达品牌理念。同时，借助《超人》电影、漫画等产品深挖超人正义、勇敢的精神内涵，突出超人童装的品牌理念。另外，超人童装对一线销售员和招商代表都进行了严格的品牌理念培训。

（五）品牌理念印象反馈

品牌理念落地并不代表品牌定位已经完成，目标顾客的反馈情况决定品牌定位的成败。目标顾客是否认同品牌理念和理解品牌理念是反馈的主要内容。企业可以通过专业的市场调查，定量和定性分析品牌理念的市场反应情况。如果调查结果显示，目标顾客基本认同品牌理念，则说明品牌定位初步成功；如果目标顾客不完全认同品牌理念，则说明品牌定位有问题，分析是理念的问题还是落地的问题。如果目标顾客完全不认同品牌理念，那么意味着品牌定位失败，需要再定位。

品牌定位完成之后并不代表品牌定位工作的结束。环境在变化，目标顾客在变化，竞争对手在变化，所以，为了防止品牌老化，企业需要随时监控品牌定位信息，适时调整品牌定位或者进行再定位。

第四节 品牌定位的方法

品牌定位是一项非常困难的工作，因为品牌定位面临两个不可回避的关键问题：一是如何发现目标顾客的思想；二是如何在竞争市场中提出合理的品牌理念。解决这两个问题的方法就是品牌定位的方法。两个问题的解决方法可形成一整套科学的品牌定位方法。

一、如何发现目标顾客的思想

如何发现目标顾客的思想，主要解决方法是利用 Rb Profiler 分析工具。

品牌定位的基础是产品定位，品牌定位主要针对目标顾客的思想，产品定位主要针对目标顾客的心理。因为心理和思想是一脉相承的，心理相对较表层，思想更深层。心理是对客观事物的反应，思想是对客观事物经过思维后的意识。因此，可以通过分析目标顾客的心理从而得知目标顾客的思想。Rb Profiler 分析工具提供了从目标顾客心理分析到发现目标顾客思想的方法。

Rb Profiler 分析工具是罗兰·贝格（Roland Berger）创造的战略性品牌管理工具。罗兰·贝格先用四个区域界定了不同的消费者价值取向，即寻求永恒和谐的事物，淡泊的消费欲望；寻求生活乐趣，更多的生活体验；节省花费，经济上的节省导向；寻求绩效和效率，理性的物质选择。然后通过具体的量化调查和心理分析来挖掘消费者购买行为背后的潜在消费心理，结果发掘了 20 种消费心理需求元素，再将这 20 种心理需求元素分布在六个价值区间（六个价值区间是在四个价值区域的基础上细分和概括出来的），这就形成了 Rb Profiler 分析工具（见图 5-4）。

Rb Profiler 能有效地通过消费者的 20 种需求心理元素分析出消费者的思想，罗兰·贝格利用六个价值区间来表达顾客的思想类别。这六个价值区间分别是价格敏感区、传统理性价值区、现代理性价值区、现代感性价值区、传统感性价值区和简约型价值区。价格敏感区代表着现实主义精神和经济型价值观；传统理性价值区代表实用主义和理性的保守；现代理性价值区代表实用的个性，追求理性的创新；现代感性价值区代表最新潮流的享受主义，追求变化和创新；传统感性价值区代表传统浪漫主义和感性的保守；简约型价值区代表简单主义和纯洁的浪漫。

解决这个问题的逻辑是首先根据顾客行为深挖顾客需求心理，然后借助 Rb Profiler 分析工具，将顾客心理用 20 种需求心理元素概括出来。例如，假如顾客热衷于运动话题、好动、说话滔滔不绝，基本可以判断该顾客带有活力、激情、自由自在的心理元素。然后，根据得出的心理元素就容易发现其所在的价值区间。最后，对价值区间做价值陈述，即表达出顾客思想诉求。

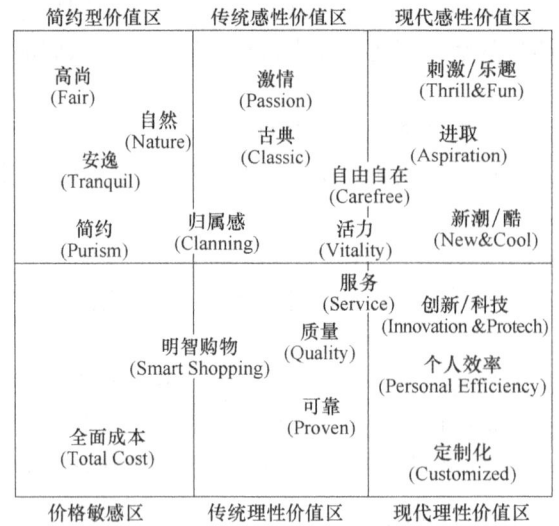

图 5-4　Rb Profiler 分析工具

(资料来源：百度文库·专业文献/行业资料·经济/管理. 罗兰·贝格战略性品牌管理工具. http://wenku.baidu.com/view/c0fd3fea81c758f5f61f672d.html)

通过 Rb Profiler 分析工具可以得出顾客抽象思想的不同空间，但如何使品牌理念在这些不同空间占据位置，还需要对品牌进行具体定位操作，以使得品牌理念能和目标顾客的思想对接起来，并引起顾客对品牌的认同和共鸣。所以，通过 Rb Profiler 工具对顾客思想空间进行挖掘后，下一步需要引入品牌和竞争对手两个要素，通过比较分析，得出品牌理念，最后将品牌理念定位在顾客抽象的思想中。这需要通过解决第二个问题来实现。

二、如何在竞争市场中提出合理的品牌理念

如何在竞争市场中提出合理的品牌理念，主要解决方法如下：

（一）乘虚——营造第一

从消费者的注意力角度出发，一般容易被如下产品吸引注意力：一是形象独特的，二是符合消费者需求的。形象独特的属于设计和传播的范畴。这里着重分析符合消费者需求的产品。一般而言，市场上已经有大量的产品满足消费者的普遍需求，因人的注意力有限，所以消费者能记住的品牌不多。例如，凉茶产品很多，但是大部分消费者只能说出王老吉、和其正两个品牌。所以，只有提出创造性的需求信息才能引起消费者的注意。人脑具有先入为主的特点，品牌理念可以瞄准目标顾客的大脑"空白"，乘虚而入，其实质是提出竞争对手没有的品牌理念，唤起目标顾客的思想诉求。

杰克·特劳特和瑞维金认为，定位要创造出一个心理上独有的"第一说法、第一事件、第一位置"。也就是说，企业首先分析竞争对手的品牌理念和目标顾客的思想诉求，看看目标顾客的思想诉求是否全部得到满足。如果还有思想诉求没有得到满足，就可以"乘虚而入"。这样就可以在目标顾客思想中营造"第一"——第一个唤起目标顾客某种思想诉求的品牌。例如，超能天然皂粉的广告让人印象深刻，超能广告语"谁说明星不洗衣服？谁是洗衣明星？"首次提出了"明星洗衣"的理念，突破了传统洗衣粉大众路线，将洗衣粉上升

到高端市场。"贴身衣物，高档面料，好衣服更离不开超能天然皂粉"也首次提出保护衣服的理念，一改传统强调"洗得干净"和"不伤手"的产品理念。从品牌理念角度而言，超能天然皂粉品牌理念避开了大众目标顾客的传统理性价值，唤起了高端目标顾客的现代理性价值。

乘虚而入营造第一的方法是占据目标顾客大脑空间并引起其共鸣的有效方法，对品牌定位来说意义重大，因为：①目标顾客往往对"第一"的概念感兴趣，"第一"比较容易被记住；②顾客记忆信息和处理信息的能力有限，往往只记住了"第一"；③符合定位的原理，定位强调在目标顾客大脑中占据独特位置，这需要向消费者传播简单、明确的信息，"第一"符合该传播原则；④很多企业采用"第一"的品牌定位，取得了很大的成效，所以在了解顾客心理和思想细分后，品牌应该用"第一"的口号迅速占领顾客的大脑，并着重宣传其"第一"性。如果企业品牌在细分后，在细分市场仍无优势可言，那么可采取以下"第一"技巧：

（1）"第一"集团军。企业品牌确实在该细分市场做不了第一，它可强调自己品牌属于细分市场"第一集团军"，从而占得"第一"品牌定位的好处。例如，某航空公司在航空市场客观上排第四位，它可以说自己是"四大航空公司之一"。

（2）"反向第一"。企业品牌在一个方向上排不到细分市场的第一，根据"反者道之动"的启示，可以从"相反"的角度定义自己的"第一"。如七喜在推出时，就采取了"反向第一"的定位，把自己的定位为"非可乐"第一品牌，其品牌定位获得了巨大的成功。五谷道场把自己的方便面定位为"非油炸"，也是一个"反向第一"定位的例子。

（3）"唯一定位"。如果企业品牌的产品有一定的瑕疵，这时候可采取"唯一定位"方法。"唯一定位"实现了阿尔·里斯和杰克·特劳特所提倡的"不做第一、就做唯一"的定位理念，有时候甚至能把产品表面缺点当作特点来卖。美国高山苹果味美，但是有缺点，因为在高山之上，成长过程中受到冰雹打击，苹果表面留下坑坑洼洼的斑点，斑点影响了高山苹果的销售。后来，高山苹果以斑点这个缺点为"唯一定位"，把斑点当作高山苹果的"唯一"特征来卖，销售量大增。在我国果汁行业，农夫果园也采取了类似的"唯一定位"。在农夫果园之前，果汁有沉淀物，视为缺点，解决的办法有两个：一是用更好的机器打磨，使沉淀物减少，但会增加成本；二是用很小的文字在包装上说明，沉淀物为正常，告诉消费者这不影响饮用，但做得很心虚，说明文字写得小，而且放在不起眼的地方。农夫果园却把果汁沉淀物当作了特点来卖，进行了唯一定位："农夫果园，喝起来摇一摇"，实践证明其品牌定位相当成功。

（二）聚焦——集中资源

在成熟的市场上，市场很难继续细分，市场空白也很少，"乘虚而入"的机会也少，企业也不愿意采用上述"第一"的技巧，那么企业可采用聚焦法，即利用优势资源集中攻击市场。产品定位中广泛使用聚焦法，例如，格兰仕开始聚焦于微波炉，成为"中国第一"后，才进入空调市场。在品牌定位中，聚焦法则同样重要。

"恒源祥，羊羊羊！"这则短短5s的广告在中国大地上重播十多年，短短六个字的广告语促使恒源祥品牌深入人心。恒源祥集团一直坚持使用这则广告语，一直在消费者心目中强化恒源祥是传统羊毛衫的老牌企业，不断地扩大恒源祥品牌的知名度，也提高了消费者对恒源祥品牌的信任度和忠诚度。但是，在2008年春节期间，恒源祥一则长达1min的广告，广告语是"恒源祥,北京奥运赞助商,鼠鼠鼠!恒源祥,北京奥运赞助商,牛牛牛……恒源祥,北京奥运赞助商,猪猪猪!"将12生肖依次念过。这则广告播出之后引起了广大消费者的不满,改变了恒源祥的品牌理念,无法唤起顾客原有的思想诉求。

所以,在品牌定位过程中,可通过聚焦法将优势资源集中在一个思想诉求上,通过持之以恒的积累,引起目标顾客的思想共鸣。但是需要注意,聚焦法是把双刃剑,将优势资源集中在一个思想诉求上,必然要放弃其他市场。而且品牌一旦定位,很难改变。

(三)关联——乘势而起

关联法是指借竞争对手或者同档次品牌之势实现品牌定位的方法。关联法让目标顾客产生品牌联想,借其他品牌理念联想到自己的品牌理念。关联法大致可以分为两大类。一是借竞争对手之势。部分排名第二的品牌大胆地采用这个方法,即当行业中出现一家独大、第二大品牌知名度不高时,就可以明确定位为行业第二。理由是二元原则,即顾客一般可以记住行业中前两名的品牌。这种方法一方面可以提高品牌知名度,另一方面可以满足顾客追求卓越而低调的理性价值诉求,实现品牌定位。二是借同档次品牌之势。与同档次品牌理念相关联,有助于提高品牌知名度和美誉度,容易满足顾客的思想诉求。

(四)对立——相克相生

对立法是指执行与行业巨头品牌相反的品牌理念,实现品牌定位的方法。其哲学逻辑是事物都是相生相克的,任何事物都有弱点,有些事物的强势就是其弱势。例如,可口可乐是"百年老店",一直宣传自己是"正宗的可乐",新兴的百事可乐被消费者尴尬地理解为"非正宗可乐""假可乐"。后来,百事可乐决定改变品牌定位,百事可乐认为,既然可口可乐是"正宗的",意味着是"传统的",那百事可乐就定位为"年轻的""新鲜的"。事实证明,百事可乐采用对立法设计的品牌定位是成功和经典的。本来可口可乐"正宗"的品牌定位是其优势,而如今,可口可乐越突出自己是"正宗的",就暗指百事可乐是"年轻的"。可见,百事可乐设计与可口可乐相对立的品牌理念,是可乐品牌理念的"蓝海"。

▶ 本章小结

(1)定位是指一种行为过程,即定位主体将定位客体塑造成客体差异化形象,然后将客体差异化形象传播给受众,使客体差异化形象在受众大脑中占据特殊的位置。市场定位是指企业通过塑造企业及有关内容的概念和形象,然后传播给目标市场,使之在目标顾客大脑中占据着特殊的有别于竞争对手的位置。相对于定位理论,市场定位具有其特殊性。

(2)市场定位一般包括企业定位、产品定位、竞争定位和品牌定位四种。品牌定位是指通过塑造企业品牌,然后传播给目标市场,使之在目标顾客大脑中占据着有别于竞争对手品牌的位置。品牌定位本身是一个行为过程,品牌定位的过程其实就是品牌定义的细化和扩大化;品牌定位是一个系统工程,必须与市场定位中的产品定位、企业定位、竞争定位保持统一性。

(3)品牌定位包括五个步骤:产品定位;目标顾客思想分析;品牌理念形成;品牌理念落地;品牌理念印象反馈。品牌定位是一项非常困难的工作,存在两个关键问题:一是如何发现目标顾客的思想;二是如何在竞争市场中提出合理的品牌理念。第一个问题的解决方法为Rb Profiler 分析工具。第二个问题的解决方法有:①乘虚——营造第一;②聚焦——集中资源;③关联——乘势而起;④对立——相克相生。

思考题

1. 分析消费者定位的提法是错误的。
2. 品牌定位与产品定位的区别是什么？
3. 简述 Rb Profiler 分析工具对品牌定位的作用。

案例分析讨论

北京现代发布全新品牌定位

凤凰网汽车讯：2011 年 4 月 8 日，北京现代第八代索纳塔上市发布会在水立方隆重举行，发布会现场，北京现代正式发布了全新品牌口号"新思想创造新价值"（New Thinking, New Possibilities）和新的品牌定位"引领潮流，品位睿智"（Intelligent & Stylish）。

北京现代总经理表示，新的品牌定位和品牌口号的发布旨在提升品牌价值，呈现出更加"睿智、时尚"的北京现代。而此举也标志着，随着第八代索纳塔的上市，北京现代迎来了全新的发展阶段，即通过强化品牌价值实现第二次飞跃的全新阶段。

一、更加"睿智、时尚"的北京现代

现代汽车在全球更换品牌口号，也是北京现代启动新的品牌战略的契机。发布会上，北京现代总经理宣布，北京现代今后将沿用现代汽车的全新品牌口号"New Thinking, New Possibilities"取代使用多年的"Drive Your Way"（按照你的方式驾驶）。此外，在现代汽车中长期新品牌定位 Modern Premium（现代精品车）的基础上，北京现代为提升品牌竞争力，同时结合本地化发展策略，制定了新的品牌定位"引领潮流，品位睿智"（Intelligent & Stylish）。

从 Drive（驾驶）到 Thinking（思想），这样的转换标志着现代汽车以及北京现代由追随型战略向进攻型战略的变革。业内人士认为，Drive 更加强调速度和力量，而 Thinking 更强调思想的深度和广度，"新思想创造新价值"的全新品牌口号，体现了思想驱动商业的价值转变，倡导一种带来颠覆消费理念甚至商业模式的变革，这是现代汽车以及北京现代正在从追随型公司向伟大公司跨越的体现。

而"引领潮流，品味睿智"的新品牌定位，则规划了企业未来的经营理念。据悉，新品牌定位包含三个核心要素：简约时尚（Modern Stylish）、睿智创新（Intelligent Innovation）和精细品质（Sensitive Quality）。北京现代表示，强化这三方面要素，在中国市场形成高品位的、睿智创新的、值得信赖的企业形象，最终成为强势品牌是北京现代重塑形象的目标。

"所谓简约时尚，是指与使用者的风格浑然一体的、既优雅又现代的风格，具体来说就是引领潮流的流体雕塑设计理念。"北京现代总经理表示，今天上市的第八代索纳塔更加强化了这一核心要素。睿智创新则体现作为第一阵营的汽车企业，北京现代在面对客户及市场等所有接触点时，都要表现出差异化的创新精神以及为实现目标勇于挑战的精神。而精细品质，从产品上讲是指完善的精细的产品、可以感受到的品质力，从服务上讲是指客户能够感受到的无微不至的关怀和服务精神。

二、"第二次飞跃"

全新品牌口号和品牌定位的发布，意味着北京现代全新品牌经营战略启动。而事实上，对于销量已不再是主要目标的北京现代而言，新的品牌经营战略已是北京现代"第二次飞

跃"的重中之重。

自2002年创立以来，北京现代取得了飞速发展。在进入中国市场的第一年，销量只有5万辆，2009年的销量跃升至57万辆，2010年更是达到了创纪录的70.3万辆。与此同时，现代汽车在全球市场飞速发展，取得了举世瞩目的成绩，迅速跻身全球第四大汽车企业。2010年，现代汽车在北美所有汽车品牌当中获得IQS⊖第四的好成绩，ix35在西班牙、加拿大、南非等国家获得了"最佳SUV⊖"的称号，而索纳塔、Genesis等中高级车也在欧美等地多次被评选为"最佳车型"。

依托卓越的品质和强大的竞争力，"现代速度"蜚声业界，"现代品质"也日益深入人心，得到了市场的认同，从而实现了现代汽车以及北京现代的"第一次飞跃"。随着2012年北京现代第三工厂启动，将达到100万台的产能。为了对应100万台的体系能力，给全国300万用户提供更好的服务，北京现代的下一步核心任务是进一步强化品牌竞争力，来实现"第二次飞跃"。

发布会现场，总经理表示："北京现代第二次飞跃要达到的目标，就是要跨入一个崭新的阶段，那就是为了实现'睿智、时尚'全新品牌定位，不断努力提升消费者生活品质和汽车生活品质的全新阶段。"

作为北京现代的全新旗舰车型，同时也是代表北京现代全新品牌口号和品牌定位的首款车型，第八代索纳塔的上市全面提升了北京现代旗舰产品的品牌形象，而一系列针对第八代索纳塔的营销举措、服务举措的推出，都更加强化了北京现代的新品牌定位。

"第八代索纳塔承载着'简约时尚、睿智创新、精细品质'的北京现代新形象。"总经理表示，第八代索纳塔时尚的前卫设计，领舞中高级车潮流；完善的精细品质，让客户感受到触手可摸的品质力，而第八代索纳塔陆续开展的"妈妈咪呀"文化营销、体育营销等，都鲜明地传达给客户以睿智创新的品牌精神，必将帮助北京现代全面提升品牌价值。

业内人士分析，全新品牌定位和品牌口号的发布，以及第八代索纳塔的上市，北京现代未来的蓝图已经日渐呈现。随着品牌经营战略有条不紊地展开，相信北京现代新的形象将日益深入人心，也必将会给消费者带来前所未有的全新体验。

(资料来源：深圳特区报，2011-04-09)

讨论题：

1. 结合案例，分析北京现代2011年进行的新的品牌定位涉及了哪些方面？
2. 请你运用品牌定位的相关理论，分析北京现代的"第二次飞跃"与"第一次飞跃"有何不同？

⊖ IQS 即 Initial Quality Study，新车品质调查。
⊖ SUV 即 Sport Utility Vehicle，运动型多用途汽车。

第六章

品牌设计

本章要点

(1) 品牌设计的七大要素。
(2) 品牌命名的原则、策略和程序。
(3) 品牌标志设计的类型。
(4) 品牌标志设计的原则。

导入案例

飞猪（Fliggy）的名称优势

阿里巴巴旗下的飞猪（Fliggy）是当今最有名的旅行品牌之一，其品牌名称蕴含了对年轻人敢于追求、尝试、冒险、自由态度的向往和肯定。

创建初期的飞猪能成功，完全依赖于阿里巴巴旗下其他品牌的流量。2014年10月28日，阿里巴巴正式推出旅行品牌"阿里旅行·去啊"，其前身是"淘宝旅行"，后依靠淘宝庞大的流量成为阿里巴巴旗下的独立品牌。当时，其品牌名与"去哪儿网""携程网"并没有太大差异，其品牌名称所蕴含的"旅行是梦想"的含义并没有得到很多年轻人的认可。

2016年10月28日，阿里旅行·去啊在圣诞老人的故乡——芬兰罗瓦涅米市举办发布会，宣布品牌改名为"飞猪"。在天猫、菜鸟、蚂蚁、闲鱼、神马之后，阿里巴巴又多了一个动物名称的品牌。品牌的宣传口号也由之前的"世界触手可行"变更为"比梦想走更远"——提倡玩遍全球的"飞猪精神"，让年轻人的旅程更自由、更舒适，从容惬意地遇见旅行的惊喜，心无旁骛地比梦想走更远，从而表达了人们在旅行中悠然自得的状态，体现了年轻人为理想奋斗，也懂得享受生活、追求梦想的人生态度。阿里旅行·去啊更名为"飞猪"，重新布局了市场战略，通过提高品牌辨识度，主打年轻化细分市场来争夺客源。飞猪用户数目前已超过2亿，App下载量超1亿次，日均访问用户数达到了1000万人次。

由此可见，飞猪借助命名创意风靡全球，充满创意的名称对产品起到了很好的宣传作用。

（资料来源：根据网络资料整理）

第一节　品牌设计要素

设计是把计划、规划、设想通过视觉和听觉的形式传达出来的过程。品牌需要设计，组成品牌的各要素，如产品的名字、符号、属性等以何种面目或形式出现和组合，才能更好地体现品牌理念，达到最佳的品牌表达效果，以区别于其他企业或产品的信息组合，这些都需要品牌管理者反复推敲、精心设计。

一、品牌设计要素

品牌设计是品牌定位中品牌塑造的内容，其目的是通过品牌设计更准确地表达品牌理念。换言之，品牌设计要素是品牌理念的载体。

品牌设计要素一般包括品牌名称、品牌标志、品牌说明、品牌口号、品牌故事、品牌广告语/曲、品牌包装和品牌人物形象七大要素。这七大要素不是独立的，而是一个整体的系统，都是执行一脉相承的品牌理念。如果七大要素独立设计，就容易造成整个品牌设计不协调，给顾客带来误解，削弱品牌宣传效果。

（1）品牌名称。品牌名称是品牌的语言和文字符号，是最基本的品牌设计要素。品牌称呼是品牌名称的听觉反应，品牌文字是品牌名称的视觉反应。语言和文字可以采用多种，如 Walmart（沃尔玛）、可口可乐、BMW（宝马）、丰田都是世界著名品牌。

（2）品牌标志。品牌标志是品牌的图像符号，这个图像符号可以是文字，也可以是其他图案。例如，惠普的标志是英文字母"HP"，耐克的标志是一把钩子，Kappa 的标志是两个人背靠背坐着，苹果的标志是被咬了一口的苹果。品牌标志是重要的视觉识别要素，也是最容易让消费者产生记忆的要素。

（3）品牌说明。品牌说明是对品牌内涵的描述，可以是图、文、音频、视频的单独描述，也可以是图、文、音频、视频的配合描述。描述的内容一般包括对品牌名称的说明、对品牌标志的说明、对品牌历史的说明、对品牌宗旨的说明。品牌说明有助于消费者更准确和更深刻地理解品牌内涵。例如，卡尔菲特童装的品牌内涵概括为"不仅是一个品牌，更是一种服装文化的象征"。

（4）品牌口号。品牌口号是品牌理念的精练宣传语。品牌口号应力求简短、口语化，易于记忆和传播，准确表达品牌理念，如安踏——永不止步，海尔——真诚到永远。

（5）品牌故事。品牌故事可以进一步提升品牌的内涵。品牌故事经过口碑宣传，家喻户晓，极大地提高了品牌知名度。例如，海尔创造了海尔兄弟的故事，在中国广为流传。历史悠久的品牌故事往往是中国白酒的卖点，贵州茅台、江西四特、泸州老窖、安徽古井贡都有其背后的品牌故事。

（6）品牌广告语/曲。品牌广告语/曲属于企业听觉识别系统（Audio Identity System，AIS），通过声音传达品牌信息。有时候，品牌广告语就是品牌口号，但是品牌广告语的范围更广，两者的侧重点不一样。品牌广告语/曲不但强调内容上符合广告目的，更注重在语/曲的配音上突出或者衬托出品牌广告表达的内涵。例如，利群的一则广告以轻松自然的轻音乐为背景，列车驶过山川、草原，用舒缓的语调念出广告词——"人生就像一场旅行，是的，人生有起点有终点，旅行也是一样。""不必在意目的地，在乎的是沿途的风景和看风景的心情。""利群,让心灵去旅行!"利群的广告语和背景音乐极好地凸显了该广告宣传的"快乐""淡泊""享受"的品牌理念。

(7) 品牌包装和品牌人物形象。品牌包装是传播最广泛的品牌设计要素,包括产品包装和企业形象包装。产品包装的形状、颜色、大小、质量等属性需要突出品牌理念。可口可乐完美曲线的瓶装设计,已经成为可口可乐品牌的符号。企业形象包装主要是指企业门店和网站形象的包装。例如,华润万家以苹果绿为主色调的门店很好地突出了其"时尚、新鲜"的品牌理念,淘宝网采用鲜艳的橙红色,给人以商品琳琅满目和欢快购物的感觉。

品牌人物形象主要是指卡通人物和代言人形象。品牌人物形象对消费者具有极强的号召力,有助于宣传、推广品牌理念。例如,火红爆炸头、笑口常开的麦当劳叔叔形象深受全世界儿童的喜爱,极好地表现了麦当劳"享受快乐的感觉"的品牌理念。美特斯·邦威请个性独特的周杰伦作为品牌代言人,很好地诠释了其"不走寻常路"的品牌理念。

二、品牌设计要素之间的关系

品牌设计的七大要素是一个完整的系统,是以品牌理念为轴心相互关联的。只有将七大要素加以整合,才能形成独特的、统一的品牌设计风格。品牌名称与品牌标志关系密切,很多品牌的名称文字就是其标志,例如,DELL 的名称和标志是一样的。很多品牌的标志是通过品牌名称的文字变形得到的,例如,中国电信的标志就是汉字"电"的变形。还有部分品牌的标志是根据品牌名称的意义创造的图形,例如,小天鹅的标志是一只飞翔的小天鹅。另外,部分品牌的标志根据品牌理念而设计的图形,与品牌名称无关,例如,法拉利的标志是一匹马。品牌说明一般是对品牌名称、品牌标志、品牌口号等进一步的说明。品牌故事让消费者更深刻地记住品牌名称。品牌广告语和包装往往会反复出现品牌名称。品牌人物形象容易让消费者联想起品牌名称、品牌标志和品牌理念。

第二节 品牌名称设计

品牌名称就像人的名字一样,是最基本和最重要的品牌要素,往往是品牌理念精练的表达。品牌名称的好坏关系品牌的知名度和美誉度。品牌命名不好将对品牌的推广带来极大的困难;相反,好的品牌名称不仅容易表达品牌理念,而且对顾客有极强的号召力,将极大地促进品牌推广。例如,"动感地带"这个品牌名称富有运动、时尚、自由的内涵,不但容易记忆,还迎合了众多青年学生的需求,在青年学生群体中知名度颇高。因此,品牌命名是一项看似简单却非常重要的工作,企业需要把握品牌命名的原则,以免在品牌命名上犯大错误,给品牌造成损失。品牌命名要综合营销学、语言学和法学三个学科的要求,遵循品牌命名的原则,通过品牌命名测量,按照品牌命名的程序进行。

一、品牌命名的原则

(一) 易认、易读、易写、易记

品牌推广最基本的要求是让人知道、记住品牌名称。品牌命名最基本的原则也就是易认、易读、易写、易记。

易认要求品牌名称不以生僻字命名,不宜多种文字组合命名。例如,罂、勖、彧等字虽然字义很好，但是过于生僻，不宜做品牌名字。例如，中国台湾计算机巨头"宏碁"在进军大陆市场时，因消费者不认识"宏碁"的"碁"字，给品牌推广造成了困难。

易认是易读的前提。品牌名称易读有助于其口碑传播。易读强调品牌名称念起来响亮、亲切、不含糊、不拗口，翻译的名称力求符合当地语言的发音习惯。例如，新浪、大润发、麦当劳、旺旺、劳力士等品牌名字念起来比较响亮，而三福、弗莱茵、欧宝、脸谱等品牌名字念起来就比较含糊。酷狗的名字比较易读，每当打开酷狗音乐时，都会听到响亮的招呼"Hello！酷狗！"另外，中国人一般很难念出很长的英文品牌名称，因此最好取个响亮的中国名字。而一些简短的英文品牌名字可以不用取中文名字，如IBM、MSN、Windows等。

易写的前提也是易认。品牌名称易写有助于品牌名称在纸质媒体上传播。易写要求名字简短，避免生僻字，避免多种文字和字体，避免随意更改文字结构。品牌一般不会以生僻字取名，但值得注意的是很多品牌域名比较难写。英文域名和加横线的域名容易写错。例如，李宁的域名www.li-ning.com，在输入网址时，网民很容易漏掉中间的短横线；而淘宝网就用"淘宝"的汉语拼音"taobao"加".com"作为域名，好记又不易写错。56.com、163.com、qq.com都是简短、易写、易认的好域名。

易认、易读和易写的品牌名称未必就容易记忆，因为易认、易读和易写的品牌名称往往都比较大众化，大众化意味着相似程度比较高，而相似的东西往往让人记忆模糊。例如，"五福"珠宝固然易认、易读和易写，但是容易和著名品牌周大福、六福、福辉混淆，造成记忆模糊。因此，品牌名称不仅要易认、易读、易写，且有个性的品牌名称还要易记。

（二）表达的品牌理念和得到顾客理解双重并举

七大品牌设计要素的目的就是向顾客传达品牌理念。品牌名称用简短精练的形式表达品牌理念。好的品牌名称对品牌理念的传播作用是非常巨大的。例如，"可口可乐"表达了其"快乐""激情"的品牌理念，"金立"表达了其"金品质"的品牌理念，"金圣"表达了其"成功"的品牌理念。

品牌名称表达了品牌理念，但是顾客未必能够理解。因此，好的品牌名称既要合理地表达品牌理念，又要得到顾客的理解和认可。得到顾客理解是指得到目标顾客的理解，品牌名称忌讳名不副实，即顾客对名称的理解与产品内容差距很大，认为其有"挂羊头卖狗肉"之嫌。当品牌名称与目标市场内容相关时，应尽量避免改动，否则容易使目标顾客失去对品牌的认同。

（三）与产品特点、行业特点、经营范围相关

与产品特点、行业特点和经营范围相关命名是一种比较保险的原则。以这个原则命名的品牌名称容易让消费者联想起产品特点或品牌，有助于品牌推广。例如，饭店名称（饭店名称往往是品牌名称）"鱼米之乡""柴米油盐""老湘汇"容易让消费者记住其产品特色或经营内容。很多品牌名称"望文生义"就容易明白其经营范围。例如，"红信封"容易让人联想起送礼，"海飞丝"给人头发飞舞的感觉。另外，根据行业特点或者行规命名也很重要。例如，一些时装企业根据国外时装品牌深受消费者追捧的特点，纷纷以英文命名品牌，包括Meters/bonwe（美特斯·邦威）、Semir（森马）等。又如，德国钢笔世界知名，很多企业也在德国注册，然后使用英文名称，如上海金皇冠钢笔在德国注册了德国公爵钢笔，以德国公爵之名在中国市场畅销。

（四）规避法律、道德、宗教、习俗问题

品牌命名需要规避法律、道德、宗教、习俗问题。规避法律问题，一方面是指品牌名称不抄袭竞争对手的名称，也不诋毁竞争对手的品牌声誉。例如，开心网（kaixin001.com）以网站名称相同及其内容相似为由对另一个开心网（kaixin.com）的持有者千橡公司提起诉讼，此案纠纷影响了千橡开心网的品牌声誉。另一方面是指企业要懂得保护品牌名称。品牌名称必须符合《中华人民共和国反不正当竞争法》等相关法律才能注册并受到法律的保护。品牌不得以行业、产品属性的字样命名，如"音乐网"等品牌名称是无法注册的，也就无法得到法律的保护。

品牌命名需要规避道德、宗教和习俗问题，特别是当品牌进入新兴市场时，需要充分尊重当地信仰和习俗，规避涉及道德、宗教和习俗的敏感字眼。例如，中国的"白象"电池在东南亚深受欢迎，因为当地人视白象为吉祥物；而英国人和美国人觉得白象笨重而无价值，因此，"白象"电池进入英、美国家市场时需要考虑重新命名。

（五）在时间和空间上的延伸

一个品牌的创立往往需要几代人的共同努力，而品牌名称应该经得起时间的考验。所以，品牌名称一般不宜采用"伤不起""有木有"等一时流行的网络词语，因为这种品牌名称会随着流行词语的快速不"流行"而被迅速淘汰。空间上的延伸主要是指品牌名称应适应国际化的要求。品牌命名时需要有国际视野，考虑品牌的英文名称。例如，联想在企业发展初期没有考虑到英文名称的可行性，公司进入国际市场时才发现原来的"Legend"英文名称不可用，后来更改为"Lenovo"。又如，索尼公司为了适应国际化需要，将公司名称——东京通信工业公司改成英文名字"SONY"，好听、易记。品牌的英文名字要好念好记，否则不利于品牌的国际化推广。

除了上面五个基本原则以外，品牌命名还需遵循个性独特、符合社会发展要求、避免模仿等原则。值得一提的是，企业切勿模仿他人品牌名称。例如，上海联华、上海华联和北京华联三个品牌名称足以把消费者弄糊涂，这种品牌名称显然对品牌推广不利。总之，品牌命名是一项看似简单却非常需要创造力的工作，除了把握基本原则之外，还要有一定的策略。

二、品牌命名的策略

（一）统一策略

统一策略是指品牌名称、企业名称、品牌网站名称、域名等名称采用统一命名。统一品牌名称、企业名称、品牌网站名称、域名等名称可以降低多个名称推广的成本，提高推广效益。很多品牌的名称就是企业名称，如海尔、华为、搜狐等。

（二）关联目标市场策略

关联目标市场策略是指品牌命名与目标市场的特点相关联，具体包括与目标顾客的年龄、地位、受教育程度，竞争对手的状况相关联。例如，草根网、Babytree 网、好孩子、商务通就是针对目标顾客的群体名称命名的。

（三）关联产品策略

关联产品策略是指品牌名称吸收产品元素，具体包括产品的功能和外观。例如，"蓝与白""大众甲壳虫""迪拜帆船酒店""鸟巢"都是以产品外观命名的，"娇爽""舒肤佳""迅雷""会声会影"是以功能命名的。Compaq（康柏）名称的由来是，其创业者认为，在个人计算机（Personal Computer，PC）行业，最重要的是保持产品的Compatibility（兼容性）和Quality（质量）。于是，这两个英文单词的组合就得到了"Compaq"。值得注意的是，一般不宜直接用产品的功能命名，需要经过谐音处理。

（四）关联品牌理念策略

品牌名称可以不是品牌理念，但是可以表达品牌理念，诠释品牌理念内涵。这种策略有利于唤起顾客的心理诉求和思想诉求。例如，"才子""宝马""劲酒"在一定程度上表达了各自的品牌理念。

（五）关联优势策略

与优势相关联命名，可以借势提升品牌知名度。优势包括地域优势、著名人物、产品优势、影响力事件等。企业可以首先审视自己的优势，关联优势而命名。例如，"兰州拉面""耐克乔丹""云南白药""掌中宝"都是通过关联各自的优势而命名的。大量网络游戏名称也是借其他事物的影响力而命名的，如反恐精英、天龙八部、武林外传、成吉思汗等。

以上概括的五种策略是品牌命名的主要策略。企业命名品牌名称时，需要综合考虑品牌、产品、企业、行业、顾客、竞争对手等诸多因素，把握命名基本原则，通过一套品牌命名的程序来给品牌命名。

三、品牌命名的程序

品牌命名的程序是指组织通过一定的步骤为品牌定好名称的流程。通过一套流程的工作，使得品牌名更科学，以此提升品牌资产。一般而言，品牌命名的程序可分为以下步骤：

（一）宏观分析并确定目标

在品牌命名之前，要对与品牌名称相关的因素进行宏观分析。可以从目前的市场情况、未来国内市场及国际市场的发展趋势、品牌主体的战略思路、载体的构成成分与功效以及人们使用后的感觉、竞争者的命名等情况进行分析。在宏观分析后明确需要什么类型的品牌名？要在多少个国家使用该品牌名？新品牌名与公司目前的众多品牌名相适配吗？新品牌名与公司目前的命名文化相适配吗？或者它是十足的创新，竞争对手将会做出什么反应？通过对以上问题进行分析和回答，确立品牌命名的目标，做到有的放矢。

（二）品牌理念分析、理解

品牌名称是品牌理念的表达，在宏观分析确定品牌命名目标后，就必须深度剖析品牌要传播的理念。品牌理念是品牌命名的依据和主题。如果把品牌名称当作一篇作文，品牌理念则是这篇文章的中心思想。因此在具体讨论品牌名称之前，要深度分析品牌理念，并理解品牌理念。

（三）取名工作

在深度理解品牌理念后，就可以进行取名工作。在这一步，经常使用头脑风暴法，召集各路精英，充分激发其名称创意灵感，鼓励所有可以参与的人畅所欲言、集思广益。在头脑风暴会议上，任何名称都不应被责难，都应该记下来，甚至可以采用计算机软件辅助取名。一次头脑风暴会议也许得不到一个满意的结果，但可以帮助寻找到一些关键的词根，这些词根往往是命名的大致方向。取名工作有时候需要召开几次头脑风暴会议，这样往往会找到很多品牌名称。

（四）名称汇总和筛选

名称汇总就是把通过头脑风暴法等方法收集到的名称汇集到一块，以供筛选。名称筛选是把汇总的名称，用品牌命名原则的标准——进行评价和筛选，并列出相关结果。筛选品牌名称的一个重要问题是，由什么人来筛选。组织一个合理的评价小组十分重要。该评价小组的成员最好包括语言学、心理学、美学、社会学、市场营销学、法学等方面的专家。评价小组的筛选工作主要有：①用品牌命名原则对品牌名称筛选，主要由市场营销学专家来展开，如看品牌名称是否符合品牌目标、是否体现品牌理念等；②语言审查，主要由语言学专家展开，如看品牌名称的语感、发音是否符合要求，词义联想是否宽度合适；③法律审核，主要由法学专家从法律的角度对名称进行审查，如看名称是否符合法律要求。

（五）受众测试

专家对品牌名称的评价和筛选结果还需要通过目标受众的测试。品牌是主体与受众心灵、思想共鸣的产物，因此要充分考虑受众的感受。通常可采用问卷调查、电话访谈、网络聊天等形式了解受众对品牌名称的反应。除此之外，还可以通过局部试用的方法，接受市场的真实检验。如果测试的结果表明目标受众并不认同被测试的名称，那么就要按照前面的步骤重新命名。

（六）确定注册、法律保护

通过了测试的名称最好尽快进入法律程序进行相关注册，在没有确保注册通过之前最好能够保密，在局部试用测试中也不能过分张扬。总之，一旦名称通过了以上步骤，就要尽快通过注册来获得法律保护。

第三节　品牌标志设计

品牌标志是品牌的图像符号，是有别于竞争对手的象征性符号。品牌标志是品牌理念最直观的表现，是企业巨大的无形资产。消费者往往通过对品牌标志的识别来记忆品牌，因此，品牌标志对品牌推广的作用非常突出。

一、品牌标志要素

品牌标志要素包括形状和颜色。形状是标志的核心，形状不同给人的感觉就完全不一样。就中国人的审美而言，圆形更为亲切、和谐，正方形更为严肃、正统。大标志更粗犷，小标志更小巧。例如，汽车品牌商标以圆形居多，包括宝马、奔驰、大众、丰田、雷克萨斯、马自达、现代、奥迪、别克、比亚迪等，当然也有其他形状的，如标致、劳斯莱斯、本田等。

颜色也是品牌标志的要素。品牌标志颜色对消费者的视觉影响非常大，不同的颜色给消费者的感觉是不一样的。就中国人的审美而言，红色和黄色代表激情、活力、向上；绿色代表和平、健康、环保；蓝色代表和谐、自然、诚信。颜色在不同行业中往往具有其特殊的意义，高科技企业和新闻媒体企业一般选择蓝色；金融业一般红色代表上涨，绿色代表下跌；女性美容业一般选择粉色、白色。

二、品牌标志设计的类型

形状和颜色两大要素结合在一起形成各种各样的品牌标志。归纳起来，品牌标志大概可以分为文字标志型、图文结合型、物象型三大类。

文字标志型是指品牌标志主要是由品牌名称的文字及其美术字组成的，可以是汉字、字母、阿拉伯数字及其结合。例如，康佳、搜狗、当当网、JACKJONES、IE、Disney、GAP 都是以其汉字或英文字母为品牌商标的。很多品牌商标是品牌名称的汉语字母或英文字母的简写，例如，中粮集团的标志之———"COFCO"是其英文名称"China Oil & Foodstuffs Corporation"的简写。

图文结合型是文字和图形相结合的品牌标志，大多数品牌标志都属于这种类型。图文结合的标志不会像文字标志型那么呆板，同时也能与品牌名称相结合。这种品牌标志可以采用品牌名称的文字变形的方式来创作，如天恩、Louis Vuitton、好家风、力士等。另外，将文字和图形搭配创作的商标也属于图文结合型的商标，如中国一汽、心相印、百度、PPlive、Adidas 等。

物象型是选择具有代表性的事物形状作为品牌标志。这种事物往往能表达产品特点、行业特点、经营范围等。选择的事物可以是动物、人、卡通形象或者其他。例如，安奈儿、瑞星、超级兔子、电驴、叮当猫、腾讯 QQ 是用动物作为品牌标志；老干爹、老干妈、霸王洗发水是以人物作为品牌标志的；暴风影音、MSN、迅雷则用其他事物的形象作为品牌标志。

值得注意的是，很多企业出于品牌保护的目的，往往会申请文字、图形、物象多个品牌标志。例如，汇丰银行有"汇丰""滙豐""HSBC"和图形多个商标；凤凰网有"鳳凰網""ifeng"和图形多个商标。

总之，不论哪种类型的品牌标志，其目的都是让顾客记住品牌，充分地表达品牌理念，唤起顾客的心理诉求和思想诉求，提高品牌知名度、美誉度和忠诚度。

三、品牌标志设计的原则

品牌标志设计的原则与品牌命名的原则有很多类似之处，这里根据品牌标志的特殊性，主要分析品牌标志设计特别要遵循的原则。

（一）易于视觉识别和理解

品牌标志与品牌名称不同的是，品牌标志主要是通过人的视觉神经输送给大脑的。所以，品牌标志必须易于识别。易于识别的要求包括标志形状简单，颜色种类少，整体清晰，不模糊，不易混淆。易于视觉识别是理解的前提，品牌标志易于理解有助于品牌内涵的推广。例如，中国邮政的标志结构非常复杂，纵然有再深刻的含义也很难让人记住这个标志，更不利于人们理解其内涵。相反，旗下品牌"EMS"的标志简单明了，容易识别。又如，鸿星尔克标志的形状与美津浓相似，可能会使消费者难以识别。

（二）包含并易于表达品牌内涵

品牌标志或表达品牌理念，或突出产品特色，或展示经营范围，或体现其他优势。包含品牌内涵不难，易于表达品牌内涵是最难的。一个好的品牌标志，顾客通过标志就容易理解品牌内涵。例如，QQ 企鹅形象生动地表达了年轻、活力、可爱的品牌内涵，消费者一看到"千千静听"标志就知道其是音乐方面的品牌。

（三）统一性

统一性一方面是指品牌标志需要与企业标志、产品形状和包装、网站风格、行业特点和其他方面和谐统一。如果品牌网站以黑色为背景，品牌标志的颜色是蓝白两色，这样就很不协调。特别值得注意的是，品牌标志一般不要采用行业忌讳的形状、颜色和事物。例如，饭店标志忌讳粉红色，节能品牌忌讳红色，床上用品品牌忌讳黑色，高科技品牌忌讳夸张形状，商业报刊忌讳卡通形象。另一方面，统一性还指品牌标志在产品上、品牌网站上、企业门店上、各种广告上的形状和颜色需要统一。如果各种载体上的品牌标志设计不统一，不仅对品牌认知不利，而且容易让消费者认为是"山寨"品牌。

（四）国际性

由于文化的差异性，不同国家的消费者对同一形状和颜色的品牌标志会产生不同的联想，自然对品牌的认知也就不一样。中国人一般认为红色是喜庆、激情的颜色，但是英国人和美国人却认为其是血腥、暴力的颜色。所以，走国际化路线的品牌，需要充分考虑国际消费者对品牌标志的认可和理解。

（五）受法律保护

品牌标志是企业知识产权的一部分，需要得到法律的保护。首先，企业需要明白哪些标志是不能注册为商标的。根据《中华人民共和国商标法》，一般仅有本商品的通用名称、图形、型号，仅直接表示商品的质量、主要原料、功能、用途、重量、数量及其他特点，缺乏显著特征的标志，是不能注册为商标的。其次，企业切忌抄袭或模仿他人品牌标志。抄袭商标违反法律，模仿的商标让消费者难以识别。最后，企业要将品牌标志的颜色、形状，中英文标志、域名一起申请注册，寻求法律的保护。

值得注意的是，品牌标志虽然在一定时间范围内是固定的，但是随着时代的进步，人们审美意识的改变，品牌标志也可以做适当的调整。例如，Kodak（柯达）标志从1907年确定标志以来，分别在1935年、1960年、1971年、1987年、2006年做过五次修改。不过1935年后的标志都包含了Kodak字样和红黄两色，即标志主体没有发生根本性变化。

品牌标志设计是一项极具创造性的工作，集合了营销学、美学、心理学、法学等的智慧，需要综合考虑品牌名称、品牌内涵、产品特点、企业特点、行业特点、经营范围、竞争对手、优势资源、法律保护等诸多因素，以品牌内涵为理念，以表达主题为指导，把握品牌标志设计的基本原则，运用差异化思维创造性地确定标志的具体形状和颜色。

第四节 品牌附加要素设计

除品牌名称和品牌标志之外，品牌说明、品牌口号、品牌故事、品牌广告语/曲、品牌包装和品牌人物形象也是非常重要的品牌设计要素。

一、品牌说明

品牌说明的目的是让消费者更准确和更深刻地理解品牌内涵。品牌说明具体包括对品牌名称的说明、对品牌标志的说明、对品牌历史的说明、对品牌宗旨的说明。

品牌名称包含了品牌内涵，但是大多数品牌名称都不能够完全表达其内涵，需要经过品牌名称说明才能让消费者完全理解其内涵。对品牌名称的说明力求实事求是，切忌夸大事实或张冠李戴。例如，"中兴"名字由来有二：一是因为1985年，中兴成立，投资者691厂是中国内地的国有企业，港资企业为运兴，各取一字，成为"中兴"；第二个更为重要的原因是"中兴"暗含中国兴旺的意思。

品牌标志通过图形符号表达比较形象但是不够具体和准确，通过品牌标志说明可以更清楚地表达品牌的内涵。例如，爱儿健童装的标志释义是：爱儿健充满对儿童的关爱，祝福儿童健康成长。为配合未来发展，公司于2003年把爱儿健的英文原名aicoken提升为现在的aico，使品牌更简洁、更国际化。

对品牌历史的说明是对品牌起源和发展比较全面的概述，有助于消费者更全面地了解品牌。部分行业中悠久的品牌历史往往是品牌实力的象征，所以对白酒、葡萄酒、大学、手表等品牌历史的说明显得非常重要。

对品牌宗旨的说明是为了告知目标顾客其品牌是为谁而存在的，是怎么实现品牌宗旨的。例如，雅芳的品牌宗旨说明突出了它是如何"成为一家比女人更了解女人的公司"的。

二、品牌口号

品牌口号是品牌理念的精练宣传语。简短易懂的品牌口号不断地重复，有助于唤起目标顾客的心理诉求和思想诉求。例如，运动品牌的口号：Nike——Just Do It（想做就做）；Kappa——爱我的人跟我来；Adidas——Impossible Is Nothing（没有不可能）；李宁——一切皆有可能；安踏——永不止步；Pepsi——渴望无限；鸿星尔克——To Be No.1（成为第一）；361°——多一度热爱；锐步——我就是我。

品牌口号是对品牌理念的口语化表达，即通过用精练、易懂、易传播的语句充分表达品牌理念。例如，Adidas的口号"Impossible Is Nothing"是其品牌理念——超越自我、追求卓越、勇于挑战的口语化表达。

三、品牌故事

品牌因故事而美丽，因故事而流传，因故事而传奇。品牌故事对品牌理念、品牌文化的深度挖掘具有重要作用，品牌故事可以让顾客产生品牌联想，提高品牌认知度和记忆。以童装为例，广为流传的动漫故事极大地提高了动漫童装品牌的知名度、美誉度和忠诚度。例如，随着《喜羊羊与灰太狼》动画片在全国热播，喜羊羊与灰太狼品牌童装也走俏于市场，迪士尼系列品牌童装就是借助米老鼠、白雪公主等家喻户晓的故事推广品牌的，时代华纳的DC超级英雄漫画系列品牌童装也是借助超人、蝙蝠侠等故事畅销全球。

品牌可以借助原有的品牌故事做品牌宣传、推广。如果品牌没有相关的故事，可以恰当地编写品牌故事，但是切忌胡编乱造。品牌故事应以宣传品牌理念为目的，故事内容不能完全脱离品牌事实。

四、品牌广告语/曲

品牌广告语/曲是根据广告的目的而选择的，不同广告目的选择的广告语/曲是不同的。以宣传品牌为目的的广告语往往包含品牌口号及其解释，广告曲作为背景烘托品牌理念。例如，Adidas 2006年的霍华德战靴广告：伴随着玄妙、动感、刺激的背景音乐，画面依次播放Adidas霍华德战靴和霍华德无所不能的比赛场景，并在画面下方依次出现"超越所有……"最后镜头定格在 Adidas 的标志和经典的品牌口号"Impossible Is Nothing"上。在这则广告中,"超越所有"等广告语很好地表达了 Adidas "超越自我,追求卓越,勇于挑战"的品牌理念。动感、刺激的背景音乐恰到好处地烘托其品牌理念。在星巴克咖啡店中,顾客伴随着钢琴演奏和欧美经典音乐,无尽地体验着星巴克浓郁的欧美文化。星巴克正是通过音乐背景、时尚杂志、装修格调等诠释着星巴克"不是卖咖啡,而是卖文化"的理念。

品牌广告语/曲可以是不同的,但是一般都包含品牌口号和品牌象征性音乐。总之,品牌广告语/曲的选择应该以宣传品牌理念为目的,旨在唤起顾客的心理诉求和思想诉求。

五、品牌包装

品牌包装是传播最广泛的品牌设计要素,也是最容易影响消费者购买决策的设计要素。品牌包装最接近消费者,包装的形状、颜色、大小、质量等属性都给消费者带来最强烈和最直接的感受。

好的产品包装往往对消费者具有极大的吸引力;相反,差的产品包装将给品牌声誉带来负面影响。例如,设计精致、材质高档的服装包装袋往往给消费者带来品牌高档、物超所值的感觉。蒙牛、伊利纸盒装牛奶包装小巧、容量适中,屈臣氏蒸馏水包装个性独特、颜色清爽,它们都深受消费者喜爱。相反,一些饮料包装像洗发水的包装,必然让人产生不舒服的感觉。对于服务性企业而言,门店包装非常重要。众多品牌企业纷纷投入巨资包装门店。大部分百货商场为了统一形象,要求进场的商家不得大范围改变装修。好的门店包装有助于吸引消费者进店消费,同时也有利于消费者在店中体验品牌文化。例如,麦当劳的金黄色拱门吸引了无数顾客,店内温馨的装修风格让人体验家一般的温暖和亲切。

如何判断品牌包装的好差?一般而言,产品包装要求颜色与品牌标志协调并表达品牌理念,质量不低于所包装的产品质量的档次,大小适中,形状独特,符合目标顾客的审美要求,不抄袭他人包装等。门店包装要求统一风格,彰显个性,表达品牌理念,符合目标顾客的审美要求,不抄袭他人包装等。另外,品牌包装需要符合行业要求、法律、习俗等。例如,帽子不宜绿色包装,而首饰包装一般用红色等。

六、品牌人物形象

选择品牌人物形象的目的是借助第三方的精神表达品牌文化,从而提高品牌知名度、美誉度和忠诚度。品牌人物形象对消费者的号召力是其他品牌设计要素不可比拟的。例如,众多儿童玩具、文具、童装都是借助著名卡通人物推广的。腾讯 QQ 借助企鹅卡通形象推广品牌,极大地提高了品牌知名度,这也是其他门户网站无法比拟的优势。大多数品牌都会选择真实的形象代言人,形象代言人对品牌的认可往往会传染给他的支持者。合适的形象代言人可以极大地提高品牌的知名度、美誉度和忠诚度。例如,蒙牛液态奶曾经请"超级女声"作为形象代言人,并借助"超级女声"的影响力一举占领了液态奶的年轻人市场。

什么样的品牌人物形象才是合适的?选择卡通和形象代言人要符合四个原则:高知名度、高美誉度;具有较强号召力;人物精神与品牌文化相符;非争议性人物。高知名度的品牌人物形象有助于提高品牌知名度。仅有高知名度远远不够，品牌人物还必须有较强的号召力和较高的美誉度，这样就可以借助品牌人物的号召力提高品牌的美誉度和忠诚度。最重要的原则是人物精神与品牌文化要相符。人物精神必须是目标顾客知晓和认可的，必须是与品牌文化相符的。目标顾客可以通过人物精神联想起品牌文化，从而更深刻地理解品牌内涵、品牌个性和品牌理念。最后，品牌形象代言人应该是非争议性人物，因为消费者容易将争议性人物的负面情绪带到品牌上。另外，卡通形象往往与物象型标志的卡通形象是一致的，这样有利于品牌的整体推广。

根据以上四个原则，谨慎选择品牌人物形象，一定会对品牌推广大有益处。迈克尔·乔丹代言耐克乔丹系列球鞋就是成功选择形象代言人的经典案例。耐克公司不但借助乔丹的知名度极大地提高了品牌知名度，更重要的是乔丹"不畏困难，勇于挑战，追求胜利"的精神与耐克"永无止境，追求卓越"的品牌文化相符，即耐克公司通过乔丹精神极强地表达了耐克品牌文化。耐克公司借用乔丹的知名度、美誉度、精神、号召力，极大地提高了品牌的知名度、美誉度和忠诚度。

本章小结

（1）品牌设计是品牌定位中品牌塑造的内容，其目的是通过品牌设计更准确地表达品牌理念。品牌设计主要通过品牌设计要素来体现品牌理念。品牌设计要素一般包括品牌名称、品牌标志、品牌说明、品牌口号、品牌故事、品牌广告语/曲、品牌包装和品牌人物形象七大要素。品牌设计的七大要素是一个以品牌理念为轴心相互关联的完整的系统，只有将七大要素整合，才能形成独特的统一的品牌设计风格。

（2）品牌名称就像人的名字一样，是最基本和最重要的品牌要素，往往是品牌理念精练的表达。品牌名称的好坏关系品牌的知名度和美誉度。品牌命名的原则主要有：①易认、易读、易写、易记；②表达的品牌理念和得到顾客理解双重并举；③与产品特点、行业特点、经营范围相关；④规避法律、道德、宗教、习俗问题；⑤在时间和空间上的延伸。

（3）品牌标志是品牌的图像符号，是有别于竞争对手的象征性符号。品牌标志是品牌理念最直观的表现，是企业巨大的无形资产。品牌标志要素包括形状和颜色。品牌标志设计的原则与品牌命名的原则有很多类似之处，根据品牌标志的特殊性，品牌标志设计特别要遵守以下原则：①易于视觉识别和理解；②包含并易于表达品牌内涵；③统一性；④国际性；⑤受法律保护。

（4）品牌广告语/曲属于企业听觉识别系统，通过声音传达品牌信息。品牌包装是传播最广泛的品牌设计要素，包括产品包装和企业形象包装。品牌人物形象主要是指卡通人物和代言人形象。品牌人物形象对消费者具有极强的号召力，有助于宣传、推广品牌理念。

思考题

1. 品牌命名的原则有哪些？
2. 品牌设计要素之间有什么样的关系？
3. 品牌设计的目的是什么？

案例分析讨论

斯柯达汽车全新企业形象设计

斯柯达汽车在 2011 年上海国际车展上展示了其精心设计的全新企业形象。这一设计从 2011 年 3 月 1 日起运用于斯柯达汽车的所有内部与外部沟通中。原有的飞翔之箭图标经过重新设计,颜色更加鲜明,品牌形象更加精准;此外,象征全新的价值理念的"斯柯达专业"(ŠKODA PRO)字体也全面采用。以全新企业设计形象出现于各类广告、出版物、新闻资料和其他形式的传播方式中的斯柯达汽车,无一不在说明其已成为一个全球性的品牌,并且在公众面前正以一种更加现代、更加年轻的姿态进行展示。全新品牌形象也逐步引入到遍布全球的斯柯达汽车经销商门店中,并对其展厅建筑和室外设计加以翻新。汽车车身上的标志也自 2012 年起进行更新,而标志的摆放设计也全面呼应斯柯达汽车在上海国际车展上推出的新概念车 Vision D 的设计理念。

一、全新企业形象设计更加清新而精准

斯柯达汽车全新企业设计形象最明显的特征是更加清新而精准。正如斯柯达汽车已深入人心的品牌形象特色,经过不断的演变与推陈出新,使其从外观设计上成为更具有价值的品牌,从而提高了其在全球的关注度。

"我们热切希望,在全球各个市场,斯柯达汽车的品牌全新力量不仅体现在我们未来的产品中,也同时体现在我们向合作伙伴和客户展示自我的方式中。正如在亚洲和欧洲市场,斯柯达汽车以其产品物超所值、包含丰富智慧解决方案以及精细做工的特点成为最具吸引力的汽车代名词,而所有这些特征都清晰地反映在了我们的全新品牌形象设计中。斯柯达汽车正在稳步发展,这是大家有目共睹的,全新设计和形象反映了斯柯达汽车的未来计划,同时我们热切期盼在国际舞台上显示出斯柯达汽车的全新品牌力量。"斯柯达汽车全球销售和市场董事 Jürgen Stackmann 先生表示。

二、崭新标志传递全新企业价值

在上海,斯柯达汽车以崭新的形象展示给亚洲公众。此次新标志最大的改变在于飞翔之箭,在新设计中它更大、更明显,飞翔之箭的颜色由"自然绿"变更为全新的更葱郁的"斯柯达绿"。此外,外围区域的镀铬效果设计也更加突出。

原设计中,飞翔之箭周围的黑色圆环重新设计成为简洁的镀铬风格,并处于离飞箭更远的位置,使图标显得更轻盈、更加充满冒险精神。圆环内部的"斯柯达汽车"(ŠKODA AUTO)也替换成为位于图标正上方的更加清晰简洁的"斯柯达"(ŠKODA)字样。全新的颜色与构成比例,再加上新的布局安排,构成了斯柯达汽车全新且更加精确与更富清新感的新标志。

三、全新企业颜色,全新字体

经过压缩处理的全新"斯柯达专业"(ŠKODA PRO)字体更加纯净与精确,这也是公司全新形象的重要组成部分。另外,企业设计的配色方案也明显简化,斯柯达汽车图标中所使用的绿色为潘通 362 色(Pantone 362),是世界通用的标准色,突显清新感和亲切感。之前的配色方案中包含了很多种颜色,而新方案仅用了五种:斯柯达绿(ŠKODA Green)、斯柯达白(ŠKODA White)、斯柯达黑(ŠKODA Black)以及两种合成色——潘通冷灰(Pantone Cool Grey）和潘通暖灰（Pantone Warm Grey）。

四、全球经销商门店换新颜

所有斯柯达汽车经销商门店的外观也发生了改变。销售门店所在建筑物的外部设计进行了翻新，其中一个要点是要确保建筑物不论在白天或夜晚都很醒目。此外，销售门店内部也进行了更新，以体现全新品牌价值。另外，使用优质的材料、较大的互动空间和更大的楼面，可以给人慷慨和更加开放的感觉，从而吸引顾客。"全新形象将遍布全球市场，这并不是表面的变化，而是我们全新企业标志的更新，是对我们的价值理念的系统形象化。销售门店是顾客与斯柯达品牌面对面接触的主要地点，为了进一步优化这一沟通环节，我们将在未来几年使我们的展厅布局变得更加放松而愉悦。"Jürgen Stackmann 先生曾表示。

五、2012 年斯柯达汽车启用全新车标

斯柯达汽车的车身图标于 2012 年开始更换，设计风格呼应上海国际车展中所展示的 Vision D 设计理念。新车标位于模压成型的发动机罩前沿和车体后部，采用黑色和镀铬的组合设计。飞翔之箭标志被修饰得更加精细，飞箭位于中间部位，使用镀铬而非绿色设计，外围的圆环也使用镀铬风格，并且车标中不再使用桂冠装饰和斯柯达字样。

（资料来源：凤凰网·汽车，2011-04-19. http://auto.ifeng.com/roll/20110419/594841.shtml）

讨论题：
1. 案例中的内容体现了斯柯达汽车品牌设计的哪些要素？
2. 结合案例，分析斯柯达汽车的品牌理念是什么。
3. 结合案例，分析斯柯达汽车的品牌设计在哪些方面展现了其品牌个性。

第七章

品牌沟通

本章要点

（1）品牌沟通的含义。
（2）价格、渠道、广告、公共关系与品牌沟通的关系。
（3）品牌杠杆及其实体的内涵。
（4）选择品牌杠杆实体应考虑的条件。

导入案例

小罐茶的崛起

小罐茶是在我国文化复兴和消费升级趋势下诞生的一个全品类高端中国茶品牌。在我国长期的茶类产品销售中，没有一个足够值得消费者信赖的品牌，有品类无品牌是茶叶行业的难题。我国7万多家茶叶企业，还没有一家企业的市场份额超过1%，品牌知名度普遍不高。而历史名茶的品类已经颇具知名度，如铁观音、龙井、碧螺春等。因而在我们见到的大多数茶叶产品宣传中，都以品类为主。看似简便快捷的方式，却让我国茶叶行业走上了一条打造知名品牌的漫长之路。小罐茶是北京小罐茶业有限公司推出的茶叶品牌，这是在互联网思维、体验经济下应运而生的一个现代茶业品牌。该公司立足"做中国好茶，做好中国茶"，联手8位制茶大师，提出"小罐茶，大师作"的营销理念，迅速在小罐茶品牌面世后的幼稚期内做到了品牌"影响力"的快速传播。

2016年，"小罐茶"广告在电视台播出，广告中有清新的山川美景、质朴的制茶大师形象，加以平实的叙述感配音，展现出中华民族悠久的饮茶文化与现代生活理念的完美融合，共同诉诸观众的视听感官，使得观众瞬间被"小罐茶"所吸引，进而产生了期盼体验的情绪。这是"小罐茶"系列广告借助电视和互联网等媒体，在充满现代审美追求的视觉图像中，利用传统文化和现代生活追求糅合而成的吸引力，在产品与消费者之间搭建起的桥梁，不但激起了茶文化消费领域的层层波澜，也达成了年度销售额数亿元的商业目标。

2017年春节期间，小罐茶在央视投放的"寻茶之旅篇"广告，讲述了小罐茶花了三年半的时间，行程40万km，走遍中国茶叶的核心产区，找齐8位大师做成小罐茶的故事。通过广告的两大主题"小罐茶大师作"及"8位大师敬你一杯中国好茶"，塑造了品牌核心价值，也给消费者塑造了好茶的认知标准，再加上融合了美学理念进行的产品设计以及有针对性的媒体营销策略，共同打造了小罐茶品牌。在小罐茶"寻茶之旅篇"的广告宣传中，一是通过丰富的品类带给消费者多样性的选择，二是对标杆制茶大师的资源整合。两者强强联合实现品质保障，达成目标消费人群的多样化覆盖。

小罐茶在品牌观念上倡导"一罐一泡"的消费理念，让茶叶的冲泡用量更简单；宣传策略上提出"一分钟，学会选择适合自己喝的茶"。根据季节、时间、个人体质的不同提供饮茶建议，对产品特性进行细腻的饮茶种类划分，一步步改变消费者的饮茶习惯，进而确立品牌的消费理念。2017年小罐茶作为新品牌、新产品，将"寻茶之旅篇"广告宣传投放在传统电视媒体上，向受众介绍品牌的创造故事和广告产品特征，以及产品时尚高端的定位。在春节期间播放，更能吸引受众的注意，激起兴趣，打响品牌知名度，从而更大限度地使受众产生购买的欲望。

在网络上，小罐茶推出"小罐篇"的广告，以小罐茶设计师、小罐茶设计中心负责人、小罐茶产品经理的讲述，凸显小罐包装设计的精致、先进充氮保鲜技术和极致撕膜体验，共同打造小罐茶的包装形象。整体上，小罐茶三个系列的广告——"寻茶之旅篇""总裁情怀篇""小罐篇"通过不同的广告主题，展示出产品形象、产品定位、创新包装，共同打响品牌知名度，塑造品牌形象。

同时，公司合作电商平台，利用舆论领袖影响力来进行品牌沟通。2016年3月30日，小罐茶与"罗辑思维"的微信公众号合作，在微信公众号"罗辑思维"的电商平台上，该品牌以每盒（每盒20罐）1000元的价格，成功预售了近100万元的春茶。"罗辑思维"的受众主要是年轻群体，是网络深度用户，他们追求知识、追求有趣。"罗辑思维"的电商平台就充当了舆论领袖的角色，主讲人罗振宇有着媒体人、创业者、投资者等不同的身份，因而获得了媒体、商业等领域人士的广泛关注。舆论领袖的影响力、精准的目标消费群体定位，使得小罐茶在微信公众号这类电商平台创造了巨大的销售额，并提高了其品牌影响力。

日本民意理论家柳宗悦曾感叹，"按照一般的理解，工艺只不过是粗陋的东西，多数人对于每天与之共同生活的器物并没有过多地予以注意，这是很遗憾的"。在中国，提起茶，无人不知，但人们对茶及其文化大都只是浅显的认知，对制茶工艺以及制茶工匠则知之甚少。在选购茶叶时，人们大多依靠个人的主观喜好来判断茶的好坏，仅就茶叶本身的品质进行揣摩，对于制茶工艺几乎完全忽略。"小罐茶"原样传承制茶工艺的举措在一定程度上改变了人们习以为常的认知，引导人们开始有意识地注重茶的源头，并依循传统工艺环节而制作出"好茶"。"小罐茶"广告以文化传承的方式，立场鲜明地引导观众认识制茶大师、认识好茶，甚至使观众忽略广告的商业目的，不自觉地被代入"小罐茶"的商业模式之中。

（资料来源：根据网络资料整理）

第一节　品牌沟通概述

沟通是人与人之间、人与群体之间思想与感情的传递和反馈的过程，目的是求得彼此思想的一致和情感的通畅、融洽。品牌的成功，不仅取决于产品的品质和价值，最关键的还是品牌是否与消费者需求实现了有效的对接与沟通，是否得到了消费者的理解与认可。因为品牌是消费者的，只有消费者认可的品牌，消费者才会心安理得地掏出腰包而付出，所以，在品牌管理的过程中，将品牌与消费者进行有效对接和沟通，尤为重要。

一、品牌沟通的含义

什么是品牌沟通（Brand Communication）？所谓品牌沟通，是指在品牌管理的过程中，将品牌所具有的价值、品质、精神、文化等品牌属性，通过各种媒介宣传、促销等活动方式，让消费者理解、认同并与之融合的过程。

这一过程由品牌自身策略各要素、品牌内部沟通和品牌外部沟通三大要素确定。品牌沟通首先是品牌内部沟通，也就是组织把自身的价值和理念在内部进行传递，使员工感受到品牌价值对自身职业发展的意义和重要性，使员工能够发自内心地去推广品牌，传递价值；品牌自身策略各要素是指与品牌沟通相关的沟通人群定位、沟通媒介选择、沟通信息要素等正在实施的策略；品牌外部沟通是指品牌策略在市场的实际表现效果及整个消费者对品牌各种策略的认知与理解情况。

以上三者，只有达到同一声音、同一行为，品牌沟通的效果才能达到最佳。

品牌怎样做才能离消费者更近呢？让消费者感觉到企业的产品和服务是专门为他们设计的，他们就会更加青睐企业的品牌，这样就拉近了消费者与品牌之间的距离，使企业获得更好的销售业绩。

在创意时代的品牌沟通活动中，品牌的理性成分是指品牌及其代表的产品的科学性、技术性和逻辑性，具体表现为功能、结构等；品牌的感性成分是指品牌及其代表的产品的艺术性、情感性、心理性和人文性，具体表现在品牌沟通的形式、产品的沟通感等方面。

品牌沟通无论是感性成分还是理性成分，都是传播者思想、意识形态和创意形式的一种表达。信息沟通的主体是人，沟通的受众和传播者也是人，因此人是沟通的中心和尺度。这种尺度既包括生理尺度，又包括心理尺度，而心理尺度的满足是通过人性化得以实现的。从这个意义上来说，人性化沟通方式的出现，是人的内在本质要求使然，绝不完全是传播者追逐风格的结果。正因为对人的重视程度得到提高，人性化沟通才获得了生存的空间。

二、品牌沟通的内容与途径

在品牌沟通的过程中，企业是品牌沟通的主体，也是品牌能否被接受和认可的实施者。因此，作为企业来说，一方面要采取有效措施来实施沟通，另一方面要明确沟通的内容。

构成消费者接受和认可的品牌的各种要素，是品牌沟通的内容。它主要由两部分构成：一是品牌的静态信息，包括品牌名称、标志设计、口号宣传语、包装设计、色彩组合、品牌的科技含量、文化内涵以及品牌价值等，这些是构成品牌沟通内容的主体；二是品牌沟通的途径或方式，要借助品牌的动态经营，包括品牌的定位、品牌战略决策、品牌传播、品牌产品营销、品牌的延伸和品牌维护活动等。品牌沟通活动就是以品牌的静态信息为信息源，通过组织调整、产品开发、市场开拓、公关活动和广告发布等动态的经营活动将其品牌的个性、理念、形象等传达给目标受众。

一般而言，品牌的构建和打造应突出企业的显著特色，那么品牌沟通就应该重点突出企业能够为社会大众所传播和认可的特质。

在品牌沟通的过程中，消费者相对处于静止状态，因此，企业在品牌沟通过程中的关键环节是企业采用怎样的沟通手段去传递自身的品牌价值和品牌内涵，最终使品牌能够产生竞争优势并带来预期的效益。

在品牌营销沟通中最明显、最常见的动态品牌沟通形式是广告传播。此外，还有公共关系、促销、人员推销、营业推广、公益活动、直销和赞助等。品牌沟通的途径形式多样，不仅仅采取上述方法中的一种或者几种，而是通过有效的营销手段促使这些方法形成一个有机整体去发挥效应，这就是整合品牌沟通。

这些品牌沟通的具体形式将在本章后面几节一一阐述。

三、品牌沟通的价值

品牌沟通的价值体现在两个主要方面，即对营销组织的价值和对消费者的价值。营销组织在品牌的构建上应该拥有组织的核心价值观，这个核心价值观一方面从根本上建立了企业优势力量并促使优势力量发挥作用创造效益，另一方面它对外代表了企业的一种社会形象或者一种社会承诺，通过品牌这个概念来进行系统的实施。组织的核心价值观只有在品牌沟通过程中才能够获得实质性的利益，而获益的多少和程度又取决于品牌沟通过程中是否受到干扰因素的影响。因此，对于营销组织而言，品牌沟通的价值在于沟通过程中的方式方法、价值评估、监控和反馈等体系建设程序。

对于消费者而言，品牌沟通的价值存在于沟通过程中是否能够带给消费者对品牌认知度的提高，以及消费者能够认可和接受该品牌并从品牌消费过程中获得心理上或物质利益上的满足。有效的品牌沟通在为营销组织传递价值的同时又能够为消费者带来价值。

四、品牌沟通应遵循的原则

在品牌沟通的过程中，通常由于受到来自企业内部因素的影响，品牌沟通没有按照规划的要求达成预定的目标，从而导致品牌形象受损，甚至社会公众质疑企业品牌。因此，在品牌沟通的具体过程中应遵循以下原则：

（一）品牌沟通应强调一致性和连续性

企业对品牌的设计和传递的目的是向公众传播企业自身的服务理念或者营销理念。有效的品牌沟通将进一步加深公众对企业的理解和认知，但品牌沟通很容易受到来自企业内部因素的干扰，导致品牌沟通受阻或者在方式、方法上出现偏差。这主要表现在当主要领导人换任后，由于领导风格的差异或者对营销战略的理解不同，对以前推行的品牌战略有不同的理解和思路，因此不再延续以前的品牌沟通思路或者以另外一种思路替换原有战略。另外，那些规模较大的企业，如果在一体化运行或者营销整合过程中没有形成一个成熟的并且能够高效运行的机制，就可能导致品牌沟通出现地区性差异，使品牌推广出现偏差。

如果在品牌沟通过程中出现了偏差或者忽视了某些问题，将严重影响组织营销战略的实施，也不可能对组织的营销理念和营销价值进行有效的传递。这直接关系到品牌沟通能否实现信息传递的目标，能否规避品牌信息传递过程中的干扰因素，以及能否将企业的品牌价值进行正确的推广。

因此，在品牌沟通过程中，企业应该在内部的高效运作和管理方面下功夫，营销战略体现的是企业整体机构运行的方式，考虑因素主要是基于企业的资源配置、竞争模式、财务状况、市场定位以及联盟方式等，所制定的营销战略不能因人而变，不能受到行政干预，在不同时期和阶段要适时调整营销战略，有效保证营销战略和品牌沟通的一致性和连续性。

（二）品牌沟通应实现对社会的承诺

在现实生活中会出现企业对社会的服务承诺或者保障与其当初的承诺出现偏差甚至有时候与其承诺根本无法进行匹配的情况，导致消费者质疑企业品牌甚至愤怒。企业在推出产品或者服务时，把自身的优势过于理想化，或者过分强调服务内容的优越性和客户的满意度，但是完全忽略了企业内部资源（包括人员）配置的不均衡性，以及在不同层级和不同区域服务保障体系的差异性。简单地说，就是无法掌握企业各个层级服务保障能力的差异性，过分强调优质服务的内容，然后向社会进行推介，但是其服务保障能力根本无法实现或者由于内部信息渠道的不畅导致信息无法传达。这种对社会做出了服务保障的承诺却因为自身的弱点又无法实现的后果，反而比不做出承诺更严重。所以，品牌沟通应实现对社会的承诺，承诺应基于自身的有效资源配置和保障能力，能够做到的就承诺，根本无法实现的就不要承诺。

（三）品牌沟通应体现品牌的核心价值

沟通是手段，价值是目的。品牌沟通传递的是企业的价值和消费者的价值，品牌是企业在营销战略上的一种浓缩的核心价值体现，它既是一种代表组织的符号，又是能够为企业和消费者带来利益的实体。这种浓缩的核心价值表现在它代表了企业对社会公众服务所承诺的一种人文关怀和经营理念，并且企业内部的员工理解和支持这种理念，能够主动、热情、积极地去传递和推广这种理念，使消费者切身感受到企业品牌价值的力量。

在品牌沟通上，一方面要确立品牌在内部的认知、沟通，通过为公众提供的服务来传递企业的价值，使企业能够获得社会公众的广泛认可并最终实现经济利益；另一方面，品牌沟通还应体现消费者的价值，主要考虑的是品牌优势是否能够为消费者带来更多的利益，品牌在价格、成本、质量上是否超出消费者的期望，考虑品牌的连续性和公众认可度等。

（四）品牌沟通应注重与消费者的对话，即沟通信息的双向交流

沟通应该是双向的，但是在实践中，企业在品牌沟通过程中更多地表现为沟通的单向性，也就是说根据营销战略的指导性纲领，根据自身的情况和状态，制定出一系列的产品和服务标准，并要求涉及的业务单位遵照执行。这不是沟通，是传播。传播具有单向性，而沟通应该是也必须是双向的。这正是品牌沟通与品牌传播的主要区别。

如何推广企业自身的价值观和经营理念，如何获取更多的市场份额，要解决这些问题就需要在品牌沟通过程中增加消费者对企业品牌的认知和反馈过程，就需要在沟通方式上尽量采取一些消费者易于参加的活动方式来收集消费者对品牌的认知程度，并以此修改和调整品牌沟通的方式和目标。与消费者之间的品牌沟通应是互动的和真诚的，企业只有与消费者实行开诚布公的交流，才能够有效实现品牌沟通过程中的双向效应。另外，在与消费者沟通的方式方法上，企业还应进一步开发新的消费者管理应用软件，一方面有利于改善和提高消费者管理的信息化水平，另一方面增加品牌沟通的双向渠道。

品牌视野：品牌沟通之道

2005年12月13日，日本知名品牌索尼的六款相机被检测出质量问题，索尼在处理此

次品牌危机时,由于态度欠佳导致中国消费者不满。屡屡发生的品牌危机提示我们:在品牌竞争力时代,品牌沟通变得更加重要,如何与消费者进行品牌沟通已成为中外品牌共同面临的严峻课题。

一、品牌沟通精细化:载体不仅仅是产品

提起日本的品牌,中国人的第一反应往往是产品质量好。事实上,日本品牌在中国的品牌宣传也一直以产品广告为主,如最早的"车到山前必有路,有路必有丰田车"、松下的美少女广告等。

可以说日本品牌基本上是用产品本身来和消费者沟通,日本人也非常注重产品质量,常以"质量好"标榜。按照日本人的思维,产品就是要保证质量,产品卖给消费者后,企业和消费者之间的关系就结束了。例如,一台日本空调因为质量好,多年都不会坏,一旦坏了日本人就认为寿命终期到了,就把空调扔掉,一般不会再找厂家维修。但在中国,这样的品牌沟通方式受到了挑战,中国消费者购买电器类产品,一般都要现场认真检测,保证没有质量问题才敢购买。当然,如果产品有损坏,中国企业会提供完善的售后维修服务。这也是中国家电品牌能够后来居上、战胜日本品牌的重要原因之一。中国品牌依靠服务、完整的品牌沟通赢得了消费者。

品牌沟通是一个精细化的过程。消费者购买某个品牌的产品,社会就默认消费者和品牌之间产生了一种沟通关系,消费者希望从企业那里得到更多的品牌信息、更多的增值服务、更多的双向沟通。

日本企业认为产品在使用过程中出现的各种问题,是使用的问题,而不是品牌本身的问题,这和中国人的消费心理相冲突。中国消费者认为,产品一旦有问题企业就有责任马上解决。如果企业善于做品牌沟通,服务及时到位,消费者会有做"上帝"的感觉,反而不会过分抱怨产品质量差。如果企业不及时进行品牌沟通,消费者就会迁怒于企业。日本企业往往不善于做品牌沟通。

例如索尼问题相机事件,尽管索尼在中国设置了相关机构,但是因为索尼是跨国公司,"船大调头比较慢",再加上跨国公司在中国的企业往往是分开的,职责归属、层级反映都比较复杂,索尼问题相机出现后,客户热线电话打不通,又找不到负责部门。品牌出了问题不可怕,可怕的是不能及时解决。索尼的冷处理使消费者感觉日本企业太傲慢,不尊重消费者,这样品牌沟通产生了严重的障碍。

随着中国市场品牌竞争的加剧,品牌沟通要求更加精细化。不仅产品设计要精细化,品牌服务、危机处理等都要精细化。品牌沟通将是一个全面、统一的整体。

二、以消费者为中心的全方位品牌沟通

品牌沟通的主体是消费者,消费者是企业财富的源泉。品牌沟通的中心一定要围绕消费者展开。当然,成功的品牌沟通不仅仅是直接与消费者沟通,所有影响消费者心智和行为的事物都是品牌沟通的范畴。通过外在的因素与消费者沟通往往会更有效。

品牌形象沟通就是品牌沟通的重要组成部分。这其中,事件营销的作用最为显著。许多知名国际品牌都很注重通过事件营销进行品牌沟通。例如,三星冠名赞助"迎奥运万人长跑活动",以社会热点事件和公益活动实现与消费者的深层沟通。又如,奥迪通过赞助北京音乐节提升品牌美誉度。这些都是很巧妙的品牌沟通方式,对培育企业良好的品牌形象十分有益。

(资料来源:李光斗. 品牌沟通之道 [J]. 广告导报,2006 (2))

第二节 价格与品牌沟通

定价是营销能控制的一道关口,产品定价面向市场之后,对消费者、竞争对手、产品销售、品牌的影响都非常大。价格在市场中就像一把刀,它切割了市场;作为细分市场的一个重要工具,品牌定价也区隔了目标顾客。例如,LV 的价格高,就明显区隔了中低收入消费者。另外,价格在消费者心目中是一把尺子,价格的高低决定了该品牌在消费者心目中的形象和位置。例如,香奈儿的价格高,在消费者心目中是高档奢侈品牌。

科学定价需要考虑成本、时间、区域、企业利润、竞争对手、目标市场、顾客认知、品牌定位、产品结构、产品周期等诸多因素。由于影响定价的因素太多,产品定价很难做到绝对科学与合理。一般通行的方法是,根据定价目标选择对定价影响最大的因素,然后综合其他因素,做出相对合理的定价。

一、品牌定价

品牌定价是指以实现品牌战略为目标,将品牌视为影响定价的主要因素,然后综合其他因素确定产品价格。品牌定价是实现品牌战略的一种策略,所以品牌定价需要以实现品牌战略为目标。一般产品的价格 = 制造成本 + 研发成本 + 市场推广费用 + 销售费用 + 管理费用 + 汇兑损益 + 合理利润 + 品牌溢价。品牌定价最终需要确定的是品牌溢价是多少。

品牌定价的逻辑是以实现品牌战略为目标,以成本为基础,以顾客需求为前提,以竞争对手为参照,确定品牌认知价值,最终确定品牌价格。

品牌定价是实现品牌战略的一种营销策略,是通过价格指标体现品牌价值,执行品牌理念,实现品牌定位,打造、维护或者改变品牌形象,巩固或者提升品牌地位的过程。例如,沃尔玛采用定价策略,执行"天天平价"的经营理念,从而巩固了其"低价承诺""一站式购物"的品牌地位。香奈儿通过高定价,区隔大众品牌,为打造"独特""高雅"的品牌形象服务。

品牌定价必须以成本为基础。对于绝大多数品牌而言,成本是品牌价格的底线。低于成本定价,意味着亏损。但是,也有部分品牌为了实现竞争目标、迅速占领市场、第一时间树立品牌形象,可能采用低于成本的定价,甚至免费。

品牌价格是指成交价格,不是标价。所以,品牌定价必须以顾客需求为前提。定价是面向目标顾客的,品牌定位的对象是目标顾客,定价策略要实现品牌定位,必须针对目标顾客,价格必须在目标顾客购买能力之内。另外,价格必须符合目标顾客对品牌的印象,换言之,价格应该表现品牌定位。例如,2009 年 11 月 1 日,iPhone 正式在中国发售,价格不菲。这种定价体现了 iPhone 的高端品牌形象。如果 iPhone 低价销售,虽然有更多的消费者具备购买能力,但是低价无法满足目标顾客对 iPhone 品牌的思想诉求。

在激烈的品牌竞争中,竞争对手的价格对品牌定价影响较大。对品牌认知不强的顾客,竞争对手的价格对其购买影响比较大。在竞争市场中,如果企业的品牌与竞争对手的品牌目标顾客接近,产品内容接近,品牌理念差异不明显,价格往往成为影响购买的重要因素,进而影响品牌知名度。例如,小猪班纳、小数点、ABC、叮当猫童装的目标顾客接近,产品差异化不大,且目标顾客的品牌认知不强,价格对销售量的影响很大,销售量进而又影响品牌知名度。所以，竞争对手的价格是品牌定价的重要参考。

品牌定价的核心是确定品牌认知价值。品牌价格是品牌认知价值的表现，品牌认知价值是品牌价格的本质。品牌认知价值包括产品价值和认知价值。产品价值体现在核心产品的功能、效用上，是指消费者排除心理和思想因素，就核心产品的功能、效用满足消费者生理需求和基本需求所产生的价值。品牌认知价值是指在产品价值的基础之上，衍生产品和品牌文化满足消费者心理需求和思想需求所产生的价值。例如，奔驰汽车的产品价值是作为交通工具而产生的，但是奔驰的价值远高于交通工具体现的价值，价格也比普通汽车高很多，原因在于奔驰汽车认知价值极高。奔驰的衍生服务和品牌文化极大地增加了其品牌价值，定价因此提高。在奔驰客户心中，奔驰不仅仅是交通工具，更是地位和能力的象征。

产品质量决定了产品功能和效用，产品质量对产品价值具有决定性影响，只有提高产品质量才能提高产品价值。认知价值是由衍生服务和品牌文化决定的，只有提供更好的服务，提升品牌文化内涵，给予消费者更多的体验，才能提高认知价值。值得注意的是，认知价值是以产品价值为基础的，离开了产品质量，衍生产品和品牌文化也无法立足，更无法满足顾客的心理需求和思想需求。

综上所述，品牌产品的价格是由产品价值和认知价值体现出来的价格总和。产品价值体现的价格一般是成本加上行业平均利润，认知价值体现的价格是品牌溢价。品牌溢价是由消费者决定的。企业可以通过市场调查，得出消费者对品牌的认知程度，然后调查消费者可能接受的价格区间，最后根据竞争对手的价格，确定合理的品牌价格。

二、价格管理与品牌

定价是实现品牌战略的一种营销策略，价格管理同样与品牌关系密切。价格管理与品牌的关系主要体现在价格与品牌的密切程度、价格与品牌价值的关系、价格变动对品牌的影响三个方面。

（一）价格与品牌的密切程度

价格策略、渠道策略、促销策略和产品策略的组合是实现品牌战略综合性策略的有机组成部分。在这个组合策略中，往往有一个或多个是最核心的策略。所以，如果价格策略是实现品牌战略的核心策略之一，价格策略与品牌战略的关系比较密切。例如，沃尔玛低价策略是实现品牌战略最核心的策略。如果价格策略对品牌战略的实现不起主导作用，那么价格策略与品牌关系相对疏远。例如，百事可乐的价格对其品牌战略的实现作用很有限。

（二）价格与品牌价值的关系

品牌价值由品牌获利能力、市场容量、目标顾客等多种因素决定，其中价格与品牌价值存在一定的关联度。一般而言，高价品牌的品牌价值较高，例如酩悦香槟、保时捷、轩尼诗等高价品牌，其品牌价值也甚高。这是因为价格高的品牌能给品牌带来极高的利润，从而增加了品牌价值。另外，价格高的品牌，其目标顾客具有较强的购买能力，这也意味着品牌潜在获利能力强。但是，低价品牌并不意味着品牌价值低，如麦当劳、可口可乐等品牌价格很低，但品牌价值非常高。这说明价格与品牌价值不存在直接的关联度。品牌价值根本上是由品牌获利能力决定的。较高知名度、美誉度和忠诚度的品牌一般具有较高的品牌价值，因为这种品牌意味着具备较高的获利能力。例如，可口可乐价格不高，但是可口可乐知名度很高，目标顾客数量庞大，获利惊人，因而品牌价值很高。值得一提的是，有些品牌采用免费策略，但其品牌价值仍然很高。这是因为品牌通过免费迅速扩大知名度，占领市场，吸引了大量客户。虽然这些客户暂时可能没有给企业带来利润，但是这些客户拥有的购买潜力巨大，可给品牌带来巨大的获利潜力，随着市场的日渐成熟，品牌往往能在其他业务上获得高利。

（三）价格变动对品牌的影响

一般而言，价格变动对品牌的影响很大，主要体现在两个方面：一是高价品牌，特别是奢侈品牌的降价对品牌形象的冲击；二是市场价格失控会模糊品牌定位，维持市场价格的稳定对维护品牌形象和巩固品牌地位至关重要。

高价品牌降价幅度过大会给顾客传达品牌贬值的信号，容易造成品牌定位模糊，从而失去忠诚顾客，严重损害品牌形象，降低品牌地位。例如，奔驰推出低价位汽车，极大地损害了奔驰顾客的品牌自尊心，一定程度上模糊了奔驰的品牌定位，从而损害了品牌形象，降低了品牌地位。所以，对于高价品牌而言，价高是维持品牌地位和形象的重要利器，切勿随意降价。值得注意的是，部分品牌先高价进入市场，然后迅速降价，但是品牌形象仍然不受影响，这属于撇脂定价策略。撇脂定价策略与品牌定价策略并不冲突，因为品牌本身并没有降价，只是品牌产品通过系列化有序地投入市场，虽然某一种产品降价，但是又有新产品投入市场，维护了品牌形象和地位。这时，降价对品牌形象影响不大，但销售量增加很多，巨大的销售量和新产品的连续上市，反而提高了品牌知名度和美誉度。这种品牌产品一般具有周期短、系列化、市场需求弹性大等特点。

维持市场价格的稳定对维护品牌形象和巩固品牌地位至关重要。市场价格失控往往会给消费者带来困惑，模糊了品牌定位，更严重的是不同区域之间的串货严重，导致品牌信誉受损。所以一般而言，要严格管理品牌价格，执行统一定价或者区域指导价格，严禁随意降价。维持价格稳定是维护品牌形象和巩固品牌地位的基础。

第三节　渠道与品牌沟通

人们常说："渠道为王，品牌制胜"，可见渠道与品牌都是非常重要的竞争利器。有些品牌利用渠道极大地提升品牌竞争力，有些品牌则利用品牌的影响力强势开拓渠道，可见两者互相倚重，紧密联系。下面将介绍渠道与品牌的关系和品牌渠道策略。

一、渠道与品牌的关系

渠道与品牌的关系主要体现在以下两个方面：

（一）渠道策略是实现品牌战略的重要策略

品牌战略层次比渠道策略高，渠道是为品牌战略服务的。渠道作为销售平台，产品销售量影响品牌知名度，进而影响品牌价值。渠道作为品牌的展示平台，其长度、宽度和广度，地址的选择，店面陈列的摆设，物流管理的水平等都体现了品牌形象和品牌实力。例如，如果在广州最高档购物中心买不到香奈儿，就会给消费者造成香奈儿非高端品牌的误解。另外，如果产品陈列糟糕，发货速度很慢，也会对品牌形象造成负面影响。

值得注意的是坚持"渠道为王，品牌其次"的理念是错误的。只要是品牌企业，渠道就是为品牌服务的。虽然有些产品依靠杰出的渠道开拓能力，迅速占领市场，极大地提高了品牌知名度，但是如果渠道的建设不是为品牌服务，不以实现品牌理念、提高品牌形象、巩固品牌地位为目的，那么这种品牌并没有真正建立顾客忠诚，品牌很快就会消失。中国保健品市场品牌"轮流坐庄"的局面是最好的例子。其中还说明了一个问题，渠道对产品销售作用巨大，因为渠道和产品都是营销策略，相互之间的影响很大。渠道对产品的作用，一定程度上影响品牌，但是渠道永远不能高于品牌，渠道只是实现品牌战略的策略之一。

（二）品牌实力影响渠道开拓

除直销短渠道外，渠道一般是企业与第三方甚至更多方合作开拓的。企业和渠道合作方之间存在博弈。品牌实力弱的企业与渠道合作方的博弈对象主要是产品获利能力，即渠道合作方考虑品牌产品能给自己带来多少利润，企业执行高返利政策往往能降低渠道开拓难度；品牌实力强的企业与渠道合作方的博弈对象主要是品牌实力，即优秀品牌对渠道合作方的吸引力很强。反过来，渠道合作方的实力应该与品牌实力相匹配。例如，知名度不高的时装品牌进入高档百货公司是非常艰难的，即使进入了高档百货公司，专柜位置较差，扣点也很高。相反，国际著名品牌进入高档百货公司就容易得多，不但位置好，而且扣点很低。这是品牌实力与渠道合作方实力博弈的结果。例如，国美电器和格力空调长达四年的"冷战"是由销售模式和渠道利益的矛盾问题引起的，其实质是双方品牌实力博弈的结果。当时，国美电器和格力空调分别是两个行业内的领头企业，发生渠道矛盾之后，互不相让，"剑拔弩张"，最后导致双方品牌受损，不得不握手言和。

品牌实力弱的企业往往通过大量广告投入和高返利切入渠道，建立渠道关系，推动产品销售，形成渠道推力；品牌实力强的企业往往通过营销终端提高品牌影响力和品牌价值，吸引渠道合作方，拉动产品销售，形成渠道拉力。大部分企业是将渠道推力和拉力相结合，建立渠道网络。所以，企业需要根据品牌实力制定合理的品牌渠道开发策略。

二、品牌渠道策略

品牌渠道策略与产品渠道策略不同，品牌渠道策略在渠道推力的基础上更强调拉力的作用。企业需要将品牌推广与渠道建设相结合，制定品牌渠道策略。

品牌渠道建设以确定目标顾客为前提，以坚持方便顾客购买和提升品牌形象为原则，以扩大产品销售量为基础，以实现品牌战略为目标。方便顾客购买意味着可以降低顾客购买成本，从而提高顾客的让渡价值和品牌认知价值，进而提升品牌知名度和品牌形象。但是方便顾客购买不能以损害品牌形象为前提。产品销售量是品牌渠道建设成功与否的基础，离开了产品销售量，品牌战略也无法实现。产品销售量的扩大对提高品牌知名度具有很大的推动作用，进而有利于品牌战略的实现。品牌渠道建设的各个方面都要以实现品牌战略为目标。

确定渠道的长度，就是确定渠道的层级。企业要根据行业情况、产品特点和目标顾客实力确定渠道长度。日用品行业一般渠道较长，汽车等耐用产品的渠道较短。有些企业针对大客户采用不同的渠道。例如，联想的大客户部直接到公司总部取货，属于零渠道。

渠道长度对品牌建设影响较大。一般而言，长渠道和短渠道各有优劣。只要能够促进产品销售，方便顾客购买，不损害品牌形象，这样的渠道就是科学、合理的。但是，渠道扁平化成为一种趋势，很多企业都执行短渠道策略，甚至零渠道策略。扁平化渠道有利于企业控制渠道，降低渠道成本和风险，同时及时反馈市场信息，获得更大利润。例如，优衣库在天猫成立旗舰店、李宁在淘宝商城上成立官方自营旗舰店,直接通过互联网渠道销售产品。值得注意的是像安利、完美等采用人员直销的渠道,本质上是长渠道,而且是超长渠道,并非零渠道。这是因为这些公司的直销员每销售一份产品,都能得到一份提成,更重要的是直销公司的提成制度是金字塔式的,即直接销售产品的直销员得到一部分提成,其上线、上线的上线都能得到提成。也就是说,从直销员手中购买一份安利的产品,该产品的利润分给无数个直销员和安利公司。所以,每个直销员都相当于"经销商",获得层层利润,自然就把品牌渠道加长了。

渠道宽度就是一个渠道层级中包含的渠道合作方数量,一般是由企业战略目标、产品特点和顾客分散程度决定的。相对渠道长度而言,渠道宽度与品牌直接联系虽然不大,但也要考虑渠道宽度对品牌的影响。

渠道广度是指企业使用了多种渠道的组合,如采用网络直销、实体店加盟、自营旗舰店三种渠道。渠道广度对品牌影响很大,无处不在的品牌渠道可以提升品牌知名度,但是不同渠道如果控制不好,将极大影响销售量和品牌形象。所以,企业往往采用对渠道产品进行标注或者不同渠道销售不同产品的方式规避这种风险。

选址、陈列和物流管理与品牌关系密切。在渠道建设中,选址往往决定了产品销售量,选址也就与品牌知名度息息相关。另外,选址也影响品牌形象和品牌地位。陈列影响品牌视觉,好的陈列不但可以增加销售量,更重要的是可以执行品牌理念,提高品牌知名度和美誉度。物流管理水平直接影响顾客对品牌的信任,库存混乱,运输速度慢,往往会给品牌造成负面影响,导致消费者对品牌失去耐心。

品牌渠道策略需要综合品牌推广工作。品牌通过控制终端,提高品牌影响力,吸引渠道合作方,给渠道创造拉力,变被动为主动。刚起步的品牌先通过自营旗舰店,控制终端,提高市场占有率,提升品牌影响力,以此来增强渠道拉力。随着渠道拉力的增强,强大的渠道合作方愿意加盟品牌,强大渠道合作方的加盟又能提高品牌知名度。

随着市场竞争日渐激烈,对渠道的控制能力也成为品牌竞争力的重要利器。大品牌纷纷抢占有利位置,控制终端渠道,巩固市场地位,维护品牌形象。例如,肯德基对特许经营店的管理非常严格,完全按照特许经营制度实现各加盟店产品、服务、店面装修等标准化。肯德基对渠道的严格控制和管理,极大地提升了品牌形象。

第四节　广告与品牌沟通

广告与品牌关系密切,可谓形影不离。两者之间到底是一种什么样的关系?品牌需要什么样的广告?什么样的广告才能提升品牌?这是每个品牌管理者要关注的问题,也是本节讨论的重点。

一、广告与品牌的关系

(一)广告塑造品牌

广告直接面向顾客,直接扩大品牌知名度,传达品牌理念和品牌形象。几乎所有的品牌都会借助广告塑造品牌,其中不乏成功的品牌广告。例如,王老吉依靠成功的广告策略,迅速占领市场和扩大品牌知名度,其快乐、健康、动感的广告画面,极为抢眼,"怕上火,喝王老吉"的经典广告语深入人心。

(二) 广告并不完全服务于品牌

广告以塑造品牌、提升品牌实力为目的,但是广告不仅仅是品牌广告,广告的目的有多种,主要有提升产品销售量、排斥竞争对手、推广新产品、维持品牌影响力、宣传品牌理念等。只有品牌广告才完全服务于品牌,其他类型的广告对品牌产生间接影响。例如,以提升产品销售量为目的的广告也提高了品牌知名度。

二、品牌广告策略

品牌广告与产品广告的不同在于品牌广告直接服务于品牌。品牌广告具体表现为宣传品牌口号、渲染品牌视觉、突出品牌名称和标志、表达品牌理念。

制定品牌广告策略的前提是分析目标顾客的位置。只有清楚目标顾客,品牌广告才能有的放矢,瞄准目标顾客投放品牌广告,让品牌广告"窄而告之",最大限度地节省品牌广告的投放成本。

值得注意的是,非目标顾客接受品牌广告往往也能提高品牌价值。这是因为品牌受众广,会提升品牌知名度,从而提高品牌价值,更重要的是非目标顾客对品牌的认同和赞扬,往往能提高品牌的附加价值。例如,大多数消费者都不是劳斯莱斯的目标顾客,但是大众在接触劳斯莱斯的广告后往往对其品牌赞誉有加,这样就提高了目标顾客对劳斯莱斯品牌的感知价值。

确定目标顾客位置之后,如何接近目标顾客是关键。媒体是顾客和品牌沟通的桥梁,所以媒体是品牌广告策略执行的通道,科学选择媒体成为品牌广告策略的重要工作。选择媒体除了考虑目标顾客位置,还需综合市场开发计划、品牌理念、媒体品牌档次、产品特点、媒体受众等诸多因素。品牌广告媒体位置需要与市场开发计划一致,媒体要有利于表达品牌理念,媒体品牌档次应不低于广告品牌,媒体特点需要符合产品特点,媒体受众与目标顾客越接近越好。

确定品牌广告内容是最困难的也最核心的工作。虽然品牌广告创新性极强,基本没有固定的模式,但是可以坚持以下几个原则:

1. 表达品牌理念

表达品牌理念是品牌广告最核心的原则,也是品牌广告的目标。在广告中,品牌理念往往通过品牌口号、情景和品牌形象代言人来表达。例如,在阿迪达斯一则广告中,两队球员不是在平地上竞技,而是在空中用铁架架起的"足球场"上互相比拼。在现实中不可能做到的事情,阿迪达斯却能做到。广告场景和"Impossible Is Nothing"的品牌口号表达了阿迪达斯"超越自我、追求卓越、勇于挑战"的品牌理念。品牌形象代言人站在第三方的角度,表达品牌理念,唤起顾客的心理诉求和思想诉求。可见,品牌形象代言人体现的精神、气质和思想品质应该与品牌理念一致。例如,利郎商务男装借助陈道明沉稳低调、才华横溢、风度翩翩的精神气质很好地诠释了"简约而不简单""多则惑,少则明"的品牌理念。

2. 维持品牌记忆

很多品牌广告并不是为了提高销售量,而是维持品牌记忆。有些品牌广告不介绍产品,也没有品牌说明,只是简单地表达品牌名称、品牌标志和品牌口号。这种品牌广告是为了维持品牌记忆,因为消费者的品牌记忆有时间性,品牌广告能维持消费者的品牌记忆,这对品牌的长久发展至关重要。

3. 满足顾客心理诉求和思想诉求

品牌理念是为了满足顾客的思想诉求,但是简短的广告未必能全面表达品牌理念。另外,顾客的思想诉求难以在短时间内通过广告满足。所以,品牌广告可以先满足顾客的心理诉求,然后再上升到满足顾客的思想诉求。值得注意的是很多品牌凭借产品广告,迅速走俏市场,短时间内扩大知名度。但必须注意,品牌知名度扩大并不能说明品牌地位已经巩固,因为产品广告只能满足顾客对产品的基本诉求,只有品牌广告才可能满足顾客的心理诉求和思想诉求。

4. 变与不变

变则要求创新,品牌广告追求创新,只有具有新意的广告才能吸引受众,才能让顾客记住广告,才能体现品牌的独特性。但是创新必须是有原则性的创新,必须坚持以上所述的三原则后再创新。除了创新,品牌广告还必须坚持部分不变的内容,一般品牌广告内容中品牌标志、品牌名称和品牌口号不会变化,并会用固定的手法表现。一般用创新的广告吸引受众,而用固有的品牌元素加深品牌印象。

品牌广告策略是促销策略中的一部分,促销策略与渠道策略都是营销策略的重要内容。促销策略与渠道策略统筹一体,相互影响。很多时候,品牌广告是通过广告造势体现品牌强势,然后吸引渠道合作商,增加渠道合作方的信心。从渠道策略的角度而言,这是通过品牌广告增强品牌影响力,为渠道增加拉力。从营销成本考虑,品牌广告成本为渠道开拓买单。

第五节 公共关系与品牌沟通

随着社会的发展,公共关系日益成为实现品牌战略的重要营销策略。在过去,广告一直被认为是最有效的营销策略,但是随着市场竞争的加剧,品牌单纯依靠广告传播塑造似乎显得"力不从心"。阿尔·里斯在《公关第一,广告第二》中写道:"你无法通过广告推出一个新的品牌,因为广告不具可信度。广告只是那些急着想要扩大销路的厂商自我吹嘘的声音。"他认为,广告是企业自己在推销自己的产品,有"王婆卖瓜,自卖自夸"之嫌,而公共关系则是企业通过第三方推广产品和塑造品牌,其可信度比广告高,公信力比广告强,所以公关关系策略在品牌塑造中起着非常重要的作用。

一、公共关系的含义

关于公共关系的定义,学术界和实业界有众多版本,美国公共关系权威期刊《公共关系新闻》的创始人 Denny Griswold 提出的公共关系的定义是被引用得较为广泛的,他认为:"公共关系是一种管理职能,用以评估公众态度,从公众兴趣的角度出发来决定企业政策和程序,计划并实施行动方案以获取公众的理解与认可。"

而英国公共关系学者乔恩·怀特(Jon White)认为:"公共关系主要是对组织的各种重要关系进行管理,如组织与政府、媒介、社区及其他特殊群体的关系,这些群体还包括员工和其他内部公众。"

根据以上定义,可以将公共关系理解为:公共关系是企业处理与政府、媒体和其他群体的关系职能，获取和影响公众对企业的态度，而公众态度又影响企业决策。所以，公共关系属于过程管理，但是不能控制结果，因为政府、媒体和其他群体是不可控因素，公众态度自然也就不能完全控制，但是可以影响公众态度。企业通过公共关系获取公众态度，将公众态度作为企业决策的参考因素。

公关关系是企业与政府、媒体和其他群体发生的关系，一般有政府公关、媒体公关、活动公关、名人公关、网络公关和其他群体公关等。

政府公关是指企业与国内政府甚至国外政府的公关活动。一方面，政府是一个国家最高权威和公信力的代表，借助政府的权威和公信力为企业保驾护航。另一方面，政府掌控着重大采购权，直接关系到企业市场开拓。在现代企业竞争中，政府公关显得越来越重要。

媒体公关是指企业与媒体的公关活动。公共关系是在传播中发生的管理行为，而媒体掌控了信息传播的咽喉并具有很强的号召力，所以，媒体公关是企业信息传播的重要工作。

活动公关是指企业与活动主办方的公关活动。越来越多的企业通过支持公益活动、赞助体育赛事、参与其他品牌的活动等方式来推广企业品牌。一般而言，活动公关是企业公关的主要工作。

名人公关是指企业与名人的公关活动。企业借用名人做品牌代言和推广已经成为现代企业的常规策略。名人公关是名人广告代言的基础，企业通过名人公关与名人建立关系，进一步借助名人之势做品牌推广等工作。

网络公关本是媒体公关的内容，但是网络公关与传统媒体公关不同。互联网上，网民往往是信息传播者，传播的渠道一定程度上被网民控制。所以，网络公关不仅是企业与网络媒体的公关活动，也是与广大网民的公关活动。

二、公共关系与品牌的关系

公共关系是品牌塑造的重要策略，公共关系为品牌服务。由于公共关系是一种传播管理，公共关系在传播过程中服务于品牌，换言之，公共关系既在传播中塑造品牌，也在传播中推广品牌。图 7-1 详细地描述了公关关系与品牌的关系。

从图 7-1 可以看出，企业是通过与政府、媒体、活动主办方、名人等群体沟通，然后相互合作共同塑造企业品牌，然后将品牌形象传播给受众（顾客），最后，受众（顾客）将对品牌的评价反馈给企业。可见，公共关系是一个循环的塑造和传播过程，在这个过程中品牌不断地被塑造，然后传播给受众，受众将信息反馈给企业，进而又影响企业决策。

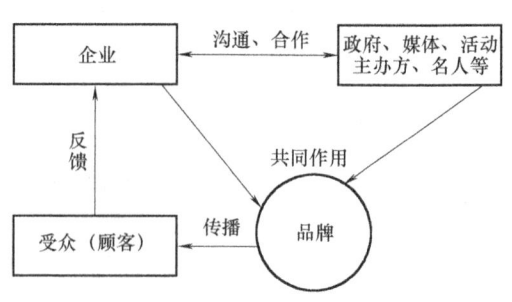

图 7-1　公关关系与品牌的关系

另外，从图 7-1 也可以得出，公共关系不同于广告的单向传播，它是具有双向传播的互动沟通。企业将品牌信息传播给顾客，顾客将信息反馈给企业，企业又根据顾客反馈，再塑造品牌，然后又传播给顾客。从这个角度看，公共关系策略比广告策略对顾客的影响更为深远，灵活性更强。

三、品牌公关策略

不同的公关目的，其品牌公关策略也不一样。按公关目的划分，一般有品牌推广公关、品牌维继公关和品牌危机公关，三种公关都有以下相应的策略：

（一）品牌推广公关策略

品牌推广公关主要是为了推广品牌，提高品牌知名度和认知度。新品牌刚进入市场或者老品牌进入新市场，品牌推广公关非常重要。品牌推广公关主要通过名人公关、活动公关、媒体公关和网络公关来实现。品牌推广往往会借助名人代言，一举推出形象代言人广告轰炸市场。名人公关是形象代言人广告的前提。活动公关往往使新兴品牌一举成名，例如，三星赞助汉城奥运会一举成为世界品牌。媒体公关和网络公关都可以极大提高品牌知名度，对品牌推广作用很大。

品牌推广公关策略一般采用与广告相结合、集中公关和造势三种方式。这三种方式的优势在于企业可以以相对低的成本、在相对短的时间内提高品牌知名度，塑造新兴品牌形象。品牌推广公关往往是品牌处于成长和发展阶段时企业展开的工作，它与广告相结合可以极大地提高知名度，有利于新兴品牌的推广。而且品牌推广公关常常集中优势资源，通过赞助大型赛事等活动来创造声势，推广新品牌。

（二）品牌维继公关策略

成熟的品牌往往会通过品牌维继公关策略来维持品牌知名度和影响力。企业主要通过活动公关来实现，如赞助联赛、设立公益基金援助公益事业、举办公益活动等。

品牌维继公关策略一般采用细水长流、潜移默化的方式来实现。

（三）品牌危机公关策略

危机公关是指企业发生危机时，通过公关化解企业危机的管理行为。

有关部门的权威数据显示，2003年，我国有影响的品牌危机事件每季度只有几件，2004年上升到每月几件，而2005年上半年则猛增到每月超过十件。随着企业品牌危机的高发，品牌危机公关策略显得越来越重要。具体内容将在第十三章展开论述。

第六节 品牌杠杆

古希腊科学家阿基米德曾经说过："假如给我一个支点，我就能撬动地球！"这句名言说明了杠杆原理和杠杆的作用。品牌杠杆战略是将杠杆原理运用到品牌管理中的理论。

品牌杠杆战略是通过整合外部资源来达到借力、省力的目的，是创建品牌的新模式。品牌杠杆根据杠杆原理，以外部实体为支点，将人们对外部实体的积极态度、印象、评价等转移到品牌上来，达到低成本扩大品牌影响力和提升品牌形象的目的。所以，品牌杠杆原理也称借势原理，品牌杠杆战略也称借势战略。例如，耐克公司借助品牌代言人乔丹这个恰当的支点，不但销量大增，而且还极大地提高了品牌价值。

品牌杠杆作用发生在消费者根据外部实体联想到品牌，从而将外部实体价值转移到品牌上的情况下。这符合条件反射原理。但是，并不是所有的实体都能让人产生与品牌相关的联想。选择合适的外部实体，即品牌杠杆的支点，显得至关重要。

一、品牌杠杆的支点——外部实体

品牌杠杆的外部实体一般包括地域、知名合作方、事件、人物、事物、其他品牌、第三方机构七大类。

（一）地域

当行业形成地域优势时，品牌可以借助行业地域优势，将其作为杠杆支点，塑造品牌形象。品牌可以通过在优势地域注册公司、设计产品、引进技术、生产产品等方式与优势地域发生关联，让消费者引起正面联想。全球最大的巧克力糖果制造商之一意大利费列罗公司郑重向中国消费者承诺：费列罗公司旗下的健达缤纷乐和健达巧克力所使用的牛奶100%采用欧洲优质奶源。费列罗公司聪明地将欧洲奶源地的地域优势转化成健康、优质、"值得你信赖"的品牌优势。

（二）知名合作方

知名合作方是品牌杠杆的重要支点，借助知名合作方不但可以扩大产品销量，更重要的是可以提高品牌形象和知名度。例如，联想的处理器来自全球最大的半导体芯片制造商英特尔，联想就在广告中告知消费者，联想处理器是来自英特尔的。这给消费者传播一种信息：联想使用全球知名品牌英特尔的处理器，那么联想品质也应该很不错。联想聪明地借助供应商英特尔的品牌影响力，来提高自己的品牌形象和品牌影响力。

（三）事件

事件是重要的品牌杠杆实体，主要通过赞助体育、娱乐活动，推出新闻事件，赞助公益事业等方式来实现。例如，中国运动品牌匹克通过赞助NBA赛事，极大地提高了品牌影响力。

（四）人物

人物一般是指品牌代言人。品牌代言人对消费者的号召力很大，消费者容易将品牌代言人的知名度和形象带到品牌中。品牌代言人的特点应该与品牌特点相符合，这样才能增加价值转移。值得注意的是"明星"老板或者职业经理人对品牌形象的影响也很大。例如，众多消费者因为喜欢任正非的民族气节、李彦宏的儒雅、史玉柱的坚强，而喜欢上了他们各自的品牌。

（五）事物

事物一般是指著名事物。品牌杠杆以著名事物为支点，通过著名事物的知名度和影响力来提高品牌的知名度和影响力。品牌广告经常借著名事物之势提高品牌影响力。例如，古岭神酒借万里长城之势，表达历史悠久、健康雄壮的品牌理念。

（六）其他品牌

借其他品牌之势，通过品牌强强联合、品牌优势互补，共同提高品牌知名度。例如，东风雪铁龙与服装品牌Kappa强强联合；麦当劳和中石化联盟合作在中国开设Drive-thru餐厅；"动感地带"与NBA联盟宣传；凯迪拉克与顶级男装Zegna联合宣传。品牌强强联合，品牌优势资源共享，成为品牌营销的新趋势。部分企业以自身品牌为中心，以其他品牌作为品牌杠杆的支点，借其他品牌之势打造强大的"品牌社区"。

（七）第三方机构

第三方机构一般是指政府、行业协会、工会、认证机构等。政府授予品牌的荣誉和相关证明、认证机构颁发的证书对品牌的影响是直接的。例如，ISO 9000 质量认证标志着产品质量得到权威证明，给消费者传达质量可靠的信息。另外，品牌如果遭遇误解、诽谤，可以通过第三方证明来澄清事实，消除不良影响。

二、品牌杠杆实体的选择

什么样的品牌杠杆实体是最合适的？研究表明，实体合适与否与实体的知名度和影响力、实体与品牌的相关性、实体知识的可转移性三个条件有关。这三个条件决定了外部实体对品牌产生杠杆作用的程度。

（一）实体的知名度和影响力

实体的知名度和影响力是基本条件。实体的知名度和影响力决定了受众的数量和广度，从而影响品牌的知名度和影响力。只有较高知名度和影响力的实体才能达到扩大品牌知名度和影响力的目的。与较高知名度和影响力的实体合作往往意味着企业应付出更高的成本，如奥运会赞助费用是极高的。具有前瞻性的企业往往会选择潜力很大但成本较低的实体，例如，蒙牛前瞻性地赞助"超级女声"，选择"超女"做形象代言人，相对于带来的品牌收益，蒙牛付出的成本很低。

（二）实体与品牌的相关性

实体与品牌的相关性是核心条件。实体应该与品牌存在相关性，具体表现在实体档次与品牌档次相当，实体受众与品牌目标顾客群体接近，实体内涵与品牌文化接近。只有实体与品牌存在相关性，才容易唤起受众，实现联想。最理想的状态是通过实体联想起品牌理念和品牌文化，唤起受众的心理诉求和思想诉求，达到提高品牌影响力的目的。例如，姚明稳重大方的个人形象与中国人寿"诚信为本、稳健经营"的企业宗旨具有相关性，容易让受众联想起中国人寿的企业文化；相反，可能一些受众很难将著名球星罗纳尔多、卡卡与金嗓子联系在一起。

（三）实体知识的可转移性

实体知识的可转移性是重要条件。实体知识本身的可转移性影响品牌杠杆的作用程度。有些实体知识容易转移，有些不容易转移。一般而言，抽象的实体知识容易转移，具体的实体知识不容易转移。因为具体的实体知识往往依附于实体本身，刻上了深刻的实体"烙印"，受众看到实体很难联想到其他；而抽象的实体知识往往存在于意识层面，容易转移。例如，2001 年北京成功申办 2008 年夏季奥运会事件是一个具体事件，很多企业推出祝贺广告，但是受众很难将这个事件与广告品牌联系在一起，因为这个事件信息的可转移性有限。而 2008 年北京奥运会不仅仅是全世界的盛会，更向世界传达了"更高、更快、更强"的奥运精神和中国崭新的国家风采。这样 2008 年北京奥运会信息更抽象化，知识的可转移性更强，受众更容易将 2008 年北京奥运会的世界性盛会的精神和民族自豪感的抽象信息转移到赞助商的品牌上。

品牌杠杆的优势在于通过借势，借外部实体之势，达到成本最小化、品牌影响力最大化的目的。企业应根据品牌特点合理选择外部实体，提高品牌杠杆效应。值得一提的是品牌延伸也是借助杠杆原理，但是品牌延伸中的"杠杆"与品牌杠杆原理思路是不一致的。品牌延伸中，杠杆的实体不是外部实体，而是品牌自身。品牌延伸立足于企业，借用品牌自身的优势向新产品或者新行业延伸，从而达到提升品牌价值，建立品牌多产品、多行业的超级品牌，实现企业多元化战略的目的。

▶ 本章小结

（1）品牌沟通是指在品牌管理的过程中，将品牌所具有的价值、品质、精神、文化等品牌属性，通过各种媒介宣传、促销等活动方式，让消费者理解、认同并与之融合的过程。

（2）品牌定价是实现品牌战略的一种营销策略，品牌定价需要以实现品牌战略为目标。价格管理与品牌的关系主要体现在价格与品牌的密切程度、价格与品牌价值的关系、价格变动对品牌的影响三个方面。

（3）渠道与品牌的关系主要体现为两个方面：①渠道策略是实现品牌战略的重要策略；②品牌实力影响渠道开拓。品牌渠道策略与产品渠道策略不同，品牌渠道策略在渠道推力的基础上更强调拉力的作用。企业需要将品牌推广与渠道建设相结合，制定品牌渠道策略。品牌广告是广告类型之一，品牌广告是重要的品牌营销策略工具，广告与品牌关系密切。

（4）品牌公关策略有：①品牌推广公关策略；②品牌维继公关策略；③品牌危机公关策略。品牌杠杆战略是通过整合外部资源来达到借力、省力的目的，是创建品牌的新模式。品牌杠杆根据杠杆原理，以外部实体为支点，将人们对外部实体的积极态度、印象、评价等转移到品牌上来，达到低成本扩大品牌影响力和提升品牌形象的目的。

▶ 思考题

1. 什么是品牌沟通？品牌沟通要遵循哪些原则？具体有哪些途径和方式？
2. 渠道与品牌有怎样的关系？
3. 简述品牌广告与产品广告的区别和联系。
4. 如何选择品牌杠杆实体？

▶ 案例分析讨论

在品牌沟通上不断创造惊喜
——访通用电气（GE）中国有限公司公关传播总监李国威

《中国广告》：GE作为国际品牌，有没有特别的策略进行品牌下沉？

李国威：我们在做国际品牌下沉的时候，应该是三个步骤。第一步是我们在全球完成品牌的转型，从消费品的品牌变成一个工业化的先进科技品牌。第二步就是在中国市场上落地，尽管我们的创始人爱迪生在中国有很高的知名度，但是作为一个创新品牌，中国的消费者和我们的目标客户对此还是不太了解。所以，我们通过对奥运会的赞助，一系列广告战略、赞助活动，使品牌印象传递到我们的目标客户当中去。第三步是随着我们业务的发展，品牌要向二三线城市和农村市场延伸，其实这对我们也是很大的挑战。我们的基本做法是：第一，通过广告覆盖，开展一些和品牌有关的活动，增加客户对品牌的接触点，使二三线城市的客户能够更多地去感受我们的品牌。第二，通过互联网等广告手段的渗透和扩展，我们作为一个B2B企业，以前做的广告可能是比较偏向于户外，像机场、写字楼。随着我们品

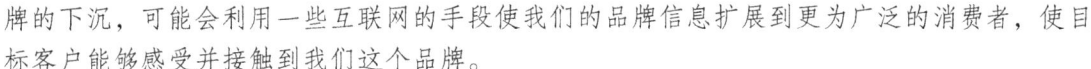

牌的下沉，可能会利用一些互联网的手段使我们的品牌信息扩展到更为广泛的消费者，使目标客户能够感受并接触到我们这个品牌。

《中国广告》：GE在进行品牌下沉的时候，会不会使用一些新媒体？

李国威：我们会考虑用新媒体的方式，我们在不断学习互联网新的技术，使这些技术能够为我们的品牌服务。我们的技术专家总是能够预见到未来几个月甚至是未来一两年技术的发展趋势是什么。但内容的控制很难，例如在以内容为载体的社交媒体上，谁也不会预料到未来互联网上大家关注的话题是什么。我们可以知道人类共同关心的话题是气候变化、东西方文化融合这些大的话题，但是如何在互联网上形成比较大的话题，同时通过对话题的讨论和传播能够影响到品牌，这是很大的挑战，我们也在探索当中。

《中国广告》：GE用过绿色创想，后来是健康创想，您能不能介绍一下这些主题的具体情况？

李国威：绿色创想和健康创想是我们全球的两个业务举措。我们公司的品牌形象是富有想象力和创造力。这两个主题是我们品牌核心价值的延伸。绿色创想是关注环保产业，在环保产业不断投资，开发新的产品。健康创想是我们去解决全球的医疗产业成本、市场覆盖面、服务质量等问题。这两个主题对于品牌也是一个促进作用，同时环保、健康是全人类的主题，我们想用这种主题来塑造我们的形象，无疑会对品牌形象的整体提升有所帮助。事实也证明了我们的广告战略和沟通战略是很成功的。

《中国广告》：这两大主题后，您还有没有下一步的概念？

李国威：我们现在是想把绿色创想和健康创想进一步做深。绿色创想已经做了五年了，健康创想去年刚开始做，今年我们在中国会推出健康创想这个概念，要把一个概念做得深入人心需要下很大的功夫，所以目前我们还没有准备再创造一个新的概念，而是集中精力把现有的这两个概念做好。

《中国广告》：在中国市场，你们如何深入这两大概念？

李国威：首先，我们有自信这两大主题和中国的经济发展主题，以及政府的战略重点是一致的。我们国家讲的就是节能、环保的产业和医疗的改革，那我们的话题就能够引起大家的兴趣。从整个创意和沟通策略来说，很多企业都想用这个话题去提升自己的品牌。我们怎么能够做到差异化，跟别人不一样，这也是一个很大的挑战。环保是一个很大的概念，但是我们讲的环保是工业化的一个技术解决方案，我们是用环保的技术、工业化解决方案来改变整个城市、工厂以及社会节能减排的状况。

《中国广告》：2008年，GE借助奥运推力进行品牌延伸。上海在今年也会举办世博会，你们在这方面有没有新的举措？

李国威：借助世博会，我们的营销还是主要通过B2B的方式，而不是通过广告的方式。由于世博会对于广告赞助商的级别有一定的限制，我们是世博美国馆的赞助商，所以很多向大众推广的渠道仅仅局限于美国馆。但是，我们会在美国馆做技术展示，同时会举办各种各样的活动，邀请我们的客户和政府官员来参加政府组织的一些活动。通过直接、细致的传递来表现我们提供的先进技术和解决方案。从品牌来说，我们在美国馆做的展示主要是围绕可持续发展和医疗，这也是美国馆的主题。所以，我们公司的方向跟美国馆的定位是一致的。观众在参观美国馆的同时，也能看到GE在可持续发展和医疗方面所提供的解决方案，他们也会对GE的品牌产生比较好的印象。

《中国广告》：在网上看到，GE品牌推广的形象广告占到预算的80%。这是真的吗？

李国威：是这样。GE是国际性的大品牌，它进入中国国民的心中，应该用哪些手段来让中国国民都知道这个品牌形象？我们现在的目标客户还是局限于企业决策者和政府官员，所以说我们的整个广告和品牌的沟通战略还是集中在这些人群身上。为了保证我们的品牌信息能够传递到这些人群，我们主要是通过广告、产品活动以及和客户的直接沟通这些手段来实现的。例如我们品牌要塑造创新、很有趣的形象，那么就需要一些很好的创意和沟通战略。现在的市场竞争非常激烈，在市场中怎么占得先机，让别人记住你，首先要有比较好的业务战略、有一个好的品牌基础，同时在广告方面也要有好的创意，并能够很好地实施。

《中国广告》：GE是高科技品牌，很难和"有趣"联系起来，您对"有趣"这个概念如何理解？

李国威：有趣就是要不断创新。在业务上提供新的解决方案，同时在品牌的沟通上不断给人创造惊喜。我想，两者必须紧密结合才能实现品牌沟通的最大效果。你一定要和别人不一样，才能够打动别人。因为现在这个市场上，能够做到有趣是不容易的。在众多的产品和行业中，要真正被别人记住，第一是有很强的相关性，你做的东西和消费者是相关的；第二就是必须有趣，我们很难想象一个枯燥的品牌能够影响到更多的消费者。很多B2B企业会认为卖产品最重要，品牌形象不是最重要的。但实际上，当产品对市场的渗透能够达到一定的程度，特别是像我们这样的多元化企业，我们的客户面和潜在客户面越来越广的时候，品牌就会发挥越来越大的作用。所以，变得有趣、变得吸引人，是我们的核心战略。如何用有限的广告预算达到最佳的广告效果？我们必须在创意、渠道和实施上更加创新。

（资料来源：姜红. 在品牌沟通上不断创造惊喜［J］. 中国广告，2010（8））

讨论题：

1. 试分析GE与《中国广告》之间的沟通属于品牌沟通中的哪种方式？
2. GE的品牌下沉策略体现了哪些品牌沟通方式？
3. 本案例中，GE的品牌沟通策略遵循了哪些沟通原则？

第八章

品牌组合与品牌战略

本章要点

（1）品牌组合的含义。
（2）品牌战略的广度和深度。
（3）主要的品牌战略。

导入案例

宝洁洗发类产品品牌组合战略的演进

宝洁是全球最著名的日化品牌公司之一，其洗发类产品品牌在其品牌大军中更为出类拔萃，从1988年第一款洗发水快速获得市场影响力以来，宝洁一直在我国市场上占据着重要地位。宝洁作为洗发行业的代表者，创造过行业中难以超越的奇迹，这是多维因素促成的，值得我们深究。

宝洁的洗发类品牌组合战略是不断发展的，具有明显的阶段性特征。宝洁洗发类品牌组合战略发展大致经过了三个阶段：萌芽期、成长期、成熟期。

（1）萌芽期：品牌组合的孕育。1988年—1992年，宝洁陆续推出海飞丝、飘柔、潘婷三大主品牌。品牌功能和情感定位明确，在当时我国混乱的洗发水市场中很快便脱颖而出。宝洁以每瓶19元的海飞丝撬开了我国市场，很快掳掠了当时的高端消费人群。海飞丝更成为那个时代的奢侈品，尽管价格是普通洗发水的十几倍，但仍供不应求。宝洁以飘柔首推的"二合一"全新概念曾引导了一个时代的洗发理念。其后，1992年，改变发质、健康亮泽头发的第三款洗发水潘婷的推出，与海飞丝、飘柔形成三大强势品牌，共同领军高端洗发产品市场。

在当时，我国洗发行业缺乏品牌，市场定位混乱，市场潜力巨大，因而吸引了宝洁，同时宝洁也准确把握住了我国消费者的潜在需求，定位明确，创造需求，将三大品牌成功导入我国市场。

（2）成长期：品牌组合的聚合与形成。1993年—2002年，宝洁的洗发水品牌经历了快速发展，也经历了竞争对手的威胁，业绩的大幅度下滑，再到决策失败栽跟头，重新调整到稳定发展状态。成长期大致分为三步：

第一步，1993年—1996年，茁壮成长。宝洁的海飞丝、飘柔、潘婷配合广告、事件营销等一系列营销策略的造势，品牌功能和情感定位与目标顾客产生共鸣，与竞争者形成差异，三大品牌的组合赢得了高端洗发水市场的先机，并形成持续稳固的竞争优势。

第二步，1997年—1999年，成长遭遇滑铁卢。受亚洲金融危机影响，我国经济出现下滑态势，也直接导致了价格相对较高的宝洁产品的需求下降。此后几年，随着竞争对手丝宝与夏士莲的强势崛起，宝洁的洗发产品市场进一步被竞争对手吞食，总的市场份额从高峰时期的65%下降到43%。1997年，宝洁推出的沙宣品牌在专业护发市场上也不大成功，消费者满意度不高，不及竞争者欧莱雅。

第三步，2000年—2002年，成长翻了个跟头。2000年，在重庆奥妮"黑头发"概念的冲击下，宝洁在我国市场推出唯一的原创品牌——润妍，主攻在我国已经大行其道的黑发市场，但最终以失败告终。

宝洁吸收经验教训不过度开发新品牌，将发展战略调整为走"成功品牌延伸"路线，推出"飘柔首乌"系列子品牌，还收购了主打天然草本概念的国际品牌伊卡璐，用此弥补市场空缺。尽管市场份额上没有提升，在决策上还遭遇失败，但是宝洁很快就调整好了格局，等待市场的强力竞争冲击。

（3）成熟期：品牌组合战略的延伸。宝洁洗发类品牌成熟期的特点是，在众多竞争者的夹击下，虽面临威胁，但市场影响力仍然较为稳定，甚至还有缓慢增长。

宝洁在成熟期的发展主要分为四步：

第一步，2003年，稳步上下延伸。2003年，以飘柔做让步，向下延伸。宝洁于2003年正式推出9.9元超低价新飘柔产品，飘柔产品线向下延伸，向广阔的中端市场渗透。飘柔的让步强力冲击了市场，市场份额剧增，飘柔更是成为最受大众喜爱的洗发类品牌。向上延伸，威娜引领高端市场。2003年，宝洁收购了德国威娜公司，威娜从此被纳入宝洁洗发类产品行列，占据我国洗发水的高端市场。

第二步，2004年—2006年，市场较快速地回增。随着美发行业的发展，全球专业美发市场呈现出良好的增长趋势，威娜在我国的专业美发市场也开始进入一个高速发展的时期。飘柔品牌战略延伸的影响力也在持续作用，到2006年，宝洁的飘柔、海飞丝、潘婷、沙宣四大品牌的市场占有率超过55%。整体而言，宝洁在海飞丝、飘柔、潘婷、沙宣、伊卡璐、威娜六大洗发类品牌以及其下子品牌的格局下，全方位覆盖市场，呈现相互独立、一致对外的阵势，整体发展态势积极回升。

第三步，2007年—2010年，快速应对新晋挑战。在2007年4月，联合利华推出清扬品牌，海飞丝面临挑战。清扬高调宣传自己是最值得信赖的头皮护理专业品牌，细分男女款，请明星代言造势。不过，海飞丝快速应对清扬上市所带来的冲击，加大广告投放力度。此外，2007年海飞丝升级版面市，2009年推出男士专用，2010年推出洗护保湿系列，2013年全新包装推出男士专用系列。海飞丝战略上的动态调整，一方面重新巩固和宣传了自己的品牌；另一方面，两大强者的火热竞争吸引了大多数消费者，在某种程度上共同打击了其他的竞争者，海飞丝和清扬在去屑细分市场取得了双赢的结果。

第四步，2011年—2014年，宝洁在中高端市场遭遇新贵，沙宣变革渠道，影响力提升，危机缓解。在这一时期，在我国市场上，欧莱雅、资生堂、施华蔻等新贵品牌开始崭露头角，高端和中高端开始成为品牌竞争的热点，宝洁、资生堂、欧莱雅、汉高的竞争带动了消费者走向中高端和高端。有数据显示，在 2011 年，中高端市场占整个洗发水市场的 10% ~ 15%。在东南沿海城市、省会城市等这个比例更大。而宝洁旗下的沙宣在这个竞争激烈的市场中具有良好的态势。主要原因是，一方面，沙宣升级改变了销售方式，把零售终端的货架展示改装成彩妆形式；另一方面，沙宣在引领年轻消费者对于中高端、高端洗发水消费的屈臣氏、美妆店等为代表的个性化店铺中也有销售。

虽然品牌组合格局稳定，但细分市场仍不乏强劲对手的挑战，面对竞争，宝洁吸取经验，快速应对，波澜不惊。这一阶段，宝洁面对竞争和市场需求的变动，灵敏度很强，应对策略到位。

结合前面品牌组合战略演进的研究，我们可以把品牌组合的演进路径大致分为三个阶段。

第一阶段：1988 年—1992 年，品牌组合战略导入阶段，海飞丝、飘柔、潘婷三大定位明确的主品牌陆续面市，引领消费者需求，在我国洗发行业中脱颖而出，初现宝洁洗发类产品品牌组合战略的基本格局。

第二阶段：1993 年—2002 年，品牌组合战略发展阶段。三大主品牌配合营销策略强势发展，后推出新定位的沙宣。尽管推出的我国本土品牌润妍无奈退市，但宝洁通过收购和品牌内部重组，形成主要产品品牌阵容，呈现出宝洁洗发类品牌组合战略一致对外的强势格局。

第三阶段：2003 年—2014 年，成熟阶段，宝洁稳步扩大市场范围，成功上下延伸。内部调整实现向下延伸；收购德国威娜公司，完美向上攀登。为了稳定威娜的高端、专业形象的持续效力，不强调宝洁的背书，保留其原来的销售渠道和方式，形成了以海飞丝、飘柔、潘婷、伊卡璐、沙宣渠道共享的五大日常洗发水，和高端、专业的威娜组成的 5 + 1 模式品牌组合战略格局，如图 8-1 所示。而且，不管是面对竞争对手的挑战，还是市场需求的走势，宝洁都表现得更加敏锐。宝洁洗发类品牌组合战略自此走入成熟阶段，格局稳定。

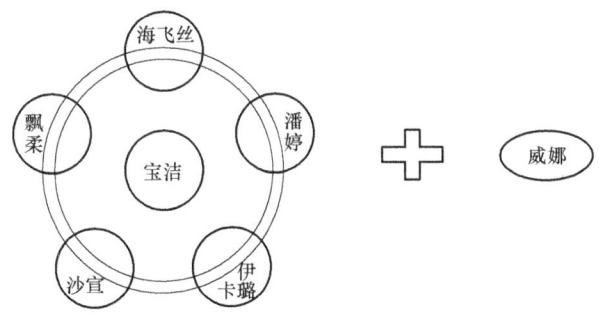

图 8-1 宝洁洗发类品牌组合战略格局的 5 + 1 模式

第一节 品 牌 组 合

第二次世界大战以前，宝洁公司的"潮水牌"洗涤剂一直很畅销，到了 1950 年，宝洁公司又生产出"快乐牌"洗涤剂，把两个品牌同时推向市场，这是多品牌组合经营的开始。宝洁公司很快发现，两个品牌组合经营虽然有些内耗，但由此形成的品牌屏障有效地保护了企业在竞争中的主导地位，所获得的销售额远远大于一个品牌的销售额。很快，这种多品牌组合经营的模式流行开来，成为很多企业品牌策略的当然选择。下面将介绍一些品牌组合的相关知识。

一、品牌-产品矩阵

制定企业的产品和品牌战略时，可以借助一个有用的工具，即品牌-产品矩阵。品牌-产品矩阵是以图表的形式来表现企业出售的品牌和产品，其中，矩阵的"行"表示企业的品牌，"列"表示相应的产品（见图8-2）。

该矩阵中，"行"代表品牌-产品关系，通过企业该品牌下出售产品的数量和性质，反映出品牌延伸战略。品牌线是指某一品牌下出售的全部产品（包括原始产品及产品线和大类延伸产品）的组合，因此，矩阵的一行就是一条品牌线。

通过品牌-产品矩阵，可以分析、判断当一个新产品要被引入市场时，究竟是采用开发新品牌（增添一条新的品牌线），还是放在某一条已有的品牌线内。如果选择后者，就要考虑该品牌权益能否给新产品带来贡献，同时还要考虑延伸产品对该品牌权益的贡献。

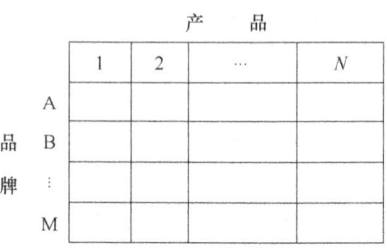

图8-2　品牌-产品矩阵

矩阵的"列"代表产品-品牌关系，通过每一产品大类下营销的品牌数量和性质，反映品牌组合策略。品牌组合是指企业出售的每一特定产品大类所包含的所有品牌和品牌线组合，因此，矩阵中的一列就是一个品牌组合。企业设计和营销不同的品牌，是为了吸引不同细分市场的顾客。品牌组合的价值由其对整体品牌价值最大化的贡献来衡量。换句话说，最佳的品牌组合是这样的：其中每一个品牌与该组合中的其他品牌组合都能使品牌资产最大化。

下面介绍一组有用的定义：

产品线是指某一产品大类内一组关系较为密切的产品组合。这些产品功能相似，目标客户群相同，营销渠道一致，或处于同一价格档次。一条产品线可以包含不同的品牌，也可以只包含一个家族品牌或单个延伸品牌。

产品组合或产品分类是指某一企业供出售的所有产品线和产品的总和。因此，品牌-产品矩阵的每一列代表一条产品线，所有这些产品线集中起来，共同形成了产品组合。

品牌组合或品牌分类是指某一企业可供出售的所有品牌线的总和。

二、品牌等级

一般来讲，产品的品牌名称不仅仅是一个名称，而是包含多个品牌名称要素的组合。例如，一台IBM ThinkPad A22M笔记本电脑，包含三个不同的品牌名称要素："IBM""ThinkPad""A22M"。在这些品牌名称要素中，有些要素为不同的产品所共同享有。例如，IBM以其公司名称作为它的许多产品的品牌；ThinkPad是指一种特定类型的计算机（如便携式，而非台式）；A22M则是一种特定型号的ThinkPad。因此，品牌等级是指构成产品品牌的一组名称或符号的先后有序的组合。其中有些要素是各品牌所共有的，也有一些是独特的、差异性的。品牌等级显示了一个公司内不同品牌和产品之间的关系，通过这个品牌等级，可以认知公司的品牌策略，追溯品牌之间的关系。

品牌等级往往自上而下进行命名，排名越靠上的名称应用的产品类别越广，排名越靠下的应用范围越窄，品牌的修饰性号码只用于特定的一种产品。在一个品牌中，不同的等级发挥的作用是不一样的。

（一）卡菲勒的品牌等级理论

法国著名的品牌专家卡菲勒提出了一种品牌等级的层次及其组合的看法。他认为品牌可以分为六个层次：

1. 产品品牌

产品品牌是指根据每个产品的独特市场定位赋予一个只用于该产品的品牌，如宝洁公司的洗衣粉品牌碧浪、汰渍等。

2. 产品线品牌

产品线品牌是指把产品线内的不同产品用一个品牌来标示，但不用于其他产品线，如法国的雷诺汽车。

3. 范围品牌

范围品牌是指把具有相同或组合功能的一组产品用同一名称标示，这些产品具有同一的顾客承诺，如欧莱雅系列化妆品。

4. 伞品牌

伞品牌支持不同市场上的不同产品，这些产品在各自的市场上有不同的承诺和沟通方式，如娃哈哈果奶、AD 钙奶、纯净水、八宝粥等。

5. 源品牌

源品牌类似于伞品牌，但直接命名产品，不借助于其他中间品牌，如海尔洗衣机、海尔冰箱、海尔空调、海尔热水器等。

6. 赞助品牌

赞助品牌作为各种不同类型的品牌（如产品品牌、产品线品牌或范围品牌）的支持出现，不作为主打品牌，如通用汽车的轿车。

显然，这样一种分类方法等级很多，而且相互之间有些可以兼容（如范围品牌和伞品牌），有些不能兼容（如源品牌和赞助品牌）。

（二）凯勒的品牌等级理论

美国著名营销专家凯勒对品牌层次进行分析归纳后，便提出了更为简洁的品牌等级划分。从顶层向底层排列如下：

1. 企业或公司品牌

企业名称经注册后用于标示产品的品牌（或一部分）即是企业或公司品牌，如 IBM、微软、娃哈哈、海尔等。

2. 家族品牌

家族品牌是指非公司品牌，但又用于标示不同种类的产品，如通用的雪佛兰、别克等。

3. 单一品牌

单一品牌是指只限于标示同类或同一产品的品牌。

4. 品牌修饰

品牌修饰可以用于任何上述三类品牌之中，如波音 777（波音为公司品牌），汰渍第 2

代（汰渍为单一品牌）。

（三）本书对品牌层次等级的理解

上文简要地介绍了两种不同的品牌层次组合理论，目的在于让品牌管理者认识到：品牌群可以由多种不同的方式组合在一起，目的是在不同的等级层次建立品牌资产，发挥群体功能，彼此促进，凝聚合力，创造最大的品牌权益。

本书从以下四个层面来分析品牌的层次等级：

1. 公司品牌层次

公司品牌这个层次的权益主要来自公司的形象，它是消费者头脑中留下的关于公司产品和服务及公司活动、实力、社会责任等的联想综合体。对采用源品牌和赞助品牌的公司，公司品牌形象尤其重要。

一些营销专家相信，消费者对公司整体社会角色的感知，已成为消费者购买决策中越来越重要的一个因素。一位大型广告代理机构的总裁这样说："任何事业唯一持久的竞争优势是它的声誉。"调研所得出的结论也与此一致，其结果表明，89%的样本反映，消费者是否购买某公司的产品往往取决于该公司的声誉；71%的样本反映，消费者对公司越了解就会对它越有好感。

认识到消费者也许会对产品特性及其联想以外的问题产生兴趣以后，许多营销活动开始着眼于建立良好的企业形象。一个企业的形象取决于很多因素，包括：①企业制造的产品；②采取的行动；③与消费者沟通的方式。强生公司的某 CEO 认为："声誉从许许多多小事情上反映出你的日常行为，树立良好形象的途径是勤于思考，力争每天做正确的事。"

值得注意的是，公司品牌与单一品牌在消费者心目中产生的联想是很不同的。公司品牌名称更让消费者联想起产品的共有特性和利益，联想到公司的员工和他们对消费者的态度、公司的各种规划和策略行为、公司的价值观念以及可信性和可靠性。例如，微软、英特尔、宝洁、惠普、IBM、强生等。

2. 家族品牌层次

家族品牌与公司品牌的一个共同之处是，它们均作为品牌应用于多类产品。家族品牌名不是企业名称，不会使人产生对企业的联想。例如，企业的业务行为、社会角色与家族品牌无关。家族品牌是卡菲勒的范围品牌和伞品牌的合称。

家族品牌介于公司品牌和产品品牌之间。由于企业业务不断扩展，公司品牌不再适用于生产和经营的产品和服务，这时企业就需要开发出新的品牌，而新品牌一旦立足市场，企业有可能在该品牌下进行延伸，就诞生了家族品牌。

家族品牌的另一个来源是企业的兼并和收购。这样的家族品牌并不罕见——通用汽车就是通过收购和重组获得包括凯迪拉克、别克、雪佛兰等家族品牌的。在同一个家族品牌下的产品有着一些共同的属性、利益点及定位。

家族品牌的成功在于延伸产品与原型产品极为贴近，并将品牌内涵发挥到极致。因此，家族品牌有如下好处：

1) 扩大品牌销售量和销售额，强化品牌形象和地位。

2) 降低品牌的开发成本。

3) 有利于品牌下的产品族的推销和被市场接受。

采用家族品牌在食品行业最为常见，如康师傅、亨氏、娃哈哈非常系列。在服装、化妆品行业也被广泛应用,如阿迪达斯、欧莱雅等。

3. 单个品牌层次

单个品牌仅限于在一个产品大类中使用,但这一产品大类可以包含不同型号、不同包装容量或不同风格的多种类型的产品。创造和使用单个品牌的主要优点是,可以使品牌及其所有的辅助营销计划满足特定消费者群体的需要,品牌名称、标志、其他品牌要素、产品设计、营销沟通计划、定价、分销策略等都可以针对特定目标市场进行设计。而且在这种情况下,当品牌遭遇困难或失败时,给其他品牌及公司带来的风险也是最小的。采用单个品牌的缺点是,需要为建立足够的品牌资产而开发单独的营销计划,这一过程十分复杂,而且花费不菲。

事实上,世界上很多知名品牌一开始都是由单一品牌起家的,由于品牌的巨大成功,单一品牌下推出新产品而转化成为家族品牌。例如可口可乐、万宝路,甚至一向崇尚单个品牌的宝洁公司,其玉兰油也有系列产品问世,走上了家族品牌之路。

4. 修饰品牌层次

不管是否已使用了公司品牌、家族品牌或单个品牌,都有必要根据产品项目或型号的不同类型进一步对品牌加以区分。而增加一个修饰成分,往往可以达到表现品牌在某些方面的完善程度或区别,如质量水平、不同的属性、不同的功能。品牌修饰的作用很重要,它可以传递信息,在同一品牌家族内表现品牌差异。同时,品牌修饰在保证企业某一产品大类整体的市场覆盖面方面也发挥了重要作用。品牌修饰还有助于使产品变得更具亲和力,进而与消费者甚至交易发生关联。当品牌修饰能够在其与母品牌间建立唯一的联想时,它们甚至可以成为强势商标。例如,只有 Uncle Ben(曾是美国最畅销的大米品牌)才有速煮米(Converted Rice)。

第二节 品 牌 战 略

战略(Strategy)一词源于希腊语"Strategos",意为军事将领、地方行政长官,后来演变成军事术语,是指军事将领指挥军队作战的谋略。在中国,春秋时期孙武的《孙子兵法》被认为是中国最早对战略进行全局筹划的著作;在现代,"战略"一词被引申至政治和经济领域,其含义演变为泛指统领性的、全局性的、左右胜败的谋略、方案和对策。20 世纪 60 年代,H. I. 安索夫(H. I. Ansoff)首先把战略的理念运用到企业管理中,对企业进行统筹规划和协调管理;后来,IBM 公司将这一理念运用到其产品和服务中,获得了巨大成功;这样一来,其他企业立即跟进,纷纷效仿,制定了自己的企业发展战略,品牌战略也就营运而生了。那么,什么是品牌战略呢?直观地说,品牌战略是指企业对自己品牌发展的战略规划,是企业针对外部竞争环境的具体情况及其未来发展趋势有效配置自身资源,对品牌塑造的整体规划和长远安排。品牌是一项长期投资,塑造品牌已成为一个完整的商业系统,它需要企业从战略的高度对产品研发、生产、销售、传播与服务等每个环节进行科学管理,不断增强品牌的核心竞争力。

一、品牌战略的广度和深度

品牌战略决定了在什么产品中应用诸如品牌名称、品牌标志、品牌符号等品牌要素以及在新品牌中应用新的及现有品牌要素的性质。某一企业的品牌战略可用其广度（品牌-产品关系及品牌延伸策略）和深度（品牌-产品关系及品牌组合或分类）来度量。如果某一企业拥有多种品牌，并且其中许多品牌已延伸到多种产品大类，就可以认为这家企业的品牌战略既具有广度也具有深度。

（一）品牌战略的广度

品牌战略的广度与企业出售的品牌下不同产品的数目和性质有关：企业的产品线数目应该是多少（即产品组合的广度）；每一产品线之间的区别应该有多大（即产品组合的深度）。

1. 产品组合的广度

莱曼（Donald R. Lehmann）和温纳（Russell S. Winer）经过深入研究之后，提出了一套影响产品大类吸引力的因素。他们认为，决定某一产品大类内在吸引力的主要因素有三个：总体市场因素、产品大类因素、环境因素（见表8-1）。

表8-1 产品大类吸引力因素

总体市场因素	产品大类因素	环境因素
市场容量	新进入的威胁	技术因素
市场增长	买方讨价还价的能力	政治因素
所处产品生命周期的阶段	卖方讨价还价的能力	经济因素
销售周期	当前的产品大类竞争	法规因素
季节影响	来自替代品的压力	社会因素
利润	产品大类的容量	

（1）总体市场因素。总体市场因素是指那些市场本身的描述性特性，即当某一产品大类呈现出如下特征时，可以认为它是具有吸引力的：

1）市场容量相对较大（同时从数量和金额两方面衡量）。
2）市场增长很快（当前和计划中都是如此），并且处于产品生命周期中的成长阶段。
3）销售不受周期性或季节性因素的影响。
4）存在相对较高、较稳定的利润。

（2）产品大类因素。产品大类因素是指那些影响产品大类的深层次的结构性因素。以下几种情况下，可以认为某一产品大类是具有吸引力的：

1）新进入的威胁少（经济规模、产品差异、资金要求、转换成本或分销系统等都可以形成进入堡垒）。
2）购买者讨价还价的能力低。
3）供应商讨价还价的能力低。
4）当前的产品大类竞争不激烈。
5）在消费者眼中能高度替代的产品很少。
6）市场在接近或达到大类容量的情况下运行。

（3）环境因素。环境因素强调那些与消费者和竞争者无关的影响营销战略的外部力量。许多技术、政治、经济、法规和社会因素都会对某一产品大类的前景产生冲击。

所有这些因素都在一定程度上与消费者、竞争者及营销环境有关，都必须进行评估，以确定某一产品大类或市场的内在吸引力。

2. 产品组合的深度

一旦做出有关产品组合广度的决策，接下来需要明确各产品线之间的区别度，从而制定出最佳产品线战略。产品线分析要对市场及产品之间的成本依赖有一个透彻的了解，要考察产品线中的每一项目或成员对销售和利润的贡献率，同时还需要对产品线中每一项目承受竞争及满足消费者需求的能力进行评估。通过增加新的变量或项目来延长产品线，一般可以扩展市场覆盖面，增加市场份额，但同时也会导致成本上升。

（二）品牌战略的深度

品牌战略的深度是指企业出售的产品大类中所营销的品牌的数目和性质，多品牌战略能提高市场覆盖率。宝洁公司将这种做法发挥到了极致。

采用多品牌战略的主要是为了追求多个细分市场。这些不同市场的细分标准建立在对各种不同类型因素考虑的基础之上，如不同价位、不同分销渠道、不同地理区域等；或者是根据人们对某一品牌的不同偏好而细分，如福特汽车集团旗下的豪华车品牌林肯。

在同一产品大类中采用多品牌战略的其他原因还有：

（1）扩大店内货架陈列范围及提高对零售商的依赖性。

（2）吸引那些追求多样化的消费者，否则他们有可能转向其他品牌。

（3）加大企业的内部竞争。

（4）在广告、销售及分销等方面获得规模经济。

为了设计最佳的品牌组合，营销人员一般需要在市场覆盖面以及有关成本、利润的考虑方面进行权衡。任一品牌都应该与其他品牌有明显的区别，并能吸引一个有足够容量的细分市场，以弥补营销成本和生产成本。

一般而言，设计品牌组合的基本原则是最大化市场份额，这样才不会忽略那些潜在的消费者，同时要最小化品牌重叠，以防止在获取消费者认同时品牌相互竞争。每一个品牌都应有明晰的目标市场和准确的市场定位。

二、主要的品牌战略

随着企业的发展，在具备一定的资金、技术、管理、人才和品牌优势后，必然不断开发出新的产品。这些新产品与原来的产品可能属于同一系列，也可能属于不同类别，企业此时就可能面临着品牌策略的决策：是选择单一品牌策略、多品牌策略还是主副品牌策略、联合品牌策略。不同的品牌策略受制于一定的条件和前提。

（一）单一品牌策略

1. 单一品牌策略的定义

单一品牌策略也称同一品牌策略，是指企业的多种产品使用同一品牌名称的策略。例如，通用电气公司的所有产品都统一使用"GE"这个品牌；三菱公司生产的所有产品均采用三菱的名称和标志；而我国成都彩虹电器股份有限公司生产的电热毯、消毒柜、杀虫剂等产品也一律使用"彩虹"这个品牌。

2. 单一品牌策略的种类

根据单一程度的不同，又可将单一品牌策略细分为产品线品牌策略、产品项目品牌策略和伞形品牌策略三种。

（1）产品线品牌策略。产品线品牌策略是一种局部的单一品牌策略，是指企业对同一产品线上的所有产品均使用同一品牌的策略。由于同一产品线上的产品面对的是同一消费群体，它们在生产技术上有着本质的内在联系，在功能上互补，因此可以使用一个品牌满足同一消费群体内不同方面的消费要求。例如，女性化妆品一般都采用产品线品牌策略。

（2）产品项目品牌策略。产品项目品牌策略是一种跨越产品线的单一品牌策略，即对不同产品线中具有同等质量和能力的不同产品使用同一品牌。产品虽然不同，但市场定位和承诺是一致的，因而使用同一品牌的所有产品拥有共同的市场沟通主题。世界著名的服装制造商贝纳通（Benetton）公司生产适合各种消费者穿着的品牌服装，其宣传主题是"贝纳通的联合色"，暗示其产品适合不同肤色的消费者。

（3）伞形品牌策略。伞形品牌策略是一种完全的单一品牌策略，即对企业生产的所有产品不管其相关与否，均使用同一品牌的策略。利用这种策略最成功的例子是飞利浦（Philips）公司，其生产的所有产品，包括音响、电视、计算机、灯泡、剃须刀、手机、家电等均使用 Philips 品牌。

3. 单一品牌策略的优势和劣势

单一品牌策略的优势是：①规模效益，即在树立企业名牌形象以后，可以花较少的力气树立产品名牌，因为企业名牌是产品名牌的基础和后盾，"将门有虎子"，而且对营销系统的要求也具有同一性，从而节省营销费用；②日晕效应，即企业开发出的新产品很容易被市场认为是名牌产品，至少是名牌企业的产品；③模糊效应，即如果企业的产品有缺陷时，容易被市场谅解。

单一品牌策略的劣势在于：①负向溢出效应，即当使用同一品牌的产品过多，而且这些产品又跨了较多的行业时，人们就会认为名牌企业不能保证所有的产品都可信赖。例如，人们不会怀疑松下电子产品的质量，但会怀疑其机械、化工产品的质量。②分离效应，即在策划和宣传不当的时候，人们往往只知道企业而不知道其产品，造成企业和产品的分离。例如，如果消费者对企业的产品不太了解，在同一品牌的产品过多的时候往往怀疑产品是不是这个企业生产的，不法企业甚至会盗用企业的品牌。③连带效应，即一旦以同一品牌命名的某一类产品或某一种产品出现了质量或服务问题，就会牵连到其他产品甚至企业的形象。

4. 单一品牌策略的运用条件

（1）企业产品的关联度。单一品牌策略实质上是采用品牌延伸的方式推出新产品。要想新产品被市场所接受，原有品牌的产品与新产品之间是否有较强的关联度至关重要。

（2）企业的品牌定位。品牌定位一旦确定，企业的经营决策就必须与之保持价值取向的一致，否则就会造成品牌形象的混乱，引起消费者的困惑和不满。一般来说，品牌定位的最大范围是第一次使用这一品牌的产品所属的行业。

（3）企业使用单一品牌策略所推出的新产品必须具备相当可靠的质量保证。如果新产品发生了质量问题，就会牵连到整个品牌的产品，从而让更多消费者迅速远离这一品牌。

（二）多品牌策略

1. 多品牌策略的定义

多品牌策略也称产品品牌策略，是指企业以其生产和经营的不同产品分别命名，不同产品使用不同的商标。简单地说，它是指企业同时经营两种或两种以上互相竞争的品牌以促进企业总销量的增加。宝洁公司是应用这种策略最成功的范例。在我国市场上，"飘柔""潘婷""海飞丝""沙宣"等多个品牌都是宝洁公司的产品。

2. 多品牌策略的优势和劣势

多品牌策略的优势在于：①杠杆效应，即在企业发展初期，企业将主要精力投入在一个品牌的创立上，如果该品牌受到市场和社会的确认，则可以托起企业的形象，并可在已经积累的经验的基础上创立其他名牌。②星火效应，它有两个方面的含义，一是积累较多的名牌，有助于企业的跳跃式发展；二是分散风险，名牌各自独立，名牌与非名牌相对独立、互不影响，这样可以降低企业的风险，如果非名牌产品出了问题，甚至是某一个名牌出了问题，手中仍然有其他名牌，依然可以凭"星星之火"取得"燎原之势"，企业依然可以生存和发展。③先导效应，即由于企业和产品的唇齿关系，产品名牌的创立往往是名牌企业创立的第一步。

多品牌策略的劣势在于：①规模不经济。分别创立品牌必然要分别进行策划和宣传，要分别进行投入，还要承担各自的风险。②分离效应，即把产品而不是把企业放在第一位，消费者接受的只是这种产品，而不一定是这个企业的这种产品。

3. 多品牌策略的运用条件

（1）企业的规模和经营实力。企业的资金实力、对多品牌市场的驾驭能力是实施多品牌策略的重要条件。

（2）产品与行业特点。在消费者更注重个性化产品的情况下，企业适合采用多品牌策略，如生活用品、食品、服饰等日用消费品；而家用电器等耐用消费品则适合采用单一品牌策略。

（3）各品牌之间的定位有明显的差异，可实施严格的市场隔离，开展品牌差异化营销，并协同对外。

（4）每一品牌所面对的细分市场都应具有规模性。品牌的目标市场应具有足够的市场容量。

（三）主副品牌策略

1. 主副品牌策略的定义

所谓主副品牌策略，是指在主品牌保持不变的情况下，在主品牌下为新产品添加一个副品牌，以便消费者识别该产品，拉近消费者与该品牌之间的情感距离，促使消费者认知并购买该产品。简言之，就是在品牌（上标）不变的情况下，给新产品起一个"小名"，如三星·名品、松下·画王、红心·小厨娘、海尔·小神童等。与其他品牌策略相比，主副品牌策略最突出的特点是它具有极强的针对性。主副品牌策略解决了单一品牌策略容易导致的品牌个性模糊问题和多品牌策略容易导致的资源浪费问题。

2. 主副品牌策略的优势和劣势

主副品牌策略的优势在于：①实现了"同中求异"，即在保持主品牌稳定性和权威性的基础上，又通过副品牌体现了产品的差异性，前者有利于主品牌资源的共享，后者展示了产品的多样性和丰富性。②有利于主品牌保护。如果主品牌得到消费者认可和信赖，副品牌就可以凭借主品牌这辆"便车"迅速占领市场，获得消费者认可，进而取得效益，主品牌也可以借助副品牌加深企业的核心理念和价值观，主副品牌相互促进、共同发展。③有利于充分利用主品牌的影响力，提高宣传费用的使用效率。企业以宣传主品牌为主，宣传副品牌为辅，广告宣传的重心仍放在主品牌上，副品牌可以依附于主品牌联合进行广告活动。④有利于预留新的发展空间。就主品牌而言，一般定下来就不能随意改动；副品牌则不同，它可以随着时间、地点和产品的特征不同而做出相应的变化，这样就为企业在统一的主品牌下不断推出新产品留下空间和余地。

主副品牌策略的劣势在于：①垂直延伸风险。对于一个采取主副品牌策略的品牌延伸而言，不论是从高档到低档的延伸还是从低档到高档的延伸，都面临着很大的问题。如果用低档品牌推出高档产品，消费者就会对产品品质有疑虑，产品推广必将异常艰难；同样，如果用高档品牌推出低档产品，通过超越消费者细分市场、分销渠道或价格点来延伸品牌组合也绝非易事。②水平延伸风险。采取主副品牌策略进行水平延伸，企业覆盖不同的品类、跨越不同的行业同样将会面临很多相同的风险，企业进行相关产品延伸时，使用不当就会扰乱产品在消费者心目中的定位，例如雪佛兰将生产线扩展到货车、赛车领域后，消费者心目中的"雪佛兰是美国家庭轿车"的定位模糊了。③过度使用风险。无限制的副品牌延伸将会使消费者失去辨别能力，使副品牌的优点归零。使用副品牌绝不是越多越好，如果企业希望自己更专业，就要尽量把路走得"窄"一点，避免副品牌滥用的问题。

3. 主副品牌策略的运用条件

企业是否采用主副品牌策略，需要视具体情况（如企业状况、行业状况、产品状况等）具体分析。

1）若由于技术不断进步等原因，产品不断更新换代，更新期较短，则最好使用主副品牌策略，因为这样既可以区别于以往的产品，又可以使消费者认为企业在不断发展，这种情况在移动通信和计算机行业中比较典型。

2）若企业经营同一类产品，而且该市场竞争激烈，产品使用周期较长时，则可以使用主副品牌策略。家电行业就属于这种情况。

当然，这也不是绝对的。企业应根据自己的实际情况及产品的不同特征，结合外部环境辩证地做出决策，而不能机械地套用条条框框。

（四）联合品牌策略

1. 联合品牌策略的定义

联合品牌策略是指两个或更多的品牌合并为一个联合产品和（或）以某种方式共同销售的策略。每个品牌都期望另一个品牌能强化整体形象或购买意愿。

星巴克作为"咖啡快餐业"的知名品牌，与某航空公司携手，一方面拓展了新的业务领域，使自己的产品覆盖到了更广阔的市场空间；另一方面也正是由于这种优势合作，使二者在各自领域中的品牌价值得到了提升。事实证明，许多其他品牌的忠实顾客正是由于这项新举措，转而选乘该航空公司的航班的；而现在许多星巴克的忠实消费者也是在该航空公司的航班上结识并开始钟情于这一"咖啡之星"的。

2. 经济全球化背景下联合品牌策略的优势

第一，联合品牌策略有助于企业冲破国际贸易壁垒，迅速开拓新市场。联合品牌双方的合作有助于一方迅速被另一方原有的顾客所接受，从而接触到对方的客户群而获得新市场。不仅如此，联合品牌策略还有利于企业冲破国际贸易壁垒，快速进入当地市场。

第二，联合品牌可巩固垄断地位，提高进入壁垒。以纵向一体化联合品牌为例，假设一个纵向一体化联合品牌在一种最终产品的生产过程中的前序阶段具有垄断能力，那么这家企业便可以提高前序阶段产品的价格，使未纵向一体化的企业在购买时支付高价。同时，这家企业还可利用垄断地位压低最终产品的价格,未纵向一体化的企业就不得不高价购进、低价售出,从而被驱逐出市场。同时,纵向一体化的联合品牌筑高了进入壁垒,从而阻止潜在的竞争者进入。

第三,联合品牌策略有助于凸显品牌的自身属性。品牌之所以为顾客所认可,是因为它已经在顾客心目中有了明确的定位,而且能使顾客产生丰富的联想。当产品和品牌单独出现不能揭示产品的特征时,联合品牌就可以利用另一品牌给顾客带来的联想来说明产品的特质。

第四,联合品牌策略能够降低营销成本。品牌的组合可以降低企业的总成本,如设备、厂房成本的分担等。以促销费用为例,在开拓市场方面,合作双方共同分担费用,加之各品牌早期的广告和促销活动对联合品牌的作用,双方的促销费用都会大大降低。

第五,联合品牌策略能够提高品牌权益。联合品牌的品牌权益影响着消费者对联合品牌资产的感知,因为原有品牌的品牌权益将有助于引起消费者的关注以及渠道成员的青睐。联合品牌可以降低企业进入消费者对企业专长心存疑问的新产品门类的风险。从信息经济学的角度来看,品牌对消费者而言意味着信号质量,当发现一种产品的品质可信度较差时,可以通过联合的方式寻找可提供较高品牌可信度的第二品牌,消费者对产品的品质认知因而会有所提升。

3. 品牌联合策略的风险

品牌联合策略具有很强的利益相关性,这些利益的相互联系传递了一个信息:如果品牌运用得当,就可以达到双赢的效果;如果运用不当,合作伙伴的一方或双方就可能遭受恶果。此外,如果联合经营的一方落后于另外一方,那么另一方也会受到影响。

品牌联合策略有时还会存在以下风险:

(1)光晕效应。知名品牌与不知名品牌联合时,后者会消失在前者的光晕中。对于不知名品牌,如果与大品牌联合,虽然可以增加销售收入,但是由于缺乏自己品牌的独特性,品牌建设将会停滞不前。

(2)商标退化。在某些情况下,品牌联合会导致品牌所有者失去使用商标的专有权。品牌联合把不同品牌符号和商标进行组合,可能会危及双方品牌的独特性。因为商标在定义上是和一个业主独占的产品或服务有关的,并指明了同一个贸易来源。当这个标记不再具有"出处标志"的功能时,它可能会变成不受商标注册保护的通用名词。这时,竞争者就可能会趁机而入,申请取消已经注册的商标或者据为己用。

(3)扩张过度。在进行品牌联合时,联合双方都应当考虑同自己联合的企业的商业领域是否适合自己,联合后能否让消费者对新的产品或服务做出正面的反应,能否给他们带来一些有价值的利益。

然而,很多企业过度夸大品牌联合的力量,过度扩展品牌的使用范围,导致本已成功的品牌遭受重创。

4. 品牌联合的方式

(1)认知品牌联合。这类品牌联合共同创造价值的潜力处于最低层次。合作企业通过品牌合作向对方的顾客群展示自己的产品、服务和品牌,扩大企业在新目标市场上的影响,提高企业品牌在新受众中的认知度。

美国运通和达美航空公司进行合作,结合达美航空公司 SkyMiles 计划,以品牌联合的形式推出了 Optima 信用卡。这一品牌联合使美国运通为自己的信用卡赢得了更多的客户和业务，提高了品牌的认知度；而达美航空公司则通过向乘客让渡更多的价值提高了顾客的忠诚度。由于品牌合作的目标仅仅局限于同受众进行接触并提高其认知度，因此该品牌联合共同创造价值的潜力较低。

（2）价值注释品牌联合。这种品牌联合表现为一方品牌对另一方品牌的价值或定位进行注释，或双方品牌相互注释。价值注释品牌联合的实质是两个企业为了实现其品牌价值在顾客心目中的联合而进行的合作，而这种品牌价值的联合又是通过顾客的品牌联想来实现的。

蓝带是法国著名的厨艺学院，其品牌可以看作最高厨艺水平的代名词；而特福则是法国最主要的厨具生产商。特福以"Integral"品牌推出其高质量的厨具系列，而在其产品和广告中同时出现蓝带品牌。蓝带品牌在特福整个营销活动中都发挥着注释的作用，这一价值注释品牌联合策略已取得了极大的成功。

（3）成分品牌联合。成分品牌联合是指两个品牌同时出现在一个产品上，其中一个是终端产品的品牌，而另一个则是其所使用的成分或组件产品的品牌。

例如，康柏、IBM 和英特尔进行了品牌联合。英特尔公司一直是全球最大的优良芯片供应商，它拥有世界先进的芯片制造和研发技术，其奔腾系列芯片卓越的质量和性能得到了全球用户的认可。它激发消费者的品牌联想，认为英特尔芯片是优秀计算机制造商的必然选择，采用英特尔芯片的计算机一定是质量可靠、性能出众的。计算机制造商正是利用成分品牌的这种作用来创造更高的价值。

（4）能力互补品牌联合。能力互补品牌联合是指两个强势品牌在能力上具有互补性，它们的合作并不是各个部分的简单相加，而是集中各自的核心能力和优势来共同生产一个产品或提供一种服务。能力互补品牌联合是最高层次的品牌联合，共同创造价值的潜力最大。

在英国，埃索石油公司和特易购连锁超市合作，在全国的汽车加油站建立 24 小时微型超市，堪称运用能力互补品牌联合策略的成功案例。埃索在英国是三大汽油零售商之一，它拥有管理加油站的经验以及遍布全国的零售网络；而特易购则是英国最大的连锁超市集团之一，它熟悉不同消费者的购买习惯和消费模式，具有经营超市的丰富经验。通过品牌合作，特易购利用埃索的加油站在高速公路边建立了微型超市，由此迅速地占领了新市场，提高了市场占有率，降低了促销成本，丰富了特许经营的经验，赢得了众多的消费者。另外，埃索公司所收获的也不仅仅是特许费收入，合作为它带来了新的顾客，销售额也大幅增长。

▶ 本章小结

（1）品牌-产品矩阵是以图表的形式来表现企业出售的品牌和产品，其中，矩阵的行表示企业的品牌，列表示相应的产品。产品线是指某一产品大类内一组关系较为密切的产品组合。这些产品功能相似，目标客户群相同，营销渠道一致，或处于同一价格档次。最佳的品牌组合是：其中每一个品牌与该组合中的其他品牌组合都能使品牌资产最大化。品牌有四个等级：公司品牌、家族品牌、单个品牌、修饰品牌。

（2）企业的品牌战略可用其广度（品牌-产品关系及品牌延伸策略）和深度（品牌-产品关系及品牌组合或分类）来度量。品牌战略的广度与企业出售的品牌下不同产品的数目和性质有关；品牌战略的深度是指企业出售的产品大类中所营销的品牌的数目和性质。

（3）品牌的主要战略包括单一品牌策略、多品牌策略、主副品牌策略和品牌联合策略。不同的品牌策略受制于一定的条件和前提，也各有优缺点。每一种品牌策略的运用都不是按部就班、机械不变的，企业应根据自己的实际情况及产品的不同特征，结合外部环境辩证地做出决策，灵活地应用不同策略。

思考题

1. 试比较分析单一品牌策略与多品牌策略的异同。
2. 以一个公司为例，归纳其品牌组合和品牌等级的特点。
3. 主要的品牌战略有哪些？
4. 试述品牌联合的方式及其战略意义。

案例分析讨论

沃尔沃"品牌组合拳"

——品牌以互补的形式满足不同客户的需求

《21世纪商业评论》记者（以下简称21CBR）：沃尔沃集团正式进入中国已有22年。目前，中国市场在沃尔沃战略中处在什么位置？

陈然峰：沃尔沃集团最初在中国只有一个办事机构，现在，集团旗下所有业务，包括卡车、建筑设备、客车、船用和工业应用驱动系统、金融服务业务等都已经进驻中国，而且发展得都不错。从整个销售量来讲，中国市场是沃尔沃集团的全球第三大独立市场，也已经成为沃尔沃集团的"本土"市场。所以，中国市场越来越重要。

21CBR：2013年1月，沃尔沃集团与东风集团达成战略合作，一年来，这一合作取得了哪些进展？

陈然峰：这个合作已经获得批准，后面还要完成一些审批。不过，双方已经在进行全面的交流，并展开了一些合作。例如，在即将举行的2014—2015沃尔沃环球帆船赛上，东风商用车公司冠名赞助了一条赛船，叫"东风号"，这就是品牌合作。沃尔沃环球帆船赛是全球三大帆船赛之一，也是唯一一个环绕地球的顶级帆船赛事，历时9个月。随着沃尔沃环球帆船赛的举办，东风商用车在全球的品牌影响力也将不断扩大。

目前，沃尔沃集团旗下的卡车业务主要以进口的方式进入中国。我们希望，东风商用车公司下半年能够挂牌运营。如果一切能按计划进行的话，这将给我们的卡车业务带来很大的推动——沃尔沃集团卡车业务将成为全球最大的中、重型卡车生产企业。

21CBR：去年年末，沃尔沃集团卡车业务向中国市场推出UD品牌的酷腾重型卡车系列。在中国市场，集团已经有沃尔沃、雷诺等卡车，未来也将有东风商用车，为何还要引入UD？

陈然峰：沃尔沃集团的卡车业务以多品牌战略满足中国客户日益增长的发展需求。每个卡车品牌具有不同的市场定位，可以满足各细分市场客户的不同需求：有的客户要求省油，有的客户更看重安全性，有的则看重操控性等。沃尔沃建筑设备业务在中国收购山东临工70%的股权也是同样的逻辑。山东临工是一家国内的建筑设备制造商，沃尔沃与山东临工的定位不同，凭借"沃尔沃"和"山东临工"双品牌策略，双方可以达到一种互补，满足不同的客户需求。在建筑设备领域，中国是全球最大的挖掘机和装载机市场，而沃尔沃和山东临工的挖掘机和装载机业务在这个市场上是第一位的。另外，我们也希望山东临工品牌在国际市场上有很好的发展，尤其在俄罗斯、巴西等新兴市场。通过合作，山东临工可以借助沃尔沃的技术、全球的营销网络和经验，走向国际市场。

21CBR：无论是收购山东临工70%的股权，还是与东风集团战略合作，沃尔沃集团都保留了合作方的品牌独立性。为什么？

陈然峰：首先，沃尔沃集团旗下有不同的品牌，以卡车业务为例，除了沃尔沃卡车，我们还有法国雷诺卡车、美国迈克卡车、日本UD卡车，在印度还有一个合资品牌Eicher。沃尔沃集团采取的是"品牌组合"的管理模式，除了沃尔沃这一家喻户晓的品牌外，我们通过不同的品牌以及不同的产品系列，最大限度地满足不同的客户需求。

其次，我们认为一个品牌的塑造是要经过多年耕耘的，品牌是企业很重要的无形资产，一个品牌的独立经营并不会影响沃尔沃集团其他品牌的产品，以互补的形式满足不同客户的需求。这也是沃尔沃集团与众不同的地方，不管以什么方式投资一个品牌，它的主要诉求是通过帮助这个品牌不断取得成功，实现双赢，绝对不是去削弱某个品牌。

（资料来源：郝凤苓. 专访沃尔沃中国投资有限公司总裁陈然峰［N］. 21世纪商业评论，2014-05-19）

讨论题：

1. 结合案例，分析沃尔沃品牌组合策略的合理性有哪些？
2. 结合案例，分析沃尔沃品牌互补的具体体现。

第九章

品 牌 延 伸

本章要点

(1) 品牌延伸的定义、动因。
(2) 品牌延伸的优势与劣势。
(3) 品牌延伸的策略。

导入案例

迪士尼——文化产品品牌延伸

美国迪士尼公司是在文化产品延伸中做得最好的、最有代表性的公司之一。如今,迪士尼的文化产品已经在世界范围内占有一席之地,其文化产业链已经发展得相当成熟,已为迪士尼创造出了巨大的财富。2003年11月,《福布斯》杂志公布了全球十大虚拟人物财富榜,米老鼠登上了榜首。

米老鼠的形象已经扩展到了众多领域中,如食品、玩具、服装、文具等。如今,迪士尼在不断生产动画片、电影的同时,也在不断地将这些文化产品进行延伸,迪士尼乐园与其他主题公园最大的不同就是其品牌基础、鲜明的主题与独特的卡通资源。迪士尼乐园里面每一个游乐设施都是基于迪士尼有影响力的动画片或者电影而建立的。整个公园的建设都是以迪士尼的动画或电影为基调的,它的理念就是让人们进入了迪士尼乐园就如同进入了童话世界,进入了迪士尼的动画片中。每当迪士尼推出一部成功的大片,迪士尼乐园里就会出现相应的游乐设施。每当一部新电影或动画片成功后,与之相关的周边产品立即会出现在迪士尼乐园或者商场里的迪士尼店铺中。动画人物玩偶是最具代表性、最传统的一种周边产品。迪士尼在每一个游乐设施旁会设置一家店铺,以加勒比海盗为例,走出加勒比海盗游乐区会进入一个商店,商店里都是与该影片、该游乐设施相关的产品,加勒比海盗里人物的服装、宝物、帽子、宝剑、鞋子、T恤衫、玩具、玩偶等,应有尽有。对电影喜爱并且在玩的过程中有愉快体验的人都会从店里买一些纪念品回去。

迪士尼乐园会定期举办各种不同类型的主题活动,例如公主与海盗的化装舞会,游客们需要购买比普通门票贵一些的门票入场,同时装扮成动画片中的公主或者海盗的样子在公园里参加各种各样的娱乐活动。门票仅是迪士尼的一部分收入,购买这些特殊的服饰是其更大的收入点,迪士尼的商店为游客提供了各式各样的服装与道具,有白雪公主的裙子、睡美人的裙子、杰克船长的衣服和帽子,这些服装和道具与电影中的一模一样。一件公主的裙子或海盗的服装至少100美元,而这些公主与海盗的服装几乎只有在迪士尼的商店里才能买到。迪士尼在这方面的产品延伸是非常巧妙的,由于这些裙子在现实生活中根本不能每天穿,而迪士尼还想卖出这些几乎一辈子都不会有机会穿的衣服,于是设计出了主题舞会,为人们创造了一次穿迪士尼昂贵服饰的机会。不仅增加了门票收入,也出售了大量相关产品。

迪士尼对其文化产品的延伸并不仅仅局限于周边产品的销售和迪士尼乐园的收入。迪士尼还会在其成功的电影或动画片的基础上推出各种新的衍生文化产品进行再次销售。1992年,迪士尼推出了《狮子王》这部动画片,这是迪士尼历史上最成功的一部动画片之一。迪士尼在《狮子王》大获成功后没有停留在原地,而是对其进一步开发,经过几年的时间,创造出了一部经典的音乐剧《狮子王》,以音乐剧的形式重新演绎《狮子王》,这种新的形式也极为成功。《狮子王》音乐剧使得《狮子王》动画片的生命力延续至今。继《狮子王》的音乐剧取得成功后,迪士尼又推出了《小美人鱼》《歌舞青春》等与电影相对应的歌舞剧,并且进行了全球巡演,票房都非常高。这种类型的产品延伸使得一种文化产品的影响越来越广,产品的生命周期延长了数倍,而且其给商家带来的额外收入是巨大的。

由此可见,迪士尼文化产品的成功延伸使得迪士尼品牌价值大增。随着生活水平的逐步提高,人们消费(投资)时越来越重视品牌,在这样一个大环境中,企业推陈出新的速度也是越来越快,在新产品进入市场时采用哪种策略能以最快的速度打开市场成为企业越来越关注的问题。

(资料来源:杨扬. 迪士尼——文化产品品牌延伸 [J]. 中国商界(下半月),2009(8))

第一节　品牌延伸概述

品牌延伸是企业发展的重要战略之一,国外的资料显示,在一些出类拔萃的消费品公司所开拓的新产品中,有95%是通过品牌延伸进入市场的。品牌延伸通常是在企业多元化战略下产生的,而多元化战略是大企业普遍采用的战略之一,同时也是中小企业积极实施的战略。那么,什么是品牌延伸?为什么要进行品牌延伸?品牌延伸有哪些类型?这些正是本节要学习的内容。

一、品牌延伸的定义

什么是品牌延伸?学术界有很多种定义,但还没有一个具体经典的说法。

著名营销专家科特勒认为:品牌延伸是指一个现有的品牌名称使用到一个新类别的产品上,它并不是简单地借用表面上的品牌名称,而是对整个品牌资产的策略性运用。

大卫·艾克认为:品牌延伸是指企业利用购买者对某一等级现有品牌名称的熟悉,推出另一等级的产品线。

国内学者薛可认为:品牌延伸是指在已经确定的品牌地位的基础上将原有品牌运用到新的产品或服务,从而期望降低新产品进入市场的风险,以更少的营销成本获得更大的市场回报。

借鉴、综合这些专家学者的观点，本书认为，所谓品牌延伸，是指品牌所有者对已经确定品牌地位的原品牌，利用消费者的熟悉与认可，将其使用到刚推出的新产品中，以降低新产品营销成本和市场风险为目的的品牌策略。在品牌延伸过程中，不只是借用表面上的品牌名称，更是整个品牌资产的策略性使用。例如，海尔集团利用"海尔"这一品牌效应，从冰箱延伸到电视、洗衣机、空调、计算机等多个行业，成为我国家电行业的一面旗帜。又如，康师傅集团以"康师傅"的品牌推出了各种速食食品和休闲食品，如3+2饼干系列、饮用水等。

二、品牌延伸的类型

根据品牌延伸的定义和类别标准，可以将其进行如下分类：

根据延伸的产品是否属于公司所有，可以把品牌延伸分为公司内品牌延伸和公司外品牌延伸（品牌授权）。

根据延伸产品与原产品之间的关系，可以将品牌延伸分为同类产品延伸（线延伸）和异类产品延伸（大类延伸），而异类别产品延伸包括相关延伸与间断延伸。

根据延伸产品的品牌命名策略，可以把品牌延伸分为单一品牌延伸（如金利来）、主副品牌延伸（如海尔）和亲族品牌延伸（如麦当劳）。

本文主要介绍公司内品牌延伸的线延伸和大类延伸，公司外品牌延伸即品牌授权。

（一）线延伸

线延伸是公司在同样的品牌名称下面，在相同的产品总类中引入增加的项目内容，如新口味、形式、颜色、成分、包装规格等。线延伸的结果通常是产生了不同的口味、不同的成分构成、不同的形式、不同的大小、不同的用途。但是原产品和新产品在某种程度上存在着共同点。例如，索尼公司的产品包括电视、计算机、摄像机、数码产品等，这些产品功能不同、外观不同，目标顾客也不同，但是都是用"索尼"这一个品牌，都是电子产品。实际上，企业在营销中更常用的就是线延伸。线延伸能够通过在一个品牌名称下提供更多不同的产品，以满足消费者的需求；而且管理者经常利用线延伸作为短期竞争工具，来提高一个品牌对有限的货架空间的控制，这也是众多企业热衷于线延伸的主要原因。

线延伸常常有风险，它可能使品牌名称丧失其特定的意义。在过去，向店主要一杯可乐时，他会毫不犹豫地给你一杯可乐；今天，必须要说明是可口可乐还是百事可乐，甚至是健怡可乐（在冬天，有的人还需要热可乐）。还有可能因为原有的品牌联想过于强大，使得新的线延伸失败。在进行线延伸时，尽量弱化产品类别、强调核心联想，这样做会降低延伸的失败率。例如，麦当劳现在尽量弱化鸡类食品的形象，以快乐、愉悦为主题，推出了猪肉汉堡等产品，这样，在一些意外情况（如禽流感）发生时，就不至于造成过大的损失。

（二）大类延伸

大类延伸是指公司使用相同的品牌名称，从原产品大类进入不同的大类。例如英国著名品牌登喜路，从汽车周边产品延伸到了香烟、男士饰品、香水和服装，与原有产品相比，这些都属于另外的产品类别。娃哈哈旗下有很多产品：饮用水、碳酸饮料、乳品、果汁饮料、茶饮料、坚果、医疗保健品、罐头食品和童装,但它的产品几乎都用"娃哈哈"来统一命名。

大类延伸的风险比线延伸大,因为当公司从一个产品类别延伸到新的产品类别,缺乏经验、广告支持,甚至会引起消费者的猜疑。并且大类延伸的品牌延伸方式由于产品之间联系很少,利用原有品牌影响力的难度较大,因此比线延伸要难成功,不易被市场和消费者接受。因此,使用这种品牌延伸方式的公司相对较少。

借助原有品牌在顾客中影响大、知名度高等优势,可以节省创建新品牌所需的大量资金、人力和物力,并降低因创立新品牌失败所带来的风险。这在线延伸中非常普遍。但是,在大类延伸中,原有品牌的这些优点既是企业进行品牌延伸的原因,也有可能成为企业品牌延伸战略失败的隐患。因此,要更加谨慎地了解已有产品在顾客心目中的地位,避免在另一类产品上使用已有品牌时对顾客造成的心理冲击或引起顾客心理不适。

(三)品牌授权

品牌授权又称品牌许可(Brand Licensing),是指授权者将自己所拥有或代理的商标或品牌等以合同的形式授予被授权者使用;被授权者按合同规定从事经营活动(通常是生产、销售某种产品或者提供某种服务),并向授权者支付相应的费用——权利金;同时,授权者给予人员培训、组织设计、经营管理等方面的指导与协助。

品牌授权起源于欧美,在日本、韩国蓬勃发展。为了应对激烈的市场竞争环境,品牌拥有者往往利用原品牌优势,采用品牌授权的方式,将知名品牌授权给其他制造商,以达到降低市场费用、快速渗透市场的目的。作为一种行之有效的经营模式,品牌授权已被西方营销界誉为21世纪最有前途的商业经营模式之一。

目前,我国的品牌授权业正处在快速发展中,国际专利授权业协会会长查尔斯·瑞奥托(Charles Riotto)称,在全球最具潜力的专利授权市场中,中国发展最快。

授权的品牌或版权种类有以下几种:

1. 形象授权(Characters License)

形象授权包括娱乐节目、电视、电影中形象、角色的授权。在我国市场上能够看到的附着"HELLO KITTY""功夫熊猫""卡帕多西亚"等可爱形象的衍生产品就是形象授权运作的结果。在整个品牌授权行业中,形象授权的发展历史较为悠久,目前在行业内约占一半比重。

2. 企业商标及品牌授权(Trademarks/Brands License)

企业商标及品牌授权就是我们通常认为的品牌授权。各个企业或组织将自有的品牌及商标进行授权,即是指知名企业先行注册了企业自行设计的标识作为商标,在获得注册地法律保护并经过较长期经营获得一定市场影响力后,将企业的商标在其他非主营商业领域进行授权。"百事"家居产品、"法拉利"衣帽都是"企业商标及品牌授权"带来的品牌衍生产品。该领域的授权在整个品牌授权行业中数量也较多,所占比重较大。

3. 艺术与设计作品授权(Art License)

照片、绘画、设计等内容授权,包括了知名艺术家及其他名人所创作的具有鲜明个性的艺术品授权。目前,我国市场上经常可以看到的"毕加索"画作瓷具、生活用品就是获得了"艺术作品授权"。

4. 体育运动授权（Sports License）

体育运动授权包括体育赛事、体育俱乐部、锦标赛、体育组织及体育明星等商标、内容及形象的授权。体育运动在世界各地永远是人们喜闻乐见的活动项目，在全球范围内都不乏为广大人群所热衷和喜爱的体育组织及体育明星。例如，NBA作为全球最知名的篮球联盟，在我国已经进行了包括但不限于服装、袜品、数码电子消费品的授权。

5. 机构授权（Organization License）

机构授权包括博物馆、画廊、旅游景点、慈善团体、城市或地区等授权机构的授权。此类授权在我国还未完全发展起来，但在北美、欧洲等地已甚嚣尘上。美国知名慈善机构汇集了世界众多名人的手稿、画作等艺术作品，包括好莱坞明星摩根·弗里曼、妮可·基德曼、德国某前总理等人的自创艺术作品。名人通过捐赠艺术创作进行社会慈善活动，而慈善机构借助"授权"，不但推广了名人的艺术作品为消费大众所喜爱，而且还获得了善款。

6. 院校授权（Collegiate License）

院校授权是指知名院校以其品牌进行授权。耶鲁、哈佛、牛津、剑桥等院校已经不仅仅是大学的名称了，而早已成为驰名世界的文化品牌。知名院校集中了学术、文化、历史、资源、良好的氛围及广泛的影响力，在相关的商业领域，院校品牌无疑具有很大的商业价值。

7. 其他授权

其他授权主要包括音乐授权、出版业授权等。

品牌视野：品牌授权让"兔斯基"走向全世界

一只名为"兔斯基"的中国兔子，正在赢得全亚洲青少年的心。该品牌的所有者希望将业务扩展至全亚洲甚至亚洲以外，品牌的商业化运作让其收获了大量财富。

"兔斯基"由北京艺术家王卯卯设计于2006年，面向的群体是中国的"千禧一代"。这只兔子目前已成为微信免费提供的表情之一。"搭乘"中外微信用户联系的顺风车，兔斯基形象也传播到了其他国家。

香港数字化媒体公司网炫创始人萧逸表示，兔斯基在海外华人中不断扩散，并开始向更大范围的人群渗透。2008年，网炫与已经买下兔斯基专营权的透纳娱乐成立了合资公司TurnOut Ventures，该公司目前持有并管理着兔斯基品牌。

TurnOut在中国已达成了一系列盈利丰厚的许可协议，并正将其业务扩展至全亚洲甚至亚洲以外。萧逸表示，在中国，获准使用兔斯基形象的商家在2012年—2014年增加了两倍。不过，萧逸拒绝透露任何财务方面的细节。

韩国是兔斯基走出中国、进军海外的第一站。2012年，Kakao Talk将兔斯基选入付费表情，使之成为家喻户晓的名字。Kakao Talk是一款消息应用，为韩国90%以上的智能手机用户所使用。继韩国Kakao Talk就兔斯基与TurnOut达成授权使用协议之后，日本、泰国等国家和地区的手机应用商紧随其后。

随着兔斯基在虚拟空间中不断攻城略地，TurnOut收到了来自更遥远地区的授权申请。

萧逸表示，公司希望能通过兔斯基的Facebook主页将人气货币化。它在美国和拉美地区拥有大量粉丝，尤其是在墨西哥、秘鲁和巴西等国家，当地的亚洲侨民相对较为富裕，而且被视为潮流引领者。

萧逸补充称，在西班牙和意大利，人们对兔斯基的兴趣也越来越浓厚。虽然意大利传统上并不是中国侨民市场，但对亚洲设计有很大兴趣。

Facebook与TurnOut达成了协议，在其消息服务里提供兔斯基贴图。在该协议的推动下，这只兔子的步伐将进一步向外扩张。

（资料来源：根据网络相关资源整理）

四、品牌延伸的背景

品牌延伸的提出是市场经济的必然，其背景主要表现在以下几个方面：

1. 品牌成为市场竞争的焦点

随着全球经济一体化进程的加速，市场竞争更加激烈，现代企业之间的竞争已由产品竞争、质量竞争逐步演变为品牌的竞争。同类产品在性能、质量、价格等方面的差异越来越小，厂商有形营销的影响力大大减弱。品牌的独占性使得无形品牌成为厂商间竞争力较量的一个重要筹码。于是，品牌延伸成了企业推出新产品必须使用的策略。

2. 产品生命周期缩短使品牌延伸的重要性增强

在信息化时代，使得产品的生命周期不断缩短，产品的开发、上市节奏加快导致了下列矛盾的产生：一方面，新产品要被市场接受并不断扩大市场份额，要培育自己的品牌优势，而品牌培育工程又难以在短期内完成；另一方面，产品生命周期缩短又增加了品牌培育的风险和代价，甚至出现品牌刚树立却又恰逢产品转入衰退期的尴尬境况。品牌延伸较好地缓解了这一矛盾。

3. 品牌延伸是实现品牌无形资产转移和发展的有效途径

品牌也受到生命周期的约束（具体内容见第十一章第一节）。品牌作为无形资产是企业的战略资源，如何充分发挥企业的品牌资源潜能并延续其生命周期便成为企业一项重大的战略决策。品牌延伸一方面在新产品上实现了品牌资产的转移，另一方面以新产品形象延续了原有品牌的寿命，因而成为企业的现实选择。

第二节 品牌延伸动因及其利弊

一、品牌延伸动因分析

在实施各种品牌经营策略的过程中，品牌延伸策略是极其有效但却是难以把握的。只有正确分析品牌延伸的动因，才能把握品牌延伸策略运用的实质，带来更多的利润。下面从战略、市场、品牌三个层面来分析品牌延伸的动因。

（一）战略层面

1. 扩大企业规模

宝洁公司被普遍认为是多品牌战略的成功运用者。它的经营特点有两个：一是种类多，二是许多产品大都是"一品多牌"。以洗衣粉为例，它推出的牌子就有碧浪、汰渍等近十个品牌。曾经宝洁公司在洗涤品的市场份额超过50%，这是单个品牌无法达到的，因而运用品牌延伸能够抢占市场份额、扩大企业规模。

2. 顺应公司业务战略调整和转移的需要

当公司的业务战略需要调整和转移时，最好的解决办法就是利用品牌延伸，借助原品牌的知名度在新行业取得较好的竞争地位。

品牌视野：欧莱雅为什么能"男女通吃"

欧莱雅中国如今拥有欧莱雅、美宝莲、卡尼尔、小护士四个品牌，并且都在各自的定位区间占有强势地位。从彩妆到染发产品、个人护肤品、个人清洁产品、洗护发产品，欧莱雅致力于在个人护理品类产品市场与宝洁全面进行对抗。如果说欧莱雅在女性市场的大受追捧是因为其经年苦心经营、品牌沉淀的必然结果，那么欧莱雅男士为什么在短短时间内就有着势不可挡的出色表现？许云峰品牌实验室认为，主要有以下五大原因：

（1）选对了产品切入的时机。随着人们审美观念的发展，广大男士越来越注重自己的"面子"，个人护理产品不再是女人的专利。这样的消费大环境为欧莱雅男士的成功奠定了坚实的基础。由此可见，切入市场的时机极为关键。做品类首创者固然最有可能占有先机，但耐心的市场教育过程必不可少，并且有自己栽树、他人乘凉的风险存在。而一旦市场成熟再行切入，看似最为保险其实恰恰是陷阱连环，品牌格局已经相对稳固，后进入者要颠覆格局所付出的代价可想而知。

（2）选对了产品的定位。欧莱雅男士的准确市场定位，让其产品价格比碧欧泉男士稍低，又比碧柔、妮维雅男士等稍高，其"中上"市场位置的界定，让欧莱雅男士处在了消费者心目中的绝佳位置：既不需要支付不菲代价才能拥有，又绝非人人皆可享的"大路货"，通过价格定位有效规避了同品类产品的竞争，可谓使用了巧力而非蛮干。

（3）顺应了消费者的认知规律。欧莱雅男士的成功，更是基于准确地把握了男性消费者的消费心理。一个人人皆认同的事实就是，男士对护肤品的要求远远低于女人，于是男士们就暗自琢磨了，欧莱雅既然做女人的个人护理用品都如此专业、如此出色，为男士做出专业的产品就更不在话下了。正是出于强烈的心理暗示和自我说服，欧莱雅男士换肤品被接受也就是自然而然的事情了。

（4）选对了"非他莫属"的代言明星。欧莱雅男士的品牌代言人选择，堪称精准。吴彦祖作为在国外长大的华人明星，有着俊朗的外形、完美的身材、健康的形象，加之名校学历，外在内在兼备。如此号召力的代言人，一句"你值得拥有"，无形中为品牌加了很多分。而吴彦祖演绎的欧莱雅男士广告片，着重传达了产品的功效，真实真切，毫无做作之态，让人信服。

（5）欧莱雅男士的渠道选择是无须选择的选择。只需紧靠着欧莱雅女士的形象专柜就是了，将其终端拉力自然过渡到自己身上，最后形成整合的终端形象，二者相互作用，双双受益。

由此可见，只要顺应了市场规律，顺应了消费者的心理，做产品、做品牌都没有想象的那么难。如果有一天，在终端赫然发现了欧莱雅儿童品牌，我们也一定不要惊讶，因为对欧莱雅来说可能已经水到渠成。

（资料来源：许云峰. 欧莱雅为什么能男女通吃？中国广告网，2009-11-27）

（二）市场层面

1. 培育潜在消费者

知道万宝路牛仔系列服饰卖得不错的人不少，但知道宝马轿车延伸到服饰的就不多了。宝马把品牌延伸到服饰行业，中国的第一家专卖店就开在北京东方广场，产品有男女正装、运动休闲与配饰系列，车和服饰都能传神地体现宝马核心价值观——"潇洒、优雅、时尚、悠闲、轻松"的生活方式。这种延伸无疑是正确的，宝马延伸到服饰不仅能获得额外的利润，还有另一层深意，就是通过涉足服饰领域向更多的消费者推广宝马的生活方式与宝马品牌。宝马希望通过宝马服饰向人们直接展示宝马精良的品质和完美的细节，从而将人们培育成为宝马汽车的潜在消费者。宝马希望在消费者还很年轻的时候就钟爱宝马这个品牌，成为宝马汽车的潜在消费者。刚从大学毕业的男士，要购买一辆宝马汽车可能力不从心，但他可以先购买一件宝马服饰，从中感受宝马品牌所代表的生活方式。因此可提前培育对宝马品牌的信任和忠诚度，等到消费者事业有成，能消费高档汽车时，由于先入为主，就会对宝马汽车情有独钟。

2. 占领更多细分市场

企业在市场营销初期，一般都是针对特定的细分市场，在细分的基础上选定与企业资源最匹配的目标市场率先进入，并在这一市场站稳脚跟，占据明显优势，建立自己的品牌。之后，企业如果发现其他的细分市场有利可图，往往会通过品牌延伸的方式占领更多的细分市场。例如，汰渍洗衣粉推出了特定号的家庭装、小袋装和专门针对洗衣机用户的专用包装，德芙巧克力推出了不同包装和重量的巧克力，喜之郎推出了散装和精装的果冻等。

3. 防止顾客流失

顾客通常都会经常转换产品，对品牌100%忠诚的顾客是不存在的。一个企业如果只有单一品牌、单一产品，其所面临的顾客流失的风险就高。为了防止这种情形的发生，企业往往通过品牌延伸的方式提供多种不同功能和形象的产品。例如，宝洁公司的洗发产品就有"飘柔""海飞丝""潘婷"等多个品牌。

4. 快速进入市场

品牌延伸有利于新产品快速进入市场并降低进入市场推广的费用，而且避免了开发新品牌的成本，使新产品进入市场的风险降低。因此，可以利用原始品牌已经建立起来的知名度和忠诚度，并将其转移到延伸品牌，这样可以凭借消费者对原始品牌的好感与印象降低对新产品的抵触而提高接受程度。乐百氏一位营销经理曾经说过，"推广新品牌的投资很大，要把一个新品牌培育成全国性品牌，一年没有2亿元的营销和广告预算是不可能的。"利用品牌延伸就可有效降低营销成本，包括广告成本和渠道再建成本等。

（三）品牌层面

1. 最大限度地利用品牌优势

一个品牌特别是知名品牌的创立，是一个企业经过产品开发创新、营销努力、质量严格控制、广告巨额投放、企业制度革新等努力之后才实现的。企业可以借助主品牌的知名度和美誉度来开发新的产品，进军新的行业，从而获取更多的收益。

2. 挽救或激活主品牌

某些曾经是市场领导者的品牌，随着市场竞争的加剧或企业对大环境判断的失误，存在退出市场或萎缩的危险。这时企业便会采取品牌延伸战略来维护、挽救和激活主品牌。"蔡林记"是武汉市有名的老字号,以做热干面而闻名,其一度也被洋快餐"麦当劳""肯德基"及国内一些新餐饮企业所"淹没"。后来,"蔡林记"通过增加服务品种和运用连锁加盟的方式延伸品牌,才使品牌知名度和市场份额得以回升。

3. 提升品牌价值

品牌延伸的成功可为主品牌注入许多新的元素,提升品牌价值,特别是那些容易与某一产品产生强烈联系的品牌,可有效摆脱"品牌就是产品"的束缚,为品牌的提升奠定基础。实际上,品牌的最高境界是品牌个性,品牌个性是超越品牌定位层次的。具有个性的品牌在消费者认知中才能深入和清晰。海尔传播的是"真诚到永远",TCL则是"科技取悦你",这些理念随着海尔、TCL品牌延伸的成功而日渐强化并进入消费者大脑中。

二、品牌延伸的利与弊

品牌延伸是企业快速发展的有效途径,但品牌延伸又是一把"双刃剑",运用合理就是企业发展的"加速器",反之则可能是企业发展的"绊脚石",甚至是企业经营的重大阻碍,使企业面临倒闭的风险。对企业而言,品牌延伸有利有弊,因此企业在进行品牌延伸时,一定要考虑到延伸的两面性。

(一)品牌延伸的利益

品牌延伸得当,对企业来说如虎添翼,能使企业的产品在短时间内得到消费者认可,市场份额在短时间内得到快速提升,无疑能加速企业的发展。品牌延伸对企业收益而言,主要有以下五个方面的作用:

1. 利用原有产品的影响力,提高延伸产品的认知度,加速新产品进入市场

心理学家对消费者的研究发现:消费者往往对某种品牌具有忠诚心理,即在产品选择时,反复表现出对某一品牌的钟爱。我国中小企业在进行延伸时,延伸品牌可以借助原来主产品的影响力来提升自己,也就是把消费者对主产品的一切印象和好感均转移到延伸的品牌上,这样可以避免消费者对新产品或新品牌产生防卫和不信任的心理,从而使延伸品牌在短时间内得到认可。例如,当IBM推出新款便携式计算机时,如果还是沿用IBM这个品牌,消费者就会根据自己对IBM产品的经验对这个新产品做出判断,这将会比IBM公司为新产品创立一个新的品牌更容易被消费者接受。

2. 品牌延伸可以满足消费者多样化的需求,防止品牌产品过于单一

企业如果长时间地为消费者提供一个大类的产品,即便这些产品拥有不同的品牌,消费者还是会感到厌倦,希望换一种产品。例如,某个消费者在吃遍了上好佳、妙脆角、可比克等各种品牌的薯片之后,已经对薯片没有任何兴趣了,这时,他可能想要果冻或者其他零食。企业采用品牌延伸战略,就可以为消费者提供更全面的选择,防止消费者的流失。即便消费者没有上述需求,企业采用品牌延伸,扩充品牌家族的产品,也可以促使消费者更多地购买产品,刺激消费。这样,在扩大企业销售额的同时,也可以增加品牌的影响力。

3. 扩大产销能力,提高市场占有率

一般说来,很少有消费者对某一品牌忠诚到对其他品牌不想试一试的程度。截获这些品牌转换者的唯一办法就是进行品牌延伸,为目标市场提供多种品牌。一个著名的、被消费者所熟知的品牌,很容易得到市场的认同,而一个在市场上已有良好信誉和知名度的品牌,又为产品进一步开拓市场、占领更多的细分市场、提高市场占有率起到了重要作用。品牌延伸会使消费者产生一种信任的感觉，并对新产品的品质放心，这非常有利于企业的新产品尽快占领市场。而且品牌延伸对新产品进入流通渠道也是非常有利的。市场调查表明，运用品牌延伸策略的新产品更容易获得分销商的支持。

4. 增强企业实力，实现收益最大化

品牌延伸在一定程度上使企业扩大规模，充分利用闲置资源，合理进行资源配置，从而实现规模效益，而规模效益可以使企业降低成本，扩大生产能力，实现低成本扩张，提高整体竞争力。

俗话说："不要把所有的鸡蛋都放在同一个篮子里。"企业在品牌延伸中，实现了"多条腿走路"，企业在多个方面发展，降低了单一经营带来的风险，抵御外界变动的能力也增强了，从而使企业实力得到了增强，进而实现收益最大化。

5. 借助对原有品牌的忠诚度，减少企业的推广成本

品牌忠诚度是指消费者在购买决策中，多次表现出来对某个品牌有偏向性（而非随意的）的行为反应。品牌延伸可以降低新产品进入市场及经营时的推销成本，并且避免了开发新品牌的成本。在新产品进入市场时，要为其做市场调查、确定品牌名称、设计包装、作宣传等，这些需要花费大量的人力、物力和财力。而利用品牌延伸，借助消费者对原有品牌的忠诚度，就可以节省大量的新品牌推广成本，让顾客尽快接受和了解。日本索尼公司一贯奉行"多品一牌"策略，依靠不断创新的技术优势和牢固的品牌忠诚度，通过品牌延伸，形成了一系列为消费者所信赖的高质量产品，从而引领了电子产品技术发展的潮流。

（二）品牌延伸的弊端

尽管品牌延伸可以给企业带来很多优势，但品牌延伸也是一把"双刃剑"，企业在经营运作时，如果把握得好，一荣俱荣，尽享其益；否则一损俱损，备受其害。现代市场的快速发展使部分产业的进入门槛放低，许多企业抵抗不住品牌延伸正面效应的诱惑，在条件不成熟时草率延伸品牌，结果落入陷阱之中。那么，不适当的品牌延伸对企业有哪些风险呢？

1. 使主品牌的定位模糊，个性不突出

当一个品牌在市场上取得成功后，在消费者心目中就占据了特殊地位，消费者的注意力也集中到该产品的功用、质量等特性上，成功品牌一般都蕴涵着明确的定位，有的甚至成为某种产品的代名词，如"海澜之家——男人的衣柜""海飞丝——头屑去无踪""康师傅——方便面"，这种品牌定位已经深嵌消费者心中，形成定式。那么在品牌延伸以后，消费者就会对主品牌产生新的认识，甚至是错误的认识，这就会模糊消费者对品牌的定位，自然也会影响消费者做出购买决策。这样的错误延伸在我国企业中比较常见。例如，某品牌原本是非常个性的儿童品牌定位，它曾错误地向冰糖燕窝、白酒、房地产等领域延伸，这显然是一种不当的品牌延伸，不但模糊了原有品牌定位，而且也损坏了主品牌的形象。

2. 可能损害原有品牌的形象和声誉

这主要是由于心理学上的"首因效应"引起的。所谓"首因效应"，是指在某个行为产生的过程中，最先接触到的事物给人留下的印象是最深刻的，并且是不容易被改变的。如果企业在创建品牌的过程中，已经在潜在消费者心目中形成了一定的定位，那么消费者一旦接受了某个品牌，这个品牌就成为它的第一种产品的代名词，在消费者的心目中，趋向于把某个品牌看成某种特定产品，赋予某个产品一定的个性。

品牌形象是品牌延伸的根基，但在品牌的垂直延伸过程中由高端市场向低端市场延伸，会大大影响品牌的高端形象，就会失去高端市场。例如，某品牌曾以卓越的品质和昂贵的价格作为人物身份的象征。为了吸引更多的消费者，该品牌延伸到了普通的生活用品上，后果是该品牌在大多数市场上丧失了高档品牌的形象，也丢失了追求独特的品牌忠诚者。

3. 会让消费者产生排斥心理

品牌延伸要与原有产品属性具有相关性或一致性，能使消费者产生联想并认可和接受，这样就可以带动企业全部产品的销售。但在实际的品牌延伸过程中，企业往往脱离了相关性和一致性的原则盲目进行，导致消费者产生心理矛盾或心理冲突。如果企业不顾消费者的感受和期望的满足，把品牌延伸到与原有品牌毫不相干甚至不相容的产品上，那么消费者的品牌思维定式会出现紊乱，从而难以承认新产品与原有品牌的相似性，产生心理冲突。例如，三九集团进行品牌延伸，把999胃泰延伸到了啤酒行业，可能会让消费者有一种不舒服的感觉，从而产生排斥心理。又如活力28由洗衣粉延伸到纯净水，消费者喝纯净水时就会感觉有洗衣粉的味道。

4. 一损俱损，产生株连效应

在单一品牌策略下进行延伸时，某一产品一旦出现问题，就会影响其他产品在消费者心目中的形象，正所谓"城门失火，殃及池鱼"。因为众多产品共有一个品牌，如果其中某一个产品出现问题，就会损害品牌及其他产品的声誉，产生株连效应。

5. 阻碍企业的创新意识，使企业错过开发新品牌的机会

相对于创建新品牌，品牌延伸的成本和风险都较低，企业在推出一个新产品时会趋向于使用原有品牌，而放弃创新品牌，这样会导致企业的品牌单一，给企业带来潜在的风险。在某些情况下，特别是当原品牌已经过时或即将退出市场时，创建一个新的品牌会对企业有利。

总之，品牌延伸没有绝对的利与弊，关键在于企业如何做，选择采取何种延伸策略，做正确的延伸就利大于弊。

第三节　品牌延伸决策

一、品牌延伸的影响因素

（一）母品牌因素

1. 品牌知名度

品牌知名度是指潜在消费者认识到或记起该品牌是某类产品的能力。品牌知名度使得消费者对产品有熟悉感，在购买时不会考虑太多而经常购买，这种熟悉感将直接影响消费者的购买决策；在购买其他商品时，这种熟悉感将有助于确定将哪些品牌纳入考虑购买的范畴。高知名度可以引发消费者的熟悉和好感，体现品牌背后的实力，因此知名度越高，可转移的资产就越多，品牌延伸就越容易成功。

2. 品牌的品质认知度

品质认知度可以定义为消费者根据特定目的，与备选方案相比，对产品或服务的全面质量或优越程度的感知状况。品牌品质认知度越高，其延伸的领域越广，成功的可能性就越大。大卫·艾克和凯勒开展了一项研究，研究涉及麦当劳、佳洁士、沙宣、哈根达斯、喜力等品牌，就这些品牌设计了 18 种品牌延伸方式。研究表明，只要所设计的原产品和延伸产品比较相符，那么品牌在原产品中所获得的品质认知度就可以作为重要的预测品牌延伸能否取得成功的指标。

3. 品牌核心价值

品牌核心价值是在企业的引导下（或自发的），通过长期的品牌经营而在消费者心目中形成的区别于其他品牌的印象、理念，是一个品牌的灵魂，具有不可复制性。根据 Kapferer 的有关理论可知，随着品牌核心价值的提升，品牌延伸力也不断增加，特别是当品牌带给消费者的是利益和价值理念的体验时，品牌延伸的空间就会变得相当大。

4. 品牌宽度

如果母品牌已进行了延伸（成功的），就需要考察延伸产品的异质性和品牌宽度。品牌延伸的异质性是指已有延伸产品在属性、类别上的差异和不同，而这个差异和不同的程度就构成了品牌的宽度。已有延伸产品的异质性越大，品牌宽度也越大，品牌潜在的延伸空间也越大。

5. 品牌属性

根据品牌给予人们生理和心理满足程度的不同，可将品牌分为功能性和表现性两个属性。其中，功能性是指品牌产品具有的科技含量、实用性，而表现性则主要在于其象征意义、社交价值，两者不同权重的组合就构成了品牌的综合属性。其中，由于高表现型（如宝马、都彭）具有很强的象征性，其品牌延伸受产品具体属性、类别的限制较少，品牌延伸空间很大；低表现-高功能型品牌（如海尔）则可按照其核心的优势技术进行品牌延伸；而低表现-低功能型品牌由于没有明显的优势，一般不主张其进行延伸。

（二）延伸产品因素

1. 产品质量与功能

名牌的本质就在于它能为消费者提供可感知（真实或虚拟）的更高的质量和更好的功能，这也是消费者愿意选择名牌并为之支付更高价格的主要原因。因此，延伸产品必须要能提供给消费者新的利益或不同的功能，使他们能体会到品牌带来的差异化优势。

2. 与母品牌之间的相关性和适应性

延伸产品与母品牌之间的相关性和适应性决定品牌优势可否利用和被利用的程度。包括以下几方面：

（1）产品的相关性和适应性。延伸产品同母品牌的相关性和适应性越高，品牌延伸成功的可能性就越大。

（2）销售渠道的相关性和适应性。相关性好，保证了延伸产品与母品牌类别上的相近或相关，从而使利用销售渠道有了可能性和条件；适应性好，使渠道在性质、档次上一致或相近，从而使渠道能被利用。

（3）目标市场的相关性和适应性。相关性使品牌消费者对品牌的已有知识和经验能有效地被用来认知延伸产品，实现品牌知识与延伸产品知识的认知交接；适应性好，一方面有助于认知交接的实现，另一方面能促使消费者将已有的品牌情感、态度顺利地转移到延伸产品上去，从而促使品牌延伸的实现。

3. 产品风险度

由于延伸产品本身的科技含量、价格和与身体接触的亲密度不同等因素，会给消费者带来不同程度的认知风险。研究表明，非相关企业进行科技含量高或价格昂贵产品的品牌延伸时，将会遇到巨大的阻力，成功的可能性较小。而当产品的价值不是十分昂贵时，产品与身体健康的关系对品牌延伸的影响就会显得特别突出，越是与身体健康状况有联系的产品，消费者就越难以接受非相关企业或品牌的延伸产品。这就不难理解一些家电企业向房地产、医药行业延伸所遭遇的失败了。

（三）市场因素

1. 市场容量

市场容量越大，延伸也越容易。但从发展潜力来看，如果市场足够大，而企业也具备实力，则完全可以采用其他品牌策略，以更全、更多的品牌占领目标市场，如宝洁在洗发水市场所采用的多品牌战略。

2. 市场饱和度

市场饱和度是指延伸产品的市场是否饱和，企业是否能够满足需求。市场饱和度是动态的而非静态的，有些市场看似饱和，但是价格的需求弹性相当大，降价到一定程度会刺激强劲的需求。

3. 市场生命周期

市场生命周期大致可分为引入期、成长期、成熟期和衰退期四个阶段。从直观上理解，在市场早期会更有利于品牌延伸，许多学者也支持这种观点。但另一种观点却认为待到市场成熟时再进入更有利。国外曾有人在调查的基础上通过分析发现：相对于较早引入的品牌延伸的新产品，较晚引入的生存可能性会较大；并且在市场成长的早期，采用品牌延伸和使用新品牌相比较，前者获得超过平均市场份额的可能性也较小。

（四）产品宣传因素

1. 宣传力度

正如克鲁格曼所说的，"消费者在市场中是以不规律性对品牌进行购买的，必须进行连续的广告宣传，以便能恰好在消费者准备购买的那一刻——这已是无法预测的时间——抓住他们的注意力"。

2. 传播途径

有研究表明，消费者会因为不同类型的产品而寻求不同的信息源。对于价格昂贵的产品，消费者会更多地通过间接途径来获得产品的相关知识，如消费期刊中的评论文章、有使用经验者的建议等；而对于单位价格较便宜的产品，如洗发水、洗衣粉，消费者可能就会更多地通过广告这种直接的途径对产品进行判断。

3. 宣传内容

当产品的技术含量较高时，广告应以那些能促使人们对问题进行理性思考的事实、数据等确凿证据为主要内容；而对那些技术含量较低的日用品进行广告宣传时，则应在消费者还没有进行深入思考的情况下提供暗示，引导消费者以情感体验作为购买决策的依据。广告内容的诉求也不宜太过超前，否则容易因为消费者的无法接受而失败，如宝洁"激爽"的失败案例。而反自身利益的广告也能很好地取得消费者的信任。

（五）品牌延伸的特殊考虑

对某些特殊行业的品牌延伸，要有其特殊的考虑，如为了规避法规、政策的限制，以母品牌原有核心产品进行宣传。烟草行业就是其中一个典型代表，例如万宝路通过向打火机、服装等领域的延伸，以规避法律对烟草广告的限制。此外，企业的实力、零售商的形象和支持、消费者对品牌的忠诚度等，也对品牌延伸有重要影响。

二、品牌延伸的原则

品牌延伸是许多企业的选择，成功的品牌延伸帮助企业的新产品顺利进入市场，并占领更多的细分市场，防止顾客的流失，但是失败的品牌延伸的例子也很多，为了确保品牌延伸获得成功，就需要遵循以下原则：

1. 新旧产品之间要有关联性

原有产品与延伸产品，在产品构成上应当有共同的主要成分，即具有关联性。关联性是指新产品与原有产品在工艺流程、促销手段、服务理念等方面的相关程度。原有产品与延伸产品关联性较高的时候，就可以在营销宣传上相互配合、相互支持，品牌延伸就容易使消费者接受。如果品牌延伸产品跨度比较大，消费者就不会理解两种不同的产品为何存在于同一品牌下。例如巨人集团由计算机软件向"脑黄金"口服液延伸，就显得特别勉强，因为二者共同的主要成分太少了。

2. 新旧产品要有相同的服务系统

品牌延伸是要能够找到原有品牌产品和延伸产品的相同点，达到各品牌与产品之间相辅相成的整体效果，使消费者在接触到一个品牌和产品时能够联想到另一个产品。相同的服务系统中的延伸产品容易让人接受。从营销到服务，如果能联系在一起，品牌延伸理所当然，否则，就显得不伦不类。例如，雅戈尔从衬衣延伸到西服，服装业的营销和服务是一致的，品牌延伸自然到位。

3. 新旧产品在技术上要密切相关

原有品牌与延伸品牌在技术上的相关度是影响品牌延伸成败的重要因素。例如，三菱重工在制冷技术方面非常优秀，因此自然将三菱冰箱的品牌延伸到三菱空调。海尔品牌延伸也大致如此。相反，春兰空调与其"春兰虎""春兰豹"摩托车的形象没什么相关性，很难使消费者产生技术优势联想。

4. 新旧产品的使用者要相似

使用者在同一消费层面和背景之下，也是品牌延伸成功的重要因素。例如，金利来从领带到腰带到衬衣到皮包，都紧盯白领和绅士阶层的消费，延伸得比较成功。它从产品品质到价位，都定位于"成功的、成熟的男士"，这种定位准确的品牌延伸不会"乱套"。

5. 避免原有产品已高度定位

如果一个品牌已经成为这个产品的代名词，则最好不要再将另一产品冠名这一品牌的名称，否则非常危险。例如，索尼在日本代表收音机或彩色电视机，现在也代表有品牌的视听产品。假如将微波炉、冰箱、洗衣机等产品冠名索尼则非常冒险。

6. 新旧产品的质量档次应相当

开发出来的新产品系列必须具有与原品牌产品不相上下的质量，才能使品牌延伸成功。质量是品牌的生命，是品牌存在和发展的关键，开发出的新产品必须具有一流的质量，得到广大消费者的认可，这样的产品才能将原品牌成功地冠到它的头上，否则必错无疑。

7. 品牌延伸要适度

用一个知名品牌领导不同种类的产品，在加速了品牌认知过程的同时，也降低了产品的市场风险。在企业快速发展的阶段，品牌延伸经常会被广泛使用。但任何品牌的内涵都不是无穷无尽的，品牌的延伸也要有"度"。品牌延伸不能只追求数量的增多，而应努力培养旗舰产品，这首先是为了增强品牌的形象，其次是培养核心产品。可见，品牌延伸主要是为了获取利润，维护旗舰产品和核心产品，避免遭受其他竞争品牌价格的影响而进行的。如果能够把现有的几个产品做强、做大，就远远胜过多个没有影响力的产品。"脑白金"一个品牌就做到10亿元，胜过拥有很多产品但每个价值都没有超过几百万上千万元的品牌。

8. 品牌名称要联想所及

要注意品牌延伸和品牌所造成的联想关系，即消费者由这一品牌名称能成功地联想到延伸的产品。例如联想这一计算机品牌，提起它就会让人想到计算机，而不会想到复印机。因此，可以将它延伸到各种与计算机相关的产品上去，如个人计算机、便携式计算机，甚至延伸到各种计算机的周边设备上。

三、品牌延伸策略分析

我国企业界在品牌经营方面应树立正确的观念，因为企业所处的市场环境和品牌现状各不相同，而且企业的资源和总体品牌发展战略思路各有差异，所以应选择不同的品牌延伸策略。主要可以从以下三方面选择不同的品牌延伸策略：

（一）单一品牌延伸策略及选择的对策

单一品牌延伸策略是最普遍的，也是争议最大的。一方面它能尽可能地将原品牌的市场信誉转移到延伸产品上，因为对于消费者而言，品牌是一种经验，他们相信如果在一棵树上摘下的一颗果子是甜的，那么这棵树上的其余果子也都是甜的；另一方面，也使得品牌延伸的负面影响暴露无遗，风险因素也格外大，如果品牌下的某一产品运作不成功，那么所有该品牌所涵盖产品的经营都要受到一定程度的负面影响。采取这种策略的企业，最典型的有美国的"3M"和日本的索尼。

一般说来，当企业试图跨产品延伸，即生产不同种类的产品时，对具有同等质量或能力的不同产品实施单一品牌策略，容易取得良好的效果。因为虽然产品不同，但这些产品的形象和承诺是一致的，因而使用同一品牌的所有产品具有共同的市场沟通的主题。由于使用同一品牌产品的质量和能力相同，而品牌又代表了一定的质量，这样不会产生质量形象的冲突，不会由于高档产品品牌使用于低档产品而带来不良效应，损害品牌高质量的形象。海尔集团通过七年的冰箱生产创立了"海尔"这一著名品牌之后，开始向冰柜、空调、电视机等家电领域延伸，主要采用单一品牌策略，并取得了巨大的成功，原因就在于海尔的家电产品都以高品质的形象和优质的服务出现在消费者面前。对于产品的纵向延伸，实施单一品牌策略有时是很困难的，为了避免不同档次的产品造成的品牌冲突，这时往往需要注意对原有品牌进行重新定位，有以下几个方面需要注意：

1. 注意对低档品牌重新定位

企业如果想把一个主流市场或低价市场的品牌直接重新定位于一个更高端的市场几乎是不可能的。通常的情况，主流品牌的形象缺乏那些与高端品牌联系在一起的特性，如使用者形象、品牌个性和公认的质量等。而且由于主流品牌在当前的市场上已经具有了相当的地位，它本身的品牌形象已经深入人心，很难扭转。除此之外，进入高一级市场的行动，即使是成功的，也会有牺牲主品牌现有消费者的风险，当企业的品牌为了吸引一个新市场而改变形象时，企业现有的消费者可能会对这一品牌感到不舒服。西尔斯-罗巴克公司是在这个领域取得成功的少数公司之一。通过大量的广告宣传以及为了改变商店的环境而进行巨大投资后，公司向高端市场前进了一小步，特别是在女性服装领域。这对中国企业在进行单一品牌延伸时具有重要的指导意义。

2. 注意对高档产品的重新定位

从品牌各种延伸因素上看，品牌的盈利能力一般由两个因素决定，即市场份额和这类产品的性质（或者说是品牌参与竞争的产品市场的性质）。企业为了扩大市场规模，把自己的高档品牌重新定位，放弃品牌原来的高档形象，使其完全进入新的低一级的市场，这种情况常发生在高档品牌的市场占有率很低的情况下，有时也是出于企业在市场中竞争的需要。企业对高档品牌进行重新定位，最直接的做法就是降低品牌产品的价格。为了减小品牌向次级市场延伸时损害主品牌形象的风险，一种有效的方法是企业降低产品价格时，提供一个合理的解释，来暗示产品的质量并未因价格的降低而受影响。例如，宝洁公司曾推出过"天天低价"活动，作为它创造针对消费者和零售商的更为有效的配送系统战略的一部分。对于零售商而言，这一活动减少了他们进行高成本行动（如提前购进和转向别的厂家）的动力；对于消费者而言，则使得购买简单化。零售商和消费者都认为，宝洁的降价行动是一项前后连贯的战略的一部分，而不是由于牺牲了产品质量和功能而降低了成本。

3. 品牌延伸时应注意产品定位与品牌定位的一致性

一般知名品牌都是在品牌的核心价值定位方面取得成功的，这种核心价值在社会公众心目中占据着主导地位，使社会公众甚至把该品牌看成同类产品的代名词或同类产品的领导品牌。一旦形成这样的思维和情感定式，则该品牌的市场影响力就非常巨大。若在品牌延伸中不与该品牌定位一致，就会动摇人们心目中对该品牌的思维和情感定式，从而使该品牌的市场影响力降低，危及该品牌的市场地位。如果品牌被用在另一类别产品上，那么这一品牌在消费者心目中就难以再成为原类别的替代物，在这种情况下，其他品牌就会趁机而入，抢占原品牌在消费者心目中的位置，同样，品牌延伸也使原品牌无法再成为某一产品特定属性的"挂钩"，使该产品在消费者心目中原本清晰的形象变得模糊不清，逐渐被消费者淡忘，留出来的心理空隙就会被其他品牌填充。

4. 品牌延伸时注意产品种类的适度

为了避免株连的风险，进行品牌延伸的产品质量必须是同行业中的佼佼者，如果新产品的质量还不成熟，加工工艺尚需进一步改进，这时进行品牌延伸就很危险。这样的品牌延伸宣传越广，销售量越大，更多的消费者会对品牌产生不满，从而远离这一品牌，品牌延伸失败。因此，企业在采用单一品牌延伸策略进行品牌延伸，尤其是进行纵向延伸时，尽管可以采取以上的一些方法对品牌进行重新定位，但是风险也是巨大的。因为原有的品牌形象在消费者的心目中已经根深蒂固，很难转变，品牌延伸的结果往往是失去了消费者的信任。一个品牌参与次一级市场竞争的最好方法，就是为消费者创造更大的价值和产品差异化，从而使得次一级市场的消费者不再认为这一品牌的价位定得过高，这些都是中国企业在实施单一品牌延伸策略时应当注意的事项。

（二）多品牌延伸策略及选择的对策

多品牌策略将市场进一步细分，满足不同类型的消费人群，从而使自己的产品在市场上多点开花，较大范围地占领市场。例如，宝洁公司的洗发水有海飞丝、飘柔、潘婷、沙宣四个品牌，通用汽车公司有凯迪拉克、别克、雪佛兰等品牌。

1. 注意多品牌延伸策略的适用范围

当企业试图把自己的品牌延伸到不同的产品甚至是与原产品的性质截然不同的产品时，使用多品牌战略是明智的选择，这样可以减弱因产品性质的不同而造成的品牌形象的模糊，减少消费者的不良联想和心理冲突。也就是说，当企业的产品质量、性能、服务存在较大的差别，或者当企业试图把同一种产品销售给不同的目标市场、为不同的消费者提供服务时，适合选择多品牌策略。

2. 在进行品牌延伸之前，注意做好品牌实力评估

品牌延伸的目的就是要借助已有品牌的声誉和影响迅速向市场推出新产品，因此，品牌延伸的前提就是这一品牌具有较高的知名度，在消费者心中有很高的地位，进行多品牌延伸时，原有品牌可以做有力的支撑。当某一品牌并不强大并且受到很多同行强有力的挑战时，品牌延伸就是冒险。

（三）主副品牌延伸策略及选择的对策

主副品牌延伸策略是一种以主品牌展示系列产品的社会影响力，以副品牌凸显各个产品不同个性形象的营销策略。采用这种策略的企业，最典型的莫过于海尔。海尔用一个成功品牌作为主品牌，涵盖企业所生产的系列产品，同时又给不同产品起一个生动活泼、富有魅力的名字作为副品牌。例如在空调上，海尔有"小超人"变频、"小状元"健康、"小英才"窗机等。企业采用主副品牌策略进行品牌延伸时，副品牌的作用就是帮助管理者利用主品牌的资产影响消费者的同时，将新产品与主品牌产品区别开来。这样可以大大减少延伸产品对主品牌形象可能造成的损害，而且当延伸产品和主导产品是同种产品时，副品牌的使用会减少延伸产品对主品牌产品的挤占。要正确地实施主副品牌策略，要求中小企业应该首先清楚两者之间的关系，根据延伸产品的特点及延伸的目标市场的性质，确定主副品牌之间的联系，以便取得最佳的延伸效果。

1. 主品牌与副品牌两者之间担保关系的实施

在担保关系中，主品牌对副品牌提供担保，副品牌在两者中占更主导的地位，它促使消费者做出购买这一产品或服务的决定，并形成使用这一产品或服务的经验理念。当企业提供一种受担保的品牌时，会有两个品牌在起作用，即主品牌本身被分为两个：一个产品品牌和一个企业品牌。其中，产品品牌是能提供特定的形象和相关利益的高品质品牌。

2. 主副品牌之间的驱动者与解释者之间关系的实施

在驱动者与解释者的关系之中，主品牌可以保持它的主要影响力，成为驱动者，副品牌则充当解释者的角色。所谓解释者，就是告诉消费者企业提供了一种与他们所熟悉的产品或服务略有不同的新品种。当主品牌向低端市场纵向延伸时，采用主品牌作为驱动者、副品牌作为解释者，而且两者的关系非常紧密，很难被区别开，此时应该注意对副品牌的设计，一定要突出产品的特色，突出作为解释者的副品牌，它象征着一种不同的应用。

四、品牌延伸的步骤

当企业选择了品牌延伸的策略后，就要进行品牌延伸。品牌延伸主要包括三个步骤：确定品牌联想、识别相关产品、选择候选品牌名称。

1. 确定品牌联想

这个阶段就是要调查消费者心目中与品牌有关的所有联想，包括品牌的名称、印象、个性和隐藏的潜力等方面。

2. 识别相关产品

确定了品牌联想后，就要识别哪些产品与品牌有着密切的关系。

3. 选择候选品牌名称

选择候选品牌名称时，要注意以下两个方面的问题：

（1）延伸品牌的名称要使消费者感到舒服。如果延伸品牌的名称可以使消费者产生良好的品牌联想，消费者就会比较容易接受新产品。这个问题可以通过市场调查来进行。例如，康佳彩色电视机给消费者的印象是优良的品质，那么消费者就会觉得该品牌的音响也会具有同样的品质水平。

（2）延伸品牌名称应为延伸品牌提供相应的优势。一般来说，如果原有品牌是成功的，它在消费者心目中留下了好的印象，而延伸品牌名称就应该使这种良好的印象加强，这将会成为消费者购买新产品的原因之一。如果品牌名称可以帮助消费者树立品牌意识和促进新产品销售，那么品牌延伸在市场上就具有较大的优势。

▶ 本章小结

（1）品牌延伸策略现在受到越来越多企业的青睐，很多大型企业也通过品牌延伸获得了很大的成功。什么是品牌延伸？品牌延伸是指品牌所有者将已经确定地位的原品牌，利用消费者的熟悉和认可，将其使用到刚推出的新产品中，以降低新产品营销成本和市场风险为目的的品牌策略。在品牌延伸过程中，不只是借用表面上的品牌名称，更是整个资产品牌的策略性使用。根据品牌延伸的定义，可以将其分为两类：线延伸和大类延伸。

（2）在实施各种品牌经营策略的过程中，品牌延伸策略是极其有效但却是难以把握的。只有正确分析品牌延伸的动因，才能把握品牌延伸策略运用的实质，带来更多的利润。它的动因可以从三个层面去分析：①战略层面——扩大企业规模、顺应公司业务战略调整和转移的需要；②市场层面——培育潜在消费者、占领更多细分市场、防止顾客流失、快速进入市场；③品牌层面——最大限度地利用品牌优势、挽救或激活主品牌、提升品牌价值。

（3）品牌延伸是企业快速发展的有效途径，但品牌延伸又是一把"双刃剑"，运用合理就是企业发展的"加速器"，反之则可能是企业发展的"绊脚石"，甚至是企业经营的重大阻碍，使企业面临倒闭的风险。对企业而言，品牌延伸有利有弊，因此企业在进行品牌延伸时，一定要考虑到延伸的两面性。

（4）企业在进行品牌延伸时会受到多种因素的影响，纵观国内外的研究主要有母品牌因素、延伸产品因素、市场因素、产品宣传因素的影响，另外还受到一些特殊因素的影响。

（5）我国企业界在品牌经营方面应树立正确的观念，因为企业所处的市场环境和品牌现状各不相同，而且企业的资源和总体品牌发展战略思路各有差异，所以应选择不同的品牌延伸策略。主要可以从以下三方面去选择不同的品牌延伸策略：单一品牌延伸策略、多品牌延伸策略、主副品牌延伸策略。

思考题

1. 谈谈你对品牌延伸的理解。
2. 企业为什么要进行品牌延伸？
3. 企业进行品牌延伸有哪些好处？是否所有的企业都能进行品牌延伸？
4. 企业怎样使用品牌延伸策略？试举例分析。

案例分析讨论

QQ 的品牌延伸之路

QQ 是深圳市腾讯计算机系统有限公司开发的一款基于互联网的即时通信（IM）软件。QQ 支持在线聊天、视频电话、点对点断点续传文件、共享文件、网络硬盘、自定义面板、QQ 邮箱、QQ 空间等多种功能，并可与移动通信终端等多种通信方式相连。

随着市场的变化，为了保证用户对品牌的忠诚度，腾讯的所有业务都紧紧围绕着"即时通信"这个核心产品做精、做细，为 QQ 注入新的娱乐休闲元素，开发新功能，从"QQ 私语"到 QQ 非常男女、QQ 加油站、QQ 群、魔法表情、移动 QQ、炫铃等。

2002 年，腾讯在借鉴韩国同行经验的基础上，开始推出 QQ 秀服务，一个崭新的虚拟社区概念就此在我国诞生了。

QQ 秀成为腾讯重要的收入来源之一，更有专门的虚拟形象制作团队制作各种不同类别的 QQ 秀，然后放在 QQ 秀商城中供用户购买。由于 QQ 秀需求量过大，很多虚拟形象的设计制作都已经外包给其他公司。

与 QQ 秀类似，个人博客产品 Qzone 也是靠出售虚拟物品盈利并获得了成功。Qzone 极大地拓展了 QQ 秀的销售空间，此前只能向用户销售与服饰相关的虚拟物品，而在 Qzone 的平台上，腾讯几乎可以向用户销售一切物品：大到桌椅板凳，小到水杯、打火机，用户现实生活中在家里用到的一切物品都能在 Qzone 里买到。

当腾讯形象授权商的第一家 Q—GEN 服装专卖店开张之后，腾讯适时提出了"Q 世代，Q 人类，Q 生活"的口号。QQ 走下网络，走进"寻常百姓家"，手表、Q 风铃、QQ 陶瓷公仔、QQ 鼠标垫、QQ 锦囊——从公仔到小饰品、鞋帽、服装全面开花。

作为腾讯起家的核心产品，在这种多元化延伸思路下，从 1999 年第一声的"嘀嘀嘀嘀"开始至今，QQ 已经成为当今最有品牌知名度和价值空间的网络产品之一，在 2006 年 11 月 22 日发布的腾讯财报中，QQ 注册账户总数达到 5.723 亿个，最高时在线账户数达到 2210 万个。

借助 QQ 的实时聊天功能平台，腾讯成功聚集了网络人气，为版图扩张、"在线生活战略"奠定了良好基础。

经过 2005 年的战略转变和基础夯实，到 2006 年，腾讯已经形成了 IM、QQ.com、QQ 游戏和拍拍网四大平台，也即腾讯一直强调的在线生活产业布局，围绕已经形成的社区进行全面的业务布局，为社区用户提供信息获取、沟通、娱乐、商务等全方位的互联网内容服务，并且借助几次"战役"凸现力量。

腾讯根据自身的资源与经验，专为企业用户打造了企业在线客服与营销解决方案。腾讯的目标是基于企业QQ，打造一站式企业互动平台。此前，该产品的Beta版已为包括中国电信、中央电视台、南方航空等大型企业及机构采用并得到了好评。尤其是对在线依赖比较高、用户访问网站较多的行业，比如电子商务、教育、医疗行业，客户拓展尤为明显。业内人士认为，企业QQ经过数年磨砺后推出正式版，标志着腾讯企业战略进入了新阶段。

这个方案涵盖了在线主动营销、信息发布、客户关系管理等企业级应用，其中最关键的一点在于将QQ号变成了企业连接用户的平台。自此往上，多个人员可同时在线连接此号码进行服务；用户只需要在QQ中加入企业的号码，即可在线进行互动。

腾讯基于企业QQ积攒了更多的武器。企业内部沟通产品腾讯通（RTX）和企业空间已在运营，企业微博也率先推出并不断优化。如果将一家企业也看作一个信息节点，拓展后的QQ平台不仅连接消费者，还连接企业内部、企业与消费者、企业与企业。拓展后的QQ平台为腾讯带来的价值，远不能只用营收来衡量。

通过品牌授权等形式进入到传统行业，具体包括四种模式：

（1）产品形象版权的授权——向被授权商提供形象版权。目前，腾讯已授权使用QQ形象的产品有：QQ服装专卖店（含QQ休闲装、手表、包袋、毛绒玩具等），产品涵盖了QQ湿纸巾、QQ盒装干纸巾、QQ CD包、MP3包、数码相机包、计算机周边产品、汽车装饰品等6大系列的600多种产品。

（2）促销授权——被授权商可以运用商标、人物及造型图案，与自己的促销活动相结合，规划赠品，促进公司产品销售。中国电信、中国移动、西门子、可口可乐、UT-斯达康、喜之郎、联想、中国石化、友邦保险、康师傅、华凌集团、21CN、美宝莲、广发银行等逾百家企业与腾讯开展了广泛的合作，在自己的产品或活动中使用了QQ产品形象。

（3）主题授权——被授权商可以运用商标、人物及造型图案，策划并经营主题项目，比如生产玩具、文具、服装等产品。2000年，腾讯开始开展QQ品牌及卡通形象授权业务，授权东利行等专业公司生产销售QQ周边产品，并开发出QQ毛绒公仔等种类繁多的卡通产品实物。

（4）通路（渠道）授权和特许加盟。2006年3月，腾讯品牌授权的全新概念IT卖场在长沙开业，商城命名为科佳·QQ电脑城。整个电脑城充分利用QQ主题形象，通过QQ品牌嫁接，为消费者提供从开始购物到使用产品一站式的欢乐体验式消费。

讨论题：

1. 试分析腾讯QQ的品牌延伸过程。
2. 你如何看待QQ在品牌延伸中的类别延伸？

第十章

品牌国际化

本章要点

(1) 品牌国际化的内涵。
(2) 我国企业品牌国际化面临的挑战。
(3) 品牌国际化的策略。

▶ 导入案例

"深圳特质"的文化品牌走向国际化创新之路

在全球化"互联网"时代,创新要素从传统的"地理带"向具有"城市特质"的国际化城市集聚。从"文化沙漠"到"文化绿洲","文化创新"是深圳在改革开放过程中所展现的"城市特质"。从全球艺术服务机构雅昌到国际化职业乐团深圳交响乐团,再到引领深圳智造时间文化的深圳市钟表行业协会,深圳探索出一条兼具"全球视野"和"深圳特质"的文化品牌走向国际的创新之路。

雅昌:以"艺术智慧"创想"世界文化"

从深圳起步,仰望着一片通向国际品牌的天空,雅昌将"印刷之术"成功蜕变为"艺术之道"过程中所彰显的"艺术智慧",成为其品牌国际化发展的标杆。

通过采取差异化战略,减少商业印刷,雅昌从传统印刷转型为以艺术设计为导向的文化企业的征途上更快地进入到了一种新的境界:让人们的生活更加美好。

雅昌文化集团执行总裁、海外业务拓展元老彭干介绍:"未来,纸质书籍也许就是一件'艺术品'或是'奢侈品',印刷更趋个性化、小批量定制。伴随而来的是将数字信息链接到订阅纸面深度阅读,拿起手机直接扫一扫就直接链接到云端的'雅昌云图'。"

雅昌瞄准代表最高水准的业界"奥斯卡",以专业标准得到国际市场认可,成功将中国品牌通达全球市场。自2003年在印制界"奥斯卡"舞台以选送作品"梅兰芳戏曲脸谱图册"赢得美国印制大奖中的"大奖"——班尼金奖之后,雅昌已12次问鼎世界印刷之巅,共揽得班尼金奖65项,成为近五年来在全球收获全场大奖最多的印刷企业。

深圳交响乐团:"深圳旋律"徜徉世界乐坛

乐团和企业有很大的不同,依靠的是长时间的文化积淀,包括一流的人才、独特的曲目、良好的声誉，这些元素没有哪一个可以在短时间内就积累起来。深圳交响乐团从华南出发，以创新的运营模式迅速建立起享誉全球的严肃音乐乐团，已逐步成为当之无愧的深圳国际文化交流品牌。

深圳交响乐团成立于1982年改革开放初期，从20世纪90年代开始就借鉴国际化交响乐团职业化经验，以"请进来，走出去"的原则打破"论资排辈"的传统方式，不仅吸纳国内外杰出的音乐人才，并且有计划、不惜成本地培养人才，为他们提供优质的外出学习机会，还敢于与世界一流音乐家竞演，使乐团职业水准持续提升。

迄今为止，深圳交响乐团足迹遍布五大洲，"深圳旋律"徜徉在捷克、波兰、德国、意大利、法国、土耳其、南非、美国、新加坡、印度尼西亚、韩国、泰国等数十个国家……乐团非常注重我国民族交响乐作品的创作，其原创作品《神州和乐》《交响山歌·客家新韵》《人文颂》在联合国总部、联合国教科文组织总部以及世界主流音乐厅演奏并大获成功。

深圳交响乐团团长强调：外为己用，以我为主！每次走出去，我们都会学习吸纳国外乐团的先进经验，归纳总结出自己独特的人才管理办法。

深圳市钟表行业协会：向全球传递深圳智造的"时间文化"

尽管我们无法回到过去，但我们可以抢占未来。作为深圳最早成立的工业行业协会之一，深圳市钟表行业协会在过去的30多年里，以"时间文化"为元素持续探索与创新，引领深圳本土钟表企业向"时尚科技"转型，向人工智能延伸发展智能可穿戴产业，向其他制造业输出精密智造能力，为全球消费者传递深圳智造。

在品牌国际化成长之路上，深圳钟表企业一方面与瑞士、法国的高端品牌合作，另一方面以数字化为导向研发新一代消费者需要的产品。从2011年开始，深圳每年定期举办"中国·钟表文化周"。2018年，"首届深圳时间文化周"以展会、论坛、公益等形式多维度、多角度地展现"时间的永恒魅力"。正是因为对于打造品牌的持续投入与不懈坚持，飞亚达、天王、依波、霸王、星皇等深圳钟表品牌才逐渐被人们所熟知。

时间对于每个人都是公平的！关键是谁最先找到未来时间的表达方式。

第一节　品牌国际化概述

随着世界经济、科技的飞速发展，快捷的通信、高效的运输、全球间的资本流动已成为现实，经济全球化已经成为当今世界发展的一种必然趋势。随着我国改革开放的不断深入，国内市场的国际化程度不断提高，立足国内、面向世界、创建国际名牌、实施国际化经营战略已经成为越来越多国内企业的必然选择。

一、品牌国际化的定义

品牌国际化又称为品牌的全球化经营，是指企业在国际化市场营销活动中，利用各国的资源与市场，树立自己的品牌形象，其目的是通过品牌向不同国家、不同区域进行延伸扩张，来获取规模经济效益，进而实现低成本运营。

品牌国际化和品牌的跨国经营是有相互联系但并不相同的两个概念。品牌国际化是用统一的品牌、统一的市场营销组合开拓不同国家、地区，甚至全世界的市场，它将全球视为无差异化的统一市场；而品牌的跨国经营则是利用统一或者不同的品牌、市场营销组合策略去开拓不同的市场，它将全球各国视为差异化的不同的市场。

品牌国际化有以下三个基本的含义：

（1）品牌国际化是一个长期的历史过程。说它是一个长期过程，是因为品牌国际化不可能一蹴而就，需要企业付出几年乃至几十年的艰辛努力，才能真正完成国际化的目标。像麦当劳就耗费了22年才将这一国家品牌塑造成一个具有国际化特征的全球品牌。即使在新兴的IT业，像微软、戴尔、英特尔等这些世界级公司，也是具有几十年的历史，更不用说惠普、IBM了。因此，将品牌国际化视为一种短期的提高销售量和经济效益的应对策略是不正确的。

（2）品牌国际化具有不同的形式。最低级的形式是产品的销售，即品牌商品的输出，国际贸易是其实现手段；较高级形式是资本的输出，即通过在品牌延伸国投资建厂达到品牌扩张的目的；最高级形式是通过无形资产输出，即通过签订商标使用许可合同等方式，实现品牌扩张的目的。从全球经济发展趋势来看，发达国家的企业已经基本上完成由商品输出到资本输出再到无形资产输出的过渡。当然，风险最小、回报最高、最理想的方式自然是无形资产输出方式。

（3）产品国际化不等于品牌国际化。目前，许多中国企业选择OEM。在国际市场上，日本品牌、美国品牌上贴着"中国制造"的标签随处可见。我国有200多种制造业产品产量跃居世界第一位，但具有世界水平的品牌较少。2020年全球品牌价值排行榜显示，2020年100个上榜品牌总价值达到2.54万亿美元，同比2019年的2.33万亿美元增加了0.21万亿美元。其中，苹果以2421亿美元的品牌价值位居榜首，其次是谷歌（2075亿美元）、微软（1629亿美元）、亚马逊（1354亿美元），以及Facebook（703亿美元）。

二、品牌国际化程度的度量

品牌国际化是一个历史过程，不可能一蹴而就。品牌的国际化程度究竟怎样衡量，迄今为止，理论界尚无定论，有的学者提出从以下几个方面进行衡量：

（一）以企业产品外销的比重进行衡量

国外销售额占全部销售额的比重越高，该品牌的国际化程度就越高；反之，则相反。从2020年品牌价值榜的行业分布来看，科技行业的品牌上榜最多，达到20个，其次是上榜14个品牌的金融服务业，上榜11个品牌的汽车行业，上榜8个品牌的零售行业。从地区分布来看，美国有50多个上榜品牌，德国有10个品牌，法国有9个品牌，日本有6个品牌，瑞士有5个品牌。

（二）以品牌在全球的知名度进行衡量

有些公司虽然在海外的销售额非常大，但全球知名度却非常低。作为衡量品牌在消费者心目中认识程度的一个重要指标，认知度的高低也会在一定程度上反映企业品牌的国际化程度。像"可口可乐"品牌，虽然在海外的销售额占总销售额的比重不一定有"埃克森"品牌那么大，但其知名度和认知率却远远超过了后者，因此，其国际化程度是非常高的。

（三）以品牌国际化的区域分布进行衡量

有些品牌虽然在海外的销售额非常高，但是其销售分布却极其有限。例如，有些企业的产品出口量虽然很大，但绝大部分局限在亚洲或非洲，这类品牌也只是处于国际化的初级阶段。因此，品牌的国际化不仅要求走出国门，更要求在广泛的国际市场上参与竞争。

（四）以资源的国际化程度进行衡量

前面几点都是从贸易的角度来衡量品牌的国际化，但是必须认识到品牌销售国际化只是品牌国际化的初级阶段。随着国际化进程的深入，它必须逐步向资源和人才的国际化方向迈进。资源的国际化主要是指品牌运营所需要的资本、劳动力和原材料的来源实现本土化的程度，也是指品牌生产经营的本土化程度。

随着世界经济一体化进程的不断深入，国家与国家之间的经济技术联系不断加强，品牌国际化中的本土化运营几乎成为所有跨国公司的必然选择。典型的如雀巢公司，其品牌运营的本土化情况非常突出。在许多国家，雀巢连一美元的投资也没有，它所投入的只是雀巢这个品牌的使用许可权，以及雀巢的管理和经营经验，资本投入、厂房设备等全部是由所在国或地区的合资方自己解决。与那些只靠出口来获取知名度和经济效益的品牌来说，实现资源国际化的品牌在品牌国际化的过程中已经步入了一个更高的层次。

（五）以人力资源的国际化程度进行衡量

有学者认为，人力资源国际化是品牌国际化的最高层次，企业雇员，特别是高层雇员中外籍人员比重越大，外籍人员的来源分布越广，该品牌的国际化程度越高；相反，品牌的国际化程度就越低。瑞典 ABB 公司的人力资源国际化程度主要体现在以下两个方面：第一，公司最高决策层人才来源已经实现了国际化。公司执行委员会 12 名委员分别来自瑞典、瑞士、德国和美国，文化背景截然不同。第二，子公司管理人员的国际化。ABB 公司所属的上万家海外子公司中，管理人员已经实现了本土化及流动化。一名中国的工程师，可能今天是 ABB 中国分公司的员工，明天则成为 ABB 日本子公司的职员。

品牌视野：优必选，与机器人一起玩转世界

UBTECH Robotics Corp.（优必选科技有限公司）是一家跨国高科技企业，是商业化智能人形机器人的研发和制造商。UBTECH Robotics 从人形机器人的核心原动力——伺服舵机研发起步，陆续推出了消费级人形机器人、商业人形机器人、智能家居机器人和积木机器人系列。优必选是全球人形机器人领域首个"独角兽"企业，于 2017 年入选《财富》杂志"全球创业公司 AI 50 强"，从诞生之日起就以品牌国际化为"初心"。

品牌"走出去"，人才是关键。优必选吸引了全球知名高校优秀人才，还拥有国际化研发团队和专业的品牌营销人员，与国际一流研究机构和企业建立合作关系。从 2008 年开始，优必选集中精力自主研发人形机器人的关键技术——舵机。历时 5 年，优必选克服了无数的瓶颈和难关，终于研发出在参数、性能上都比肩甚至超过欧美一流公司的产品。从技术研发到中英文品牌，再到全球发售……"国际化"为优必选这样的"独角兽"企业插上了快速腾飞的翅膀。

优必选品牌的蓝图中不仅有酷炫的"未来感"，更有富有温度与人情的"期待感"。2016 年央视春晚上，优必选自主研发生产的人形机器人"萌翻人类"，它们会说话、会主持、会跳舞，一夜成为炙手可热的"网红"。

三、品牌国际化的意义

1. 实现生产与流通的规模经济

在经济全球化的今天，对许多行业来说，在世界范围内开展经济活动所带来的规模经济

效益，已经成为获得竞争优势的重要因素。根据学习曲线（Learning Curve）理论，大规模运作能够实现生产和流通的规模经济，即可以有效地提高生产率，显著地降低生产成本，使品牌产品更具有价格竞争力。

2. 降低营销成本

实施品牌国际化，可以在包装、广告宣传、促销以及其他营销沟通方面实施统一的活动。如果在各国实施统一的品牌化行为，其经营成本降低的潜力很大，实施全球品牌战略成为分散营销成本最有效的手段。例如，可口可乐、麦当劳、索尼等企业分别在世界各地采取了统一的广告宣传。

3. 大范围的感染力

全球品牌向世界各地的消费者传达一种信息：它们的产品和服务是信得过的。品牌产品之所以能够在全球范围内畅销，为广大消费者所接受并拥有忠诚的顾客群，说明该产品具有强大的技术能力或专业能力，说明该产品能够给消费者带来生活上的便利，从而反过来又增强了品牌在其母国的影响力。

4. 品牌形象的一贯性

在全球市场遵循同样的营销战略有利于保持品牌形象和公司形象的一贯性。一个统一的产品形象，使顾客无论身在何处，都能购买到自己熟悉的产品或服务，感受到独特的产品文化所带来的精神愉悦感。

5. 知识的迅速扩散

品牌国际化可以使一个国家产生的好建议或构想，无论是研发、生产制造方面的，还是营销或销售方面的，都能迅速、广泛地被吸取或利用。另外，国际化还可以做到，在品牌及其营销组合宣布后，立即覆盖各大目标市场，不给竞争者留下抢先的时间，从而能提高企业整体的竞争力，如微软视窗产品的推出、英特尔计算机芯片的推出等，都得益于国际化的品牌策略。

6. 营销活动的统一性

由于营销者对品牌产品的属性、生产方式、原材料、供应商、市场调查、价格定位等都非常熟悉，并且对该产品的促销方式也有详细的记录，因此，在品牌国际化过程中，就能够最大限度地利用公司的资源，大大减少和消除重复性的工作，以便迅速在全球开展该品牌的营销活动。

第二节 品牌国际化的动因与障碍

一、品牌国际化的动因

品牌国际化是品牌的区域延伸。促使品牌延伸的因素也是品牌国际化的基本动因。品牌国际化的动因主要有以下方面：

（一）发展动因

品牌国际化最根本的动因是发展的需要。任何一个品牌的成长都会经历由小到大、由弱变强的过程。品牌的成长也总是先在其熟悉的环境中，在天时、地利、人和条件下壮大起来。当一个品牌发展到相当的程度后，有了一定的实力，就开始放眼世界。很少有品牌一开始就是国际化的。可口可乐如此,微软亦是如此。只有当品牌在国内市场发展潜力受限制时,才会去突破国界,寻求国际发展空间,日本企业在第二次世界大战后的发展就是一个典型。在日本,松下、东芝、夏普、三洋等电器产品的国内竞争白热化后,先是大量出口,然后实行国际化投资和经营。

因此,公司持续发展的要求促使企业走向海外,从产品出口转向海外投资,从产品经营走向品牌的国际化经营。

(二) 利润动因

我国的改革开放从"三来一补"开始,从为国外知名品牌加工制造产品开始,现在,我们称之为 OEM(贴牌生产)。经验证明,贴牌生产的企业利润微薄,品牌企业收获了丰厚的利润,是生产企业的几倍甚至是几十倍。产品的国际化经营利润远低于品牌的国际化经营利润,这也是我国企业努力实现品牌国际化的主要动因。

对一些已经有相当国际化经验的欧、美、日品牌来说,品牌的国际化已带来丰厚的收获,因而更坚定了其国际化的信念,如可口可乐的全球扩张,日本由家电到各类电子产品、汽车和日用品的国际扩张。它们在国内市场饱和的情况下,通过向发展中国家的品牌延伸,借其已形成的优质信誉,获得了巨大的商业利润。

(三) 规模经济动因

规模经济是一个战略杠杆。一家打算进入世界市场的汽车设计公司比只定位于当地市场的公司更有竞争力。理由十分简单,当地市场比世界市场小得多,品牌国际化后,同样的研发费用可以由众多的市场分摊。同样根据学习曲线理论,大规模运作能大大降低制造成本,使品牌产品更具有价格竞争力。这对大众品牌而言,意义尤为明显。

在品牌国际化经营中,还有一个突出的成本节省点是营销创新的国际化推广。众所周知,产品创新难,研发成本高,而成功率低。殊不知,营销创新更难。但是,品牌的国际化可以及时将在某一个国家获得的成功营销创新经验迅速推广到其他国家,以获得规模效益。

品牌国际化还可以大大减少和消除重复性的工作。例如,公司可以在潜在的销售地区使用同一广告,而不必在每一个国家制作不同的广告。考虑到广告制作的高成本,其节约额是很可观的。例如,万宝路的牛仔广告一播就是半个世纪。

(四) 竞争时间动因

品牌国际化还有一个十分重要的原因是信息和技术传播速度的加快。以前,科技扩散速度较慢,产品可以由生产国向消费国逐渐输出。然而,在"速度就是优势"的 21 世纪,如果品牌产品不能在主要消费国同时推出,就会给竞争对手以充裕的时间,他们会做出事先对策,并可能推出相似或相同的产品。国际化就是要在品牌及其营销组合宣布后即覆盖各大目标市场区域,不给竞争对手留下时间。

(五) 品牌国际化的其他动因

品牌国际化除了上诉四大动因外,还有一些其他动因。

1. 风险分散

由于世界经济发展不平衡和各国经济周期不同步,因此,品牌国际化可以分散市场风险,求得市场需求的相对均衡,避免因一国或一个地区的需求波动而危及品牌或使品牌陷入困境。

2. 显示实力，增强市场影响力

品牌国际化可以增强消费者的信任度。当一个国家的品牌进入多个国家时，通常该品牌被认为有实力、产品质量高，说明该品牌不仅为国内消费者接受，而且为国外消费者所接受，从而又反过来增强了品牌在国内的影响力。事实上，海尔、海信等都属此类。日本、韩国甚至欧洲国家的一些品牌为了显示其实力和世界级的地位，也以进入美国市场为标志，一旦成功，该品牌就较易被世界其他国家所接受。

二、品牌国际化的障碍

品牌国际化面对的是一个纷繁复杂的国际环境，每个国家在经济、社会、文化方面存在着巨大的差异，消费者对品牌的了解、认知和理解也不完全一样，而且其需求和使用目的也不尽相同，这为品牌国际化的实施增加了难度。因此，品牌国际化虽然对企业有利，但同时也面临着各种障碍。

（一）环境性障碍

1. 法律环境

不同国家有不同的法律体系，在一个国家合法的营销行为、品牌内涵、定位的表达方式，在另一个国家可能是非法的。例如，在英国不允许用英雄人物作为烟草广告的代言人，即使是万宝路中的牛仔也不允许；而新加坡、中国不允许做"对比性"广告，以显示品牌优势；在奥地利，不允许用儿童做广告；波兰要求广告片中的插曲必须以波兰语演唱等。这些规定很可能使在一国极为成功的品牌及其营销组合无法延伸到他国。

2. 竞争结构

品牌竞争的市场结构主要包括竞争对手的数量和实力、品牌知名度、分销类型和水平、产品生命周期阶段。在品牌国际化过程中需要对其做一定调整，除非这种产品没有任何竞争对手，是一种全新的产品。

有学者曾对美国、欧洲、日本甚至世界范围的品牌进行了调查，调查显示，品牌的心理位置（Share Of Mind，SOM）和受尊敬程度有明显的差异。美国排名前十的品牌全为美国公司；在欧洲，排名前十的品牌中有三个来自美国和日本公司，其余七个均为欧洲品牌；在日本，除了两个欧洲品牌外，其余均为日本品牌。可见，世界不同国家和地区对品牌地位的认知有明显的差异。事实上，除了可口可乐、奔驰出现在其中的两大市场之外，其他品牌均未能同时具有这样的地位。这说明在品牌国际化过程中，要根据当地的竞争格局适当调整品牌定位，品牌促销的模式和品牌联想的建立方式也应该有所不同。

3. 社会文化环境

社会文化因素对品牌国际化的影响实际上是多方面的。

首先是语言障碍。语言是利用广告进行有效沟通所遇到的主要障碍之一。许多国家都存在因为忽视语言翻译而产生的问题，从而妨碍沟通。可口可乐公司在使用其著名的口号"享用可口可乐"（Enjoy Coca-Cola）时发现，在有些国家 Enjoy 即"享用"一词带有"性感受"的含义。为解决这一问题，公司将"享用可口可乐"更改为"请喝可口可乐"（Drink Coca-Cola）。高露洁的"CUE"牌牙膏在法国销售时遇到了问题，因为在法文里，CUE 是对烟头的一种粗俗叫法。

其次是风俗不同。文化差异远比语言差异复杂、深刻。文化涉及范围很广，包括某一社会内部行为的各个方面。在实施全球性营销策略时，若不了解文化差异，将会招致更严重的问题。例如，AT&T 在俄罗斯和波兰不得不修改其广告，在这则广告里有出示手掌的镜头，这种方式被认为带有侵犯的意味。又如，百事可乐的销售曾在南亚遭受重创，原因之一是它将其销售设备和冷藏箱的颜色由原来很庄重、豪华的蓝色改为浅蓝色，而浅蓝色在南亚与死亡、奔丧相联系。

最后是媒体传播的差异。不同的国家和地区的媒体在受众偏好、发展水平、广告效力以及时间和空间的成本上都是不一样的。例如，美国的媒体因素不同于非洲的国家，也不同于日本等国家，因为各国媒体有各国的特点和发展水平。又如，广播在非洲是人们接触最普遍的媒体，其权威性也相对较高；而在中国，广播收听者基本上都是老人、学生、司机等。

（二）品牌性障碍

所谓品牌性障碍，是指由品牌的构件（图案、名称、色彩和包装等）所带来的品牌国际化障碍。例如，某种文字或图案在不同的国家有不同的含义和不同的理解，尽管在本国是一个非常优秀的品牌元素，国际化后，在彼国却可能成为很不利的因素。

1. 品牌图案

品牌图案是品牌的基础，又是品牌重要的构件。对不认得文字的人来说，品牌就是品牌图案。品牌图案虽然是品牌国际化中最易于被接受的要素，但在其传播和推广过程中并不是没有任何障碍。在不同国家，它们会有不同的象征，引发不同的联想，有的图形甚至成为禁忌。例如大象，在中国和东南亚国家，是人们最喜爱的动物之一，是大力士的象征；但在英国，大象象征笨拙、大而无用的意思。又如兔，在我国是一种深受小朋友喜爱的动物，因而，用兔作为品牌图案对产品的销售是有利的；但在澳大利亚，由于经常遭到兔害，庄稼被毁坏，因此，有"兔"标志的品牌图案在澳大利亚经常被冷落。

2. 品牌名称

公司在为其产品选择品牌名称时，未必考虑到未来的国际化经营需要，往往取了一个很有当地文化色彩的品牌名称。这样的品牌在本国可能会非常成功，然而在国际化时就可能遇到严重障碍。例如，"长虹"作为彩电品牌，能给人一种色彩斑斓的美好联想，但是"changhong"就让人感觉不到这种寓意，因此，品牌名称是国际化中必须面对和跨越的一道障碍。

3. 品牌色彩和包装

品牌是一个完整的统一体。一个好的品牌总是借助于一定的色彩和包装来传达其内涵。例如，可口可乐以其特有的外形和红颜色遍布全世界，即使略去可口可乐的曲线字样也能迅速地被认知和感觉。所以，在品牌国际化时，对于色彩和包装应适当加以注意。

4. 品牌的内涵诉求

在品牌国际化过程中，对品牌内涵诉求的不同理解是品牌的又一内在障碍。以品牌内涵中的"健康"诉求为例。"健康"的理念是东西方所有品牌的共同诉求，但"健康"具体意味着什么，东西方在理解上却有很大的不同。在欧美国家，肥胖已成为影响消费者健康的一大公害，因此对他们来说，健康食品就是低热量的食品；但对发展中国家的消费者而言，健康则有着完全不同的内涵，它要求营养丰富，对热量则不太关注。因此，对不同国家的消费者而言，同一个品牌在消费者眼里有不同的内涵诉求。

这些就决定了品牌在国际化的进程中，要因时因地恰当修改同一品牌内涵在不同国家的不同诉求,从这个意义上讲,这也是品牌国际化的本土化过程。

品牌视野:中国品牌国际化的"四个强化"

中国以一种负责任的、开放的国际形象为中国品牌走向世界创造了非常好的前提。全球金融危机使国际经济变得更加复杂、多元。但是,由于经济全球化所产生的全球产业链和供应链的运作没有发生根本性的变化,这就为中国的品牌在建立跨国的产业链和供应链、打造中国产业国际化的进程创造了更加有利的条件。因为在国际产业链上许多环节出现了大动荡局面,在混乱的局面下,中国企业走向国际变得更加有利。因而在金融危机条件下,中国品牌国际化应该关注以下四个问题:

第一,强化中国企业的团结。首先要解决观念上的问题,中国的企业包括国有企业、民营企业、外资企业,但无论是哪种所有制的企业,只要是在中国政府注册,通过中国的法律法规雇佣中国的员工,他们就是中国企业,就是民族企业。因此,应该淡化企业所有制这种概念,使我们中国所有企业在打造国际品牌、发展中国经济方面做出更大贡献。另外,同一个行业的企业不要内斗,"内斗猛于虎",要打造强有力的中国品牌,首先要强化中国企业的团结。

第二,要强化国际标准。参与国际竞争、参与国际品牌的打造,最重要的条件就是企业和产品要符合国际标准,包括质量标准、安全标准等。要不断地研究国际标准。例如,现在国际上十分关注低碳氢产品,注重节能,因此在这个问题上要与时俱进,不断研究新标准,达到新的国际标准。

第三,要强化金融知识。这次全球金融危机使我们进一步了解到金融是多么重要,中国继续发展金融产业,使其成为最有竞争力的一部分。要加快品牌国际化的进程,要加强风险投资意识,利用资本市场来加快企业的发展,使它成为中国品牌的基础。此外,要强化金融知识,使中国企业能够构建国际品牌,这可能是加快品牌国际化进程的一个捷径,但前提是我们必须熟悉国际金融领域的游戏规则和知识。

第四,加快中国品牌国际化的进程还必须强化公众的支持。在强化公众的支持方面,更应该强调舆论的支持。各种媒体都应该多多地支持中国企业,支持中国品牌,让中国品牌在国际上占有一席之地。在品牌没有知名度、没有名气的情况下,老百姓也要支持中国品牌,支持中国品牌国际化的进程。我们可以做两件事情:重视中国形象,爱护中国企业。让中国成为一个受人尊重的负责任的大国,成为一个经济大国,成为一个经济强国,使中国品牌能够在一个强大的国际竞争市场上做强、做大。得市场者得品牌,相信中国13亿人口的大市场一定可以培育出国际品牌。

(资料来源:龙永图. 品牌国际化的几个条件 [J]. 商周刊, 2009 (17))

第三节 品牌国际化战略

一、品牌国际化的方式

实施品牌国际化战略,建立国际性品牌就能获取全球的竞争优势。而获取全球的竞争优势就要面临各种各样的障碍,企业应根据自身的优势和所面临的障碍选择进入新市场的合适方式。总的来说，企业进入国际市场的基本方式有出口、许可生产、特许经营和直接投资四种。我国不少企业（特别是国内经营成功的品牌）采用兼并收购的方式进入国际市场，这种进入方式越来越多地被理论界所关注。

（一）出口

这种形式适合于任何规模的企业，也是企业进行国际化经营的第一步。通过出口，企业可以规避已处于饱和状态的国内市场，或者为处于衰退阶段的产品重新找到市场。我国家电业在国内一直是供过于求，很大一部分都靠出口，出口占我国家电销售的较大份额。

选择出口途径的优点是风险较低，企业如能通过专业经销商出口，不但能获得良好的服务，而且能获得更加完整的信息。出口途径的缺点是当出口数量较大、同时出口采用的主要竞争方式是价格竞争时，会受到其他国家的关注和抵制；也易造成进口国采取各种贸易补贴措施和贸易壁垒，对出口国企业扩展国际市场形成政策和法律的障碍。

（二）许可生产

许可生产是指通过签订许可协议、收取使用费用的方式让其他企业获得使用自己企业发明的、受专利保护的技术生产产品的权利。许可生产一般受时间限制，在超过专利保护期后是否维持原许可证条件，取决于双方的谈判能力。采取许可生产的方式，将企业的技术卖给他国，不但可以使自己企业的专利技术得到更广泛的运用，补偿技术研发的费用，还可以通过所提供的技术，特别是这些技术的后续发展，对受许方的生产经营进行控制。但是，采取许可生产形式可能会为企业培养出一个新的竞争对手；另外，将专利提供给缺乏有关专利保护法律的国家，可能会发生专利被侵权的情况。

（三）特许经营

特许经营是指企业将自己的某一权利以合同的形式准许其他企业使用的一种经营方式。这种权利可以涉及很多方面，包括专利、技术秘密、商标与品牌、组装加工、管理模式等。受许方对这种权利的使用往往受到许可方规定的时间和区域的限制，同时许可方可收取受许方一定的费用作为回报。

特许经营属于一种双赢的经营方式。对于许可方来说，不必投入大量的资金就可以快速地进入国家市场，快速复制成功的管理经营模式，在国际市场扩展品牌知名度，使自身的经营特色发挥最大的经济效益和社会效益。而对于受许方来说，不必投入大量的精力和时间探索特色的经营管理模式，只需投入一定的资金就可以借助他人的先进技术和商标来增强企业自身的竞争力。

很多跨国公司就是通过特许经营来开拓国际市场的。例如，快餐业中的麦当劳和肯德基就是通过特许经营连锁的方式造就了全球品牌；可口可乐公司以"特约代营装瓶业务"的特许形式，保证了不泄露原糖浆配方的前提下成功地向世界市场不断扩张。

（四）直接投资

直接投资可以分为两种形式：在国外建立合资公司和在国外建立独资公司。合资企业是指由两个或两个以上的企业共同拥有或控制的企业，投资方中至少有一方位于合资企业的所在地。独资企业是指企业（跨国企业）在海外投资并完全控制所投资企业活动的方式。跨国企业可以通过两种方式在海外建立独资企业。第一，跨国企业在国外设立独立的企业实体。采取这种方式，跨国企业可以按照自己的需要安排独资企业的规模、技术、设施和企业所在地，在较小的阻力下将自己的管理方式应用于这个新企业，建立起适合跨国企业经营战略和目标的企业文化。第二，跨国企业购买当地已经存在并已经营的企业，获得对该企业的所有权。采取这种方式不仅能够迅速进入国外市场，而且在进入的同时还至少能减少一个当地的竞争对手。

（五）兼并收购

兼并是指一个企业采取各种形式有偿接受其他企业的产权，使被兼并方丧失法人资格或改变法人实体的经济行为。采取兼并方式，跨国企业还可以利用企业中的留用人员协调两国之间由于社会、文化差异造成的矛盾。企业兼并的形式主要有承担债务式兼并、购买式兼并、吸收股份式兼并、控股式兼并四种形式。收购是指一个企业能够通过购买上市公司的股票而使该公司经营决策权易手的行为。

目前，我国企业实施的品牌国际化主要选择海外品牌兼并与收购。海外品牌兼并与收购是指通过收购国外具有知名度但经营不善的品牌，利用廉价劳动力在中国生产。通过收购和兼并国外企业，达到收购国外品牌的目的；收购后使用对方品牌以开拓当地市场。在当今的国际市场，兼并和收购已成为跨国资本流动的最主要方式。兼并和收购也将是打通国际市场的主要手段，采用这种模式的典型代表是联想和TCL。

二、品牌国际化策略的确定

选择合适的品牌国际化方式后，企业应确定采取何种品牌国际化策略。品牌国际化策略一般分为标准化策略、本土化策略、标准化和本土化相结合的策略。

（一）标准化策略

1983年，莱维特（Theodore Levitt）教授在《哈佛商业评论》上发表了经典论文《市场国际化》。文中指出，现在世界各国的人们正在变得越来越相像，总体上，人们的需求也变得一致起来，这使得全球化的营销计划是可行的。因此，企业必须学会将世界看成一个大市场并在其中运作，忽视各个国家和地区表面上的差异，并在整个世界按相同的方式出售相同的产品。

标准化策略是指在所有的营销组合要素中，除了必要的战术调整外，其余要素均实行统一化和标准化，即将目标国视为一个完全相同的市场，每一个国家或地区都是无差异的。具有独特的世界性品牌、规模化生产能力和强大销售网点的全球企业，往往会采取此种策略。例如，美国可口可乐公司的可乐饮料的原汁配方、包装、销售方式和定价，在世界各国几乎完全相同；沃尔玛、家乐福等国际商业连锁企业，麦当劳、肯德基等国际餐饮服务连锁企业，都采用标准化策略拓展全球市场。

企业实行标准化策略，可以使企业实现规模经济，赢得成本优势，具体体现在产品研发与生产、定价、广告、促销、包装以及品牌的设计、宣传等方面；有利于树立品牌在国际上的统一形象，提升企业的声誉，有助于消费者对品牌的识别，从而使品牌在全球享有较高的知名度。标准化还可以使企业对国际营销进行有效的控制。国际市场营销的地理范围较国内营销扩大了，如果产品种类较多，则每个产品所能获得的营销资源相对较少，难以进行有效的控制。标准化一方面降低了营销管理的难度，另一方面集中了营销资源，企业可以在数量较少的产品上投入相对充足的资源，从而提高营销活动的成效。但标准化策略忽视了全球需求的区域差异性，即难以满足不同市场消费者的需求，因此，其营销组合的制定与实施是比较困难的，有时甚至会出现与当地文化相冲突的情况。

（二）本土化策略

本土化策略是指企业向世界范围内不同国家和地区的市场提供不同的营销组合，以适应不同国家或地区市场的特殊需求。在开拓任何一个国家的市场时，必须重视当地的风俗民情、生活习惯、消费方式等社会文化差异。只有尊重这些差异，充分地了解、分析消费者对企业品牌及产品的认识，企业才可能赢得消费者的信赖与推崇，这是品牌本土化的基本信条。从实践来看，成功的本土化运营的主要做法是产品本土化、品牌名称本土化、人力资源本土化、促销活动本土化等方面的组合并用。

1. 产品本土化

产品本土化是指企业根据不同目标市场营销环境的特点，生产和销售满足当地消费者需求的产品。这种产品策略更多地从国际消费者需求个性化角度来生产和销售产品，能更好地满足消费者的个性需求，有利于开拓国际市场，也有利于树立企业良好的国际形象，是企业开展国际市场营销的主流产品策略。然而，产品本土化策略对企业的能力提出了更高的要求。首先，要鉴别各个目标市场国家或地区消费者的需求特征，这对企业的市场调研能力提出了很高的要求；其次，要针对不同的国际市场开发、设计不同的产品，要求企业的研究开发能力能跟上；最后，企业生产和销售的产品种类增加，其市场成本及营销费用将高于标准化产品，企业管理的难度也将加大。因此，企业在选择产品本土化战略时，要分析企业自身的实力以及投入产出比，综合各方面的情况再做出判断。例如人人皆知的肯德基，有效排除炸鸡产品在中国市场的适应性障碍，以需求为导向，不断推陈出新，提高当地消费者的满意度，"老北京鸡肉卷""四季鲜蔬""烤翅""芙蓉鲜蔬汤"等就是专门针对中国消费者口味推出的产品。

2. 品牌名称本土化

不言而喻，品牌名称作为消费者广为传颂的称谓，是目标市场文化的反映。因此，设计令消费者感到亲近（融入当地文化）的品牌名称是本土化运营的重要环节，可以说是品牌国际化的基础性工作。宝洁公司在中国市场的本土化就非常成功。从1988年宝洁进入中国市场后，它在产品品牌方面的本土化的确不遗余力，在宝洁铺天盖地的广告中，看不到"美国"的字样，而且，宝洁在中国选用的广告模特无一人是西方人。另外，30多年来，宝洁公司向中国市场推出了很多品牌的产品，其中产品名字都是广泛调研后产生的，也有不少是中国消费者参与的结果。

3. 人力资源本土化

人力资源本土化是指在当地招聘和雇佣参与品牌国际化的相关人员。采用当地人力资源可以大大降低成本，有效提高当地市场人员对品牌的接受程度，增加企业的渗透力。当地人力资源具有相同的文化与风俗，相似的思维方式、行为模式、生活习惯等，使信息沟通和工作合作更为顺畅，管理也得以顺利实施且更加有效。世界知名快餐品牌肯德基着力培养、提拔和使用本地人才，充分发挥其熟悉政策、环境和市场特点的优势。雇佣本土的总经理，其中直接负责餐厅营运的高级管理人员，如营运经理、区经理和餐厅经理，全部本土化。

4. 营销活动本土化

品牌营销本土化是指在充分考虑品牌国际化的总体战略目标的前提下，在不同市场环境，结合本土化的特点进行品牌营销活动。品牌营销在广告内容的制定、营业推广的方式选择、促销方式的安排等，更容易在当地的文化基础上进行品牌文化传播。例如，可口可乐推出过印有中国传统十二生肖过年形象的产品包装，体现了中国民风民俗，增添了中国味道。

（三）标准化和本土化相结合的策略

随着企业全球市场观念的逐步成熟，它所采取的态度可能是能标准化就标准化，该调整适应的就调整适应，尽可能从标准化中获益，同时又要满足当地文化的不同需求。有关学者对亚洲市场的研究表明，多数的跨国公司采用标准化和本土化相结合的策略，即在战略决策方面（如选择目标市场、产品定位、确定广告目标和主题等）较多地使用标准化策略，在战术决策方面（如广告表现形式和媒体选择等）较多使用本土化策略。这种折中的思想也就是所谓的"思考全球化，营销本土化"（Think Global，Sell Local），意思是首先要有全球化意识，在全球范围内做整体计划，在实施计划的时候则要因地制宜。

目前，越来越多的企业采用标准化与本土化相结合的策略实现其品牌国际化。例如，麦当劳的汉堡基本上是标准化的产品，但是在德国可供应啤酒，在法国可供应葡萄酒，以适应当地消费者的需求；在某些国家，可口可乐的甜味、碳水化合物含量实际上也进行了适当的调整。

三、品牌国际化的趋势及启示

（一）趋势

1. 品牌国际化的门槛不断抬高

品牌国际化可分为三个阶段，即产品输出、资本输出和无形资产输出。由于长期的产品输出、资本输出和无形资产输出，发达国家跨国企业逐步将产业链中低附加值的加工制造环节对外转移，牢牢掌握高附加值的研发和销售环节，获取高额利润，并进一步强化品牌对世界市场的垄断地位。在这种情况下，新生品牌成长的世界市场空间趋于狭小，进入成本和代价逐步加大，致使大多数新生品牌只能徘徊于次主流或非主流市场。

2. 品牌国际化的方式不断更新

跨国公司主导的资本输出有新的内涵，即理念、标准、技术、制度、运营机制、管理等综合性输出。其本质就是品牌的输出，这是一种更具战略意义的资本输出类型，是国际化与本土化的有机结合。跨国公司通过新的竞争方式加快了品牌国际化的进程，巩固了其在世界品牌竞争中的地位。其中，跨国并购能够使企业迅速获得技术、渠道等关键性资源，增强比较优势，成为其实现品牌国际化的重要途径。然而，后进入者通过品牌并购实现跨越式发展的门槛被不断抬高，它们将面临成长机会缩小和难度加大的局面。

（二）启示

1. 品牌国际化是一个系统工程

品牌国际化实质是一个系统工程，企业需要强大的实力做后盾，也要具备良好的品牌国际化经营战略并予以有效实施，才能在国际市场上获得长期收益。综观全球国际化品牌，没有一个是一蹴而就的，几乎都经历了几年、几十年甚至上百年的积累。鉴于此，把握消费者需求，创新产品是首要任务。消费者的需求是永无止境的，如何抓住这些需求，对于一个品牌能否成为国际化品牌至关重要。另外，创造流行符号，引领全球消费者的生活方式也是必备要素。国际化品牌对于消费者来说，就是一种符号、一种流行或一种文化，很多品牌都因为制造了流行而受到消费者的青睐。因此一个国际化的品牌，一定要做成一个流行的符号，要有丰富的品牌文化。

2. 加快本土化进程是品牌国际化成功的关键

由于不同国家和地区之间存在诸多的差异，因此跨国品牌的运营不可能完全标准一致。从品牌的译名到品牌的宣传，都无不面临着国际品牌本土化的抉择。品牌国际竞争的本土化首先表现为品牌文化的本土化。品牌文化符合当地的审美、风俗习惯，才能被逐渐认识和接受，毕竟如今的市场竞争是消费者心理的竞争。但是以个性化、本土化的品牌营运模式迎合当地消费需求，虽然带来了较高的顾客满意度，但随之急剧上升的是高昂的运营费用。因而，差别化的本土经营模式还需要与全球统一定位结合起来。

3. 品牌国际化模式需要保持创新

针对目标市场的经营难度，可以选择不同的品牌国际化模式。对于一个国际化的品牌来说，最大的成功就在于能将它的品牌模式与国际市场上的环境相适应。例如，欧美市场是非常成熟的市场，由于进入艰难，进入欧美市场之前一般都要充分考虑当地市场的具体情况，而亚洲等国家本土化压力小，可以更多地进行品牌标准化。例如，海尔在美国的宣传更多地考虑到当地的技术标准，而在亚洲其他国家则更多地考虑通行标准。在通常情况下，品牌国际化中标准化能够带来巨大的规模效应，而本土化则可以更好地贴近目标消费者，获得更大的市场占有率。企业国际标准化的程度越高，品牌具有的国际核心竞争力也就越强。我国企业在品牌国际化过程中，应强化国际化经营理念，根据自身的实力和特点来采取灵活多样的国际化发展模式，在世界范围进行资源优化配置与整合，以便尽可能地降低成本，培育国际市场的竞争优势，提高企业的综合竞争力。

品牌国际化是我国企业参与国际竞争的战略选择，没有完全可以效仿的模式。虽然品牌国际化模式可分成欧美模式和日韩模式，但是因为企业自身资源与战略的不同，其模式的选择也就不同。可通过对世界著名品牌国际化过程进行深入分析，发现品牌国际化的一般经验。例如，区域品牌国际化的一般方法可提供包括品牌战略的选择、品牌国际化路径、品牌在新区域市场不同成长阶段的促进策略等经验。在此基础上，需结合企业自身实际加以创新。

▶ 本章小结

（1）品牌国际化又称为品牌的全球化经营，是指企业在国际化市场营销活动中，利用各国的资源与市场，树立自己的品牌形象，其目的是通过品牌向不同国家、不同区域进行延伸扩张，来获取规模经济效益，进而实现低成本运营。品牌国际化有三个基本的含义：①品牌国际化是一个长期的历史过程；②品牌国际化具有不同的形式；③产品国际化不等于品牌国际化。

（2）品牌国际化是品牌的区域延伸。促使品牌延伸的因素也是品牌国际化的基本动因。品牌国际化的动因主要有以下一些因素：发展动因；利润动因；规模经济动因；竞争时间动因；风险分散；显示实力，增强市场影响力等。

（3）企业在品牌国际化过程中会遇到种种障碍，所以企业在进行品牌国际化时要考虑到可能会遇到的障碍，避免这些不利因素给企业带来的困境。

（4）企业进入国际市场的基本方式有出口、许可生产、特许经营和直接投资四种。我国不少企业（特别是国内经营成功的品牌）采用兼并收购的方式进入国际市场，这种进入方式越来越多地被理论界所关注。选择合适的品牌国际化方式后，企业应确定采取何种品牌国际化策略。品牌国际化策略一般分为标准化策略、本土化策略、标准化和本土化相结合的策略。越来越多的企业采用标准化与本土化相结合的策略实现其品牌国际化。

思考题

1. 什么是品牌国际化？如何去度量一个品牌的国际化程度？
2. 结合你所熟悉的国内品牌，谈谈我国企业要进行品牌国际化可以选择哪些方式进入国际市场。
3. 品牌国际化可以采取哪些策略？
4. 谈谈一个你所知道的实施品牌国际化战略失败的案例，分析什么原因导致了失败。

案例分析讨论

从俄罗斯世界杯回溯海能达的全球化创新发展之路

在2018年俄罗斯世界杯期间，赛场中，选手们竞争激烈、充满挑战；赛事背后，各项保障工作任务同样艰巨，需要强大的技术实力做支持。仅以赛事现场为例，每个比赛和典礼场地都汇聚了通信、安防、摄像、转播、传输、舞美、灯光、搭建等各个技术领域中的顶尖玩家。其中，为安保团队和专业人员提供指挥调度专业解决方案的专网通信科技企业海能达，其旗下的专网科技产品也出现在赛场内外。海能达80多台TETRA基站，11 000多台Sepura对讲机分布在俄罗斯各大赛事场馆，帮助场内外足球队协调员、安保、志愿者等各团队提升集体协作效率，保障赛事顺利进行。

海能达作为深圳本土企业，在全面深化改革新时期，顺势前行，不仅成为我国创新企业的生力军，还借"走出去"的东风，走向了全球，在国际市场上走出了自己的发展模式，获得了国际市场领先的行业地位，书写了中国企业创新成长和全球化发展的独特故事，在国际舞台上展现了中国智造的风采。

公网通信的资源为平等共享式，在人员密集区域，现场经常出现运营商网络异常拥堵的情况，平时无所不能的手机没了信号，无法及时进行通信，此时唯一能够依靠的就是对讲机和可以快速部署的专网集群通信系统。这就是海能达作为全球领先的专网科技公司的核心价值——为各行各业的专业人员提供专网通信设备和解决方案，保证他们在关键时刻可以"随需而通"，从容面对各种复杂的通信环境。

此次，并不是海能达首次出现在大型国际赛事中，2017年FIFA联合会杯期间，海能达部署了TETRA专业无线通信网络，采用最先进的技术和解决方案，服务各大城市的锦标赛体育场馆、训练场、国际足联及裁判员总部、酒店、机场、火车站和交通枢纽区域，提供单呼、组呼、紧急呼叫等通话方式，操作简单，语音清晰，赛事期间实现零故障保障。

2016年里约热内卢奥运会开幕式、闭幕式、帆船比赛、奥林匹克村等，随处可见海能达对讲机，它们见证了中国田径队男子20km竞走项目摘取首枚金牌，陪伴数百艘帆船在风景如画的瓜纳巴拉湾角逐奖牌，协助工作人员、志愿者保障关键时刻的及时通信。

2014年巴西世界杯，海能达为伯南布哥体育场提供安全专业通信保障，小巧、电池容量高的6级防水对讲机，在当时正值多雨季节的累西腓地区有效保障了赛事的顺利进行。

整合产业资源,夯实全球发展根基

20世纪90年代初,美国的摩托罗拉、日本的建伍等老牌对讲机开始陆续进入中国市场,国产对讲机厂家在对手强大的技术和品牌实力的冲击下纷纷倒闭,很多从业者纷纷选择转行。而这时候,陈清州深度思考了对讲机产品的质量和品牌力,成立了深圳市好易通科技有限公司,成为深圳首批注册的民营科技企业之一。这家公司正是海能达的前身。

对于"走出去"的中国企业,要实现全球化战略,除了以自主创新赢得领先优势,还需通过全球并购增强技术能力,高筑技术壁垒墙,加快扩张速度,深化国际产能合作,进而实现优势互补。

在产业链整合方面,海能达通过全球并购实现了技术与市场的全球化布局,加快了国际市场扩张的进程。2017年5月底,海能达宣布完成对占据欧洲公共安全领域第二大市场份额的英国Sepura公司的全盘收购,包括其旗下的西班牙知名专网通信设备厂商Teltronic等众多企业,完善了在TETRA领域的产业布局,并实现了涵盖终端和系统产品的整合,进入了广阔的高端公共安全领域市场,同时大幅提升了TETRA产品的整体技术实力和全球市场占有率。7月,海能达完成了收购加拿大诺赛特公司,快速进入了卫星通信领域,与自身现有专网产品相结合后,能够为专网用户提供更全面的整体解决方案,同时通过产业链上下游的整合,有效提升了综合竞争实力。

其实,海能达的海外并购之路在2000年年初就已经陆续开始,2012年完成对德国子公司Hytera Mobilefunk GmbH(HMF)的成功并购,跻身专网通信全球强企,产品应用在英女王登基60周年庆典、G20峰会、F1方程式赛车、奥运会、世界杯等国际大型活动中。

2014年巴西世界杯期间,Sepura(总部位于英国剑桥)和Teltronic发挥了非常重要的作用,确保警察能在赛事最关键的地点及时沟通,实现无缝协同,这是重大事件和活动中应急与安全保障至关重要的一环。诺赛特公司提供了高频头和便携式卫星通信设备,保障了世界杯精彩画面及时通过卫星通信方式传输到世界各个角落。

2016年里约热内卢奥运会期间,彼时友商、现为海能达旗下子公司的Teltronic(总部位于西班牙萨拉戈萨)提供了TETRA系统产品、指挥中心和基站设施,覆盖了巴拉达蒂茹卡区、科帕卡巴纳海滩、德奥多罗体育场、马拉卡纳体育场、两大国际机场,及多个关键交通枢纽位置,每天处理300 000多个及时呼叫,服务30 000多名终端用户;20多名工程师和技术人员提供全天候运维保障,确保赛事资源调度及时和实时通信。

专注创新研发25周年,精工智坊追求卓越

在国际市场上,客户最看重的是企业的标准制定和行业影响力。在中国企业走向全球的进程中,归根结底要看中国企业是否拥有全球领先的研发平台。专网通信领域的标准制定者海能达,打造了世界一流的全球化研发平台,为其国际化之路奠定了根基。目前,海能达已在全球建有深圳、哈尔滨、鹤壁、南京、东莞、德国巴特明德、英国剑桥、西班牙萨拉戈萨、加拿大温哥华和多伦多共10个专网通信研发中心,3000多个研发团队向五大主线进攻,包括PDT系统+终端、TETRA系统+终端、宽带系统、智能多模终端以及智慧调度。

海能达专注专网通信领域,是我国PDT标准创始单位,牵头制定了我国首个专网通信数字集群标准(PDT),并加入了国内外17个标准组织,参与国际标准制定,是全球极少数能同时提供最领先的PDT、DMR、TETRA全系列产品及解决方案的企业,更在宽窄新融合、多模终端上占据全球最领先的地位。

一流企业做标准,做标准则需要工匠精神,海能达正是工匠精神的实践者。

海能达在全球生产基地龙岗工业园区提出了以"精工智坊"为目标,将工匠精神落到实处,打造军工品质,旗下的宽窄带融合系统、一体化防爆对讲设备成为业界经典,警用摩的、警用防爆系统,实施宽窄带综合解决方案,引进先进的制造与管理系统,实现了从"精工制造"到"智能制造"的跨越。工匠精神不仅代表着一种新的生产理念,还代表着"实干兴企"的价值观,以及中国制造的发展方向。

紧跟"一带一路"倡议,积极拓展全球专网通信市场

经济全球化是当代世界商业发展的重要特征与重要趋势,我国早已成为全球化密不可分的一分子。产业升级、企业转型等内部环境变化,"一带一路"倡议、2025战略政策环境,都在助力中国企业的健康发展、走向全球。海能达正是"中国智造"、品牌强企走向全球化的成功楷模。

自国家提出"一带一路"倡议以来,海能达紧跟国家"走出去"的步伐,在"一带一路"沿线布局,取得了较好的成果。乌兹别克斯坦既是"一带一路"沿线的重要国家,又是上合组织的重要成员。为了维护和保障地区的安全与稳定,提升当地的专网通信水平,乌兹别克斯坦引进全球领先的专网通信高科技技术,与海能达在乌兹别克斯坦境内开展深度合作。2017年4月,双方在乌兹别克斯坦副总理的见证下,于北京签署了合作协议,这有利于海能达与乌兹别克斯坦公共安全用户一起实现长期的战略合作,为乌兹别克斯坦和中亚片区提供安全可靠的通信解决方案。

菲律宾既是东盟(ASEAN)和亚太经合组织(APEC)的主要成员之一,也是海上丝绸之路的战略大国。2017年,海能达为菲律宾国家警察部门提供覆盖主要大城市的集群网络和终端,同时为菲律宾其他偏远省份和地区提供中转台和终端产品,初步实现了菲律宾国家警察全国网络的建设,这是海能达集群产品大规模进入菲律宾公共安全市场的良好开端。该项目的顺利实施有利于提升海能达在菲律宾本土市场的影响力,为持续在菲律宾及周边区域的市场拓展起到了良好的示范作用。

此外,海能达在俄罗斯、哈萨克斯坦、沙特阿拉伯、印度尼西亚等"一带一路"沿线国家及周边地区的专网通信市场均有良好拓展,再次充分体现了"一带一路"倡议的提出为我国自主品牌的全球化战略布局起到了积极的推动作用。

讨论题:

1. 海能达是如何做到国际化的?
2. 作为行业的"独角兽",海能达在国际化品牌战略方面下一步应如何走?

第十一章

品牌老化与更新

本章要点

（1）品牌生命周期的含义。
（2）品牌老化的成因。
（3）品牌强化和品牌激活的含义。
（4）品牌激活的策略。

导入案例

宝洁，美人迟暮？

在发展和变化的市场里，企业和品牌要保持长青是很不容易的。如同物种一样，随着时间的推移，老迈迟缓、增长乏力是每一个企业都要面临的挑战。一方面，各种新品牌不断崛起；另一方面，很多曾经成功的品牌却面临着市场占有率下降、产品创新力不足、形象陈旧、媒体曝光率低等品牌老化问题。

每一次技术革命，包括技术的更新换代以及产业结构升级，都会让很多企业非常痛苦。尤其是那些技术落后、产品原始初级、产能过剩、环境污染严重的企业，往往会被最先淘汰出局，关门倒闭。

多品牌运营的宝洁曾在中国市场上创造过神话，最早的海飞丝、飘柔、潘婷三则洗发水品牌广告同时亮相国内电视荧屏，左右互搏，很是让人惊讶。宝洁精准的定位，制作精美的广告片，巨额的广告投放，给刚刚开始学习市场经济的中国同行好好上了一课。定位、USP（独特的销售主张）、多品牌，各种先进的理念如潮水一般涌入，宝洁的一切都充分展现了世界一流企业的卓越管理水平，甚至连宝洁的货架陈列、品牌命名、广告创意都成了中国同行们反复揣摩的经典案例。

但在全球市场越做越大、经济越来越旺盛的大背景下，曾经打败天下无敌手的宝洁却一路倾颓。宝洁发布的2018年第三季度财报显示，截至2018年3月31日的9个月时间内，宝洁净销售额为503.29亿美元，净利润为7.97亿美元，同比下滑达40%。宝洁的营业收入自2012年摸高到837亿美元后，增长开始陷入停滞，2017年仅为651亿美元。

外人根本不敢想象，这个在全世界范围内所向无敌，拥有海量名牌的快消巨头，正在以惊人的速度走下坡路，尤其是在中国市场，正在遭遇前所未有的危机，很多单品的销量甚至出现了两位数的下跌。

宝洁在中国出现的危机，很多营销人士都从不同角度进行了研究。

宝洁曾经的成功，是因为根植于工业时代，规模化生产出众多物美价廉的产品，然后通过全国性的广告投放和渠道铺货，送达到每一个消费者面前。在那个渠道为王的时代，宝洁是各大媒体、各大超市卖场的大客户，拥有很多中小品牌可望而不可即的资源和话语权。

然而进入互联网时代，渠道红利消失，消费者可以通过各种途径与产品进行接触，而报纸、电视等传统媒体的空间也逐渐被各种新媒体蚕食，宝洁各品牌以垄断"黄金广告位＋沃尔玛货柜"构建起来的铜墙铁壁，就这样在新的互联网时代被逐渐瓦解。

面对近年来中国的消费升级趋势，以及"互联网＋"的突飞猛进之势，很多跨国企业明显是重视度不够，反应慢了半拍，因此错失了很多机会。今天的中国市场，已经不能当作一个发展中市场看待，它已经是世界上最为挑剔的市场之一。

第一节　品牌生命周期

变化是人类社会和自然界永恒的旋律，品牌也有一个生老病死的必然过程，就是其生命周期。对品牌生命周期的分析，可以更清楚地认识品牌在各个成长阶段的特征，有的放矢，可以提高品牌的管理效率。

一、品牌生命周期理论

欧洲经济学院德国籍教授曼弗雷·布鲁恩（Manfredo Buluen）首先提出了品牌生命周期理论，并指出品牌生命周期由六个阶段组成，即品牌的创立阶段、稳固阶段、差异化阶段、模仿阶段、分化阶段以及两极分化阶段。

美国著名的营销学家菲利普·科特勒则认为，应该用产品生命周期的概念来分析品牌，即品牌也会像产品一样，经历一个从出生、成长、成熟到最后衰退并消失的过程。因为品牌隶属于产品，或者说品牌是产品整体一个不可分割的部分。产品生命周期概念实际上可区分为产品种类生命周期、产品形式生命周期和产品品牌生命周期。产品种类具有最长的生命周期，而产品形式周期更能准确地体现标准的产品生命周期的历史，产品品牌则显示了最短的产品生命周期。然而，科特勒也承认，现实情况是，许多老品牌仍经久不衰。事实上，现代经济生活中的品牌已能脱离某种具体形式的产品而独立存在（见图11-1）。当某一产品品牌原来所代表的产品完全退出市场后，它又代表其后的更新产品；或者该品牌名下本来就有其他同类或不同的产品，因此会出现某种产品退出市场但品牌不会退出市场的现象。

英国学者约翰·菲利普·琼斯（John Philip Jones）对传统的品牌生命周期理论做了较为深入的实证研究，结

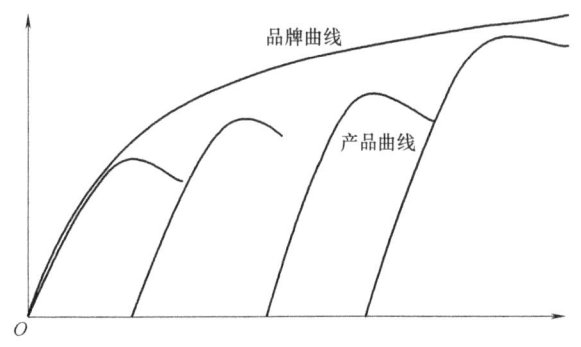

图11-1　品牌生命周期曲线图

果发现，品牌发展过程并不完全遵循成熟后必衰退的规律，它是一个自我实现的概念，而不是一个自然生长的概念，不一定会随产品进入衰退期；基于产品的品牌生命周期理论往往会诱导企业不恰当地将旧品牌向新品牌转移，造成真正的资源损失。由于品牌生命周期理论的存在，人们往往会错误地认为任何品牌都将不可避免地走向衰退，从而不恰当地将对已有品牌的投资转移到新品牌上去，结果导致已有品牌附加价值的下降。更糟糕的是，做出如此之大的牺牲而对新品牌进行投资，在许多情况下得到的是一个不成功的品牌，或者是一个平庸的品牌。约翰·菲利普·琼斯认为，品牌发展过程应分为孕育形成阶段、初始成长周期阶段（指从品牌进入市场到销售量下降至最高销量80%的这段时间）和再循环阶段。

我国学者潘成云认为，品牌生命周期可分为品牌的市场生命周期和品牌的法定生命周期。品牌的市场生命周期是指从新品牌伴随产品或企业进入市场到该品牌退出市场的过程。品牌的法定生命周期是指品牌按法律规定的程序注册后受到法律保护的有效使用期。一般研究的品牌生命周期是指品牌的市场生命周期，并假定品牌的市场生命周期始终处于品牌法定生命周期的有效范围内。在以上假定条件下，品牌完整的生命周期应包括导入期、知晓期、知名期、维护与完善期、退出期五个阶段。

黄嘉涛、胡劲认为，品牌实质上是一个消费者概念，反映了消费者在其生活中对产品与服务的感受，这种感受涵盖了消费者使用或享受某一特定的产品或服务时形成对品牌的理解，这种理解构成了消费者对品牌的综合印象。品牌生命周期依消费者品牌态度的不同而呈现不同的特点，也就是说，在品牌生命周期的各个阶段，消费者的品牌态度各不一样。如果以时间为横轴、以品牌态度为纵轴，那么品牌生命周期可以用一条S形曲线表示，称为品牌生命周期曲线。他们认为，随着时间的推移，品牌生命周期依次经历品牌认知期、品牌美誉期、品牌忠诚期、品牌转移期四个阶段。

二、品牌生命周期各阶段的含义和品牌特征

综合以上各种观点，本书认为，品牌生命周期是指从品牌伴随产品或企业进入市场到该品牌退出市场的整个过程，与所代表的核心产品相比，品牌具有相对独立的生命周期。从理论上说，完整的品牌生命周期依次经历品牌导入期、品牌知晓期、品牌知名期、品牌维护与完善期、品牌衰退期五个阶段。

（一）品牌导入期

品牌导入期是指新品牌伴随产品刚刚进入市场，有待于被消费者认识和接受，此时品牌特征不明显，品牌并未真正形成的时期。这一阶段品牌策略的一个重点就是让消费者了解产品的功能特性。一般情况下，在品牌导入期，品牌与产品二者是合一的，认识品牌就是熟悉产品，即品牌借助产品进入市场，而新产品是靠其功能特性进入新市场的。品牌策略的另一重点就是品牌定位，品牌定位首先应进行市场分析、企业内部分析和品牌竞争者分析，其次是确定和分析细分市场，选择要向顾客强调的核心价值，分析竞争者之间实现有效差异化的可能性。

（二）品牌知晓期

品牌知晓期是指品牌已具有一定的认知度和美誉度，开始脱离产品并逐步积累附加价值，品牌特征基本明朗、差异化特征形成、影响力逐渐加强的时期。这时，应进一步增强消费者的品牌认知，提高品牌美誉度，促使消费者"再购买"，最大化地创造顾客品牌经历的

感知价值。这期间的策略包括促销、强势公关和口碑传播。促销包括交易促销和消费者促销，前者常常通过直接或间接给批发商、零售商打折得以实现，后者由生产商向消费者提供某种刺激（折价或商品赠送），以吸引消费者试用其品牌。从回报率的平均水平来看，促销短期内有提高销量的显著效果，仍不失为有效途径。公关是指企业或品牌通过新闻报道和对社会公共活动的参与而进行品牌传播，并由此建立品牌与公众的互动关系。与广告相比，信息上更具互动性和客观性，情感上更具社会性和真诚性。同时，口碑传播作为客体性的"他说"，利用熟知的"证人"、眼见为实的"证物"和信得过的"证词"三者相结合的优势，能够说服或促进其亲朋好友、同事、邻居等人对品牌产品的使用和购买。

（三）品牌知名期

品牌知名期是指品牌各方面都得到了充分的发展，品牌所代表的产品占有较高的市场份额，整体市场接受度高，品牌成为消费者选择该产品的主导因素，产品的盈利能力达到较高水平的时期。企业应采取品牌维护与完善策略，提高品牌忠诚度，创造品牌的高附加值，推行适当的品牌扩张方案，以提升品牌资产价值，努力巩固和提升品牌地位；企业应高度重视品牌忠诚度的经营开发，通过完善服务体系，使消费者自产品购得直至消费完毕的各个环节都处于满意、放心的状态；此外，常客奖励计划、会员俱乐部、顾客资料库等举措不仅能够提高品牌价值，而且能使企业了解并及时满足顾客的需求，提高顾客的参与感，巩固消费者的忠诚度，也能在一定程度上提升其他顾客的忠诚度。

（四）品牌维护与完善期

品牌维护与完善期是指品牌在经历一段时间的市场运作后发展减缓，对品牌进行维护与完善的时期。随着时代的变迁，品牌的内涵和形式也不是一成不变。当原有品牌定位不能带来消费者认同并开始丧失市场竞争优势时，企业就必须考虑根据竞争形势以及时代特征、社会文化的变化对定位进行修正创新。"创新是企业生存与发展的灵魂"。品牌创新是指从企业生存的核心内容来指导品牌的维系与培养，包括与品牌有关的形象更新、观念创新、技术创新、制度创新等多项内容。但如果能确认品牌的核心产品处于衰退行业，品牌前景黯淡，难以改良，就应该削减品牌营销的费用支出，避免对该品牌的额外投资，以便及时把资源转移到其他新的或发展中的品牌运作中去。

（五）品牌衰退期

品牌衰退期是指品牌在经历一段时间的市场运作后步入衰老状态，品牌陷入低落，表现为品牌老化和品牌退出。

1. 品牌老化

老化是每个品牌都会面临的问题，即使时尚的奢侈精品也不能幸免。品牌老化不仅与品牌的创立时间有关，而且与消费者的认知也有一定的关系。有学者指出，品牌开始被消费者忽视，即表明它开始衰老。有关品牌老化的内容将在本章第二节详细阐述。

2. 品牌退出

品牌退出是指品牌退出市场的过程。这有两种情况：一是企业经营管理不善，导致品牌及其所代表的产品或企业已无法生存，而不得不一同退出市场；二是企业为适应内外环境的变化而主动放弃原来的品牌，代之以新品牌。两种情况在实践过程中都存在，只不过第一种情况较常见。

将品牌作为一个生命体，对其进行生命周期分析，有助于根据各个阶段的特征将品牌战略的长期目标与阶段目标统一起来,明确各个阶段的重点,有的放矢。

三、品牌生命周期的变异形态

品牌并非一成不变地按照以上时期演进,有时候它会出现以下一些变化:

(1) 夭折型。产品进入市场不久就出现滞销而不得不退出市场。

(2) 发育缓慢型。产品虽然进入了市场,初期表现也没有什么异常,但没能够在此基础上进一步发展而进入知名期。

(3) 快速成长型。有的品牌由于企业的整体形象很好,导入期可能很短,因为消费者很快就会接受它。有的品牌可能知晓期很短,迅速从导入期进入知名期。还有一种可能是:品牌在经历了知名期后,影响力逐渐下降,然后又进入一个新的知晓期,即出现一个循环现象。

(4) 未老先衰型。产品没有经历知名期而迅速进入衰退期。

(5) 永葆青春型。一个企业的产品如果能够较长期地处于知名期,而长久没有进入衰退期的迹象,那么这个企业就经营得非常成功了。

品牌管理者应在其品牌生命周期的不同阶段采用不同的市场营销战略,开发新的市场,制定新的竞争对策。他们必须经常对企业各类产品的市场状况进行分析,用新的品牌逐步代替老的品牌,使企业总能在任何时候在市场上保留自己的品牌。最佳的策略是:当某种品牌进入衰退期时,企业的其他品牌正处于导入期、知晓期或知名期。这样,企业就不会因为某一种品牌进入衰退期而处于断档的艰难处境。

第二节 品牌老化的概念、原因与对策

随着竞争环境的日趋激烈,品牌的创意形象、广告口号、外在包装等历经多年,自然难以适应消费者需求偏好的变化,面临着老化问题。睿智的品牌管理者,应该直面这些问题,早诊断、早发现,避免发生重大危机。

一、品牌老化的概念

从消费者的角度来看,品牌老化意味着提起这个牌子谁都知晓,但买的时候却记不得它,高知名度和低认可度是品牌老化在市场上最为突出的表现特征。从企业的角度来看,所谓老化的具体表现就是:一个原来有较高知名度的品牌,在市场竞争中出现销售量、市场占有率及美誉度和忠诚度的持续下降。营销学的生命周期理论认为,品牌老化,是因为品牌与产品一样,具有市场寿命。与产品不同的是,品牌的生命周期表现形态更为复杂,其市场寿命或长或短,弹性相当大。许多历史悠久的品牌在今天的市场竞争中依然充满生机和活力,国际名牌如宝洁(始于1837年)、雀巢(始于1867年)、奔驰(始于1886年),中华老字号如同仁堂(始于1669年)、恒源祥(始于1927年)等。

世界品牌发展的历史证明,品牌比产品的衰老过程要曲折得多。一般来说,品牌所包含的产品不止一种。企业可以在品牌名下不断推出新产品,在产品更新换代的过程中,使品牌得以延伸和发展壮大。从国内外企业的成功经验来看,只要品牌管理得当,品牌的市场寿命是不会轻易衰老的。尽管品牌有生命周期的局限,但品牌却可以超越产品生命周期,永葆青

春，延续生命。

二、品牌老化的原因

品牌老化现象可以从消费者和企业两方面来分析原因。

（一）从消费者看品牌老化的成因

市场是动态的，而不是静止的。消费者转移品牌偏好，舍弃老品牌、尝试新品牌是极其自然的事情。需求是变幻莫测的，企业不变化最终将导致失败。

1. 消费者有"喜新厌旧"的特性

消费者对客观事物的认知以感觉为起点，通过人的感觉器官所获得的信息，再经过个体的理解和综合最终形成人对客观事物的认识。恰恰是这个决定人的认知能力的感觉过程，存在着适应性这样一种特性，所谓"入芝兰之室，久而不闻其香""视若无睹"等说法，就是对此特性的生动写照。而此特性表现在消费者的行为上，就是"喜新厌旧"。如果企业长时间没有向消费者传播新的信息，不能给消费者带来新鲜感，那么，消费者很快就会将这个品牌忘掉，转向更具新鲜感和吸引力的品牌。

2. 消费者需求呈现复杂性和多变性

韩非子说过，"世异则事异，事异则备变"。社会在进步，市场在发展，消费者的价值取向和审美品位也在变化。消费者对商品的需求已经由单纯追求其功能和质量，转向追求个性化、追求更高的精神需求和环保需求（见品牌视野：马斯洛品牌发育理论）。面对人们消费观念、生活方式如此深刻的变化，企业如果不能及时调整自己的产品特性，以适应消费者需求的变化，而墨守成规、一成不变，就会流失许多潜在的消费者并动摇现有的品牌忠诚者，最终导致品牌老化。

品牌视野：马斯洛品牌发育理论

根据马斯洛的研究，人的需求自高而低分为生理的需要、安全的需要、社交的需要、尊重的需要、自我实现的需要，而且需要会随着社会环境与经济水平的发展不断变化和升级。相应地，作为消费资料的品牌必须随消费者需求的变化不断发育，当消费者的需求层次超过品牌所能提供给消费者的消费快感后，品牌就会逐渐老化。

马斯洛品牌发育理论是指，消费者的需求和欲望决定了品牌的发展，品牌的核心是消费者消费意识与需求在市场上的一种集中，它的发展具有如下五个由低到高的基本层次：功能型品牌、规模型品牌、技术型品牌、情感型（价值型）品牌、精神型品牌。

（1）功能型品牌。它是为满足消费者最底层的生理需要而产生的，其品牌价值主要用于界定产品的功能，基本只能在以下几种情况下出现：一是市场需求大于市场供应；二是全新产品刚刚诞生之时；三是生产原材料，如钢材、水泥、化工原料等；四是能满足消费者某种特殊需求的产品，如药品、化肥、农药等。

（2）规模型品牌。同类产品的出现导致了竞争，当消费者在众多同类产品的面前取得了挑选的权利后，消费者的需求出现了第一次升级，即要求产品物美价廉。在消费者的要求下，在同类企业和产品的竞争下，企业不得不扩大生产规模以提高产品质量、降低生产成本。

（3）技术型品牌。规模经济发展到一定程度后，会导致社会生产力产生过剩，市场竞争更加激烈，消费者因为需求的提升，将不仅仅满足于产品的物美价廉，更要求产品在基本功能上有所创新。因此，功能创新和提升产品的技术含量成了企业的制胜关键，而这些必须要求企业在科技和观念上进行创新才能得以实现。所以，此阶段企业和品牌形象主要围绕科技，在最尖端的科学技术、最新的生产设备、最前沿的技术创新以及最高素质的技术人员上做文章。技术的发展使得同类产品在市场上出现和更新的速度越来越快，竞争也越来越激烈，由此导致的结果是品牌发展的前三个阶段越来越快，品牌各阶段之间的界限也越来越模糊。

（4）情感型（价值型）品牌。因为行业成熟而导致了企业和产品的同质化，围绕品牌而产生的附属价值成了消费者购买品牌的主要理由。情感型（价值型）品牌以满足人的情感需求为核心，并以附加于产品之外的情感价值作为品牌之间的区别。情感型品牌跳出了产品功能的束缚，直接针对消费者的心理进行诉求，因此其带给消费者的消费快感也更加强烈，品牌内涵的发展空间也更加宽阔。例如，喝百事可乐代表的是年轻和激情，喝可口可乐代表的是火一样的活力。目前市场上的大部分知名品牌都处于情感型品牌阶段。

（5）精神型品牌。这是品牌发育的最高阶层，只有极少部分的品牌能够达到这个层次。精神型品牌已远远地超出了产品的实物功能需求，能给消费者带来精神需求上的极大满足，即自我实现的快感。在这类品牌的价值构成中，附加价值要远远超越实物价值，且实物价值与附加价值之间没有必然的因果关系，甚至无须实物价值的存在。

（二）从企业看品牌老化的原因

从企业来看，品牌老化的原因有以下三个：

1. 品牌建设欠缺战略规划

企业在品牌管理过程中忽视对品牌建设的长远规划。企业只重视眼前利益，轻视长远利益；只重视品牌外表，轻视核心内容。把品牌的创建仅仅看作追求知名度，忽视了产品开发、销售管理、财务和员工素质的提高等方面的工作，从而使得整个企业不能平衡发展，不能从产品质量、服务保障等方面对品牌给予有力的支撑。企业应时时提醒自己真正强势的品牌所应拥有的资产，不仅包括品牌知名度，而且包括消费者对产品品质的肯定、品牌的忠诚和丰富的品牌联想等。

2. 品牌维护缺乏创新

"不求最好，只争第一"，这是企业在日益白热化的竞争中立于不败的不二法则。消费者从来都有先入为主的行为特征，谁最先推出新产品、新功能，谁就能牢牢抓住消费者的心。而很多企业恰恰输在创新上，尽管品牌忠诚者会容忍自己所钟爱的品牌一时落后，但他们不会永远支持一个缺乏新意的品牌。

3. 目标市场没有及时更新

就产品生命周期理论而言，当产品处于成熟期时，企业应该采取改良策略，也就是改良产品、改良产品组合、改良目标市场。而大多数企业在实际操作中，对于目标市场的更新却往往做得不够，这样就造成了一些潜在顾客的流失。

三、防止品牌老化的对策

市场竞争的激烈迫使企业不断推陈出新，新产品、新技术不断涌现，品牌如逆水行舟，不进则退。一个成功品牌或老品牌只有不断创新，才能不被消费者抛弃。

（一）不断进行技术创新，保持品牌活力

长虹在中国品牌之林中无疑是引人注目的，然而一度，在新品开发上没有新举措，在市场上的表现不佳。后来，长虹"精显"彩电与背投上市，一改其僵化、衰退的形象，迅速提高了品牌的活力感、高科技感、价值感，成为依靠技术创新重塑品牌活力与价值感的典范。对于企业，尤其是高科技企业来说，品牌老化往往是致命的，提高产品的技术含量是保持品牌活力的关键。

（二）运用品牌策略焕发品牌生机

1. 品牌延伸策略

品牌与产品之间的相对独立性，使品牌延伸成为可能。品牌延伸的好处是可以利用消费者长期积累形成的品牌认同和品牌偏好，不断推出新产品，节约新产品市场导入的成本。除此之外，品牌延伸能丰富品牌旗下的产品，给消费者带来完整的选择，给品牌注入新鲜感。娃哈哈的品牌延伸策略无疑是成功的，当娃哈哈集团公司最初生产儿童饮品——娃哈哈果奶时，品牌只作为产品名称的一部分。如今，娃哈哈已成为饮料、食品、童装等众多产品的共用品牌。

2. 多品牌策略

例如，宝洁的多品牌策略众所周知，堪称经典。在中国市场上，仅洗发水就有若干个品牌，值得指出的是，它的多品牌策略不是把一种产品简单地贴上几种商标，而是追求同类产品不同品牌的差异，追求每个品牌的鲜明个性，这样，每个品牌都有自己的发展空间。又如，五粮液集团相继开发了"五粮春""五粮神""五粮醇""浏阳河""金六福"等一系列白酒新品牌，不但占领了更广阔的中档白酒市场，也使"五粮液"这一老字号焕发了新的活力。

（三）更新品牌形象

1. 更改品牌名称

现在联想的英文名称是Lenovo，而在2003年以前用的是Legend（传奇）。2003年4月，联想正式启用了Lenovo新英文名称，含义也由"传奇"转变为"创新"。

2. 变换品牌标志

变换品牌标志是为了适应时代的进步和发展的潮流，从而摆脱品牌老化的尴尬境地。2003年，可口可乐公司在中国启用了新标志，标志最大的变化体现在文字上。中国香港著名广告设计师陈幼坚设计的全新流线型中文字体和英文字体使商标整体风格更加协调，取代了可口可乐自1979年重返中国市场后沿用了24年的中文字体。公司试图通过此举扭转消费者认为可口可乐活力不足、传统、老化的形象。可口可乐改变的不仅仅是标志，更是与消费者的沟通方式。

在品牌经营过程中，品牌标志变与不变，什么时间变，都需要企业决策者在反复权衡机会与风险之后才能做出的重大抉择。更新品牌标志要注意的问题是：不管如何变，都不能背离品牌的精髓——核心价值。品牌标志的每项要素都要与历史的和现在的识别形象进行比较，明确哪部分需要改动，哪些品牌风格应当保留，使新品牌标志既能保持消费者对品牌的忠诚度，又能给人以新鲜感。

3. 改进品牌产品包装

包装就像产品的脸，是产品品质的外部表现形态，也是消费者识别品牌、与企业进行沟

通的媒介。因此，改进包装是改变品牌形象老化的直接手段。改进包装应该遵循的思路是：人性化设计，体贴消费者；现代化设计，表现时代感；配合产品升级换代，体现品牌的多层次性；加入新元素，传播品牌新概念、新主张等。在牛奶凭证供应的年代，闻名全国的上海冠生园大白兔品牌有"七粒大白兔奶糖等于一杯牛奶"的美誉；在牛奶广告铺天盖地的今天，大白兔奶糖销售额一直居全国同类产品市场综合占有率之首，这得益于冠生园集团实施的品牌战略。其中可圈可点的是大白兔的形象创新：在包装材料上采用不易皱褶的高档材料，包装图案由原来静卧的大白兔改为奔跑的卡通兔。通过包装的变化，大白兔的品牌形象调整为高档、时尚、充满童趣的美好形象。

4. 创新品牌广告形式

新奇的创意总会给人以新鲜感。例如可口可乐，其广告语上的不断创新，广告片的不断翻新，无不赋予可口可乐无限的活力。百余年来，可口可乐活力无穷，正如其广告语：永远的可口可乐；百事可乐的核心价值"年轻、未来一派，紧跟时代步伐的精神特质"，十多年来一直未变，但广告片换了很多个。耐克的核心价值"超越、挑战自我"，也是几乎每隔半年就会有一条新广告片。长时间不换广告，品牌会给人陈旧、呆板、不时尚、档次降低的感觉，会损伤品牌。只有围绕核心价值持续推出新广告，不断地给消费者带来视觉、听觉的新鲜感，品牌才能茁壮成长，永葆活力。

第三节　品牌强化与品牌激活

世易时移，品牌发展进入一定阶段后，在内外各种因素的作用下，品牌常常会逐步丧失市场竞争优势，市场份额不断萎缩，显现出衰老弱化的迹象。这时，品牌管理者面临一个选择：是果断放弃还是维持创新？睿智的品牌管理者都能清醒地认识到创业的艰难，创建一个新品牌比利用一个旧品牌难度更大，风险也更大；而品牌的生命周期是无限的，只要措施得当，使其重焕生机与活力是完全可能的。因此，有必要对品牌强化和品牌激活这两个卓有成效的策略做简要的介绍。

一、品牌强化

（一）品牌强化的含义

品牌强化是指品牌管理者通过开展一系列的市场活动、品牌战略、产品开发战略等来加强品牌效应，避免品牌效应随着时间的推移而弱化。品牌管理者可以通过实施品牌强化来维护和加强品牌资产的基础，巩固品牌效应。

（二）品牌强化的策略

实施品牌强化的关键，在于识别与确定品牌资产的来源，即品牌认知与品牌联想。品牌认知是消费者对该品牌的认知，包括品牌的知名度、品牌所代表的产品属性、品牌所提供的利益以及品牌所满足的需求。而存在于消费者心目中的对该品牌所独有的、正面的与强烈的品牌联想，是该品牌与其他品牌的差异化所在。因此，实施品牌强化应把握好以下几个环节：

1. 保持品牌战略定位的一致性

在市场环境的改变尚不足以动摇品牌资产基础的情况下，实施品牌强化策略的关键在于保持品牌战略定位的一致性，即维持品牌认知与品牌联想中的主要因素不变。享誉百年至今仍充满活力的世界级品牌，如可口可乐、百威、万宝路无不遵从此项"金科玉律"。它们一旦获得市场领先者地位以后，往往坚守其战略定位不变。万宝路品牌资产的核心在于独立、自由、力量，而这一独有的、正面的、强烈的品牌联想与消费者心目中的美国梦紧紧相连，从而创造了巨大的品牌资产。创造这一品牌联想的关键环节在于菲利普·莫利斯公司在其广告活动中所使用的西部牛仔的形象。该公司为保持其品牌的战略定位不变，自20世纪70年代以来一直使用这一广告形象。

保持品牌战略定位的一致性，并不意味着避免营销组合策略的任何变化，恰恰相反，僵化地执行这一策略往往是品牌老化的主要原因。为保持品牌战略定位的一致性，必须对品牌的市场活动进行策略性调整，包括改变价格政策、开发产品功能、延伸品牌、导入新的广告活动、宣传新的广告主题语等。通过策略性调整保持品牌的青春活力，保证品牌认知与品牌联想保持一致的战略定位。

保持品牌战略定位的一致性，关键在于把握变与不变的对立统一。德芙品牌在中国的广告沟通策略是一个很好的例子。通过仔细审视德芙巧克力前、后两则广告，可以发现广告的整体氛围及主题广告语——"牛奶香浓，丝般感受"并未改变，从而加强了德芙在巧克力市场的高档形象，并保持了"丝般感受"这一正面的品牌联想。而两则广告的不同在于第一则广告注重于自我享受，而第二则广告侧重于与人分享的概念，从而扩大了产品的使用面，实现了德芙进入新细分市场的目的，进一步加强了德芙品牌的战略定位。

2. 保持品牌资产的来源基础

品牌资产的基础存在于品牌认知与品牌联想之中，往往比较稳定、持久。品牌强化策略的一个关键环节就是识别品牌资产的来源基础，并采用各种措施保护这一基础。

然而，当品牌管理者在考虑品牌延伸策略、增加新的品牌联想、提高品牌盈利能力的时候，往往忽视了品牌资产的基础，造成品牌资产的流失。宝洁公司几年前曾在美国市场上犯了类似的错误，该公司为降低成本，改变了凯德（Cascade）牌洗衣粉的配方，从而降低了该洗衣粉的洁净能力。当宝洁的主要竞争对手联合利华（Lever Brothers）公司知得这一消息之后，掀起一场大规模的广告攻势，宣传该公司旗下的阳光（Sunlight）牌洗衣粉的洁净能力远远强于凯德牌，有力地提高了阳光牌的市场占有率。宝洁公司意识到强有力的洁净力是凯德品牌核心的品牌联想及品牌资产的来源基础以后，迅速恢复了凯德牌的配方，并以强大的广告宣传重新夺回了失去的市场份额。

3. 恰当地使用品牌延伸策略

企业利用已树立起来的品牌，将品牌资产转移到新的产品线上，从而节省广告宣传等大量的品牌建设费用。例如，娃哈哈将品牌从果奶延伸到瓶装水上，节省了大量的广告费用，加快了新产品的市场导入。然而，不恰当的品牌延伸策略将分散品牌的资源，模糊品牌个性，动摇品牌原有的基础，从而侵蚀品牌资产。例如，红塔山集团曾经将红塔山品牌延伸到矿泉水上，这一不恰当的品牌延伸策略遭受失败是意料中事。

恰当地使用品牌延伸策略，不但不会损害品牌资产的基础，而且还可以加强消费者对原有品牌的认知及联想，是实施品牌强化策略的一个手段。恰当实施品牌延伸策略关键在于新导入的产品线应是原有品牌认知及品牌联想的进一步证明。例如，英特尔芯片不断升级换代,进一步加强了英特尔创新、安全的品牌核心联想,从而增强了品牌资产。副品牌的导入是另一有效的品牌延伸策略。例如,大白兔品牌通过纯心副品牌的引入介入喜糖细分市场。一方面,纯心年轻、时尚、活力的品牌形象激活了已老化的大白兔品牌,为大白兔品牌注入了新的生命力;另一方面,大白兔纯心喜糖改变了大白兔奶糖老化的消费者结构群,将大白兔品牌植入年轻一代消费者的心目中,从而巩固了品牌资产的基础,有效地实施了品牌强化策略。

4. 规划有效的市场支持活动

实施品牌强化策略有赖于市场活动的支持,这些活动包括广告宣传、价格调整、促销策略、渠道策略等。市场活动的规划主要取决于品牌联想的类型,产品相关的品牌联想与非产品相关的品牌联想对具体市场活动的规划有着不同的意义。

(1) 产品相关的品牌联想。对于以产品相关的品牌联想为品牌核心的品牌来说,产品设计、制造及营销中的创新活动是品牌强化策略的有效市场支持活动。面对卡西欧(Casio)手表采用以数字技术及时尚的市场定位,天美时(Timex)手表采用了如夜光显示等一系列新技术,推出一系列新品种,在其广告活动中大胆使用了更为现代的新模特,并通过发展天美时专卖店进一步加强其品牌形象,这一系列在产品设计及营销方面的创新活动加强了天美时品牌的资产。

同时,应当注意的是对产品的改变不能过于随意,特别是在品牌消费者特别忠实于产品本身的情况下。1985年,可口可乐公司推出了新配方的"新可乐",但遭受了可口可乐品牌忠实消费者的强烈反对。从此事例可以看出,成功的产品改变应使品牌的忠实消费者感到新产品更好,而不是不同。产品改造的导入时机也是非常重要的,如果产品变动过快,消费者将停止购买现有产品;而产品变动过慢,将给竞争对手抢先导入新产品的机会。

(2) 非产品相关的品牌联想。对于以非产品相关的品牌联想为品牌核心的品牌来说,以广告活动为主的品牌沟通策略是品牌强化策略的有效市场支持活动。公司可以通过广告活动与消费者进行沟通,广告中采用符合品牌联想的品牌使用者及使用场合,从而巩固该品牌的资产。然而,对广告活动过于频繁的改变将模糊品牌的形象,伤害品牌资产的基础。

二、品牌激活

(一) 品牌激活的含义

消费时尚的变化、新的竞争对手、新的革命性技术等对市场环境的影响过于激烈时,品牌资产所依赖的根基将会动摇,品牌强化策略将失去作用。这时往往需要实施品牌激活策略来重构新的品牌认知与品牌联想,赋予老品牌新的生命力。

实施品牌激活策略之前需要进行品牌审计(见品牌视野:品牌审计)。品牌审计是指对包括品牌认知及品牌联想在内的品牌资产的基础进行的全面检查。通过品牌审计可以准确搞清品牌认知的宽度与深度以及品牌联想的独特性、强烈性和正面性状况,并回答以下问题:品牌原有的核心品牌联想是否依然是该品牌的基础?这一核心的正面品牌联想是否已失去了其独特性与强烈性?是否已有负面的品牌联想与该品牌相连?品牌审计的目的是确定品牌目前的战略定位以及品牌未来目标性的战略定位。

品牌视野：品牌审计

品牌审计（Brand Audit）是品牌管理的一个重要内容。它是品牌实践活动在理论上的概括、反映和科学总结，并用来指导今后的品牌活动。菲利普·科特勒在 2006 年出版的专著中指出：品牌审计是以消费者为聚点的演习，包括一系列程序来确定品牌的健康，并展示品牌资产的来源，给出方法来改进并且调控它的权益。

理想的品牌审计概念应具备的特征有：从品牌的构成要素出发推导或再现品牌的过去、现在和将来；该体系一经形成，应可以采用逻辑的方法从中推导出可以遵循的具体规则、标准和程序；审计概念之间应有密切的联系，并形成不同层次、密切结合的系统结构。

品牌审计主要是对企业品牌发展现状进行深度的分析。首先，它要对企业品牌资产进行客观评价，包括对品牌知名度、品牌认知度、品牌美誉度、品牌联想集中度、品牌忠诚度、品牌溢价、品牌价值等资产要素发展情况的了解。其次，它要找到企业品牌形象的现状与理想状态之间的真实落差，以此找到品牌形象改善和提升的途径与方法。再次，还需要了解企业战略和文化发展的现状，只有将战略、品牌和文化三位一体彻底打通来系统思考，品牌的制定才有方向、有灵魂。最后，还要研究行业品牌的发展趋势，找到品牌发展的关键驱动因素。

（二）品牌激活的策略

品牌激活的策略主要有两种实施方法：一是挖掘和拓展品牌认知的深度与宽度，二是改善和建立新的品牌联想。

1. 挖掘和拓展品牌认知的深度与宽度

品牌的老化最初往往体现在品牌知名度的降低与品牌使用场合和使用数量的减少。通过挖掘品牌认知的深度，可提高品牌知名度；通过拓宽品牌认知的宽度，可增加品牌的使用场合与使用数量。这样才能达到激活品牌的目的。

（1）挖掘品牌认知的深度。随着品牌的老化，品牌知名度有下降的趋势，而品牌知名度的下降往往从年轻一代开始。老品牌通常在年龄较大的消费者中知名度较高，而年轻一代却对此缺乏了解，品牌的消费者结构呈老化趋势。因此，挖掘品牌认知深度的关键在于关注年轻消费群体，提高品牌在年轻消费群体中的知名度，从而达到激活品牌的目的。例如，阿迪达斯是世界运动鞋的领导品牌，一度成为运动鞋的制作标准。但进入 20 世纪 80 年代以来，在产品开发及市场营销方面的落后导致该品牌的市场占有率迅速下降，被耐克及锐步（Reebok）等竞争对手远远抛在身后。为重振雄风，阿迪达斯公司选择了十几岁的城市年轻人作为市场的突破口，针对这一市场进行了产品开发、广告创意、促销设计，并重组销售渠道，从而迅速提高了该品牌在年轻消费群体中的知名度与美誉度，使该品牌重新恢复了活力。

（2）拓宽品牌认知的宽度。拓宽品牌认知的宽度是指通过各种措施提高品牌使用频率，以达到激活品牌的目的。通过在广告中采用新的使用场合与使用者，促使消费者产生有利的品牌联想，增加该品牌的使用机会与使用量，同时也提高品牌的首次提及率。通过精心策划的广告活动与消费者进行沟通，打破消费者心目中不利的品牌联想，从而促使消费者在更多的使用场合使用该品牌，达到提高品牌使用量的目的。

而拓宽品牌认知宽度的另一途径是识别与开发品牌全新的使用方法。例如，当维兹

（Cheez Whiz）公司发现其作为普通调味品的产品可以被用作奶酪伴侣时，该公司组织了一次广告活动，以推广该品牌的这一用途，使该品牌的销售量在短期内上升了35%。另一事例来自汉莫（Arm & Hammer）公司，该公司发现其面包苏打产品具有清洁的特性，于是将该产品作为厨房清洁剂来推广。

2. 改善和建立新的品牌联想

随着品牌所面临的市场环境的动荡与变迁，品牌原有的正面联想往往丧失了其存在的基础，某些负面联想开始与品牌相连，品牌资产的基础产生了根本性的动摇。这时，就必须通过改善与建立新的品牌联想来重建品牌资产的基础。老品牌虽然给人以质量可靠的印象，但消费者尤其是年轻一代往往认为老品牌是过时的、无新鲜感的与缺乏个性的，这些负面的品牌联想往往困扰着大多数老品牌。因而，使品牌"时髦"起来是大多数老品牌所面临的重要任务，必须通过新的产品导入、新的包装设计、新的广告活动等一系列组合营销策略来达到这一目的。改善与重建品牌联想的决策取决于对该品牌目标市场的确定，不同的细分市场需要建立不同的品牌联想，形成不同的品牌资产，可以从以下几方面进行：

（1）保留现有消费者与吸引流失消费者。要达到保留现有消费者与吸引流失消费者的目的，品牌管理者应检讨已失效的品牌联想，重建与原有消费者相关的新的正面品牌联想。一个有效的方法是奖励忠诚的消费者，鼓励他们重复购买。例如，万科房产公司不但为已购买该公司房产的消费者提供优良的物业服务，而且在他们再次购买万科房产时可以享受更低的销售折扣。研究表明，在汽车行业，将汽车卖给一个新客户的费用是卖给一个老客户的五倍，这一研究结果充分说明了保留忠诚消费者的重要性。

（2）进入被忽视的细分市场。为进入被忽视的细分市场，往往需要建立新的品牌联想。强生公司为此开创了很好的先例。该公司对其儿童洗发水建立了柔和与不伤发的品牌联想，并将这一品牌联想与成人消费者进行了沟通，成功地进入了成人消费市场。打破原有的品牌联想，进入新的细分市场往往是不容易的。耐克公司一直努力进入女性消费市场，然而受该品牌原有品牌形象的影响，至今未取得实质性进展。

（3）吸引全新的消费者。当老品牌背负太多的负面联想时，品牌管理者往往选择放弃品牌原有的消费群体，建立新的品牌联想去吸引全新的消费者。例如，吉列（Gillette）公司通过品牌审计，认为其旗下的品牌帝郫德（Dippity-Do）在原来消费者中的负面联想太深，于是决定放弃原有目标消费者，通过树立有趣、时尚的新的品牌联想来吸引年轻一代的消费者。

▶ 本章小结

（1）品牌也像动植物一样，也会经历一个出生、成长、成熟和衰退的过程，品牌在经历品牌导入期、知晓期、知名期、维护与完善期后，不可避免进入品牌衰老期。品牌管理者应在其品牌生命周期的不同阶段采用不同的市场营销战略，开发新的市场，制定新的竞争对策，维持品牌的生命活力。

（2）品牌的老化是每个品牌都要面临的，是品牌管理中不容忽视的问题。源于消费者"喜新厌旧"的生物特性和复杂多变的需求，难以保证消费者对某品牌始终如一地忠诚，品牌老化在消费者心目中不可避免。企业在品牌管理过程中缺乏对品牌建设的长远规划和不断创新，无法维持品牌的活力和生命力，是导致品牌老化的另一原因。

（3）品牌管理者通过开展一系列的市场活动、品牌战略、产品开发战略等来加强品牌效应，避免品牌效应随着时间的推移而弱化。而消费时尚的变化、新的竞争对手、新的革命性技术等对市场环境的影响过于激烈时，品牌资产所依赖的根基将会动摇，品牌强化策略将失去作用。这时往往需要实施品牌激活策略来重构新的品牌认知与品牌联想，赋予老品牌新的生命力。

思考题

1. 试比较品牌生命周期与产品生命周期。
2. 品牌生命周期各阶段的品牌营销策略有何不同？
3. 更新品牌形象后如何保持消费者对品牌的忠诚度？
4. 在增加新的品牌联想时如何避免对品牌原有核心价值的损害，从而导致品牌资产的流失？
5. 对品牌强化与品牌激活两种策略进行比较。

案例分析讨论

18 岁的 QQ，正在重塑品牌

QQ 在北京宣布 X 计划在 2017 年的安排，不同于传统认知中科技公司的发布会——要么是在谈新产品，要么是公布新战略或者宣布资本层面有什么新动作，QQ 的 X 计划显得很特别。

通过与世界自然基金会（WWF）、原国家旅游局，厄瓜多尔大使馆等组织合作，QQ 将助力一批中国年轻人去探索地球的各个角落，从大洋深海到极地星空，甚至是追寻达尔文撰写《物种起源》时在世界游历的路线。

在这场带有公益性质的活动中，腾讯其实也融入了自己的诉求。一方面，QQ 和腾讯的几大新锐产品，包括 QQ-AR、NOW 直播、优图和音视频等新技术都在这次活动中得到应用，腾讯的新技术和新功能得到了展示。

另一方面，作为 X 计划项目的核心担纲产品，QQ 助力年轻人探索世界背后，其实是个重塑 QQ 品牌的过程。通过 X 计划，向全世界传达 QQ 平台的主体年轻用户勇于探索、勇于应用新科技的形象。

在公布的 2017 年第一季度财报中，腾讯公布了 QQ 平台的未来策略，即随着新一代互联网用户的出现，QQ 的发展重点将落在满足年轻用户的需求上。在这个策略下，QQ 的策略不仅体现在厘米秀、QQ 看点等新产品上，也体现在对 QQ 品牌的重塑上，以及对新锐前沿技术的探索上。

虽然互联网产业的发展历史很短，但大家公认的一个规律是，社交产品是有品牌周期的。每代用户都有自己的社交语言和社交行为，进而推动社交平台也逐渐产生了"代沟"。

比如人人网，真正火爆的时间其实就是三四年，其覆盖的是 2010 年前后毕业的那代大学生。之后，年轻用户们的兴趣迅速转向了微博、微信，甚至回到了 QQ 空间。这个现象在国外也一样，Facebook 取代了 Myspace 的地位后，也面临来自 SnapChat、其收购的 WhatsApp

等产品的挑战。

2017年，过了18岁生日的QQ，已经是互联网元老级的产品，在腾讯极强的产品能力下，QQ仍奇迹般地保持着超然的产业地位。但它也遇到了一些新的挑战：跟随着QQ成长起来的那批用户已经成为商业社会的中坚力量，对他们来说，QQ的品牌形象显得过于"欢乐"和"低龄"。

在PC和移动互联网早期，QQ作为腾讯唯一的基础平台，腾讯刻意保持QQ相对模糊的品牌形象，以试图去包容所有用户；但随着微信在移动端崛起，腾讯有机会树立微信与QQ并行的战略，并能够推动QQ的战略重心指向其赖以起家的用户群体——新生代互联网用户。

有了明确内部分工的QQ，也因此终于在18年后重塑其品牌形象。年轻、科技、新锐，正在成为QQ的新品牌诉求，X计划则清晰地展现了QQ的新品牌诉求。在X计划中，QQ鼓励年轻用户走向世界以及使用互联网新产品、新技术探索世界的做法，向外界传递了QQ的新理念。

除了这样新锐的活动外，QQ的X计划中还包括与非常多新锐品牌的合作，包括挑战传统钟表业的卡西欧、长时间保持着新锐感觉的经典品牌"可口可乐"等，都参与到了与QQ的品牌合作中。

除了这些品牌外，QQ也是与新生代明星互动最为紧密的社交产品。这次X计划活动中出现了非常多的新生代明星，鼓励自己的年轻粉丝参与到X计划中。

除了品牌重塑外，QQ也在经历技术重塑。在当今这个科技互联网时代，与新生代用户伴随着的还有各种新科技、新产品的不断翻新。与QQ品牌重塑一同进行的还有QQ的技术重塑，这也是QQ希望传达给新生代用户的另一个信息——QQ已经不再是单纯的即时通信工具，而是一款融入了人工智能、人脸识别、AR等前沿技术的"神器"。

在这次X计划中，大量新的互联网产品和技术也应用在了这次项目中。比如探索加拉帕戈斯岛屿时，使用腾讯的优图技术来探索当地的特有物种；在纳米比亚，利用QQ音视频实验室的先进设备，实景取材纳米比亚星空的素材，用户通过手机QQ-AR，可在手机上全景体验纳米比亚的星空及独特的自然风貌；在南太平洋使用音视频技术来实现地面与深海的连线；在极地则通过卫星网络，使用腾讯云和NOW直播技术实现南极大陆的互联网直播，等等。

将前沿技术大量应用到产品中，是QQ有别于微信的重要特征。相较于微信对不成熟技术的谨小慎微，QQ在新产品和新技术应用上可谓大胆奔放得多，越是新奇、好玩的产品，越能迎合这批精力旺盛、探索欲强的年轻用户的需求。

新生代用户是新技术的勇敢探索者。通过X计划，这批年轻用户探索的不仅是地球上最神秘的领域，也在探索最前沿的互联网技术应用。而腾讯QQ不仅可以借此来推广、磨合自己的前沿技术，也能同时传递其新锐潮酷的品牌形象。

(案例来源：根据网络相关资料整理。)

讨论题：

1. 18岁的QQ老了吗？
2. 试分析QQ品牌重塑采用了哪些策略？

第十二章

品 牌 保 护

本章要点

（1）品牌保护的定义与意义。
（2）品牌法律保护的内容。
（3）品牌经营保护应坚持的基本原则。
（4）品牌自我保护的策略。

导入案例

腾讯发布《2019年微信知识产权保护报告》促进品牌与版权双重保护

2019年10月29日，由腾讯主办的"互联网社交平台知识产权保护大会"在北京召开。腾讯与京版十五社反盗版联盟、中国财经媒体版权保护联盟签订了双方协议，并发布《2019微信知识产权保护报告》。

发布微信知识产权保护成绩，处理超过11万个品牌假冒侵权个人账号

自2011年上线至2019年10月，微信丰富的生态产品影响着11.33亿用户的生活。目前，微信知识产权保护团队已建构了一套"三位一体，两大重点，全场景覆盖"的知识产权保护体系，即集微信品牌维权平台、微信版权保护计划、全电子化侵权投诉系统为一体，以商标权、版权保护为保护重点，覆盖微信个人账号、公众号、小程序等全部场景的知识产权保护体系。

报告显示，已有超280家知名品牌权利人加入了微信品牌维权平台。从2018年到2019年上半年，共处理超过11万个品牌假冒侵权个人账号，对超过6万个品牌侵权的公众号小程序进行清理，公众平台平均每天主动拦截假冒注册行为超1.1万次。

在版权保护方面，2018年至2019年10月，超15万篇涉嫌版权侵权的公众号文章被删除，全平台超过1亿篇公众号文章获得"原创"标识。平台推出了行业首创的"洗稿"问题治理措施，解决了近200起争议纠纷。

对于小程序和小游戏，微信也建立了独立且完整的版权保护体系，将原创保护延伸至代码层面。2018年至2019年10月，已处理侵权小程序及其账号信息3800个，小游戏代码侵权投诉近3500单。

2018年，LOUIS VUITTON（路易·威登）品牌维权团队在品牌维权平台发现假冒产品的线索，微信团队配合品牌方、公安部门对犯罪团伙进行全链条打击，涉案金额高达1000多万元。而2019年上半年，微信和富邑集团合作，也成功打击了一个制售假冒红酒犯罪团伙，货值达数百万元。

腾讯法务副总裁兼副总法律顾问谢兰芳表示，互联网社交平台知识产权保护，要注意平台治理规则与法律法规的科学衔接，以产品思维开展社交平台的知识产权保护工作，并且结合互联网社交平台的产品特点，主动与各方权利人开展合作沟通。

腾讯携手两家知识产权联盟打造网络良好生态

活动伊始，腾讯与京版十五社反盗版联盟、中国财经媒体版权保护联盟达成战略共识，签订了战略合作备忘录，旨在通过改善网络知识产权环境，来进一步构建健康的网络环境。

根据备忘录，腾讯将重点就图书出版行业的侵权投诉问题以及原创新闻内容被抢占问题建立快速申诉机制。同时，腾讯也将获得两方联盟在人员配合、技术以及行业对策层面的相应支持。未来，面对版权领域的前沿及新问题，双方也将不断展开交流，合力寻找可持续的侵权问题解决方案。

最高人民法院知识产权庭审判长秦元明，中山大学法学院教授、博士生导师李扬，中国财经媒体版权保护联盟常务副秘书长邹韧，京版十五社反盗版联盟秘书长伊才晓依次进行了主题发言。

随后，在主题为"互联网知识产权保护的技术应用与创新合作"的圆桌会议上，在华国际出版商版权保护联盟秘书长陈亦南、中国财经媒体版权保护联盟副秘书长吴鹏、英中贸易协会商业环境与知识产权副总监张诺分别分享了自己的看法。

过去，微信在知识产权保护工作上不断深耕，给微信公众号、小程序、小游戏等丰富的产品提供了有力的支撑。未来，微信将继续加大技术投入，深入了解和挖掘品牌方、版权方等权利人的保护需求，优化微信知识产权保护的各项机制和流程，为互联网社交平台的知识产权保护提供更多"微信经验"。

（资料来源：根据网络相关资料整理）

第一节 品牌保护的背景及意义

品牌具有巨大的经济价值，是企业一项十分重要的无形资产。品牌的概念一经出现，品牌保护就应运而生了，因为它是品牌管理的一项重要职能，既关系到企业品牌的延续，又关系到企业的生存与发展。因此，学习和了解品牌保护的科学内涵很有必要。

一、品牌保护的含义

品牌不是常青树，有其脆弱的一面，而市场竞争却是无情的。一些默默无闻的品牌会在一夜之间突然走俏，一些知名品牌也可能悄然不知去向。品牌，特别是知名品牌，有着很高的价值，是一笔巨大的财富、一项重要的无形资产。任何一家企业都不愿让自己苦心经营的品牌被市场无情地淘汰，经营者们在不断探索着维护品牌形象、品牌市场地位的各种方法和途径，以实施品牌保护。

品牌保护是指对品牌的所有人、合法使用人的品牌实行资格保护措施，以防范来自各方面的侵害和侵权行为，促使品牌保值和增值。具体来说，品牌保护包括品牌的法律保护、品牌的经营保护和品牌的自我保护三个组成部分。

二、品牌保护的背景

（一）"黑色经济"下假冒伪劣产品的猖獗

之所以要实施品牌保护，是因为侵扰品牌的现象存在，严重时会威胁到品牌的生存。品牌存在于市场中，而市场是复杂的，泥沙俱下，鱼龙混杂，包罗万象，变幻莫测。在各种现象中，对品牌威胁最大的是假冒现象。

假冒现象被经济学家比喻为"黑色经济"。这黑色夜幕般的"经济"不是仅仅笼罩着某个国家或地区，而是全世界，对品牌构成了极大威胁。假冒产品在世界许多地方已经形成了生产、运输、走私、批发、销售的严密网络。

在我国，在经济蓬勃发展的同时，也伴随着假冒产品的产生。从假烟、假酒，到假种子、假农药、假化肥，到假汽车、假摩托车……从生活用品到生产资料，从低档产品到高档产品，从普通产品到高科技产品，从实物到货币，假冒产品无孔不入，无所不在。假冒产品成本低、利润高，因而造假者往往会暴富，牟取不义之财，坑害广大消费者。这些假冒产品侵害了原品牌，严重影响了企业的经济效益和社会效益。一些名牌产品也因此被挤出市场，企业倒闭。

假冒现象对品牌造成的冲击和危害可想而知。如果不采取有效的保护措施打假扶优，任假冒产品肆意泛滥，后果不堪设想。因此，品牌保护不但非常重要，而且十分迫切。品牌也是在和危害因素的斗争中不断强化自身素质、提高竞争力的。

（二）外资并购背景下企业品牌的丧失

在资本全球化的现实背景下，我国吸引了大量的外资，其中外资并购我国企业的方式曾经很活跃。在外资规模扩大的同时，许多为人们所熟悉的国内名牌在被外资并购之后都逐渐从市场上消失了，有的名牌即使还在市场上抛头露面，也是今非昔比。外商却利用合资的机会，采取"一箭双雕"的市场发展战略，既遏制对自己品牌构成威胁的我国本土品牌，又最终达到垄断我国市场的目的。[一]

1. 我国品牌被无偿买断，或者价值被严重低估

在当时的背景下，我国许多企业缺乏知识产权意识，根本没有认识到品牌对企业发展的重要作用。有的企业在合资过程中将自己的品牌拱手让给外商无偿使用，导致企业巨大利益的流失；有的企业急于引进外资，结果在品牌作价问题上节节让步，使自己品牌的评估价值大大低于应有的价值。

2. 外资取得控股权和决策权，从而控制中方品牌

有的外企是在并购之初就取得控股权，有的则是利用中方企业资金不足的弱势，在日后的经营过程中逐步加大自己的资金投入，增加自己的股份，以降低中方所持股份，通过扩股，达到挤股、逼股的目的，最终取得对合资企业的控股权。外商一般会利用自己的控股决策权，做出对中方品牌不利的决策，如有意把中方品牌安排在低档产品上使用，减少对中方

[一] 牛瑞瑞. 外资并购中的中国品牌保护问题研究 [J]. 北方经贸，2009（1）.

品牌的投资和技术革新、压缩中方品牌产品的产量，或干脆将中方品牌打入冷宫，弃之不用，同时大力培育外方品牌。中方知名品牌合资后若几年不用就渐渐失去生命力并最终陨落。于是，中方企业就沦为外企品牌的加工厂。

3. 外资控制营销渠道

合资后，外资往往充分利用中方几十年积累下来的销售渠道、人力资源和强大的销售队伍等各种营销渠道来推出自己的品牌产品，并为其品牌大搞促销活动，却将中方品牌搁置一边。而没有营销的支持，消费者会逐渐将其淡忘，中方品牌就这样失去了市场和生命力。

4. 对中外品牌的差异化操作

外资在鲸吞营销渠道的同时，把中方品牌定位于低端，把自己的品牌定位于中高端，并用专柜分割进行推广。由于推广力度、费用存在着明显差异，中方品牌最后便在市场上慢慢消失了。

联合利华与上海牙膏厂合资建厂，联合利华的品牌是"洁诺"，上海牙膏厂是"中华"和"美加净"。为给自有品牌"洁诺"让路，联合利华把美加净的价格从每支4.5元压到了3元。在合资前，"美加净"占了全国化妆品销售总量的10%，出口也列全国第一，但是在合资以后，原来处于中高档的"美加净"的销售额大幅下跌，品牌价值有所折损，上海家化不得不以高于原价三倍的价格回收"美加净"品牌。

三、品牌保护的意义

（一）品牌是保护消费者权益的第一道屏障

品牌承载着从履行质量保证到推动技术创新多种功能，品牌的价值体现在其声誉上。品牌如果能够始终保持良好的声誉，不断满足或超过消费者的期望，那么拥有这个品牌的企业就有可能获得成功；反之，拥有这个品牌的企业就将尝到失败的恶果。消费者对品牌的选择是相当严格而残酷的。"如果一个品牌的经营方式不符合民意，那么它很快就会在消费者的压力下受到惩罚。"

敢于采用直接问责制的品牌一般都在维护产品质量和保护消费者利益等方面具有雄厚的实力。如果一个品牌的形象受到了损害，降低了自己在消费者中的声誉，那么它可能要花上几年的时间才能恢复过来。

法律法规在保护消费者方面起到了重要的作用，同时消费者的自我保护意识也是一股很强大的力量，应该得到鼓励。

品牌赋予消费者力量。品牌除了能为消费者提供多样化的产品选择之外，还赋予了消费者一定的权利。它能确保消费者可以从一系列零售店里买到自己所需的产品。尤其是名牌产品选择在马路上进行促销有助于小型便利店获得一线生机。这种商店的一大特点就是严重依赖名牌产品，并借此来吸引客户，因为消费者对名牌产品的认识度和信任度都比较高，如果不销售名牌产品，这些便利店和街角商店将很难参与到市场竞争中去。

名牌产品的主要特点就是能在任何一个地方买到。住在加的夫的消费者可以买到与他们在加利福尼亚时相同的洗衣粉。可口可乐公司在1923年时的目标是满足人们"近在咫尺的欲望"。而现在，它想让世界上每一个角落的人都能以最便捷的方式买到可口可乐，因此它没有把自己局限在特定的连锁店铺里。品牌能为消费者提供一个比较竞争对手和零售店的重要尺度。如果一个店铺只销售自有品牌或非品牌产品，那么消费者又怎么能通过比较来做出正确的决定呢?品牌促成了不同零售店之间的比较——这也是良性竞争的基础。在购买一辆新汽车之前,很少有人会花大量的时间去研究和比较这台车的每一项技术指标,他们只能依靠这台车的口碑来快速地做出判断。其他产品也是一样,如手机、谷物早餐、便携式计算机和巧克力等。人们根据产品的声誉——也就是它的品牌——来做出购买决定。

(二)品牌已成为企业资源配置和战略发展的驱动力

一个成功品牌代表着企业的市场竞争力,代表着企业无穷的财富,企业塑造强势品牌的过程需要投入大量的人力、物力、财力。不少企业从创始之初就精心打造品牌,品牌成为名牌之日,就有了假冒、侵权等企业未设防的法律纠纷的困扰。有人笑称:"被假冒是一种商品成功的标志,没人来假冒,说明你的产品有问题。"但假冒带给企业的更多的是无尽的烦恼,如淡化企业商标、诋毁企业声誉、冲击企业的销售等,最终给企业的品牌资产带来伤害。

随着金融资本市场的健全,各种经济主体、法人、自然人的互相持股以及信息工具的发展和多种合作形式的出现,企业间的界限日趋模糊,市场作为需、求和买、卖的中介,市场竞争中真正的利益主体已难以区分。市场竞争的主体由最初的企业开始发生变化,各种品牌成为可以明确辨别的市场主体。品牌成为企业在市场中最稳定的营运要素和经营核心,企业间的竞争逐渐演变成为品牌间的竞争;以品牌为核心已成为企业重组和资源重新分配的重要机制;市场营销战略的重心已开始转向品牌策划和推广;企业资源的评估与重组,引出了品牌资产的新概念。产品的国际竞争力除了一国的自然资源禀赋、人力资源开发、经济体制、宏观经济运行等外部因素外,主要取决于企业自身的经营管理,最终归结于企业的品牌战略。如何管理战略性资源——品牌,制定适时的品牌塑造与发展策略已成为企业总体发展战略的重要组成部分。

因此,企业品牌的法律保护对企业意义重大。企业忽略品牌的法律保护甚至会给企业的多元化战略、营销战略略带来一些意想不到的法律障碍。每一个注重企业品牌管理的企业都应该从法律保护的角度对品牌施以相应的保护策略。

(三)民族品牌是国家经济安全的战略资源

除了满足消费者的特定需求以外,品牌还应该为社会做出更广泛的贡献。"品牌既是消费品质量的指示器,也是创新技术的源泉。"一方面,品牌制造商是企业世界里的原始艺术家。它们总是在开发和尝试着新鲜事物,虽然有时候会失败,但他们最终推出的新产品和新服务总是能成为消费者的最佳选择。另一方面,消费品或自有品牌产品的制造商更像是封面艺术家,他们喜欢照搬别人的做法,虽然有时这样也能收到良好的效果,但绝不会推动技术的创新和新市场的开拓。

在这个全球化日益加剧的时代里,一个国家既可以依靠原材料价格参与市场竞争,也可以通过技术创新来走高附加值的发展路线。如果一个国家已经决定要把主要精力放在高质量、高附加值的市场竞争上,那么品牌将起到至关重要的作用。它们能够推动创新,为人们提供获得高质量和高附加值解决方案的机会。

第二节 品牌的法律保护

品牌的法律保护是品牌保护的经典含义,顾名思义,是指品牌所有者运用法律武器对自己品牌合法权益的正当维护。为了准确理解品牌法律保护的内涵，本节有必要对企业在品牌法律保护中面对的问题及其对策进行较全面的分析与介绍。

一、品牌法律保护的内涵

企业品牌的法律保护是指企业在具体经营活动中运用法律手段保护品牌市场地位的活动。因为法律保护具有权威性、强制性和外部性等特性，因此品牌法律保护是品牌保护最强有力的手段。

广义上的品牌法律保护包括对商品特质形成的精神成果及该种特质商品外部标志所共同代表的权利利益的保护。而狭义上的品牌法律保护具体是指对品牌外部标志的保护，即对商业标记的保护，它包括对企业商标、商号、企业徽标、知名商品特有的名称、包装装潢、域名、地理标志、商业广告语等因素的法律保护。

品牌的法律保护着眼点在于使企业品牌的外部标志得到法律的确认和保护，巩固并提高品牌的竞争力与市场影响力，延长其市场寿命，使品牌资产不断增值。对企业而言，即要求其善于通过法律手段，了解、掌握与品牌保护相关的法律、法规，运用法律手段保障自己的合法权利，为品牌的发展营造一个良好的宏观环境。

二、品牌法律保护面对的问题

（一）商标抢注

商标抢注是指行为人使用不正当的手段，将他人已经使用并具有一定影响的商标，抢在先使用人之前，在相同或类似的商品上向工商机关申请注册的行为。商标抢注人从主观动机而言是一种恶意抢注。从空间范围来区分，包括域内抢注与域外抢注，前者是指在本国范围内将他人未注册的商标或与商标相同、近似的文字、图形、标志抢先注册；后者是指利用知识产权具有地域性保护的特征，在本国之外的地域对他人的注册商标进行注册。㊀

商标抢注行为的实质是利用法律对商标专用权的保护，抢先取得某品牌名称的商标专用权，从而获得要挟他人的筹码。一旦企业的商标抢注成功，企业面临的只有两个尴尬的选择：要么接受高价的专用权使用许可费，要么终止对品牌名称的使用，改弦更张。名称是品牌最基本的核心内容之一，也是企业品牌宣传获取品牌知名度的基础，品牌名称的法律表现形式之一即商标。商标抢注行为是企业在品牌建设过程中遭遇的最大障碍，如果企业不能取得自己品牌名称的商标专用权，也就失去了建设品牌的基础。尤其当企业的品牌名称已经产生了相当大的市场潜力，甚至已经取得了相当好的销售业绩，却因为他人的抢注导致不具备法律效力而不得不改变名称或花费巨资获得品牌名称的合法使用权，这对企业品牌建设的杀伤力是致命的。

（二）域名抢注

域名是一种用于互联网上识别和定位计算机的地址结构，表示一个单位、机构或个人在互联网上有一个确定的名称或位置，网络技术和电子商务的发展使众多企业将竞争领域扩大

㊀ 刘燕. 企业品牌的法律保护［J］. 广西轻工业，2009（8）.

到了网络虚拟空间。设计及注册一个合适的域名，对企业开拓网络品牌及延伸原有品牌的影响力尤为关键。

企业品牌的区分主要是通过商标的识别功能来完成的，而域名则是在网上进行识别与区分的，域名是企业在互联网上的"商标"和品牌，每一特定域名下都有某一特定的网络资源供网上查询和使用，具有全球有效性、唯一性、排他性等特征。同一顶级域名下不可能存在完全相同的域名，这使域名成为一种稀缺性资源。由于域名注册遵循的是"先申请先注册"的原则，这使得域名存在被抢注的可能性。域名抢注是指将他人未注册的域名抢先注册。从实务中发生的案例来看，域名抢注主要集中在域名与知名品牌商标之间的冲突，基于知名品牌商标的知名度，抢注者往往是将与一些知名品牌商标相同或类似的文字、符号作为域名抢先注册。域名注册与商标注册分属不同的登记管理机构，因此类似的域名注册是可能成功的。从企业品牌资产管理的角度来看，一般会将域名与企业的商标或商号统一，将商标（商号）或商标（商号）的拼音、英文译名等直接注册为域名，这对企业网络品牌推广无疑是事半功倍的，既能充分利用本企业的已有商誉，又能防止他人"搭便车"，企业还可借助于商标的影响力来扩大网络品牌的推广。因此一旦域名抢注成功，将会给企业网络品牌建设带来阻碍与不可估量的损失。

（三）其他不正当竞争行为

品牌的法律保护还必须面对商标、域名抢注以外的其他不正当竞争行为，主要有以下几方面：

（1）在同一种或者类似商品上，将与他人注册商标相同或者近似的标志作为商品名称或者商品装潢使用，误导公众的。

（2）将与他人注册商标相同或者相近似的文字作为企业的字号在相同或者类似商品上突出使用，容易使相关公众产生误认的。

（3）复制、模仿、翻译他人注册的驰名商标或其主要部分在不相同或者不相类似商品上作为商标使用，误导公众，致使该驰名商标注册人的利益可能受到损害的。

（4）擅自使用知名商品特有的名称、包装、装潢、商标或者使用与知名商品近似的名称、包装、装潢，造成和他人的知名商品相混淆，使购买者误认为是该知名商品的。

以上列举的不正当竞争行为从侵权形态来看，都是围绕知名品牌的商标、名称、包装、装潢而产生的不正当竞争行为。品牌是一个市场概念，是包括商标、名称、包装、价格、声誉、符号、广告风格、渠道模式等因素的总和。它不仅仅是一个易于区分的名称和符号，更是一个综合的象征，需要赋予其形象、个性、生命，以使其在消费者心目中形成一种价值、一种理念。以上这些侵权行为对品牌资产最大的伤害就是可能淡化知名品牌所具有的识别性和显著性，甚至损害、玷污其商誉、有形价值与无形价值。

三、品牌法律保护的对策

（一）企业要树立事前防御、主动保护的法律意识

在品牌保护的过程中，企业首先要树立起事前防御、主动保护的意识。品牌法律保护分为事前保护、事中保护和事后保护。事前保护的意义在于"防患于未然"。建立了必要的事前保护手段有利于企业在品牌保护中处于主动地位，防止陷于复杂的诉讼或维权纠纷中，因

此事前保护的意义大于事中保护和事后保护。一些企业家对法律存在的意义还存在误区，总认为只有自己的企业深陷官司纠纷中了，才需要和法律发生联系，却忽略了其实法律手段对企业最大的功效在于"防患于未然"。企业如果一开始就能从思想意识上认识到法律保护的前瞻性意义，对企业建立起完整的品牌法律保护系统是有利的。

（二）及时注册商标及域名

商标保护是品牌法律保护的核心，商标专有权的确立是品牌得以保护的根本保证。企业应做到以下几个方面：

（1）在品牌初创阶段及时注册商标及域名，获得商标、域名的专用权。

（2）重视企业商标的域外注册。商标专用权作为知识产权具有地域性，其效力仅及于本国地域范围内。在全球化背景下，企业如果要推动全球化品牌战略，一定要及时地在产品出口前将商标在域外注册，获得在域外相关国家的商标专用权，避免因域外专用权的缺失而遭遇他人恶意抢注，狙击企业的海外品牌战略。

（3）利用商标注册的优先权原则把握注册先机。《保护工业产权巴黎公约》第四条规定，公约成员的任何人或其权利继承人，已经在本联盟某一成员正式提出商标的注册申请的，可以在六个月的期间内，在其他国家或地区享有优先申请权。我国也是《保护工业产权巴黎公约》的成员之一，在域外注册时，企业应该充分了解有关国际或地区性条约、协定或法规，利用商标优先权使自己获取最大利益。

（4）扩大商标注册范围。企业注册商标在成名之后，在同一种或类似商品上会出现一些近似商标。从事前防御的原则来看，企业可以通过注册联合商标的方式避免类似情况的出现。联合商标一般是指同一商标所有人在同一种或类似商品上注册的若干近似商标。这些商标中首先注册的或者主要使用的为主商标，其余则为联合商标。注册联合商标的目的不是使用注册的每一个商标，而是在主商标周围建起一道防火墙，起到积极的主动防卫作用，阻止他人注册和使用近似商标，使动机不纯者无机可乘。从品牌延伸的角度来说，联合商标也具有储备作用，一旦企业需要子品牌或副品牌，可以主动、方便地调整商标策略，推出备用商标。

（三）积极进行驰名商标认定

驰名商标是指在中国为相关公众所熟知的商标。相关公众包括与使用商标所标示的某类商品或者服务有关的消费者，生产前述商品或者提供服务的其他经营者以及经销渠道中所涉及的销售者和相关人员等。我国对驰名商标制定了有别于一般商标的特殊保护规定，即对驰名商标扩大了保护范围（见品牌视野：驰名商标及其法律保护）。

品牌视野：驰名商标及其法律保护

驰名商标是中国国家工商行政管理总局商标局，根据企业的申请，由官方认定的一种商标类型，在中国国内为公众广为知晓并享有较高声誉。对驰名商标的保护不仅仅局限于相同或者类似的商品或服务，就不相同或者不相类似的商品申请注册或者使用时，都将不予注册并禁止使用，因此驰名商标被赋予了比较广泛的排他性权利。而且"驰名商标"持有企业的公司名称以及网址域名都会受到不同于普通商标的格外法律保护。

美国相关法律中没有明确的驰名商标的概念，无论是在《美国商标法》还是在反不正当竞争方面的法律中，都没有给出驰名商标的定义，其对驰名商标的界定，主要是通过具体的判例来体现。美国对驰名商标概念的大致理解,即在相关公众中具有较高声誉的商标,该商标不以在美国实际使用为条件。

《日本商标法》第四条第一款第十、十一、十五、十九项及第三十二条第一款等对驰名商标驰名的范围规定为"在需要者之间广泛知晓",明确了驰名商标知晓范围是"相关公众"。在1999年日本特许厅公布的《关于周知商标、著名商标的保护的审查标准》中,内容同时涉及了保护驰名商标不以注册为前提,以及该驰名商标的认定不以本国驰名为必需条件。

德国、法国、希腊通过本国的商标法或反不正当竞争法对驰名商标进行保护,对驰名商标的概念也都没有做出界定。但是,通过这几个国家对驰名商标的保护来看,这些国家的法律对驰名商标界定为在相关公众范围享有较高知名度的商标。

《商标法》第十三条规定,就相同或者类似商品申请注册的商标是复制、模仿或者翻译他人未在中国注册的驰名商标,容易导致混淆的,不予注册并禁止使用;就不相同或者不相类似商品申请注册的商标是复制、模仿或者翻译他人已经在中国注册的驰名商标,误导公众,致使该驰名商标注册人的利益可能受到损害的,不予注册并禁止使用。这表明我国对驰名商标的保护扩大到了未注册商标和非同类商品上:对未注册的驰名商标,保护范围限于禁止在同类商品上注册和使用;对已注册的驰名商标,保护范围则延伸到了在非同类商品上禁止注册与使用;驰名商标所有人甚至有权禁止他人将驰名商标作为企业名称的一部分使用。

世界各国法律和相关的国际条约对驰名商标采取了特殊保护的方式。我国目前对驰名商标有行政认定与司法认定两种方式,分属国家知识产权局和人民法院。对众多针对知名品牌的不正当竞争行为,企业一定要积极主动地申请对本企业品牌商标的驰名商标认定,以使企业品牌获得更大范围的保护。这对维护企业品牌的显著性和生命力是非常有利的。

第三节　品牌的经营保护

品牌的经营保护是指企业经营者在具体的营销活动中所采取的一系列维护品牌形象、保持品牌市场地位的活动。品牌形象的塑造和市场地位的确立是在一系列经营活动中完成的,因而品牌经营者要在经营过程中树立品牌保护意识,采取有效措施对品牌实施保护。不同的品牌,由于其所面临的内部和外部环境的差异,自然经营者所采取的保护活动也各不相同,保护措施要根据企业实际而定。一旦企业的环境变化了,保护措施也要随之变化。不能保护不足,也不能保护过度,要有效而适度。

一、品牌经营保护的基本原则

(一)消费者导向是品牌经营保护的核心

消费者是企业品牌经营者的上帝,以市场为中心,也就是以符合消费者需求为中心。品牌的经营保护是与消费者的兴趣、偏好密切相关的,消费者的"口味"是不断变化的,这就要求品牌内容也要随之做出相应的调整,否则,品牌就会被市场无情地淘汰。

以市场为中心,完全满足消费者需求,就是要求品牌经营者们建立完善的市场监察系统,随时了解市场上消费者的需求变化状况,及时调整自己的产品,以使品牌在市场竞争中获胜，这样企业才能顺利完成品牌保护的工作，随时掌握消费者对质量要求的变化趋势。

市场是无情的，不管中国品牌还是世界品牌，只要违反了市场变化的规律，就必会导致企业经营的失败。李维斯是大家十分熟悉的牛仔服装品牌，在20世纪80年代中时期，随着美国摒弃正装、崇尚休闲流行、美国西部影片的全球热映，李维斯公司在一年的时间内股票狂升100多倍，市值由每股2.53美元上涨到每股262美元，创造了举世闻名的"李维斯神话"。然而，市场上没有永远英雄的品牌，由于李维斯品牌没有抓住其主要消费者即14~19岁年轻人的心理，依然故步自封，导致它的风光不再。20世纪90年代开始走向没落，到1997年李维斯公司被迫关闭了设在欧美地区的29家工厂，裁员1.6万人，1998年李维斯公司的销售额又下降了13%。李维斯遭受这样的重创多半是因为它忽视了年轻顾客的心理变化，忽视了流行时尚，忽视了消费者偏好的变化。

（二）创新是品牌经营保护的原动力

创新是企业品牌的灵魂，是企业活力之源，只有不断创新，才能使企业品牌具有无穷的生命力和永不枯竭的内在动力，发展和壮大企业品牌，它是企业经营保护当中最为有效的策略。创新是一个系统工程，包括观念创新、技术创新、质量创新、管理创新、服务创新、市场创新、组织创新、制度创新等多方面内容。

二、以高品质为核心的生产经营方面的保护

（一）苦练内功，维持高质量的品牌形象

质量是品牌的灵魂，高质量的品牌往往拥有较高的市场份额。反之，一个品牌的知名度很高，但它的产品质量出了问题，这样会大大降低品牌形象，使品牌受损。对品牌经营者而言，维持高质量的品牌形象，可以通过以下几方面进行：

1. 评估产品目前的质量

目前生产的品牌产品中，是否严格按照本企业的生产质量管理体系进行？与ISO 9000系列国际质量认证体系是否还有差距？在品牌组合中，目前被消费者认为质量差的是哪些品牌？是整个品牌还是某个方面？企业的销售人员是否完全具备与产品品牌有关的业务知识？品牌经营者应该从内部挖潜，即全力贯彻实施内部质量管理体系，从根本上了解消费者关于品牌产品的意见和建议。

2. 产品设计要考虑顾客的实际需要

海尔集团针对不同地区、不同国家推出了小小神童洗衣机和在部分地区才用得着的可以洗红薯的洗衣机，正是由于海尔从顾客的实际需求出发，才使它每推出一种新产品都颇受消费者的欢迎。无独有偶，东京麦肯锡顾问公司决定改进电动咖啡壶，以适应人性化需要。在设计时，负责设计的技术人员提出一大堆问题，诸如壶应该大一点儿好还是小一点儿好。后来经过讨论，大家一致认为咖啡爱好者普遍对味道香醇的咖啡感兴趣，于是该公司负责人大先研一先生问设计人员，哪些因素影响咖啡的味道？设计小组研究的结果表明，有很多因素会影响咖啡的味道，如咖啡豆的品质和新鲜度、研磨方式、加水方式和水质等，其中水质是决定性的因素。所以该品牌产品设计了一个去除水中氯化物的装置。另外新产品还附有一个研磨装置，消费者要做的，只是加水和放咖啡豆。实践证明，改进后的电动咖啡壶受到广大顾客的欢迎。

3. 从品牌广告、营销、公关、策划等多种角度，建立独特的高质量形象

知名品牌主要由"品位高雅""质量可靠""设计入时"等内在因素起主要作用，但品牌也要善于包装自己，也就是通过各种有效的手段把自己宣传出去。

（二）严格管理，锻造强势品牌

企业品牌的经营保护最强势要素就是企业对企业品牌进行全方位的严格管理，以保持和提升品牌竞争力，使品牌更具活力和生命力，锻造出市场上的强势品牌。

1. 坚持全面质量管理和全员质量管理

"以质取胜，价格公道"是巧手产品品牌的广告语，相信大家都已经很熟悉了。为什么呢？因为"以质取胜"是永不过时的真理，要牢固树立"质量是企业的生命"的观念，并把它贯彻到企业的一切活动和全部过程之中。企业要制定切实可行的质量发展目标，积极采用国际标准和国外先进标准，形成一批高质量、高档次的名优产品，提高产品品牌的市场占有率。要深入开展全面质量管理、质量改进或降废减损活动，认真贯彻质量管理和质量保证系列国家标准，积极推进质量认证工作，并借鉴国外企业科学的质量管理新法，推行"零缺陷"和可靠性管理，提高企业的质量管理水平。

反之，忽视质量控制，降低品牌产品质量，对于企业品牌来讲就是一种自杀行为。有的企业一看到产品供不应求，就降低质量管理，结果很快就被淘汰出局。

2. 坚持成本控制和成本管理

最低成本优势是企业品牌保护的一大法宝。优势品牌必须实施成本最低领先战略，采用先进技术，提高劳动生产率。在坚持成本控制的基础上，要加强企业的资金管理、费用管理、财务管理、劳动管理、设备管理、原材料管理和其他管理，把成本降到最低水平。

三、品牌营销策略方面的保护

（一）实施差异化定位策略，抢占消费者的心智资源

一种品牌在市场上的定位不论其最初如何适宜，但到后来往往由于消费趋势的变化、消费者的兴趣变化、偏好转移以及市场占有率的变化不得不对它进行重新定位或者实行差异化策略。

国内饮料市场被可口可乐、百事可乐占领了大半市场空间，达能集团在国内连续收购更是惊心动魄，众多民族品牌遭受严重打击。在这种情况下，椰树集团借其独一无二的椰子汁在国内饮料市场发展起来，在其进入市场之前该类产品在市场上是一块空白，这使之具备完全差异化优势，终于跻身全国十大饮料企业之列。如果说椰树是依靠产品本身差异化取得成功的，那农夫山泉即是在产品本身差异不大的情况下，利用概念差异化取胜的案例。首先，农夫山泉在瓶装水市场上毫无竞争优势，上有娃哈哈和乐百氏两大品牌的压制，下有各地区域品牌的蚕食，在这样恶劣的环境下，农夫山泉利用人们一直以来对纯净水是否有益于身体健康的疑虑，提出了"天然健康"的概念，通过一系列外在表现手段，打造出"天然水"的概念，广泛宣传"千岛湖水下80米的天然水"。正是由于实施了差异化策略，进行了品牌再定位，农夫山泉在短时间内崛起，并成为国内瓶装水市场的三强之一。

（二）在经济"全球化"的并购热潮中保持品牌的独立性

在引进外资的过程中，有些企业由于只注重眼前利益，市场经济观念淡薄和市场经验缺

乏，没有保持品牌独立性，导致某些品牌告急；有些由中国企业培育多年、享有较高知名度的品牌从市场上消失，导致经营保护的失败。吸引外资和技术对企业有利，这毋庸置疑，但企业应提高警惕，切不可盲目引资，把自己的品牌资产轻易丢失。分析发达国家对发展中国家的经济战略，可以发现它们一般采用输出产品、输出资本、输出品牌三种手段，而它们认为其中最有利的方式就是输出品牌。

所谓品牌的独立性，是指品牌占有权的排他性、使用权的自主性以及转让权的合理性等方面内容。保持品牌独立性是由于品牌是企业的无形资产。在市场上享有较高知名度和美誉度的品牌能给企业带来巨大的经济效益，而只有保持品牌独立性，才能保持品牌形象，使品牌不断得以发展壮大。企业要保持品牌的独立性，实施有效的品牌保护策略，其根本的办法和出路归纳起来有以下两条：

1. "强身壮骨"

所谓"强身壮骨"，是指千方百计发展自己，强壮自己。首先要扩大规模，走规模经济之路。其次要从产品质量、规模品种、生产成本、价格和销售渠道上下功夫，开拓市场、占领市场，提高品牌的知名度和美誉度。

2. "联合抗衡"

所谓"联合抗衡"，是指国内企业联合起来，以知名企业为中心，以名牌产品为依托，携手跨地区、跨行业的大企业集团，共同捍卫国家民族品牌。

（三）恰当运用品牌营销策略，捍卫品牌阵地

21世纪，品牌已成为企业最有力的竞争武器。品牌不仅涵盖了产品概念，而且人格化，是消费者心目中认可的一种印象，品牌要寻求更大发展，往往是通过品牌延伸和品牌扩张来进行的。这是因为实施品牌延伸和品牌扩张具有节省宣传推广费用、吸引原有品牌忠诚者、使新产品迅速进入市场，以及可以较大范围内调动企业人力、物力资源进行大规模建设等诸多优势。

1. 品牌延伸

品牌延伸是企业界常用的对品牌进行开发利用的策略。很多知名企业正是因为成功地运用了品牌延伸策略，才取得了市场竞争的优势地位。各企业品牌适时、适地地推出延伸策略，就可以把市场做大，打造出成功的品牌。

2. 品牌扩张

品牌扩张能帮助企业实现市场和利润的快速增长，它强调的是企业对已实现的基本品牌资源的开发和利用，使品牌生命周期不断得以延长，品牌价值得以增加，市场份额不断扩大。

经过几年的整合，在今天的冷饮市场上，地方性、小规模的产品已经大大减少，呈现出强强竞争的格局，国内品牌伊利以及国际品牌和路雪、雀巢等都在生产、价格和销售方面不断改革，寻求品牌实力壮大的途径。而这其中发挥重大作用的就是收购重组的扩张行为。

第四节 品牌的自我保护

品牌经营者一直致力于塑造高知名度品牌，然而"枪打出头鸟"，品牌的知名度越高，假冒者就越多，技术失窃的可能性也就越大，品牌搏杀竞争、品牌之间相互斗争、两败俱伤的现象也就越普遍。企业品牌经营者们不能完全依靠政府提供保护，也不能静观消费者觉

悟，而应该主动出击，做好防范工作，全力保护自身品牌。因此品牌经营者为使品牌健康成长，必须注意进行自我保护。

一、主动防伪，积极打假

（一）积极开发和应用专业防伪技术

有些品牌和包装的技术含量低，制假者轻易能伪冒，这是假冒伪劣产品屡禁不止的一个重要原因，所以必须采用高技术的防伪技术有效保护企业品牌。采用现代高科技含量的防伪技术是有效保护品牌的重要手段，要求企业经营者们能够有清晰的认识、保持高度的警惕性，综合运用多种高科技尖端技术，使一般人难以仿制。例如，娃哈哈纯净水就采用电子印码、激光防伪、图案暗纹等多种防伪技术，事实上，世界上几乎所有的知名品牌都采用了各种防伪标志，对保护品牌起到了一定的积极作用。

然而，拥有防伪技术并不是万能的，针对所有的防伪技术，也有反防伪技术、造假技术。目前我国产品市场上，防伪技术的应用比较混乱，防伪技术专业企业良莠不齐，使这个本应严格保密的行业得不到有效监控，许多防伪产品陷入了防伪——假冒——再防伪——再假冒的恶性循环，迫使一些企业频繁更换防伪标志，消费者难以鉴别，监督部门也难以监督。所以，必须不断加强对防伪技术应用情况的监督和管理，使之真正成为防止假冒、保护名优产品的有力武器。即使如此，企业也应积极打假，把防伪和打假结合起来。

（二）运用法律武器参与打击

假冒伪劣作为一种社会公害，是长期存在的，不可能一谈打假，假货者就会退出市场。打击假冒伪劣是一场持久的战斗，企业经营者们更要有长期作战的思想准备，成立打假办，有组织地进行打假。假冒伪劣历来都是一股毒瘤，渗透在市场的每一个角落，若没有一定的机构和专门人员去负责打假的话，其效果绝对是大打折扣的。鉴于此，我国许多知名企业都吸取了被假冒的经验教训，成立了专门的打假机构，配备专职打假人员，运用法律武器，如《中华人民共和国商标法》等积极参与打假，取得了显著成效。企业也可以向公安机关或质量监督部门提供假冒产品线索，为打假提供便利条件。有的企业以悬赏的形式鼓励消费者提供线索，参与打假。

（三）企业必须加强对知名品牌商标的管理

企业要制定专门的商标管理制度，把商标管理纳入全面质量管理之中。对商标的使用，标志的印刷、出入库，废次标志的销毁等，都要进行严格管理。为了加强企业内部的商标管理，企业应设立科学、完善的商标档案，设立专门的商标管理机构，配备熟悉商标知识和商标法规的管理人员，使他们成为品牌的捍卫者。

品牌经营者应借助新闻媒体、公共关系等向消费者宣传有关商品的专业知识，让消费者了解商品，掌握基本的商品知识，能区分真假优劣。与消费者结成联盟，协助有关部门打假，从而组成强大的社会监督和防护体系。

二、控制品牌机密

当今世界是信息的世界，信息和技术是当今经济竞争和全球发展的关键，商战就是信息战，谁掌握了信息，谁就掌握了商战中的主动权，谁就可以因时造势、发展名牌、创造名牌，谁就会在竞争中取胜。在和平年代，经济情报已成为商业间谍猎取的主要目标，因而品牌经营者要有保密观念，提高警惕，保护自己品牌的秘密，防止自己的专有技术失窃。

（一）要有保密意识

在当今社会，商业间谍手段高超，技术发达，防不胜防，企业稍有疏忽，就可能会给品牌造成无法挽回的损失。有时重要信息失窃是由于缺乏保密意识造成的。

（二）严防"家贼"

俗话说："家贼难防"。有些名牌产品信息的泄漏就是由"家贼"所为。"家贼"有两种：一种是竞争对手派来的卧底；另一种是跳槽后的企业技术人员，他们向竞争对手泄密。

（三）谢绝技术参观和考察

技术参观和考察也是商业间谍们获得情报的途径之一。因此，国外许多名牌产品的生产过程是谢绝外人参观的，任何人都不例外。对于无法谢绝的参观，一般都有专人陪同，实则监视。一次，一批外国人参观法国一家著名的照相机生产企业，在观看一种新的显影溶液时，有位参观者的领带尖轻轻沾了一点溶液，精明的陪同人员发现后马上做了汇报。当参观快结束时，一位服务员走上前对他说："先生，您的领带弄脏了，请换条新的。"于是就让那位外国人换下了沾有技术信息的领带，保住了新型显影溶液的配方。

▶ 本章小结

（1）品牌保护是指对品牌的所有人、合法使用人的品牌实行资格保护措施，以防范来自各方面的侵害和侵权行为，促使品牌保值和增值。具体来说，品牌保护包括品牌的法律保护、品牌的经营保护和品牌的自我保护三个组成部分。

（2）企业品牌的法律保护是指企业在具体经营活动中运用法律手段保护品牌市场地位的活动，其着眼点在于使企业品牌的外部标志得到法律的确认和保护，是品牌保护最强有力的手段。广义上的品牌法律保护包括对商品特质形成的精神成果及该种特质商品外部标志所共同代表的权利利益的保护。而狭义上的品牌法律保护具体是指对品牌外部标志的保护，即对商业标记的保护，它包括对企业商标、商号、企业徽标、知名商品特有的名称包装装潢、域名、地理标志、商业广告语等因素的法律保护。

（3）品牌的经营保护是指企业经营者在具体的营销活动中所采取的一系列维护品牌形象、保持品牌市场地位的活动。不同的品牌，由于其所面临的内部和外部环境存在差异，保护措施也各不相同。不能保护不力，也不能过度保护，要有效而适度。

▶ 思考题

1. 试阐述品牌保护与消费者权益的关系。
2. 分析在外资并购背景下民族品牌保护的意义。
3. 试分析我国现行法律体制下品牌法律保护的困境。
4. 在企业经营管理中如何保护企业品牌？
5. 简述可以从哪些方面加强品牌的自我保护。

案例分析讨论

抖音的品牌保护策略

抖音是一款音乐创意短视频社交软件，是一个专注年轻人的15s音乐短视频社区。用户可以通过这款软件选择歌曲，拍摄15s的音乐短视频，形成自己的作品。

2018年6月，首批25家央企集体入驻抖音，包括中国核电、航天科工、航空工业等，昔日人们印象中高冷的央企，正在借助新的传播形式寻求改变。抖音就这样一发不可收拾地火爆了起来，成为年轻人手机里不可或缺的软件，工间休息时、茶余饭后、睡觉前都忍不住打开抖音看上几个小视频轻松一下。

抖音来自北京字节跳动科技有限公司，该公司推出了基于数据挖掘的推荐引擎产品"今日头条"、火山小视频、抖音、悟空问答等产品。

抖音如此火爆，其商标是如何保护的呢？从商标网可以查到，抖音相关商标目前共申请了116个。

攻略1：互联网+自身主要类别申请保护

抖音作为一款社交软件，商标主要保护类别如下：

第9类

计算机程序（可下载软件）、电子出版物（可下载）、可下载的音乐文件、可下载的音乐文件、动画片、可下载的软件、手机APP。

第35类

广告宣传，通过网站提供商业信息、组织商业或广告展览活动、为商品和服务的买卖双方提供在线市场等。

第38类

有线电视节目播放、互联网广播服务、数据和通信服务、计算机终端通信。

第41类

电视文娱节目、娱乐服务、组织文化活动、电子书籍和杂志的在线出版、提供在线电子出版物。

第42类

计算机编程及相关服务，提供互联网搜索引擎，把有形的数据或文件转换为电子媒体。

第45类

在线社交网络服务、交友服务。

上述6个类别，也为"抖音"品牌最早注册的6个类别。在互联网+时代，企业产品和服务越来越多地借助诸如公众号、网站平台、网页应用、手机APP等互联网工具提供给消费者。在这种情况下，企业提供的产品和服务本身，往往被作为产品和服务提供平台和载体的互联网工具所掩盖。在这种情况下，商标类别的选择非常容易产生纠纷。为防止侵权纠纷，任何行业都必须注册互联网相关类别。互联网+，指的是为此互联网基础6类+本行业，例如做餐饮的，则互联网类别+43类；做美容的，互联网类别+44类。

攻略2：无关（利害关系）行业类别注册

无关行业看似无关，却也是有着利害关系的。例如，销售牛奶、饮料类的，需要同时注册农药类别。做食品的，需要同时注册马桶类别，避免他人对自己经营多年的品牌造成负面影响。就算是知名商标，在自身的品牌保护上如果不做好，也会走得无比艰辛，这是企业发展过程中必须重视的事情。

攻略3：全类注册

商标全类保护是指申请人在办理商标注册时指定所有类别的商品及服务，使其商标在全部类别受到保护。有人认为，在商标还不知名的情况下没有必要申请全类注册。但是，事前防御总比事后补救要好，至少可以防止他人在自己今后可能进入的行业、商品上注册商标。进行全类注册也并不只是花钱买个平安，全类注册可以说是一种保护性投资行为，能够为企业的多元化、集团化发展奠定基础。

依据我国《商标法》第五十六条规定："注册商标的专用权，以核准注册的商标和核定使用的商品为限。"这说明对注册商标的保护是有限的。《商标法》的这一条规定又界定了注册商标的保护范围，一般的注册商标只在其所在的类别受到法律保护。

攻略4：行业衍生的附属产品类别进行注册

抖音作为一款社交软件，自然也会衍生出一些附属产品，如音响设备、玩具、运动器械，又如员工服装、统一餐具。不仅本行业类别需要保护，附属产品的行业类别也是需要保护的，以免有一天抖音公司的员工工作服上贴了抖音的标志，结果注册者过来要求换衣服。

又如一个做餐饮的企业，除了主要类别外，可能以后不只是提供店面内的食物，还会出售包装食品，如肉食、调味品、饮料、瓜果蔬菜等，那么对衍生的附属产品的注册自然是必须的。

攻略5：文字商标、英文商标、图形商标、组合商标一起注册

常见的商标主要有文字商标、英文商标、图形商标、组合商标。

《商标法》第二十四条规定："注册商标需要改变其标志的，应当重新提出注册申请。"

《商标法》第四十九条规定："商标注册人在使用注册商标的过程中，自行改变注册商标、注册人名义、地址或者其他注册事项的，由地方工商行政管理部门责令限期改正；期满不改正的，由商标局撤销其注册商标。"

以上两条可以反馈出，企业应将名下的所有不同商标进行注册，并规范使用。

攻略6：注册相关近似商标，作为防御使用

主品牌注册后，企业需要有一些防御商标作为支撑。防御商标，顾名思义，起防御之用，即自己不注册，则他人会去注册，例如抖音男神、抖音女神、抖音达人、抖音助手以及抖咖、抖客、抖友等。例如，大白兔奶糖为了保护自己的商标，把大灰兔、大黑兔、小白兔、金兔、银兔等十几个近似的商标都注册了；老干妈注册的则是亲属系列：老干爹、老干娘、老干爸、干儿子、干女儿、老姨妈等。

同时有必要注册一些字形相近的名字，以防以后只能说别人是在侵权，而没办法说人家是假货。

攻略7：做好商标监控，针对擦边球商标及时提出异议

汉字那么多，含义不同使商标有整体区别的都有可能获准注册，通过防御商标，难免有注册不到位的情况。也许有一天会有人注册抖音吧、抖音室、抖音乐、上抖音、约抖音、抖茵、抖吟等，就只能在公告期内提出异议了。商标异议程序的设置，旨在加强社会公众对商标审查工作的监督,减少审查工作的失误,强化商标意识,给予注册在先的商标权人及其他利害关系人一次保护自身权益的机会,杜绝权利冲突后患的发生。

结语:随着现代化的高速发展,知识产权保护不是一件简单的事,从创立一个品牌,到发展一个品牌,再到保护好一个品牌,任重而道远,希望各企业都可以尽早进行品牌规划,尽最大努力地做最完善的保护,为品牌的发展打好扎实的基础。

讨论题:

1. 我国企业应从哪些方面加强对企业品牌的经营保护和自我保护?
2. 根据我国法律,企业应采取怎样的有效措施保护自身的品牌商标?

第十二章

品牌危机管理

> **本章要点**
>
> （1）品牌危机的含义与特征。
> （2）危机管理的4R模式。
> （3）品牌危机管理的含义、内容与原则。
> （4）品牌危机公关策略。

▶ 导入案例

宝洁退市：大品牌失灵时代，用户在追求什么？

2019年3月6日，宝洁公司宣布从巴黎泛欧证券交易所（Euronext）退市，但将继续在美国纽交所上市。宝洁公司在官方声明中表示，本次从巴黎泛欧证券交易所除牌，是基于宝洁公司的证券交易量基本集中在纽交所（占总量的99.9%以上）的因素。

作为快消巨头，宝洁旗下拥有潘婷、海飞丝、飘柔、OLAY、SK-Ⅱ、舒肤佳、佳洁士、汰渍等众多知名品牌，每一个品牌都耳熟能详，涉及消费者日常生活的方方面面。

但在过去四年中，宝洁遭遇了销售滑铁卢，业绩一再下滑。宝洁遭遇了怎样的品牌危机呢？

1. 大品牌战略失灵

我们发现大品牌的效应出现了危机。10年前，市场上排名前五位的品牌（包括宝洁的品牌）市场占有率大约为50%，而今天只有27%了。可是按照相关理论，你要做一个大品牌，那么小品牌就要遭受双重伤害，但为什么小品牌如今看上去做得不错呢？

其实这在直观上是非常好理解的。10年以前，如果你（家庭主妇）到超市买一瓶洗发水，通常一家人用同一瓶洗发水，一家人用同一瓶沐浴露。但是今天，女性有自己的牌子，小孩子用小孩子的牌子，老人用老人的牌子，甚至男性也用男性自己的牌子。这说明小而美细分市场是大有可为的。

2. 大媒体战略失灵

大媒体正在慢慢失效，特别是在今天出现小而美这种品牌细分市场的情况下，如果你拿传统媒体吸引流量，成本远远高于社交媒体。

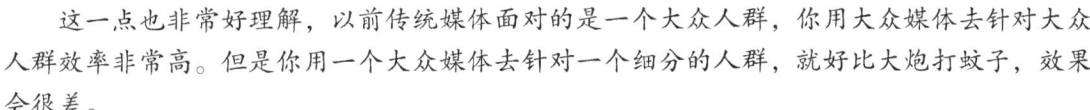

这一点也非常好理解，以前传统媒体面对的是一个大众人群，你用大众媒体去针对大众人群效率非常高。但是你用一个大众媒体去针对一个细分的人群，就好比大炮打蚊子，效果会很差。

因此，如果你今天做的是一个小而美的细分的品牌，你应该用数据的方式找到一个圈层的人，非常精准地触达他们。等到你的传播达到了一定规模，才能考虑用回自己的传播途径。

3. 足迹效应：大渠道战略难以跨越消费的非连续性增长

先举个例子，口香糖为什么能够存在？很大程度上因为一个叫"收银台"的东西，你在收银台等待付款的时候，看到了口香糖，产生了冲动性购买。

但电商没有收银台，所以口香糖成立的逻辑不存在了。线下购物的人群在大量减少，即使你今天在线下购物，即使在收银台前排着队，也可能在刷手机，根本注意不到口香糖，自然也产生不了购买冲动。

很多品牌，包括宝洁，都有这种"足迹效应"，就是在线下做得非常成功，但做电商渠道就要抛开很多既得利益，而大品牌不像小品牌那么有决心去做这件事。

这样一来，市场上的品牌就分成了两种，一种成长速度非常快，另一种则是慢慢发展。虽然所有品牌都很努力，但是如果不解决自己的"足迹效应"，就永远也赶不上别人的速度。

这就是宝洁面临的危机。所有品牌的危机，都是因为没有跟随消费者而造成的危机，那么，面对危机，宝洁将如何应对、如何去紧紧跟随消费者呢？

（资料来源：营销最前线：何亚彬. 宝洁退市：大品牌失灵时代，用户在追求什么？2019-03-13）

第一节 品牌危机概述

品牌是企业拥有的最具价值的无形资产和资源，从一定意义上说，现代企业的竞争就是品牌的竞争。因此，维护品牌的健康成长对企业的生存、发展非常重要。然而，在品牌的成长、壮大过程中，虽然企业对品牌小心谨慎、百般呵护，但百密难免一疏，有些非企业自身的影响因素很难被企业发觉，在市场这只"看不见的手"的搅动下，危机往往不期而遇，如果应对不及时、处理不妥当，还往往会给品牌带来灭顶之灾。例如，曾经名噪一时的三株、秦池、爱多、巨人等品牌都是在一场突如其来的危机之后一蹶不振，销声匿迹。因此，企业进行品牌危机管理势在必行。正所谓"预防胜于治疗"，企业实践证明：品牌危机管理的重点不在于如何处理已出现的危机，而在于如何深刻认识品牌危机，了解其发生的深层原因，辨别品牌运营过程中的危机因素，并针对性地采取有效的应对策略，做到未雨绸缪，防患于未然。为此，我们有必要学习、了解一些品牌危机和危机管理方面的知识和技能。

一、品牌危机的定义

1. 危机的含义

什么是危机（Crisis）？很多学者从各自的角度对它进行过探讨。

罗森塔尔（Rosenthal）认为，危机是指对一个社会系统的基本价值和行为准则架构产生严重威胁，并在时间压力和不确定性极高的情况下，必须对其做出关键决策的事件。

赫尔曼（Charles F. Hermann）将危机定义为一种形势，在这种形势中，决策者的根本目标受到威胁，做出反应的时间有限，形势的发展出乎决策者的意料。

斯格（Seeger）等人认为，危机是一种能够带来高度不确定性和高度威胁的、特殊的、不可预测的、非常规的事件或一系列事件。

巴顿（Laurence Barton）提出，危机是一个引起潜在负面影响的具有不确定性的大事件，可能对组织及其员工、产品、服务、资产和声誉造成巨大的损害。巴顿明确地将危机的影响扩大到组织及其员工的声誉和信用层面，并认为组织在危机中的形象管理是非常必要的。危机有其明确的特征表现。巴顿把危机特性界定为以下的状态：一是惊奇；二是对重要价值的高度威胁；三是需要在短时间内做出决定。

里宾杰（Otto Lerbinger）将危机界定为：对企业未来的获利性、成长乃至生存发生潜在威胁的事件。他认为，一个事件发展为危机，必须具备如下三个特征：一是该事件对企业造成威胁，管理者确信威胁会阻碍企业目标的实现；二是如果企业没有采取行动，局面会恶化且无法挽回；三是该事件具有突发性。里宾杰的定义尽管是针对企业提出的，但实际上对各类社会组织都具有借鉴意义。

福斯特（John Bellamy Foster）认为，危机具有四个显著特征：急需快速决策；严重缺乏训练有素的员工；严重缺乏物质资源；时间极其有限。

可见，危机是一种状态，它往往是由特定事件引发的，其表现形式也主要是威胁性事件。危机是社会组织内部与外部的构成要素、运作规则和发展环境由常态异化，进而裂变为威胁性系统的过程。

2. 品牌危机的含义

如同企业危机、产品危机、财务危机、人才危机等一样，品牌也会发生危机。那么，什么是品牌危机（Brand Crisis）呢？本书认为，品牌危机是危机的一种类型，是指由于企业外部环境的变化或企业品牌运营管理过程中的失误而致使品牌形象受损和品牌价值降低，甚至危及企业生存的窘困状态。

二、品牌危机的特征

1. 突发性

危机的发生都有其诱因，在危机没有爆发之前，虽然可以预见其发生的可能性，但无法确定其一定会发生，更无法确定其发生的具体时间、形式、强度和规模等。因而危机的来临常常让人始料不及。

2. 危害性

品牌危机的根本在于品牌信任度的丧失。这种信任度的丧失不仅限于某个品牌本身，而且还会推衍至更大的范围和更久的时间。从范围来看，当一个品牌出现严重危机的时候，相关的产品都将受到株连，例如山西的"假酒案"使得汾酒、竹叶青、杏花村等各种山西白酒著名品牌都无辜受到重创。从时间来看，品牌危机在解决之后还会在一定时期内产生余波。例如尽管金华地方政府和企业为解决"毒火腿"事件想方设法，但数年后人们对金华火腿仍然心有余悸。

3. 关注性

品牌一旦出现危机，就很容易成为众矢之的。品牌原来的美誉度和知名度必然引起广泛的舆论关注。媒体的报道转载、消费者之间的口口相传都会加速品牌负面信息的传播，使得危机处理很棘手，社会的关注度和舆论的导向甚至会影响到品牌的存亡。

4. 冲击性

品牌危机一旦爆发，常常会引发多米诺骨牌效应。其来势之迅猛、发展之快速、涉及面之广、影响之深远、冲击力度之大，往往会使企业首尾难顾，无招架之功、无防守之力，从而使企业陷入生死关头、悬崖边缘。

三、品牌危机生命周期

1986年，美国学者斯蒂文·芬克（Steven Fink）提出了企业危机生命周期理论。他把企业危机的过程分成品牌危机酝酿期、品牌危机爆发期、品牌危机扩散期、品牌危机处理期、品牌危机处理结果和后遗症期五个阶段。国内品牌学学者运用这一理论来描述品牌危机所经历的阶段及特征。

（一）品牌危机酝酿期

所有危机的发生都有一个从量变到质变的过程，品牌危机也不例外，量变就是品牌危机的酝酿过程。由于危机是由内、外多个因素动态发展的结果，因此对潜藏于企业自身的内部危机因素的预警和控制是品牌危机管理的重要阶段；那些非企业自身的外部影响因素很难被企业发觉，即使及时发觉了也无能为力，这就使得危机变得难以预测、难以防范。

（二）品牌危机爆发期

突破危机的预警防线，品牌危机便进入爆发期。爆发的速度会令企业始料未及，惊慌失措，如中毒案迅速给泰诺带来了严重的负面影响。

（三）品牌危机扩散期

危机如果不能立即处理，媒体将增加更多的负面报道，公众将产生更多的猜疑，危机的程度将更加恶化，危害将会扩大。

（四）品牌危机处理期

如果处理及时，危机的扩散期将大大缩短。在处理期，一个训练有素的危机处理小组，一种主动、真诚、迅速的工作态度，一套有条不紊的危机公关活动，都将使危机得到妥善处理。

（五）品牌危机处理结果与后遗症期

品牌危机经过紧急处理后，可能得到解决，这时的工作变成了品牌关系的维护和提升。但如果是无效的处理，则可能使品牌危机的残余因素经过"发酵"，使危机重新进入新一轮酝酿期。预防得好，危机生命周期可能不会发生或推迟发生，从而为企业赢得更多时间；如果发生了，处理得当，危机生命周期可以被压缩得很短；处理不当，危机生命周期将影响长久和广泛，不断损害品牌资产，直至品牌消亡。

第二节　品牌危机的表现、产生原因与类型

品牌一旦出现危机，会有哪些表现？会对品牌造成怎样的损害？哪些原因最终造成了品牌危机的发生？这是每个品牌管理者最关心的问题，弄清楚这些问题，有利于企业未雨绸

缪，提前预防。

一、品牌危机的表现

1. 品牌形象受损

所谓品牌形象受损，是指不利事件的发生使品牌的形象在消费者心目中大打折扣，使品牌的增值效应受到严重阻滞，品牌的经济和战略优势大为降低。所以品牌形象一旦受损，品牌管理者就必须积极应对，如果处置不当，就会进一步激化矛盾、深化品牌危机。

2. 品牌美誉度下降，顾客信任度降低

品牌危机的发生，一般会让消费者对品牌产生一些物质的和非物质的联想。物质的联想，导致消费者对品牌产品或品牌产品的功效失去信心，对品牌的信任度下降；非物质的联想，导致消费者对品牌的信任度、接受度下降。这些都可能使品牌危机事件逐步升级。

3. 销售利润率下降

品牌危机使消费者对企业品牌信任度、对品牌产品接受度降低，这必将导致品牌产品销售量减少，使销售利润率下降。

4. 企业内部人员流失

当企业品牌危机发生时，企业的内部员工是最直接的感受者，员工的情绪会受到影响。如果企业管理层对危机管理不当，往往会导致危机影响程度加深，员工对企业管理层失去信心，对企业的忠诚度下降，造成企业内部人员流失。

5. 媒体的负面报道

媒体是连接企业与公众的桥梁。当企业的品牌发生危机、消费者对品牌的信任度产生怀疑时，媒体可能会首先站在公众的角度，发表一些对企业品牌不利的报道。如果这时企业不能与媒体进行有效沟通，及时消除舆论对品牌的不利影响，就会进一步激化品牌危机。

二、品牌危机产生的原因

（一）企业外部的原因

企业外部的原因主要是指企业外部的伤害，包括与企业直接或间接相关的企业和个人的恶意与非恶意的伤害、由宏观环境变化所引起的组织外部伤害及自然灾害等。

1. 恶意伤害

恶意伤害是指进行这些伤害活动的目的是使该企业受到破坏和损失。这种情况多来自竞争对手，也有公众或其他对企业出于报复心理或嫉妒心理进行的诬蔑和陷害，这是每一个企业都应该警惕的。但如果是非竞争对手所造成的恶意伤害，则不能仅仅归结为外部原因，它在很大程度上可能是由于企业内部的公共关系工作没有做好所造成的，如与相关企业沟通渠道不畅引起的误解等。

2. 非恶意伤害

非恶意伤害是由无心的过失造成的，可能是由和品牌有关的个人自身的错误、谣言或灾祸引发的，也可能是由社会上与企业生存发展无直接关系的原因造成的，由于某种巧合或相似性，祸及企业，造成的品牌危机。

3. 由宏观环境变化所引起的组织外部伤害

这是指由社会不可抗力所造成的企业外部伤害,如国家方针政策的变化、新法律条文的颁布、战争、恐怖主义等,这些改变与发生不是针对某个品牌,也不是只对某个品牌或某些品牌造成伤害,而是会造成全社会性的变动或伤害,属于社会背景的变化。

4. 自然灾害

这里的自然灾害是一个广义的概念,既包括地震、台风、火灾、洪水、瘟疫等自然现象带来的狭义的自然灾害,又包括迫于其他自然规律的非人力所能控制的原因造成的伤害,如企业关键人物的突然死亡、经济规律导致的国际经济形势的变化、流行趋势的变化、社会的不断发展进步等。

(二) 企业内部的原因

企业内部的原因主要是企业内部的错误,它是指企业内部成员造成的对品牌形象、品牌价值的损害,包括错误决策、低水平管理、生产性错误、广告公关策略不当等引起的危机。

1. 错误决策

错误决策是最可怕的一种错误,它是由企业最高层做出的,极具权威性,常常是有关整个企业生存和发展的全局问题、战略问题,因而影响范围大、程度深,纠正时往往要伤筋动骨。错误的投资、不适当的新产品开发、错误的品牌定位、漠视市场变化而故步自封、盲目扩大规模等都属于决策性失误。

2. 低水平管理

低水平管理包括机构设置得不合理、企业文化的败坏、规章制度的不严格等。例如:企业内部矛盾导致的企业成员对本组织的恶意报复(如纵火、设置计算机病毒、制造流言);企业内人员贪污腐化、挪用公款、做假账;泄露组织机密、产品秘方、特殊工艺等;生产工具设备长期不检修;高级人才突然离职。

3. 生产性错误

生产性错误是指由产品质量、数量、技术或服务等生产性原因造成的企业内部错误,如以次充好、以假乱真的弄虚作假行为,故意减少产品数量,不履行服务承诺等。由于品牌的实质是承诺,是企业就其产品特征、利益和服务等对顾客做出的一种保证。正是品牌的这种承诺,才使得企业与消费者联系在一起,也是企业获取效益的源泉,而这种关系能否维系或保持取决于企业是否履行承诺以及履行承诺的程度,如果企业提供给顾客的产品或服务未能履行或未能全部履行其品牌承诺,那么该品牌的整体形象在消费者心目中就会受到损伤。所以,生产性错误是产生品牌危机的重要原因之一。

4. 广告公关策略不当

广告是一种很好的打造品牌、美化品牌的手段,但广告使用不当则会导致品牌的灾难性后果。例如,跨国企业的品牌广告不符合当地的风土人情,不了解东道国的法律法规、文化禁忌等,导致政府及公众产生误解,从而对品牌产品进行抵制。

(三) 品牌危机的深层次原因

要有效防范品牌危机的发生,必须探究其发生的根源。从品牌危机的表现形态可以看出,大多数品牌危机看似由企业外部原因所致,但其根源还是在企业内部。有研究发现,由于企业内部因素引发的品牌危机占品牌危机总数的72.5%。从发生和发展过程看,品牌危机是从企业内部管理不到位与品牌管理不善开始的,并在外部环境波动的冲击下,失误现象逐渐累积和放大，最终导致品牌危机的爆发。因此，品牌环境突变（外因）是品牌危机发生的直接诱因，企业管理和品牌管理不善（内因）才是品牌危机发生的深层次原因。具体看来表现在以下几个方面：

1. 企业品牌文化淡薄

品牌不仅是产品的标志，也是文化的载体，优秀的品牌通常都有深刻的文化内涵。品牌文化是企业围绕品牌建设所体现出来的企业文化及经营哲学的综合体，只有将产品当作一种文化形象来宣传，借助文化传递产品，使品牌文化紧紧地与消费者所关注的内容联系在一起，才能提高产品的价值，增强产品的市场亲和力。然而，目前很多企业在品牌经营中，忽视品牌文化内涵的建设，致使品牌形象模糊，品牌定位不清，也因此导致品牌美誉度和忠诚度下降，品牌危机抵御能力微弱。

2. 品牌核心价值缺乏

一种产品能够为消费者带来的价值可能是多方面的，但任何品牌都应该具有核心价值，例如，"宝马"传递的核心价值是"安全舒适"，而"劳斯莱斯"则代表"庄重大气"。品牌的核心价值是品牌忠诚度和美誉度的基础。很多企业简单地把品牌知名度等同于品牌价值，只注重商品显性特征（如包装、外观等）的差异化，而对品牌资产的价值缺乏应有的理解和重视。品牌核心价值缺乏通常有几种情形：①品牌没有核心价值，严重缺乏个性，或者一味追求浅表的"奇异"卖点，结果导致品牌空壳化；②品牌建设过程中一味地宣传商品名称，而忽视了品牌背后蕴涵的独特价值和利益的有效传递，所以即使产品知名度很高，销售量也可能不尽如人意，结果往往是商家在投入巨额广告之后草草收兵，退出市场；③企业在品牌传播过程中，对品牌的核心内涵把握不准，总期望把品牌的所有价值全部传播出去，结果造成品牌核心利益松散，品牌信息混乱，使消费者无所适从。

3. 品牌战略规划缺失

品牌建设绝不是一朝一夕的事情，不能操之过急，而要根据品牌成长的外部因素，结合企业本身的技术和资源优势，以及品牌的生命周期特点制定严密的战略规划。然而我国许多企业为了在短期内获得利润，不顾企业的产品、促销、价格等营销策略能否跟上，盲目加大广告投入，甚至依赖炒作手段，期望现代传播工具能在一夜之间把品牌催熟，使其成为名牌。缺乏战略规划的品牌炒作，虽然能提高品牌的知名度，但由于忽视了品牌成长的客观规律和品牌赖以生存的内涵建设，造成品牌畸形发展，生命力极其脆弱，多变的市场环境很容易触发品牌危机因子，从而加速品牌从成长到死亡的过程。

三、品牌危机的类型

分类必须依据一定的标准，分类标准不同，类型自然也就各异。品牌危机的分类也一样，标准很多，所以品牌危机的类型也就多种多样。

（一）按引发危机的直接主导因素来划分

1. 品牌产品质量危机

如果品牌危机的发生是由产品质量引起的，这类危机统称为品牌产品质量危机。

品牌产品质量危机与人们的日常生活息息相关，直接关乎消费者的身体健康和生命安全，所以危机一旦发生，就会直接引发消费者的不信任和不购买，随之造成销售量的大幅下滑，进而引发企业经营危机，陷入困境。

2. 品牌战略危机

这是由于品牌战略的制定和执行失误而导致的品牌危机。从狭义上讲，品牌战略制定失误是指所制定的品牌战略本身的失误；从广义上讲，品牌战略制定失误包括品牌战略展望提出的失误、品牌战略目标体系建立的失误。品牌战略执行失误是指在具体执行品牌战略的过程中而出现的失误。

3. 品牌延伸危机

这是品牌延伸策略失误造成的危机。品牌延伸策略使用得当不仅能使新产品迅速进入市场，事半功倍，而且可利用品牌优势扩大生产线，壮大品牌支持体系。但是企业一定要注意品牌延伸的安全；否则就会进入品牌延伸误区，出现品牌危机。这主要表现为三种情况：①品牌本身还未被广泛认识就急于推广该品牌的新产品，结果可能是新、老产品一起死亡；②品牌延伸后出现的新产品的品牌形象与原产品的品牌形象定位互相矛盾，使消费者产生心理冲突和障碍，从而导致品牌危机；③品牌延伸速度太快，超过了品牌的支持力。

4. 品牌扩张危机

这是由企业品牌扩张失当或失误造成的一类危机。企业的品牌扩张策略主要有两种：①收购品牌进行扩张的策略；②自创品牌进行扩张的策略。两种方式实质都是通过收购、兼并、控股等资产重组的方式，实现产品的规模扩张。此外，品牌扩张还可以通过授权经营、品牌共享、联盟等方式扩大品牌的控制规模。品牌扩张的风险有很多方面，如品牌扩张策略本身的失误、消费者需求重心的转移、国家及地方政策的影响等。一些具有代表性的品牌，如巨人和春都就是在多元化道路上越走越远，偏离了核心业务，丢弃了赖以生存的根本，结果导致资源分散、战线拉长、管理失控、核心竞争力锐减，最终发生危机。

5. 品牌环境危机

这是由企业品牌内、外环境恶化引发的危机。品牌的内部环境是指品牌企业的内部环境状况；品牌的外部环境主要包括消费者、竞争对手、分销商、市场秩序、舆论和宏观环境等主要因素。企业内部环境状况是对品牌未来发展具有重要影响的一个因素，如果没有一个良好的企业内部环境，品牌就不可能健康成长和发展。

6. 品牌法律权益危机

这是由于品牌的法律权益受到了侵害，从而引发的危机。品牌资产中的一个重要组成部分就是品牌的法律权益。品牌商标（或者品牌名称或标志）一旦被假冒和盗用，就会出现严重的品牌危机，甚至被假冒盗用者拖垮品牌。因此，企业应该建立一套商标安全监控系统，搜集各种损害和有可能损害企业品牌商标安全的行为，尽可能在实际损害发生之前消除有损品牌商标安全的各种诱因，做好品牌商标安全的防御工作。

以上第 2 类至第 6 类危机的发生，都与品牌产品质量无关，所以有学者将它们归入一类，命名为非品牌产品质量危机，与品牌产品质量危机对应而成两大类。

比较而言，非品牌产品质量危机是由于企业外部原因或内部非产品因素引发的，如某方面决策失误，或资金问题、法律诉讼、人事变动、公共关系和广告等引起的经营危机和困难。这类危机，因为不直接关联普通消费者，所以其影响只存在于一部分相关群体之中，广大消费者对它的关注程度较之品牌产品质量危机要低得多。

（二）按品牌危机发生时呈现的形态来分类

1. 形象类品牌危机

形象类品牌危机是指品牌形象力的减弱现象，往往由反宣传事件引发。一般来说主要表现为品牌知名度下降、认知度降低和品牌联想度下降。而反宣传一般有两种：一种是对品牌不利情况的报道（情况是属实的），如品牌产品生产条件恶劣、企业偷税漏税、财务混乱、贪污舞弊等报道；另一种是对品牌的歪曲失实的报道，对这些不实传闻和报道如不加以及时处理，对品牌形象、产品信誉十分有害，并导致公众对品牌丧失信心。

2. 质量类品牌危机

质量类品牌危机是指在企业发展过程中，由于企业自身的失职、失误，或者内部管理工作中出现纰漏，而造成产品在质量上出现问题，从而引发的突发型品牌危机。

3. 技术类品牌危机

技术类品牌危机是指已经投放市场的产品，由于设计或制造技术方面的原因，而造成产品存在缺陷，不符合相关法规、标准，从而引发的突发型品牌危机。

4. 服务类品牌危机

服务类品牌危机是指企业在向消费者提供产品或服务的过程中，由于其内部管理失误、外部条件限制等因素，造成了消费者的不满，从而引发的突发型品牌危机。此类危机与企业品牌意识和服务意识相对薄弱有关。

四、品牌危机的防范与准备

品牌危机的防范是品牌危机管理的首要任务。如果没有快速、有效的危机防范和预警系统，一旦危机发生，企业只能仓促上阵，被动应付。因此，企业一定要从以下几个方面做好危机防范工作：

1. 以良好的品牌形象提高消费者的忠诚度

树立良好的品牌形象，培育与提高消费者对品牌的忠诚度，是企业能够成功渡过品牌危机的一个重要的先决条件。企业能否安然渡过其面临的品牌危机，一个很重要的因素就在于企业在发生品牌危机时是否已经建立起足够的信誉。

要更好地防范品牌危机的发生，保障品牌健康稳定地成长，企业必须综合运用技术、产品、服务、创新等方式来提升品牌竞争力，避免过度的价格竞争，采用消费者至上的经营理念，使消费者获得最大限度的满意，从而树立良好的品牌形象，培养消费者忠诚度，提升品牌价值。这是企业打造品牌的最基础工作和核心内容，也是企业防范品牌危机的良方。有许多具体方法可供选择，如生产好的产品、制定顾客奖励计划、赞助有价值的公益活动、致力于公共慈善事业等。

2. 做好品牌的保护工作

品牌保护，首先要培养消费者的品牌忠诚。先入为主的观念和思维惯性对人们的行为影响很大。一旦消费者对某品牌产生忠诚，一些风吹草动很难对其产生影响。一些世界性的大品牌，如可口可乐、麦当劳、强生等都曾遇到过危机，但最终都解决了，这一方面是由于它们的危机预警和处理工作做得较好，另一方面也是由于有一大批忠实的消费者。除此之外，还要采取以下一些保护措施：

（1）法律保护。法律保护包括商标及时注册、及时续展、异国注册、全方位注册等。

（2）生产保护。生产保护是指产品的质量、包装保护等。名牌产品首先要有好的质量，这是使消费者忠诚、保持产品长盛不衰的关键。质量一丝一毫的差别都可能被细心的消费者发现，或是被对手利用，引发危机。质量保护主要依靠生产过程中的严格把关。在包装保护中使用防伪标志已是通用的方法，但也可以采用一些高技术的方法，如"五粮液"的一次性防伪酒瓶就是很好的例子。

（3）技术保护。有些品牌就是靠一些秘密而保持长盛不衰的，如果这些秘密被公开，这个品牌就很难存在了。在对于秘密的保护方面，许多知名的品牌都有自己一套行之有效的方法。例如，可口可乐公司规定可口可乐的配方只能让两个人知道，并且这两个人不能同时乘一架飞机，以免飞机失事，秘方失传；如果其中一人死亡，剩下的这个人就要为秘方选择另一名继承人。

3. 注重品牌的创新与品牌开发

当品牌缺乏创新而逐步老化时，企业也会因不能很好地满足消费者变化的需求而引发品牌危机。当企业本身对自己的品牌不再创新、缺乏创意时，消费者就会对品牌逐渐失去兴趣。当品牌失去活力、消费者失去兴趣时，品牌也就毫无魅力可言了，品牌发生危机也就为期不远了。

由于品牌生命周期与产品生命周期相关联，许多品牌可能随着产品的消长而消长。但是，产品与品牌毕竟是两个不同的概念，有许多品牌产品，经营者已经换了好几代，但是品牌依旧不变，如通用汽车、松下、福特等，这说明品牌的生命可以通过不断创新加以延长。企业可以通过不断创新延长品牌的寿命，重振品牌，使品牌价值得到保值和增值，更好地规避品牌老化带来的品牌危机。

在品牌的不同发展阶段，品牌的创新策略也是有所不同的。

（1）品牌初创期的品牌创新。这个时期的品牌创新，强调的是创造出不同于竞争对手的、有鲜明个性的品牌，品牌个性的差异是界定品牌的重要因素。

因此，在品牌初创时期，传播中的创意取向应从产品优势入手，找准市场空当，通过相应的媒体策略做介绍性工作，以求得到消费者认同，并区别于其他竞争对手。也就是说，品牌在这一状态时的创意，首要的是对产品、对市场、对消费者明确定位，整体上通过各种手段和方法，一是快速提升品牌的知名度，力争在较短时间内将广告信息送达到目标消费群体；二是快速提高品牌认知度，并适当建立和引导品牌联想。

（2）品牌成长期的品牌创新。在品牌成长阶段，创意策略应在进一步提升品牌知名度，加强品牌认知，完善、明晰品牌联想上下功夫，并在整体上把握、平衡区域市场之间的认识差别，谋求重复购买人群，加强与消费者的当面沟通和直接利益沟通，检索各项方案及品牌状态，不断做出调整，灵活运用创意策略，推动品牌更快、更好地发展。

（3）品牌成熟期的品牌创新。本阶段，创意策略应在不同区域认识的融合、品质认识提升和品牌联想完整化上下功夫，尤其要在上一阶段的基础上，下大力气巩固消费者的品牌忠诚度，让越来越多的消费者认同品牌的观点，从根本上认同购买和再购买的理由，甚至形成先导意识或习惯，创造转移成本及转移惰性。

4. 唤起"全员危机意识"，加强全员危机训练

意识决定行动，品牌危机意识是进行有效品牌危机管理的前提条件。只有企业全体员工真正意识到市场竞争的残酷性，感觉到危机时刻在他们身边，才能防微杜渐，防患于未然。

在激烈的市场竞争中，一个企业如果在经营红火时缺乏忧患意识、不能居安思危，那就意味着危机即将出现。因此，企业的决策者和全体员工要树立危机意识，接收品牌危机管理教育。为此，企业管理者应该注意给员工灌输危机意识，并制定和实施严格的品牌管理制度。在生产中严把质量关，确保投入市场的都是高品质的产品和服务；加强产品核心技术的保护管理；做好商标注册维护工作，对于假冒伪劣等侵害自身商标权益的产品和行为及时处理。

另外，企业在灌输危机意识的时候也不应该忽视对员工的相关培训和预案的演练。如果员工不具备应有的应变能力和应急处理的知识、技巧，那么即使他们具有很强的危机意识，在危机发生的时候，企业品牌危机管理实施的效果也肯定会大打折扣。因此，企业要组建一个由职位相对较高的公司经理或其他专业技术人员组成的品牌危机管理小组，并通过规章制度的制定、灌输和执行，以及组织短期培训、专题讲座、知识竞赛等活动，加强对员工的危机培训，增强企业员工的应变能力和心理承受能力。

5. 建立有效的品牌危机预警系统，实施品牌自我诊断制度

信息是品牌危机防范的生命线。为了及时发现企业经营过程中潜伏的危机，疏通信息交流的渠道，企业必须建立有效的危机预警系统，及时捕捉企业危机征兆，未雨绸缪、策划应变，为各种危机提供切实有效的应对措施。其具体措施如下：

（1）建立信息监测系统。建立高度灵敏、准确的信息监测系统，及时搜集相关信息，并加以分析、研究和处理，全面、清晰地预测各种危机情况，捕捉危机征兆，为处理各项潜在危机制定对策方案，尽可能使危机不发生。

危机信息监测系统要便于对外交流，适于内部沟通。其信息内存要突出"优"，信息传递速度要强调"快捷"，信息的质量要求"再确认"，分析后的紧急信息或事项要实施"紧急报告制度"，将危机隐患及时报告主管领导，以便能及时采取有效的应对措施。

（2）实施品牌自我诊断制度。通过实施这一制度，从不同层面、不同角度进行检查、剖析和评价，找出薄弱环节，及时采取必要的措施予以纠正，从根本上减少乃至消除发生危机的诱因。这种自检、自诊不是有了问题才检查，而是通过检查防止问题发生。一个有效的办法就是调查研究品牌危机的历史，其目的有两个：①以自己或他人的历史为前车之鉴，避免再犯类似错误；②从以往的危机处理中吸取经验、教训，找出有效的解决危机的方法。

第三节　品牌危机管理的策略

1962年"冷战"时期，在美国、苏联与古巴之间爆发了一场极其严重的政治、军事危机，史称古巴导弹危机。当时任哈佛大学肯尼迪政府学院院长的格雷厄姆·阿利森（Graham T. Allison）教授，对这次危机事件展开了深入研究，出版了《决策的本质》（*The Essence of Decision*）一书。20世纪90年代，罗伯特·希斯（Robert Heath）的专著《危机管理》一书提出了著名的危机管理4R模式。国内学者如吴宜蓁、朱德武、苏伟伦等也对危机管理展开了较深入的研究，取得了一些成果。下面将具体介绍危机管理与品牌危机管理的相关知识。

一、危机管理的4R模式

罗伯特·希斯在其专著《危机管理》一书中，提出了危机管理的4R模式。4R具体包括缩减（Reduction）、预备（Readiness）、反应（Response）、恢复（Recovery）四个管理环节，涵盖了危机管理的全过程。

（1）缩减。缩减是指减少危机的成本和损失。这个工作在危机发生之前进行，这是整个危机管理的初始阶段。如何减少危机带来的损失？一个重要的工作就是对组织内可能存在的风险进行评估，利用科学的方法，把组织中可能存在的风险列出来，按可能产生的危害大小进行分级，通过风险管理减少或避免危机的发生。

（2）预备。通过建立预警系统，对组织内可能产生的风险进行监视和控制，并组织员工进行培训和针对危机情景的演习，加强员工应对危机的能力，可以将损失控制在最小的范围之内。

（3）反应。反应指的是危机发生时的管理，对于危机的发生要迅速做出反应，及时分析危机的类型和影响程度，选择应对危机的方法，制定危机应对计划，评估计划是否可行，最后付诸实施。这一系列工作要在极短的时间内完成；否则，会错过处理危机的良机，使危机进一步扩大，造成更大的危害。

（4）恢复。恢复是危机管理的最后一步，在危机消除后，要评估危机对组织的影响程度，了解企业在这一次的危机中损失有多大、应该吸取的教训和在处理危机中值得借鉴的地方，制定恢复计划，尽快地恢复组织的正常运转，稳定员工心态，使组织中的各个系统尽可能地恢复到危机发生之前的状态。

二、品牌危机管理的内涵

1. 品牌危机管理的含义

品牌危机管理是一种使危机对品牌造成的潜在损失最小化并有助于控制不良事态继续发展的职能管理。从最广泛的意义上来说，品牌危机管理应该包含对危机事前、事中、事后所有方面的管理。传统的品牌危机管理强调危机发生时的应对管理，而忽视了危机发生的前因后果；有效的危机管理应该是一个有始有终的过程，而不仅仅是对某个单独的危机事件的反应。品牌危机管理是一个品牌用以帮助识别自身弱点，为最可能发生的危机做好详尽的计划，在危机发生过程中及时做出有效的应对，在危机过后重新塑造品牌形象，防范同类危机的再次发生，监控、评价形势并做出必要调整的、循环往复进行的、系统性的管理过程。

品牌危机管理的目的旨在使危机对品牌价值造成的损害降到最低，维护品牌价值的稳定。

2. 品牌危机管理的内容

具体来说，品牌危机管理主要涉及以下六个方面：

（1）品牌危机管理者要具有危机意识，对危机情境要防患于未然，识别和改善品牌管理中存在的薄弱环节或弱点，做好品牌管理的每一个环节，做好危机监测，尽量避免危机的出现。

（2）品牌危机管理者要未雨绸缪，提前投入时间和预算，在危机发生之前就做好响应和恢复计划，对内部所有人员进行危机处理的培训，随时准备应对可能出现的危机。

（3）建立品牌危机预警系统，使品牌管理者能够在危机的萌芽状态即感知危机，及时出击，迅速控制危机的扩展。

（4）当危机风暴不可避免地到来时，品牌危机管理者必须做到面面俱到，不能忽视任何一个方面；及时调动每一个相关的部门以及所需的资源，寻求沟通，达成谅解，将危机的破坏性降到最低，维持品牌的生存。及时、正确的危机决策与有力有效的危机处置是关键。

（5）危机过后，品牌管理者需要对品牌恢复和重建进行管理，重新塑造品牌形象，寻求新的增长点。

（6）在上述过程中，始终注意监控主要公众的观点和行为，并据此不断对品牌危机管理的具体方式做出必要的修正。在危机的影响平息之后，对危机及危机的管理过程进行评估，完善品牌管理的结构，防止类似危机的再度发生。

三、品牌危机管理的原则

针对企业在品牌危机处理过程中出现的问题，国内营销实战专家韦桂华提出了以下品牌危机管理的七项原则：

1. 主动性原则

主动性是一种处理问题的积极态度，表明企业的诚意和决心。任何危机发生后，都不能回避和被动性应付，而要积极地直面危机，有效控制事态。可任命专门负责的发言人，主动与新闻界沟通，并且开辟高效的信息传播渠道。然而，很多企业在危机之初总是一味地躲避，不是不接受媒体采访，就是无可奉告。企业这种单方面的逃避并不能满足公众对危机了解的渴望。公关专家帕金森（Parkinson）认为，在信息反馈不足的情况下，传播失误所造成的真空，很快会被颠倒黑白、胡说八道的流言所占据。这种态度将使得企业无法控制恶劣局势的蔓延，使得品牌形象大大受损。

2. 快捷性原则

媒体的参与加速了品牌危机的蔓延和恶化，如果不尽早处理危机，那么关注事件的媒体、公众、机构将越来越多，疑问也会越来越大。尽管在危机出现后，企业确实有很多核实、布置、联络的工作要做，但在公众看来，企业是在拖延时间。因此，企业必须对危机采取紧急措施，在最短的时间内将问题解决。

3. 诚挚性原则

"家丑不可外扬"的观念被应用到企业危机管理中则会造成比危机本身更为严重的影响，使企业不但继续受到危机的影响，而且还会出现诚信危机。要想取得公众和新闻媒体的信任，就必须采取真诚、坦率的态度，切不可只关心自身品牌形象的损失，那样将得不偿失。将消费者的利益放在第一位，是成功处理品牌危机的关键。

4. 真实性原则

危机爆发后，必须主动向公众讲明事实的全部真相，不能遮遮掩掩或做"虚假声明"。企业声明一旦被发现是虚假的，危机就将急速恶化，品牌资产也会严重受损。

5. 统一性原则

危机处理必须冷静、有序、果断，指挥协调统一、宣传解释统一、行动步骤统一，而不可失序、失控，否则只会造成更大的混乱，使局势恶化。危机发生时必须立即启动危机处理小组，由该小组规划危机处理的步骤，统一指挥对外的一切行动，特别是对外的宣传解释；否则，局势会更加恶化，难以收拾。

6. 全员性原则

搞好内部公关，以争取内部员工的理解。处理危机不只是危机处理小组的事，它关乎整个企业的安危，因此企业全体成员都应当参与而非旁观。企业员工不应是危机处理的旁观者，而应是参与者，做到"群防群治，群策群力"。让员工参与危机处理，不仅能将员工与企业的命运捆绑在一起，而且能够上下同心协力，尽快解决危机。

7. 创新性原则

在危机处理过程中，需要结合危机的实际情况进行处理方式的创新。例如，有些问题可能需要连同政府主管部门一起解决，有些问题只是与媒体之间的沟通，还有些则需要请公众实际体验来澄清谣言，不一而同。

四、品牌危机公关策略

危机公关（Public Relations for Crisis）属于危机管理系统的危机处理部分，它是指企业针对危机所采取的一系列自救行动，包括消除影响和恢复形象。危机一旦发生，企业就需要立即按照计划和步骤启动公关行动。国内著名品牌实战专家曾朝晖将危机公关分为三个阶段进行，即危机公关准备期、危机处理期和形象恢复期。

（一）危机公关准备期

企业在遇到危机时，首先应该立即启用危机处理小组，对危机的原因、类型、影响做出分析，并制定相应的计划。此外，还应做到以下几点：

1. 加快响应速度

在处理危机时，时间就是生命。越是拖延，危机的程度将越恶化，影响范围将越广。特别是网络的普及，使得危机造成的负面影响更加严重。因此危机公关的第一要义就是反应要迅速，在最短的时间里介入危机，避免事态的扩大。

2. 确定危机级别

危机的严重程度不同，速度有疾有缓，且随着时间推移发生动态变化，危机处理小组必须根据危机级别判定方法对危机予以定级。不同级别的危机有不同的处理方案，适当的处理方案更能有效处理危机。例如，一些消费者因产品质量问题上门投诉，这只能算轻度的危机，只需售后服务人员接待就能妥善处理；而如果消费者将产品问题在媒体上曝光，则危机的程度就加重了，这时售后服务人员未必能处理好危机，还需要企业高层出面。

3. 加强内部沟通

危机关乎企业的发展甚至存亡，所以需要企业上下团结一心渡过难关，因此在危机发生以后，及时向企业上下沟通，告知事态的进展是很有必要的。从企业外部来看，每一个员工都是企业的代表，他们的一举一动都表明了企业对危机的态度。如果他们不知情，那么他们无意做出的举动可能会加深危机的程度；而且，外部的不利信息也会使得他们自身对企业产生怀疑。所以，通过员工大会、公开信等方式加强内部沟通，依靠企业全体员工的力量，上下一心、共渡难关，才是明智之举。

4. 明确信息的内容

面对危机，企业要规划哪些话是可以对媒体说的，哪些话是不能说的，但最忌讳的是什么都不说。保持与外界的沟通，表达出积极处理问题的意愿和态度是非常必要的。有些企业在危机发生时不懂得与外界沟通,出现危机后往往是"铁将军把门",或者是让两个保安用手封堵记者镜头,万般无奈之下让一两个无关紧要的人物出场,而言辞都一律是"无可奉告"。这样的行为只会加重危机的程度。

5. **明确新闻发言人**

危机处理小组当中应当选出一名企业新闻发言人,由他(或她)全权代表企业来发布企业的信息。这样能够保证信息的统一性和权威性。有些企业的危机没有处理好,就是因为企业对外传递信息的人太多,高层领导一个态度,公关经理另一个态度,内部缺乏信息沟通和协调。

(二)危机处理期

面临危机,明智的企业不会回避,而应该把危机真相尽快告诉新闻媒体和公众。危机发生后,最关心此事的除了企业之外,还有公众舆论、受害者、竞争对手等。所以,在危机处理期,企业应处理好以下几方面的关系:

1. **受害者**

受害者是危机的起源,解决好受害者的问题就可以从源头制止危机。目前,公开道歉、产品召回、赔偿损失都是常见的对受害者问题的处理方式。在处理过程中,企业应当站在受害者的角度,真心诚意地做好善后工作。只要受害者不是无理取闹,企业的真诚是能得到好的回报的。甚至,一些顾客还会因为问题的友好解决而对品牌产生更高的满意度和忠诚度。

2. **媒体**

追踪热点报道事实是媒体的天职。在大量的危机当中,媒体都充当了一个"放大器"的角色,不仅让更多人知道了事件的发生,而且引发了更多的讨论和猜疑。所以,处理与媒体的关系是处理危机的重要一环。

3. **公众**

在危机中受损害的消费者只是少数,但关注危机发展和参与危机讨论的公众却是多数。危机当中的信息传播容易演变成流言,很多信息会被人为扭曲。因此,如何与公众保持沟通,化解他们的疑虑是危机公关的主要任务。在很多危机处理的案例当中,企业都会开设几十条消费者热线来解答公众的疑问。

4. **专家**

为了摆脱为自己辩解的嫌疑,有时,危机中的企业需要借助专业机构和专家的力量来获得公众的认同。这些机构和专家站在中立的角度,可以对导致危机的问题做出权威而专业的回答,这对企业危机的处理会起到决定性的作用。

5. **政府**

毋庸置疑,政府在绝大多数公众心目中还是最具权威性的。所以,企业应该积极寻求政府相关部门的帮助,让他们告知公众产品是安全的,至少危害不大。2005年,以"非油炸"为卖点的方便面品牌五谷道场抛出"油炸方便面不健康"的论调,一时在中国方便面市场掀起轩然大波。当时,国家质量监督检验检疫总局、国家食品药品监督管理局等六部委、协会的相关人员、专家联合召开发布会,强调"油炸方便面健康安全",才使得公众对"油炸方便面可能致癌"的疑虑解除。

6. **竞争对手**

一旦品牌发生危机,竞争对手有可能会抓住机会,进行反击,他们会想尽办法来引导舆论走向，可能加重品牌危机。所以，企业在进行危机公关时，不能忽视竞争对手的负面影响。对待来自竞争对手的质疑，企业需要动用更多第三方的力量，单凭自己与其展开论战可能收效甚微。

（三）形象恢复期

虽然危机处理已经结束，但留在品牌与消费者之间的关系裂缝可能还存在。因此，企业仍然需要做好善后处理工作，改进与消费者的关系，此外还要加固与媒体、政府及相关机构的关系，树立良好的品牌形象。同时，企业需要对整个事件进行总结和检讨，包括找出造成危机的原因以及分析危机处理的过程，从中吸取教训，加强企业管理，完善危机管理体系。

本章小结

（1）品牌危机是指由于企业外部环境的变化或企业品牌运营管理过程中的失误而致使品牌形象受损和品牌价值降低，甚至危及企业生存的窘困状态。品牌危机具有突发性、危害性、关注性和冲击性四大特性。

（2）品牌危机的过程一般要经历品牌危机酝酿期、品牌危机爆发期、品牌危机扩散期、品牌危机处理期、品牌危机处理结果和后遗症期五个阶段。

（3）品牌危机产生的原因可以从企业外部与内部两方面来分析。外部原因主要包括来自企业外部与企业直接或间接相关的组织和个人的恶意与非恶意的伤害、由宏观原因所引起的组织外部伤害及自然灾害等；内部原因源自企业内部的错误，包括错误决策、低水平管理、生产性错误、广告公关策略不当等。

（4）品牌危机的类型按照危机的性质可分为品牌产品质量问题引发的危机和非品牌产品质量问题引发的危机两类。按危机发生时呈现的形态可分为形象类品牌危机、质量类品牌危机、技术类品牌危机、服务类品牌危机四大类。

（5）品牌危机的防范是品牌危机管理的首要任务。企业的品牌危机防范工作一般从五个方面展开：以良好的品牌形象提高消费者的忠诚度；做好品牌的保护工作；注重品牌的创新与品牌开发；唤起"全员危机意识"，加强全员危机训练；建立有效的品牌危机预警系统，实施品牌自我诊断制度。

（6）品牌危机管理是一个品牌用以帮助识别自身弱点，为最可能发生的危机做好详尽的计划，在危机发生过程中及时做出有效的应对，在危机过后重新塑造品牌形象，监控、评价形势，防范同类危机的再次发生，根据情势的变化做出必要调整、不断循环往复进行的、系统的训练过程。品牌危机管理的目的旨在使危机对品牌价值造成的损害降到最低，维护品牌价值的稳定。

（7）品牌危机管理主要涉及六个方面的内容；品牌危机管理要遵守主动性、快捷性、诚挚性、真实性、统一性、全员性、创新性共七大原则。

思考题

1. 什么是品牌危机？品牌危机有何特性？
2. 品牌危机有哪些类型？
3. 品牌危机形成的原因有哪些？

4. 结合企业营销管理的实践，谈谈品牌危机管理的重要性。
5. 如何开展品牌危机公关？

> **案例分析讨论**

西安"奔驰"女车主维权事件

2019年2月25日西安女子王倩（化名）与西安利之星奔驰汽车有限公司签订了购买一台全新进口奔驰CLS300汽车的购车合同；3月27日，王倩提车后，新车还没开出4S店院子，就发现车辆存在发动机漏油、仪表盘不正常等问题，王倩当即提出换车或退款的诉求，销售人员以领导不在、过几天答复等理由搪塞拖延；4月8日，王倩被告知无法退款也不能换车，只能按照国家"汽车三包政策"更换发动机；4月9日，王倩来到利之星奔驰4S店继续交涉，情绪激动之下，她坐在所购车辆引擎盖上，向销售人员哭诉；4月11日13时许，王倩坐在奔驰车引擎盖上向销售人员哭诉的视频被人传上互联网，视频被点播上亿次，并迅速传播，被舆论热切关注，成为社会影响较大的网络事件。

在获知网络舆情通报后，面对汹涌而来的舆情危机，4月11日下午，西安市市场监督管理局高新分局第一时间成立了由工商、质监、物价部门组成的联合调查组，连续两天先后对双方退车退款协议情况进行了核实；对利之星4S店的经营情况进行检查，对其负责人进行行政约谈，并要求该店通知奔驰（中国）公司协助进行调查。

4月13日，西安市市场监督管理局高新分局西部电子商城工商所向车主王倩提取相关材料，并立即召集买卖双方协商对话。在对话中，车主王倩在质疑车辆质量的同时，又强调了4S店1.5万金融服务费是否合理、合法、合规的问题。双方对话没有达成一致结果。

4月15日，陕西消费者协会对媒体表示，消费者在不知情的情况下被收取金融服务费不合法，若与经营者协商未果，可到消费者协会投诉，或者考虑走法律途径维权。

4月16日，西安市市场监督管理局高新分局副局长刘林表示，收取"金融服务费"是违法违规行为，税务机关已进入现场，对所有收据进行核实。如果消费者曾经或者正在遭遇汽车消费领域乱象，都可以通过12315和12345两个渠道反映线索。与此同时，陕西省市场监督管理局表示，为大力规范汽车消费领域乱象，全省开展汽车消费领域专项执法行动，对涉嫌欺诈消费、涉嫌强制性消费、涉嫌侵害消费者个人信息等行为进行查处，专项执法行动将历时两个月。

4月16日晚，女车主王倩与西安利之星奔驰4S店达成和解，女车主提出的8点诉求中与个人相关的部分在和解中已全部兑现，包括换新车、退还金融服务费等。

至此，女车主王倩奔驰汽车维权一事告一段落。

之后，5月27日，西安市高新区市场监督管理局发布通报，经第三方鉴定，王倩所购车辆发动机缸体右侧破损并漏油。最终，西安利之星汽车有限公司因销售不符合保障人身、财产安全要求的商品，夸大、隐瞒与消费者有重大利害关系的信息而误导消费者两项违法行为，被依法处以合计100万元的罚款。

纵览整个事件，在王倩汽车维权过程中，奔驰利之星4S店和奔驰（中国）公司因销售不合格商品、提供虚假信息误导消费者，导致产生奔驰品牌危机，让奔驰品牌形象受损严重。与之对应，视频中女车主王倩的哭诉也把汽车市场相关的行政主管部门推到了舆论的风口浪尖，但后者在了解情况后的一系列动作，在 6 天时间内便化危机为契机，成功处置了该事件。

（案例来源：根据网络相关资料整理）

讨论题：

1. 面对危机，请分析"奔驰"和西安相关政府主管部门分别采取了哪些危机管理策略？并比较他们处置策略的差异之处。

2. 请分析"奔驰"和西安相关政府主管部门的处置策略，体现了哪些危机管理原则？

第十四章

品 牌 资 产

本章要点

（1）品牌资产的概念。
（2）品牌资产的构成要素。
（3）测量品牌资产的方法。

导入案例

农夫山泉品牌资产的成功推广

2002年恰逢韩日世界杯和亚运会，一贯擅长赞助体育赛事的农夫山泉没有在电视、报纸等媒体上投放与世界杯和亚运会相关的广告，而是静下心来做了一件相对默默无闻却有意义的事——推出"阳光工程"，并且呼吁更多企业和社会力量关注贫困地区体育事业的发展。这是农夫山泉继2001年"一分钱支持申奥"以来的又一项"一分钱"活动，只是其关注对象转移到了贫困地区渴望运动的孩子们身上。

由于"阳光工程"是代表消费者群体来支持公益事业，使消费者对农夫山泉有很强的认同感，他们把农夫山泉同公益事业和体育事业紧密联系在了一起。这些活动的不断开展不仅将农夫山泉的知名度提升到了前所未有的高度，而且也持续提升了农夫山泉的品牌形象，为消费者品牌忠诚奠定了坚实的基础。

很显然，为了建立优良的品牌资产，企业必须围绕着品牌定位，充分利用品牌资产的各种要素，向品牌持续地注入新的元素、新的内容，并借用各种机会、各种手段不断地展示和提升品牌形象。

品牌资产的价值正是在产品销售促进和品牌延伸中体现出来的，因此各企业都十分重视建立品牌资产，利用直接和间接的品牌联想使品牌具有较高的认知度，具有积极、独特的品牌形象和很高的品牌忠诚度。

第一节 品牌资产概述

"在未来，拥有市场比拥有工厂重要多了，而拥有市场的唯一途径是先拥有具备市场优势的品牌。"企业与投资者都认识到品牌才是企业最珍贵的资产，品牌资产关系到企业的未来与发展。为了充分了解、建立并利用品牌资产，有必要先对品牌资产的内容做一下简单介绍。

一、品牌资产的概念

品牌资产概念最初由广告从业者提出，由需求刺激、产品信息选择、动机、对产品的信心水平、选择标准和品牌理解等因素组成（Barwise，1993）。之后，品牌资产的实践意义促使不同领域的学者相继投入到品牌资产的研究中。国内外学者对品牌资产概念的界定，各有不同。从总体上说，可归纳为两种类型：一种是基于企业从财务的角度进行定义，另一种是基于顾客从营销的角度进行定义。

（一）基于企业从财务的角度进行定义

这种定义类型主要是将品牌资产用货币的形式表现出来。Farquhar（1989）将品牌资产定义为一个产品的品牌名称所赋予的增加价值；Simon 和 Sullivan（1993）将品牌资产定义为：相对于没有品牌名称的产品，拥有品牌名称的产品带来的增加现金流；J. Walker Smith（1991）将品牌资产定义为凭借成功的计划和活动、产品和服务的交易所带来的可度量的财务价值；范秀成（2000）认为品牌资产是企业以往在品牌方面的营销努力产生的赋予产品或服务的附加价值；他们的概念是建立在一个财务会计的角度，考虑了市场表现而没有强调顾客对于品牌的态度。

（二）基于顾客从营销的角度进行定义

大卫·艾克（1991）将品牌资产定义为一组能为产品或服务增加价值并与品牌名称或标志相连的五种品牌责任；凯勒（1993）将基于顾客的品牌资产定义为品牌知识在消费者对品牌营销反应中的作用；T. Erdem 和 J. Swait（1998）认为品牌资产是品牌作为产品定位可靠信号的价值；美国营销科学学会将品牌资产定义为购买品牌的顾客、渠道成员及母公司产生的一组联想和行为，它使得品牌能够获取比没有品牌时更大规模或更大边际的利润，以及优于竞争者的一种强有力的、持续的及差异化的优势；美国品牌资产委员会将品牌资产定义为具有资产的品牌提供给消费者"一种自我拥有的、可以信赖的、相关的、独特的"承诺；符国群（1999）认为品牌资产是附于品牌之上，能够在未来为企业带来额外收益的顾客关系；于春玲和赵平（2003）认为品牌资产是消费者对企业营销活动在认知、情感、行为意向、行为方面的差别化反应；张传忠（2002）认为品牌资产能够给顾客和企业带来不同于产品的特别价值或利益；黄合水、彭聘龄（2002）从人类认知的角度对品牌资产进行定义，认为品牌资产是在品牌名字的基础上经过营销活动和消费者产品购买、使用经验的共同作用形成的。

可见两个学派在定义品牌资产时从不同的角度利用了不同的方法，每个角度的提倡者均根据他们的定义和概念发展了测量工具。本书认为，一个全面的品牌资产的定义和概念必须满足两个主要目标：一是统一未来对品牌资产测量的研究；二是引导实践者利用有意义的、全面的和可信的品牌资产评估标准，以便不同品牌之间进行精确的比较。

二、品牌资产的构成

品牌资产是由品牌形象所驱动的资产，它形成的关键在于消费者看待品牌的方式，从而产生出来的消费行为。因此品牌资产有别于有形的实物资产，它是一个系统概念，由一系列因素构成。品牌名称和品牌标识物是品牌资产的物质载体，品牌知名度、品牌美誉度、品牌认知、品牌联想、品牌忠诚度和附着在品牌上的其他资产是品牌资产的有机构成，为消费者和企业提供附加利益是品牌资产的实质内容。它们之间的联系如图14-1所示。

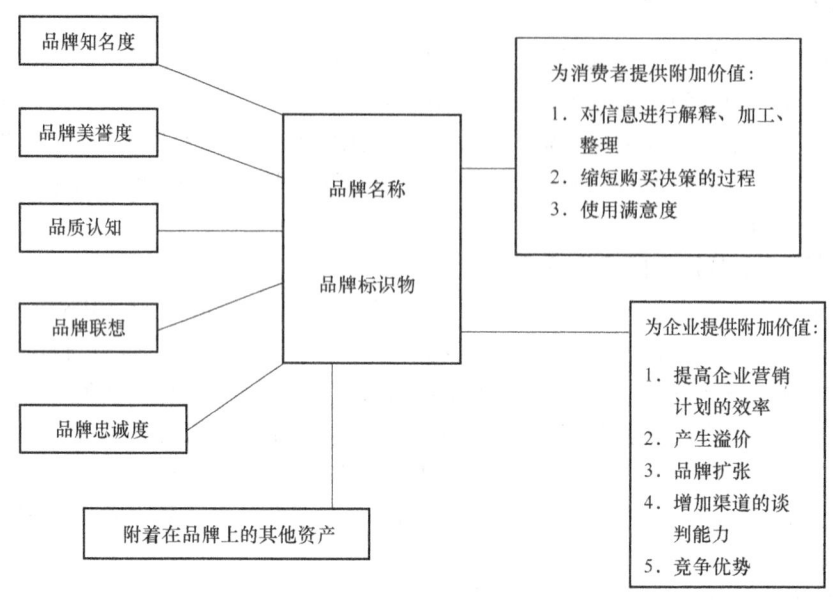

图 14-1　品牌资产系统

三、品牌资产的特征

品牌资产作为一项重要的无形资产，是企业资产负债表应当核算的对象，在试图弄清楚该如何核算它之前，有必要了解它有哪些具体特征。

（一）无形性和附加性

品牌资产是一种无形资产，它不同于厂房、设备等有形资产，无法用眼看、用手摸。它必须通过一定的载体来表现自己。直接载体是品牌名称、符号等品牌元素；间接载体是与产品和企业有关的品牌知名度、品牌美誉度和品牌忠诚度等。从取得的方式来看，有形资产通常通过市场交换的方式得到，而多数品牌资产是通过企业的经营活动自创的，只有极少部分是通过收购、兼并等方式取得的。另外，品牌资产兼具可确指和不可确指无形资产的特点。一方面，它常常需要和特定的产品（或企业）结合在一起（强势品牌与其所代表的产品或企业密不可分，一旦建立，竞争企业很难模仿或复制）；另一方面，品牌资产在某些时候也可以游离于企业之外而单独存在（其他企业通过购买或接受转让等方式直接获得品牌的所有权或使用权）。

（二）构成与估价上的特殊性与复杂性

品牌资产反映的是一种顾客关系，而顾客关系的深度和广度是通过品牌知名度、品牌美誉度、品牌忠诚度、品牌品质形象等多方面的内容予以反映的。所以品牌资产在构成上是非常特殊的。这些部分是相互联系、相互影响、彼此交错的，很难截然分开。

同其他资产一样，品牌资产具有使用价值和价值。同时，作为一种特殊的无形资产，品牌资产的价值和使用价值又不同于企业其他资产。

品牌资产的使用价值表现为它具有识别功能、竞争功能和增值功能。识别功能主要是对顾客和经销商而言的，竞争功能和增值功能主要是针对企业而言的。其中，识别功能是竞争功能和增值功能的前提与基础，识别功能越强，在同类产品中的竞争力越强，从而为企业创造出更多的超额利润。品牌资产的使用价值会因为企业信誉受损、产品质量下降、品牌宣传低效等因素的影响而产生无形磨损。

品牌资产的价值包括成本价值和增值价值。成本价值是指企业创建和维护品牌资产时投入的各种费用，如设计费、注册费、广告费等。增值价值是指凝结在品牌中的能够为企业带来超额收益的能力，增值价值的大小由使用价值决定。增值价值常远超过成本价值，成为品牌资产价值的主体。不同于有形资产，品牌资产价值的形成不是一次性完成的，无论是成本价值还是增值价值，都伴随着企业的经营活动经历了一个从无到有、由少到多的渐进过程。同时，在形成过程中也会随使用价值的磨损而磨损。

（三）形成上的长期性与累积性

纵观世界知名品牌，无不是在企业长期不懈的努力下，经历了岁月的风雨，才拥有了今天的地位。品牌资产的创建和维护过程是一个长期的系统工程，绝不是单独依靠某个因素就可以得到的。无论是品牌知名度的提高、品牌品质形象的改善，还是品牌忠诚度的增强，都不是一朝一夕完成的。如果从长期顾客关系的角度考察，品牌资产的发展更是一个不断演进的过程。品牌从无名到有名，从被部分消费者了解到逐步被消费者所熟悉并对其产生好感和偏好，期间无不伴随着企业的不断努力与长期投入。所以说，品牌资产是企业长期投入人、财、物的沉淀与结晶。

（四）投资与利用的交叉性

不同于有形资产在使用中通过折旧的方式实现价值，品牌资产在使用过程中必须对其进行持续投资和维护，根据市场情况的变化制定有效的策略，并持续投入相应的资源，避免品牌资产贬值。同时，对品牌资产的科学管理和使用（如成功的品牌延伸和市场扩张等）还会使品牌资产不断增值。

就总体而言，品牌投资会增加品牌资产的存量，品牌利用会减少品牌资产存量，但如果管理得当，品牌资产不仅不会因利用而减少，反而有可能获得增加。一些企业在品牌大获成功后，不失时机地将其延伸使用到其他产品上，品牌影响力不但没有因此下降，反而有所提升。

（五）品牌资产价值的波动性

品牌资产的价值不是一成不变的，它会随着时间的推移而增大或减小，也会随着空间的变化而发生变化。品牌的价值不是终身制，价值的大小由每年的市场情况决定。世界著名品牌都不可能高枕无忧，更何况知名度一般的品牌呢？所以，企业要有一定的忧患意识，不断进取。

第二节　品牌资产测量

品牌资产是无形资产，尤其是其增值价值，更抽象，难以衡量。但只要掌握了科学的测量工具，具体测量品牌资产的多寡也不是不可能的。下面将介绍一些品牌资产测量的相关知识。

一、品牌知名度

品牌知名度是指某品牌被公众知晓、了解的程度，它表明为多少或多大比例的消费者所知晓，反映的是顾客关系的广度。品牌知名度是评价品牌社会影响大小的指标，品牌知名度的大小是相对而言的。

（一）品牌知名度的层级

一般将品牌知名度分为四个层级，如图 14-2 所示，这四个层次呈金字塔形。

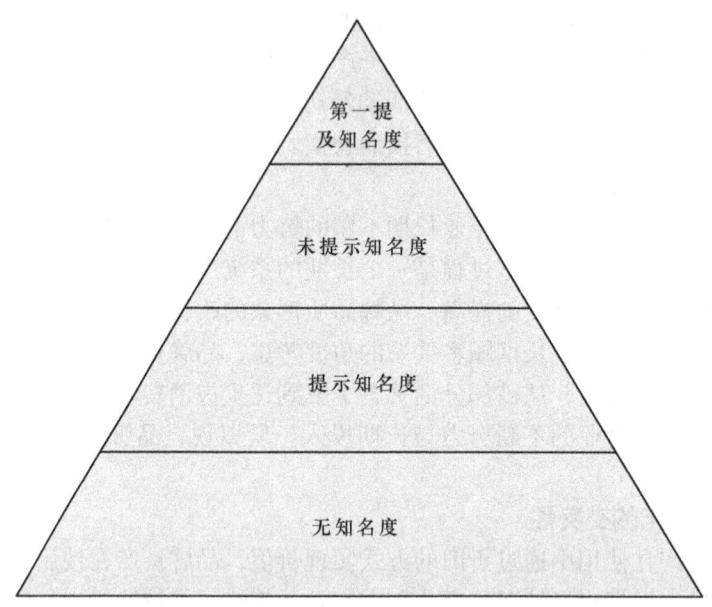

图 14-2　品牌知名度层级图

1. 无知名度

无知名度是指消费者对品牌没有任何印象，原因可能是消费者从未接触过该品牌，或者该品牌没有任何特色，根本无法引起消费者的兴趣，十分容易被消费者遗忘。消费者一般不会购买该品牌。

2. 提示知名度

这是根据提供帮助的记忆测试确定的，如通过电话调查，给出特定产品种类的一系列品牌名称，要求被调查者说出他们以前听说过哪些品牌。虽然需要将品牌与产品种类相连，但其间的联系不必太强。品牌识别可以让消费者找到熟悉的感觉。人们喜欢熟悉的物品，尤其是对于香皂、口香糖、纸巾、糖等低价值的日用品，有时不必评估产品的特点，熟悉这一品牌就足以让人们做出购买决策。研究表明，无论消费者接触到的是抽象的图画、名称、音乐还是其他，接触的次数与喜欢程度之间呈正相关关系。

例如，在评估计算机系统时，通常要考虑三四个备选方案。在这一步，除特殊情况外，购买者可能没有接触到更多品牌。此时，要进入备选组的品牌回想就非常关键。哪个厂商生产计算机？能够想到的第一家厂商就占有优势，而不具有品牌回想的厂商则没有任何机会。

3. 未提示知名度

在这一层次，通常通过让被调查者说出某类产品的品牌来确定品牌回想，但这是"未提供帮助的回想"，与确定品牌识别不同的是，不向被调查者提供品牌名称，所以要确定回想的难度更大。品牌回想往往与较强的品牌定位相关联。品牌回想往往能左右潜在购买者的采购决策。采购程序的第一步常常是选择一组需考虑的品牌作为备选组。

4. 第一提及知名度

这是一个特殊的状态，是品牌知名度的最高层次。它是指消费者在没有任何提示的情况下，所想到或说出的某类产品的第一个品牌。确切地说，这意味着该品牌在人们心目中的地位高于其他品牌。例如说到咖啡，就会想起雀巢；说到香烟，就会想到万宝路。企业如果拥有这样的主导品牌，就有了强有力的竞争优势。

（二）品牌知名度的资产价值

品牌知名度是品牌形成的前提，是消费者赋予品牌一定资产价值的第一步，品牌知名度的高低与品牌资产的大小是成正比的。

大量研究表明，深入人心的记忆与人们的购买态度和购买行为之间存在着关系，各品牌在测试中被记忆的先后次序不同，它们在被优先选择和购买的可能性上就表现出很大的差别。对于经常购买的日用消费品，品牌知名度的作用是至关重要的，因为品牌购买决策一般是在购买之前就做出了。

（三）品牌知名度的测量

测量品牌知名度包括三个方面：公众知名度的测量、社会知名度的测量和行业知名度的测量。

1. 公众知名度的测量

品牌的公众知名度是指某品牌在相关公众中的影响力，即主要是指该品牌在相关顾客中的影响力，通常采用简单测量法和复合测量法来测量。

（1）简单测量法。简单测量法只是测量被访问者是否知道品牌的名称。

您知道××品牌吗？

◇知道　　◇不知道

品牌知名度的计算方法为

$$品牌知名度 = \frac{知道该品牌的人数}{被调查的总人数} \times 100\%$$

简单测量法由于测量的指标过于简单，得出的结果过于笼统，而使得在进一步考察影响知名度的更深层次的因素时无法发挥作用。

（2）复合测量法。复合测量法是指运用多个指标的综合结果来反映品牌的公众知名度，通过总加测量法来进行。例如，可以在测量表中列出几个问题，供调查对象选择：

1）您对××品牌的名称

◇很熟悉　　◇熟悉　　◇一般　　◇不熟悉　　◇很不熟悉

2）您对××品牌的标志

◇很熟悉　　◇熟悉　　◇一般　　◇不熟悉　　◇很不熟悉

3）您对××品牌提供的产品

◇很熟悉　　◇熟悉　　◇一般　　◇不熟悉　　◇很不熟悉

4）您对××品牌提供的服务

◇很熟悉　　◇熟悉　　◇一般　　◇不熟悉　　◇很不熟悉

5）您对××品牌的广告

◇很熟悉　　◇熟悉　　◇一般　　◇不熟悉　　◇很不熟悉

每道题的答案取值分别为4，3，2，1，0。根据回答者对每道题的回答结果记分，然后计算总和分数。每个回答者的得分计算方法为

$$X = \sum X_i N$$

式中，X_i 为每题的得分；N 为回答者的人数。

使用复合测量法，可以针对不同的情况设计不同的指标，指标数量的多少根据企业的实际要求而定。

2. 社会知名度的测量

品牌的社会知名度是指某品牌在社会大众中的影响力，通常用该品牌在大众媒体上出现的频率来表示。大众传播对社会大众的舆论导向作用巨大。传播的力度和深度是其他方式不能比拟的。品牌知名度的提高主要依赖于传播的力度。考察社会知名度，可以根据企业对品牌的定位，将有关大众传播媒体分类，然后分别计算出该品牌在各类别媒体上出现的频率，就可以得到该品牌的社会知名度。

3. 行业知名度的测量

品牌的行业知名度是指某品牌在相关行业（特别是在本行业）中的影响力，通常也是通过问卷调查的方法来研究。调查品牌行业知名度可以参照测量品牌公众知名度的方法。在每个行业中往往有若干个品牌的存在，行业知名度可以反映某品牌的行业地位、本品牌与竞争品牌在知名度上的差异。

二、品牌的品质认知

（一）品质认知的含义

品质认知是指消费者对产品或服务的适应性和其他功能特性适合其使用目的的主观理解或整体反映，是消费者对产品客观品质的主观认识，它以客观品质为基础，但又不等同于产品的客观品质。同类产品的客观品质可能相差无几，但消费者对产品的品质认知却有可能相差甚远。消费者形成产品偏好和品牌忠诚的重要影响因素不是产品的客观品质，而是产品的认知品质。它不仅包括产品自身的品质，还包括产品服务的品质。宝洁，世界一流产品；海尔，星级服务：都是消费者对品牌的一种认同。品质认知大体上包括如下内容：产品功能与特点、适用性、可信赖度、耐用度、外观、包装、服务、价格、渠道等。

（二）品质认知的资产价值

产品品质是品牌资产的基础，或者说是维系、发展长期顾客关系的一个重要方面。品质认知的资产价值体现在以下四个方面：

1. 提供购买的理由

好品质的产品是所有消费者的选择，如果没有质的认定，品牌是不可能被列入考虑范围的。

2. 产生溢价

对高价位的产品，通常消费者会期望具有较好的品质；相应地，较好品质的产品如果卖较高的价位，消费者也会接受。日本汽车就是应用这个策略进入美国市场的，早期日本汽车以低价位、高品质成功又快速地渗透美国市场，待时机成熟，便逐步提高价位。

3. 提高渠道谈判能力

高品质的产品，代表着消费者的购买意愿，也正是经销商的最爱，所以具有高品质印象的产品在铺货力上拥有先机。

4. 提高品牌延伸力

具有高品质印象的品牌在品牌延伸上有更强的能力，因为消费者会将原有的品质印象转嫁到新的产品线上，这对新的产品线而言，大有助益。

三、品牌联想

（一）品牌联想的含义

品牌联想是指消费者在看到某一品牌时所能勾起的所有印象、联想和意义的总和，如产品特点、使用场合、品牌个性、品牌形象等。例如，万宝路总是让人想起孤独而阳刚的牛仔、男子气概、神采飞扬的群马、自由奔放的西部原野、新鲜的空气、男人的友谊；百事可乐则可以让人充分领略青春动感、活力无限的激情。品牌联想（或品牌联系）大致可分为三种层次：品牌属性联想、品牌利益联想、品牌态度。

1. 品牌属性联想

品牌属性联想是指对于产品或服务特色的联想。品牌属性可分为与产品有关的属性和产品无关的属性。与产品有关的属性是指产品的物理组成和服务要求，它决定着产品的本质和等级；与产品无关的属性并不直接影响产品性能，但它可能影响购买或消费过程，如品牌名称、产品价格、品牌使用者、品牌标志、品牌原产地等，与此相对应，有以下几种品牌属性联想：

（1）品牌名称联想。品牌名称是市场营销者对品牌的初步接触，由于各地文化、风俗习惯、宗教信仰等的不同，由品牌名称带来的联想会导致消费者对品牌的偏好。家乐福、奔驰、好美家等品牌名称十分符合中国人的价值取向。

（2）产品价格联想。产品价格是市场营销组合中的重要组成部分，消费者常根据品牌价格的高低来判断品牌的档次，并将价格和产品质量联系起来。人们常说的"一分价钱一分货"就是这个道理。

（3）品牌使用者联想。消费者对品牌的感知在很大程度上受品牌使用者的个性、形象、地位的影响。

（4）品牌标志联想。

（5）品牌原产地联想。德国汽车使消费者产生质量优异的联想，美国汽车给消费者的联想则是大气，购买日本汽车的消费者看重的是外形及省油的特性。

2. 品牌利益联想

品牌利益联想是指消费者认为某一品牌产品或服务属性给他带来的价值和意义。品牌利益联想又可分为产品功能利益联想、产品情感利益联想和体验利益联想。

（1）产品功能利益联想。产品功能利益是指产品或服务固有的、内在的可以提供给消费者的利益，如购买自行车代步，购买手机为了便利。有些品牌带有很强的功能利益，如可口可乐提供饮料解渴，迪士尼提供休闲娱乐，麦当劳供应新鲜美味的汉堡。

（2）产品情感利益联想。情感利益是指产品或服务能提供给消费者的相对外在利益，以满足消费者的社交需要、自尊需要等一些比较高层次的需要。例如，劳斯莱斯——皇家的坐骑；柒牌西服——成功男士的选择；劳力士——尊贵、典雅的象征。

（3）体验利益联想。体验利益是指消费者消费产品或服务后的感受，这些利益能使消费者获得感官愉悦或某种刺激。使用兰蔻香水后于人群中走过，在感受众人驻足品味的同时，也会流露出优雅、自信。

3. 品牌态度

品牌态度是最高层次也是最抽象的品牌联想，它是消费者对品牌的总体评价。它通常建立在品牌属性和品牌利益上。品牌态度有一定的幅度，从厌恶到喜欢就有几个层次。

（二）品牌联想的资产价值

积极的品牌联想意味着品牌被消费者接受、认知，进而可形成品牌偏好和品牌忠诚。品牌联想的资产价值包括以下几个方面：

1. 品牌联想有助于品牌认知，扩大品牌知名度

例如，看到 KFC 的标志，我们就想到了新鲜美味的香辣鸡翅、汉堡，热情、快捷的服务，清洁、卫生的用餐环境。

2. 产生差异化

在产品越来越趋向于同质化的年代，只有形象差异才能对市场和销售者产生震撼，给消费者留下深刻的记忆。

3. 提供购买理由

无论是品牌属性联想还是品牌利益联想或消费者对品牌的态度，都直接与消费者利益有关，从而能提供一个特别的理由促使消费者购买或使用这一品牌。

4. 品牌延伸的重要因素

品牌所具有的联想可以用于其他产品上，它们可以共享某一品牌。

（三）品牌联想的测量

1. 品牌联想的几个方面

（1）联想的数量。消费者心目中对品牌名称所构成的联想集合是衡量品牌权益的一项变数。克瑞斯南（Krishnan，1996）认为人们的记忆是由许多的信息点相连而成的网状结构，例如，提到耐克时，人们会联想到运动鞋、耐久性、迈克尔·乔丹、飞跃与希腊女神等，也就是说这些因品牌所唤起的种种联想与品牌之间构成了一联想网状结构；而其中每一联想内容与品牌之间的联结即是联想过程。所以，一品牌所拥有的联想数量越多，表示这些联想对该品牌提供了更多样化的联结途径，消费者越容易借由这些节点来唤起对该品牌的记忆。然而，迈尔斯·利维（Meyers Levy，1989）曾指出大量的联想将会因这些联想的互相干扰而使得对此品牌的记忆减少；但对于成熟品牌而言，这些干扰不至于太大，因为这些成熟品牌已经建立了相当高的认知水平。

（2）联想的净正面性。消费者对于品牌所拥有的联想集合，其中有的是正面的，但也有部分是负面的。因此，在衡量品牌联想时，若只将评定的重心置于联想的数量上，是有所不足的（Krishnan，1996）。一般而言，较高市场力的品牌具有相对比较多

的正面联想，低市场力的品牌则具有相对比较多的负面联想。而此时只单纯地以联想数量加以衡量，则无法区分出市场力高低不同的品牌。因此，评定正面联想对于负面联想的相对存在是非常重要的。只有以联想的净正面性观点来加以检视，才能完整地区别出这些品牌市场力的高低。

（3）联想的独特性。在一品牌的联想集合之中，某部分是与该产品类别所具有的联想相同的，也就是说品牌与该产品类别之间需要拥有一些共有的联想，当共有联想的个数增加时，则此品牌在此产品类别中将渐渐成为一典型的品牌，也就是此品牌会渐渐与标准化产品的特性联想在一起，如此将会帮助此品牌容易地被回想，以及容易地被纳入顾客的购买考虑集合之内。若品牌所具有的一些联想导致消费者将该品牌分类至错误的产品类别中，将对品牌造成不利影响。例如，一个以牙膏挤压式为包装的接着剂，由于它的外观造型设计并无凸显其产品性质，则有可能会使得消费者误认为是药膏类的产品。若品牌与该产品类别之间的共有联想数量越多，则表示该品牌在此产品类别中已逐渐成为一个代表性、典型性的品牌，这将会帮助消费者在购买该类别产品时，容易地联想起该品牌，进而纳入消费者的购买意愿内。

在一产品类别中会有许多竞争品牌，有许多联想是在品牌间所共同拥有的，例如："洗发水"以及"柔顺"是沙宣和飘柔两品牌所共有的联想，然而，"造型""模特儿"则是沙宣所拥有的独特联想，此为飘柔所没有的。品牌需具备有别于其他品牌的独特联想，使得其能在消费者心目中建立起该品牌的特殊定位，也代表了该品牌的形象，所以，虽然不同市场力的品牌之间拥有多数目的共有联想，有利于该品牌被正确地分类至该产品类别中，但在产品类别中，它也必须具备在竞争品牌间脱颖而出的某些独特联想。

（4）联想的来源。消费者对品牌的了解，均来自各种不同的渠道；消费者品牌联想的来源扮演着重要的角色。联想的起源分为直接经验（如试用、实际购买使用）与间接经验（如广告、口碑）。以直接经验为基础所引发的联想，在消费者心目中具有较确定的意义，也将会在消费者的记忆中构成较强烈的印象。因此，品牌拥有较高比例来自直接经验的联想，将会在消费者心目中拥有相对较稳固的定位。

而在间接经验来源方面可分为两种：一为口碑，二为广告。以消费者的观点来看，口碑是透过旁人或者亲朋好友的实际使用，相互传达使用该品牌产品的经验，此过程并不存在任何的利益，且此种口碑通常来自可信任之人，因这种来源在消费者心目中具有较高的可信度。而广告是推销的手段之一，对消费者而言，广告通常是站在营销者的立场，所以广告来源的可信度相对较低。

（5）联想的喜好程度。消费者对一品牌所产生的联想集合，可能包含正面的与负面的。而此联想内容会形成消费者对该品牌的整体态度。Keller 认为联想内容中有关的品牌属性与利益扮演着满足消费者需求的重要角色。因此，评定消费者对品牌联想的整体喜好程度，即探讨消费者所被诱发的联想内容是否可满足消费者对该产品的需求；除非消费者对该品牌评估之后喜爱这些品牌联想，否则该品牌联想再特别并没有太大意义。因此高价值品牌所引发的联想将会使消费者对其拥有较高的整体喜好程度。

（6）联想的强度。品牌联想可借由联结至品牌节点的强度来描绘其特性。联想的强度关系到有关品牌的信息是如何进入消费者的记忆中（编码）以及是如何被记忆为品牌形象的一部分（储存）的。强度是在编码中处理所接收到的信息总数或数量（如一个人回想到多少信息),以及在编码中处理所接收到的信息本质或质量(如一个人回想信息的方法)的函数。品牌的最终目的是促使消费者增加购买的机会,所以除非品牌联想能激起消费者的欲望,强烈到让消费者能确实感觉到它,否则无论该品牌的联想内容有多令人喜爱,都不具有太大的意义。

2. 对品牌联想的评价方法

(1) 联想数量。评定联想数量的方法是经由询问受测者任一品牌时,受测者会想到的任何事物;而当受测者每新增一个联想之前,会要求受测者再一次确认该品牌名称。而在此过程中,是给予受测者一个自由联想的空间,并没有给予任何联想的引导。受测者对品牌名称所拥有的总想法个数的数量,即是该品牌的联想数量。

(2) 联想的净正面性。联想的净正面性是由该品牌所拥有的正面联想数量与负面联想数量予以整合衡量的。也就是说,在自由联想过程之后,每一品牌均拥有个别的联想,而在此联想数量内具有正面联想以及负面联想两种,正面联想的数目减去负面联想的数目,所得出的数目占总联想数量之比被称为联想的净正面性。

(3) 联想的独特性。联想的独特性分为两种:一为产品类别方面的独特性,二为竞争品牌方面的独特性。对于产品类别方面的独特性,其衡量的方法为先计算出每一品牌与产品所共同拥有的联想数量,再进而计算出共有比例,此共有比例等于一品牌与产品所共同拥有的联想数量占该品牌所拥有的总联想数量的比例;而最终可计算出该品牌来自产品类别的独特性比例(独特性比例 = 1 - 共有比例)。而来自产品类别方面的独特性比例越低,其共有比例越高,则对该品牌越是有利。同样,对于竞争品牌方面的独特性,其衡量的方法也为先计算在一产品类别中一品牌与其所比较的另一品牌间所共同拥有的联想数量,再计算出共有比例,此共有比例等于一品牌与另一比较品牌间所共同拥有的联想数量占该品牌所拥有的总联想数量的比例;最终可计算出该品牌来自竞争品牌方面的独特性比例(独特性比例 = 1 - 共有比例)。来自竞争品牌方面的独特性比例越高,则对该品牌越是有利。

(4) 联想的来源。在前述评定联想数量的自由联想过程中,受测者所提供的每一联想都有其被引导的来源,而这里将此来源分为直接经验、广告、口碑(来自家人或朋友)及其他四种来源。由于某些联想有可能是两种以上的来源所共同引导出的,而此时要求受测者确认何者为此联想的主要来源,这样方能将每一联想归属于唯一的来源范畴内。因为这四种联想来源的范畴在本质上有相当大的不同,若联想拥有多重来源,则无法进行研究(Krishnan, 1996)。而联想的来源是以该来源被受测者所勾选的次数占总受测者的比例来衡量的。因此,四种来源的比例之和为1。

(5) 联想的喜好程度。以李克特(Likert)5点量表加以衡量。要求受测者勾选出心目中对品牌的整体性喜好程度。而此整体性喜好程度是受测者针对品牌自由联想内容,在经由正、负联想相抵消以及评估该品牌产品功能与属性可满足其要求的程度后,所给予品牌的总评分。

(6) 联想的强度。以李克特5点量表加以衡量。要求受测者勾选出心目中对品牌联想过程的整体性难易程度。而此整体性难易程度是受测者针对品牌自由联想的过程,在经由难易联想程度相抵消以及评估该品牌能激发消费者对其多少的感受程度后,所给予品牌联想过程的总评分。

品牌视野：基于消费者行为和心理的品牌联想测量

早期传统的品牌联想测量方法主要有投射技术和结构化的方法（量表化方法）（Keller，1993；Nzuki，时间不详）。投射技术涉及对使用经历、决策过程、品牌用户或诸如把品牌想成一个人或一种动物的隐喻表征联想的测量，以及模糊刺激的使用，即在这些技术中投射经历、态度和认知，这些技术包括自由联想法、图画补笔法、主题统觉测验、句子完成法和故事完成法，是早期内隐品牌联想和联想内容测量的主要方法和常用方法。结构化方法"涉及对品牌联想一系列维度的量表化"（Aaker，1991；Nzuki，时间不详），包括语义差异量表、李克特量表、联合分析法（Conjoint Analysis）和自然分组法（Natural Grouping），是测量品牌联想维度常用的方法。但到目前为止，由于没有统一的维度模型，还没有一种通用的品牌联想维度量表。

随着理论和实践研究及统计技术的发展，学者们把一些新的心理学理论和测量技术应用于品牌联想测量中，主要有质的研究方法，包括拼贴法、团体焦点访谈法、快速连续视觉呈现法（Rapid Serial Visual Presentation，RSVP）、反应时技术和多元统计学方法等。相比于传统的元素测量技术，这些方法更加精确化和客观化。质的研究方法能更全面和深入地引发品牌联想；新旧技术和理论间的相互结合，则增加了测量技术的灵敏性和精确性。例如，McDowell（2004）把质的研究方法与自由联想法相结合，证明了自由联想法用于捕获和区别抽象媒体品牌联想的可行性。雷莉等的研究证实了反应时技术测量品牌联想的可行性，且反应时技术比自由联想法在测量的精确性与客观性上具有更大的优势（雷莉、樊春雷、王泳、马谋超，2004）。而多元统计学方法既可作为独立的方法对品牌联想的测量进行更加量化的研究（Ross，2007），也可作为其他测量方法的数据处理技术。此外，一直以来，由于年幼儿童的抽象概括和口头表达能力有限，先前的测量技术无法应用于儿童测试，但一种称作"品牌拼贴法"（Brand Collage）的儿童品牌联想的诱发技术却被证明在3~8年级年龄组儿童中可有效应用。

四、品牌忠诚

（一）品牌忠诚的含义

消费者在一段时间甚至很长时间内重复选择某一品牌，并形成重复购买的倾向，无论情境和营销能力如何影响，都不会产生转换行为，就可称之为品牌忠诚。它是品牌资产中最核心、最具价值的内容，包括行为忠诚和态度忠诚两个方面。

（二）品牌忠诚的类型

按品牌忠诚的形成过程，品牌忠诚可以划分为认知性忠诚、情感性忠诚、意向性忠诚和行为性忠诚四种类型。消费者行为学者认为，在消费者态度形成过程中，消费者会首先搜集相关品牌的信息（认知）；然后对这些零碎而复杂的信息进行重新整理、加工之后，会对该品牌做出肯定或否定的综合评估（感情评估），并在这一综合评估的基础上产生某种行为意向。因此，品牌忠诚的形成过程是先有认知性忠诚，其次是情感性忠诚，再次是意向性忠诚，最后是行为性忠诚。

1. 认知性忠诚

认知性忠诚是指经由品牌相关信息直接形成的，认为该品牌优于其他品牌而形成的忠诚。

2. 情感性忠诚

情感性忠诚是指在使用某种品牌并获得持续满意后，形成的对该品牌的偏爱和情感。

3. 意向性忠诚

意向性忠诚是指顾客十分向往再次购买某个品牌，不时有重复购买的冲动，但这种冲动还没有转化为行为。

4. 行为性忠诚

行为性忠诚是指顾客将忠诚的意向克服障碍实现购买。

（三）品牌忠诚的资产价值

品牌忠诚是一项战略性资产，如果对它进行适当的经营开发，它就会给企业创造多项价值。品牌的资产价值如下：

1. 降低营销成本，增加利润

忠诚创造的价值是多少？忠诚、价值、利润之间存在着直接对应的因果关系。营销学中著名的"二八原则"，即80%的业绩来自20%的经常惠顾的顾客。对企业来说寻找新客户的重要性不言而喻，但维持一个老顾客的成本仅仅为开发一个新顾客成本的1/7。一个企业的目的是创造价值，而不仅仅是赚取利润。为顾客创造价值是每一个成功企业的立业基础。企业创造优异的价值有利于培养顾客忠诚观念，反过来顾客忠诚又会转变为企业利润增长和更多的价值，企业创造的价值和顾客忠诚一起构成了企业立于不败之地的真正内涵。

2. 易于吸引新顾客

品牌忠诚度高代表着每一个使用者都可以成为一个活的广告，自然会吸引新顾客。根据口碑营销效应：一个满意的顾客会引发八笔潜在的生意；一个不满意的顾客会影响25个人的购买意愿。因此一个满意的、愿意与企业建立长期稳定关系的顾客会为企业带来相当可观的利润。品牌忠诚度高就代表着消费者对这一品牌很满意。

3. 提高营销渠道拓展力

拥有高忠诚度的品牌企业在与销售渠道成员谈判时处于相对主动的地位。经销商当然希望通过销售畅销产品来盈利，品牌忠诚度高的产品自然受经销商欢迎。此外，经销商的自身形象也有赖于其出售的产品来提升。因此，品牌忠诚度高的产品在拓展渠道时更顺畅，容易获得更为优惠的贸易条款，如先付款后发货、挑选最佳的陈列位置等。

4. 面对竞争有较大弹性

营销时代的市场竞争正越来越体现为品牌的竞争。当面对同样的竞争时，品牌忠诚度高的品牌，因为消费者改变的速度慢，所以可以有更多的时间研发新产品，完善传播策略，应对竞争者的进攻。

（四）品牌忠诚度的测量

如果要对品牌忠诚度进行更深入的研究，企业就有必要按照一定的标准先将顾客的品牌忠诚度进行量化。综合起来，测量方法大致可以分为以下六类：

1. 按购买比例来测量

对顾客购买所有品牌量进行排序以确认忠诚度。例如，在一年中某顾客购买了几个品牌A、B、C，按比例排序为70%、20%和10%，那么他就最忠诚于A品牌，忠诚度为70%。

2. 按重复购买次数来测量

在一定的时间内，消费者对某一品牌产品的重复购买次数越多，说明他对这一品牌的忠诚度越高；反之则越低。但是在确定这一指标的合理界限时，要根据不同的产品性质区别对待，不可一概而论。例如，快速消费品的重复购买次数至少要达到三次，才称得上品牌忠诚；但汽车、冰箱之类的耐用消费品，就不能用三次作为衡量指标了。

3. 按购买决策需要的时间来测量

通常，顾客的品牌忠诚度越高，购买决策所需要的时间就越短；反之，忠诚度越低，购买决策所需要的时间就越长。在利用这个指标测量顾客的品牌忠诚度时，也要考虑产品的价格、用途和使用时限等因素。例如，大多数女性在选购价格不高的日用品时能马上做出决策；而在购买服装时，即便面对自己忠诚度很高的服装品牌，也不能马上做出决策。

4. 按顾客对价格的敏感程度来测量

事实表明，对于喜欢和依赖的品牌，消费者对价格变动的承受能力强，即敏感度低；反之，对于那些自己不是很喜欢或依赖性不高的品牌，消费者对其价格变动的承受能力很弱，即敏感度高。例如，每罐百事可乐价格上涨1角钱，这丝毫不会影响某位百事可乐忠诚消费者的购买；但当某品牌的茶饮料也涨了1角钱时，以前偶尔也会买点茶饮料的他便拒绝再次购买。

5. 按顾客对竞争产品的态度来测量

根据顾客对竞争产品的态度，可以从反面来判断消费者对某一品牌忠诚度的高低。例如，当竞争品牌降价促销或推出品质更好的产品时，品牌忠诚度不高的顾客可能要"移情别恋"了，而品牌忠诚度很高的消费者却仍然不会产生转换行为。

6. 按顾客对产品质量的承受能力来测量

如果顾客对某品牌的忠诚度较高，当产品出现质量问题时，他们会采取宽容、谅解和协商解决的态度，不会因此而突然失去对它的偏好；如果顾客对某品牌的忠诚度较低，当产品出现质量问题时，极有可能产生反感情绪。

▶ 本章小结

（1）国内外学者对品牌资产的概念有不同的阐述。从总体上说，可归纳为两种类型：一种是基于企业从财务的角度进行定义，另一种是基于顾客从营销的角度进行定义。品牌资产包括五大特征：无形性和附加性、构成与股价上的特殊性与复杂性、形成上的长期性和累积性、投资与利用的交叉性、品牌资产价值的波动性。

（2）品牌资产是由品牌形象所驱动的资产，它是一个系统概念，由一系列因素构成，具体包括品牌知名度、品牌美誉度、品质认知、品牌联想、品牌忠诚度和附着在品牌上的其他资产。

（3）品牌知名度是指某品牌被公众知晓、了解的程度，它表明为多少或多大比例的消费者所知晓，反映的是顾客关系的广度。品质认知是指消费者对产品或服务的适应性和其他功能特性适合其使用目的的主观理解或整体反映，是消费者对产品客观品质的主观认识，它以客观品质为基础，但又不等同于产品的客观品质。品牌联想是指消费者在看到某一品牌时所能勾起的所有印象、联想和意义的总和。品牌联想大致可分为三种层次：品牌属性联想、品牌利益联想、品牌态度。消费者在一段时间甚至很长时间内重复选择某一品牌，并形成重复购买的倾向，无论情境和营销能力如何影响，都不会产生转换行为，就可称之为"品牌忠诚"。

思考题

1. 试述品牌资产的含义。
2. 简述品牌资产的五大特征。
3. 品牌联想的层次有哪些？
4. 品牌忠诚的类型有哪些？各类型的特点是什么？

案例分析讨论

金六福品牌资产的构建

金六福自1998年上市以来，只用了短短数年时间便跻身白酒市场前五强，目前品牌资产价值更是高达400多亿元，并连续数年入选中国最具价值品牌500强。此荣誉体现了行业及消费者对金六福的知名度、美誉度、创新力等方面的高度认同。

金六福之所以能取得这样的成功，依靠的是其较高的知名度和认知度，与中国传统文化相一致的品牌联想铸造的极高的品牌忠诚度，以及企业对品牌的不断探索和创新。

一、确定核心价值，树立品牌形象

首先，运用营销手段提高金六福的知名度和认知度。金六福是较着眼于品牌战略规划的，一开始就将"福文化"确定为企业的核心价值，然后就运用一切营销手段和方法，推出一系列广告，如"金六福——中国人的福酒"；穿着唐装的外国友人念着广告语："喝金六福酒，运气就是这么好"；婚庆广告："金六福，好日子，离不开它"；2002年年底的广告"喝金六福明年更有福"等急速提高了金六福的品牌知名度和认知度。因为播放该广告时正是中国足球有史以来第一次冲出亚洲、走向世界的激动人心的时刻，金六福能引起全国上下的关注、知名度飞速上升也在情理之中。

其次，金六福的品牌联想符合中国人的习惯。再通过形式多样的品牌体验营销活动，让消费者充分感受到"好日子离不开金六福酒""喝了金六福，年年都有福""中国人的福酒"等美好回忆。而且借着中国足球队第一次冲出亚洲的东风，这种美好记忆也更令人印象深刻。而金六福的高明之处还在于它在不断演绎着"福运"品牌形象，将个人之福、家庭之福提升到民族之福、国家之福，并进而延展为人类之福、世界之福，在三级跳跃中不断演绎和扩充着金六福的品牌形象。

第一阶段（1998年—2000年）：个人之福、家庭之福

金六福最初的广告是中国人最熟悉的传统佳节合家团聚的情景，在一派喜庆吉祥的气氛中，一句"好日子离不开它，金六福酒"成为大江南北家喻户晓的佳句，也把金六福的品牌形象定格在个人和家庭最幸福的时刻。

第二阶段（2001年—2003年）：民族之福、国家之福

金六福通过赞助中国足球进军世界杯决赛阶段、申奥成功、中国奥委会2001年—2004年合作伙伴等活动，将"福"文化理念提升到了民族之福、国家之福的层次，一句"中国人的福酒"成为这一时期的代表性口号。

第三阶段（2004年—2008年）：人类之福、世界之福

金六福通过赞助奥运会，把"福文化"推向一个更高的层次，提出了"奥运福·金六

福"的新概念,将"福文化"升格为人类之福、世界之福的层次。金六福认为,"福"文化和奥运精神是一脉相承的,是中西文化的不同表达方式。金六福站在一个新的高度对奥运精神进行了不同于以往的诠释,并将其演绎为新的"六福":欢聚是福、参与是福、和平是福、进取是福、友谊是福、分享是福。于是,我们看到在金六福的电视广告中,人们从世界五大洲走到一起,不分种族、不分肤色,共同拥抱奥运会,巧妙地诠释了奥运精神给世界带来的福。在平面广告中,金六福巧妙地将"自由绳操与中国传统京剧""奥运划艇与中国传统龙舟""奥运圣火火炬与中国传统烽火台"结合起来,传达了现代奥运和"福"文化一脉相承的内涵。电视广告和平面广告交相呼应,使"奥运福、金六福"的理念以震撼之势迅速传播,金六福轻松将自己的品牌资产贴近了奥运精神。回首金六福所实现的惊险的三级跳跃,我们发现:金六福的成功在很大程度上取决于它坚持对品牌始终如一的长期投资、对文化的深厚积累,消费者在购买金六福产品时已经超越了纯粹购买的范畴,而是和产品建立了无形的情感关系,这种关系包含了信任、喜爱,文化氛围和一种实质拥有的感觉,因而它随文化而流传。

金六福的公关活动很好地将"福运"的理念带进了这举世瞩目的时刻,这又使人们在幸福之中记起了"金六福"。北京申奥成功,金六福酒被中国申奥代表团高高举起,以示成功的喜悦,金六福成为人们欢呼雀跃之时的庆功美酒,其意义已经远远超出了酒的范畴,而成为一种象征,其品牌联想也从低层次的个人的福气上升到了民族之福和国家之福的高度。所有这些活动都是为了在消费者心目中形成良好的品牌联想,这些联想进而会在消费者心目中组合出一些有意义的印象,这些有意义的印象就成为品牌形象。而正面的品牌联想就会形成正面的品牌形象,为消费者的品牌忠诚打下坚实的基础。

此外,金六福系列酒的包装设计很独特。外盒包装以黄、红、金为主色,一至五星采用系列化设计,突出系列酒的特点。其他星级的"金六福"酒也都以不同方式、不同角度强化和突出"福"字,营造了浓郁的欢乐喜庆氛围,同样会引起消费者的正面联想。

最后,金六福的"福文化"是品牌忠诚的利器,而品牌忠诚是品牌资产的核心。我国是一个酒文化氛围非常浓厚的国家,有"无酒不成宴"的说法,而金六福的"福文化"不仅满足了宴会上的愉悦氛围,而且也体现了中国老百姓心里最诚挚的祝福。在具体的品牌体验过程中,老百姓在喜庆的日子里,如亲朋聚会、逢年过节、结婚生子、国家节日、开张剪彩、生意丰收等日子里,会感觉到没有金六福就缺少点什么,不喝金六福就感觉到人间真情没有到位。因为在消费者的心目中留下了这些非常亲切和深刻的印象,所以众多消费者为了表达特定的心情时,自然会首选金六福来"借酒助兴",金六福的品牌忠诚度自然而然就水涨船高了。

二、落地活动营销,提升品牌影响

金六福用其特有的"福"文化耕耘市场,使金六福作为"中国人的福酒"的品牌形象深入人心。尽管这种温情营销抓住了节假热点、贴近了消费者的心灵,但品牌运用得多了,就会很难给消费者留下独特的印象。此外,品牌传播若总是浮于表面而落不到实处,其效果也会打折扣。如何才能将这种"福文化"落到实处?创造真正贴近人心的"酒文化"?金六福开始了新的探索。

第四阶段(2009年—2013年):热点+温情落地战

在春节期间,回家就是给亲人最好的礼物。那么,是不是可以帮助一些人回家,从传播

"福"文化到真正造福于民？从知到行，这是一个很大的提升。

2011年春运期间，金六福发起国内首个由民间力量解决春运难题的公益平台——"金六福春节回家互助联盟"，以"老乡情结"为情感纽带聚集民间力量，鼓励老乡"互助拼车"回家，倡导绿色便捷的春节回家方式。凭借公益营销，金六福在取得社会效益的同时也获得了很好的经济效益。

三年间，金六福春节回家互助联盟共吸引了超过580万人次参与，成功帮助超过3.5万人次踏上春节回家之路。另外，金六福酒还联合周大福珠宝、途牛旅游、河狸家、喜来登等一线品牌共同发起金六福"梦幻婚礼计划"，深入全国多地为当地新人举办集体梦幻婚礼，同时联合酒店、婚纱、蜜月游等婚庆品牌成立中国婚庆服务公益联盟，为消费者提供一站式婚庆服务。

当别人都在传达春节是一个多么温情的节日时，金六福用切切实实的行动把温情落到了实处，将品牌的"福"文化基因与春节热点有效对接，成功打造了一个公益品牌。

第五阶段（2014年—2017年）：精细化市场地面战

随着时代的进步、科技的发展，媒体传播环境也发生了变化，媒体分化会给所有全国性品牌带来痛苦，很少有品牌在中国所有的县和地级市的销量都很好。

金六福在不同层级的地级市和县划定了自己的核心市场，大概300个，将资源集中在这些市场中，并与当地经销商进行了更深入的合作与合作模式变革，紧盯核心市场的核心热点，进行精细化运作。

首先，从传统管理方式转换为现代营销方式。例如，从粗糙的经销商管理模式，开始向线下渠道注入1000多名员工，做到网点精细化，进行了10万多次线下活动。这些活动增进了对消费者的了解并带来了渠道控制力，也让金六福的品牌溢价有所提升，在酒行业整体下滑的前提下，不但销售收入增长，而且盈利能力比以前强很多，其中50~200元价位的产品销售额提升超过20%。

其次，在营销推广上更注重线上传播与线下推广的有机结合，让话题落地，让各地推广人员更有话题，让话题在当地发酵，成为区域性热点，更好地传播金六福"幸福、温暖"的品牌形象。例如，金六福"全家福行动"在广州启动，随后在全国多地开展"全家福之夜"活动，将公益号召扩散到全国各地；同时以"幸福大篷车"的形式，深入山东、江苏、河南等省的近百个城市，把"幸福"传遍全中国。在线上，金六福酒推出重磅催泪微电影——《一张拼出来的全家福》，火遍海内外，点击量超4000万。金六福酒线上线下的双轮驱动，成功举办了一场全民关注的家庭团圆的大型公益行动。

品牌驱动、异业联盟、社群营销、持续发声，成为助推金六福品牌价值持续增长的强劲动力。

三、品质营销双创新，传播品牌文化

第六阶段（2018年至今）：大胆探索，白酒也时尚

大到国家、民族，小到企业、品牌，没有创新就没有发展，创新的重要性不言而喻。随着80后、90后新一代白酒消费人群的崛起，金六福酒在产品创新和营销创新上不断发力。

品牌需要不断注入符合时代发展的一些新东西，金六福品牌总监表示："我们不会过多去强调历史、文化。更多时候，我们是在传播一种风尚——我们希望向人们传达：喝白酒，其实也很时尚。"让酒文化变时尚，决定了金六福要走一条不一样的营销传播路线。

以其新开发的白酒产品绵柔金六福举例说：传统的白酒度数大都较高，而绵柔度数较低，人们喝起来更加尽兴尽情。另外，金六福推出的针对年轻人的新品"一坛好酒"，窖藏7年"双百标准"的超高性价比，年轻人喜欢的包装风格，采取的是爆品、内容、社群、电商的全新的数字营销模式，做白酒业的"鲇鱼"，在"一坛好酒"上市仅仅一周后的"双十一"当天，一坛好酒在金六福天猫官方旗舰店就卖了70多万瓶。

金六福的创新不仅体现在品质、包装、口感、价格上，更体现在别具一格的营销创新上。区别于4P（产品、价格、渠道、促销）的传统营销做法，金六福"一坛好酒"触电全新的社会化营销，采取爆品、内容、社群、电商的数字营销模式进行IP化运作，用优质的内容营销体系引爆用户口碑，构建消费者社群，打造超级爆品。

传统的白酒营销总是把目标对象锁定为已经喝白酒的人群，把全部的营销力量集中在与竞争对手争取这一人群。现在很多企业都强调自己的酒是老酒，但是现在的年轻人就要喝有时尚感的白酒，他们喜欢既有时尚感又有老酒搭配的感觉。这种营销恰恰把即将成为消费主力的年轻消费者忽视了。加强和受众的互动，用富有创意的方式去传播金六福品牌文化，是金六福下一步的重要推广方式。未来希望当人们喝酒时，不会再觉得喝白酒是一件多么过时的事情。

白酒营销不是卖古董，不是越老越好。在高喊白酒文化建设的时候，金六福很清醒地认识到：其实人们每天都在创造历史、创造文化、创造时尚和潮流，而消费者的价值观、消费观也在发展和变化。因此，关注现实，与时俱进，才能和消费者走到一起。

纵观金六福的运作和崛起不难发现，金六福的成功归根结底就是品牌资产建设的成功。金六福在短短几年时间里，迅速成为白酒业中的知名品牌，谱写新的酒业神话。首先，打造了"福文化"品牌资产；其次，在之后的几年发展中金六福又不为做品牌而做品牌，用各种互动营销手段，让消费者切身触摸到品牌文化的温情；最后，在产品开发上，企业不盲目走高端路线，根据不同人群开拓针对性产品，不断创新。正是因为品牌资产建设的成功和所有的这些新探索，让金六福成为一个具有广泛知名度的全国性品牌。

（数据来源：据金六福官方微信公众号相关内容整理）

讨论题：

1. 请具体分析金六福品牌资产的构成情况。
2. 请分析金六福的品牌资产具有哪些具体特征。

第十五章

品牌价值评估

本章要点

(1) 品牌价值的内涵。
(2) 品牌价值评估的方法。

> **导入案例**

"2019 中国品牌价值百强榜" 在京发布

"第三届中国品牌价值论坛暨 2019 中国品牌价值百强榜发布会"在北京大学经济学院东旭学术报告厅举办。

论坛秘书长宋金红代表课题组发布了"2019 中国品牌价值百强榜",该榜单覆盖 22 个行业和 18 个省区市,总价值为 105108.43 亿元。其中,腾讯以 6767.54 亿元、阿里巴巴以 6033.35 亿元、中国工商银行以 4281.37 亿元分列前三甲。该榜单在一定程度上反映了中国实力品牌的发展现状与趋势,印证了中国品牌企业在供给侧改革背景下取得的丰硕成果。

北京大学经济学院党委书记崔建华、《经济日报》原总编辑艾丰等专家学者发表演讲,深度剖析品牌价值规律,研判大势,探索特色发展之路,推动高质量发展,并凝聚品牌建设共识:塑造中国卓越品牌,需要新时代的企业家精神。

(资料来源:新华社客户端,2019-01-22)

第一节 品牌价值概述

在市场上,人们经常看到有品牌的产品价格要比没有品牌的产品价格高,知名品牌的产品价格比一般品牌的产品价格更高。为什么不同品牌的产品,其价格不一样呢?一种解释是不同品牌的产品其品质不同,价格高的产品质量更好一些。然而,即使把质量因素剔除以后,不同品牌名下的产品价格差异仍然十分明显。因此有研究认为,这个差异即来源于品牌的价值,也就是说品牌为顾客创造了某种价值。不同的品牌为顾客创造的价值是不同的,在价格上会体现出来。有的品牌为顾客创造的价值多一些,其价格就会高一些。品牌价值是品牌管理要素中最为核心的部分,也是品牌区别于同类竞争品牌的重要标志。

迈克尔·波特认为，品牌的资产主要体现在品牌的核心价值上，或者说品牌的核心价值也是品牌精髓所在。

那么品牌价值的内涵是什么呢？

品牌价值作为能够为企业带来长期超额收益的"第三态资产"，其概念自提出以来，理论界和企业界基于不同的目标和视角对其进行了不同的描述。美国营销科学学会将品牌价值定义为：品牌客户、渠道成员和母公司等方面通过采取一系列联合行为，使该品牌产品获得的比未取得品牌名称时更大的销量和更多的利益，以及使该品牌在竞争中获得的更强劲、更稳定、更特殊的优势。这一定义强调了品牌价值的构成因素和形成原因。著名的品牌价值研究专家、美国加利福尼亚大学伯克利分校教授大卫·艾克则认为，品牌价值是与品牌名称和符号相联系的一系列资产和负债，它们可以增加或者减少通过产品或服务提供给企业或该企业客户的价值，品牌价值包括品牌忠诚度、品质认知或领导性、品牌联想或差异化、品牌认知度和市场状况五个方面，这些都提供给企业多种利益和价值。英国 Interbrand 公司的前任首席执行官米切尔·伯金（Michael Birkin）则从品牌价值评估的操作角度指出，品牌价值如同其他类似的经济资产一样，是未来所有权收益的现值。

上述定义表明了不同学者和研究人员及机构从不同角度探讨的品牌价值的不同特征和属性。人们对品牌价值的不同理解，也说明企业的品牌价值具有极其复杂和丰富的内涵。综上所述，品牌作为一种无形资产之所以有价值，不仅在于品牌形成与发展过程中蕴涵的沉淀成本，而且在于它能为相关主体带来附加值，即能为其创造主体带来更高的溢价以及未来稳定的收益，能满足使用主体一系列情感和功能效用。所以，品牌价值是企业和消费者相互联系、作用形成的一个系统概念，它体现在企业通过对品牌的专有和垄断获得的物质文化等综合价值，以及消费者通过对品牌的购买和使用获得的功能与情感价值。

第二节　品牌价值评估方法

既然品牌具有价值，那么品牌的价值是多少，又是怎么计算出来的呢？本节将从三个不同的角度来探讨品牌价值的评估方法。

一、基于财务核算视角的评估方法

基于财务核算视角，品牌价值的评估方法主要有成本法、溢价法、股票市值法和收益法。

（一）成本法

成本法将品牌价值看成获得或创建品牌所需的费用（包括所有的研究开发费、试销费用、广告促销费等）。从具体操作上，又分为两种处理方法：①历史成本法，即沿用会计计量中的传统做法，把品牌价值看作取得品牌所付出的现金或现金等价物；②重置成本法（现实重置成本），把品牌价值看作如果现实获得相同品牌或相当品牌要花费的资金。从成本的角度估算品牌价值并不恰当，成本法考虑的是投入，但是品牌作用的发挥有赖于品牌使用者的能力，品牌价值取决于品牌的市场表现。品牌开创成本与其未来收益的不对称性以及大量的品牌投资并不必然带来品牌影响力同步增大的事实，使成本法在品牌测评方面具有不可克服的内在局限性。

（二）溢价法

溢价法的使用有一个前提，那就是在市场交易中，存在同类产品品牌的比较，并且比较所需要的信息得到充分的提供。在这种前提下，如果要衡量一个产品品牌的价值，则可通过同其他产品品牌的比较后得到溢价，得出该品牌的价值。溢价法的基本假定似乎是企业创立品牌主要是为了获得溢价，而实际情况并非如此。很多企业创立品牌是为了使未来的需求更加稳定和具有保障，并提高资产的运用效率。溢价法的另一局限是需要某一品牌的参照产品，以确定使用该品牌后，消费者愿意为品牌支付多少溢价，这在实际操作中是很难做到的。

（三）股票市值法

股票市值法适用于上市公司的品牌价值测评。以公司股价为基础，将有形资产与无形资产相分离，再从无形资产中分离出品牌资产、非品牌无形资产（如专利等）以及行业外可以导致获取垄断利润的因素（如法律等）三个部分，确定其各自的影响因素，建立股市价值变动与各影响因素的数量关系模型，得到品牌价值占总资产的百分比。利用股票市值法计算品牌价值，需要具备完善和成熟的资本市场，因此这种方法在不发达的国家和地区的使用受到限制。

（四）收益法

收益法认为，品牌价值在于其提供了源源不断的未来收益的能力，测评品牌价值时应从其直接收益或净现值出发。因此收益法着重考虑品牌带来的未来收益，通过在企业有形资产和无形资产收益的总和中，剔除掉有形资产、能够降低成本的其他非品牌因素（如专利）和产业因素（如管制）等，就可以从企业的总体价值中识别出品牌的价值。在实际使用中收益法的局限之处在于：①对单纯由品牌带来的价值的估算有一定的难度；②采用何种适用折现率也值得讨论。

二、基于消费者视角的评估方法

根据品牌在消费者心目中处于何种地位，如消费者对品牌的熟悉程度、忠诚程度、品牌感知程度、消费者对品牌的联想等来评估品牌价值。从这一角度评估品牌，主要目的是识别品牌在哪些方面处于强势，在哪些方面处于弱势，然后据此实施有效的营销策略以提高品牌的市场影响力或市场地位。写成公式形式如下

品牌价值 = 忠诚因子 × 周期购买量 × 时限内的周期数 × 理论目标顾客基数 ×（单位产品价格 – 单位无品牌产品价格）

以下对公式中的各个变量进行简要说明：

（1）忠诚因子。忠诚因子的确定是忠诚因子评估法的关键点与核心，表示全部目标顾客中在未来决定重复购买或开始购买本品牌产品的顾客的比例，它反映了整个市场对品牌的忠诚度和品牌的吸引力。

（2）周期。周期是指目标顾客两次购买之间所需要的时间，一般可以根据产品的性质事先设定。

（3）周期购买量。周期购买量是指目标顾客在一个周期内所购买的单位产品的平均数量。

（4）时限。时限是指事先规定好的时间段，时间长短原则上可以按照过去营销努力产

生的、顾客头脑中已有的品牌知识持续发挥作用的时间为依据。

(5) 理论目标顾客基数。理论目标顾客基数表示在品牌影响的范围内所有可能和已经购买该品牌产品的顾客数量，它可以看作品牌产品的目标市场规模。

(6) 单位产品价格。单位产品价格是指单位产品的销售价格。

(7) 单位无品牌产品价格。单位无品牌产品价格是指具有类似实体功能的无品牌产品的销售价格，通常可以看作单位无品牌产品售价的最大值，以 OEM 价格为基准或通过顾客测试来确定。

三、基于市场角度的评估方法

随着人们对品牌市场力的重视，品牌评估方法开始考虑品牌给企业带来的市场利益，即品牌的市场表现，人们开始着手从市场的角度评估品牌的价值。国内外比较常见和通用的有英特品牌价值评估方法、《金融世界》品牌价值评估方法、名牌法等。下面介绍两种方法：英特品牌价值评估方法和名牌法。

（一）英特品牌价值评估方法

1. 基本思路

依据英特品牌价值评估方法，品牌资产价值 = 品牌收益 × 品牌强度。品牌收益反映品牌近几年的获利能力，品牌强度决定品牌未来现金流入的能力。它的一个基本假定是品牌之所以有价值不仅在于创造品牌所付出的成本，也不仅在于有品牌产品较无品牌产品可以获得更高的溢价，而在于品牌可以使其所有者在未来获得较稳定的收益。就短期而言，一个企业使用品牌与否对其总体收益的影响可能并不很大。然而，从长期看，在需求的安全性方面，有品牌产品与无品牌产品，品牌影响力大的产品与品牌影响力小的产品，会存在明显的差异。以牙膏品牌为例，"中华""高露洁"等知名品牌会较一些地方性品牌具有更为稳定的市场需求，原因是今年购买这些知名品牌的消费者很可能明年还会继续选用这些品牌，而购买那些影响力较小品牌的消费者则更有可能转换品牌。需求稳定性较好，意味着知名品牌较不知名品牌能给企业带来更确定的未来收益。正是在这一意义上，成名品牌具有价值。

Interbrand 公司认为，应该以品牌未来收益为基础评估品牌资产。为确定品牌的未来收益，需要进行财务分析和市场分析。由于品牌未来收益是基于对品牌的近期和过去业绩以及市场未来的可能变动而做出的估计，品牌的强度越大，其估计的未来收益成为现实收益的可能性就越大。因此，在对品牌未来收益贴现时，对强度大的品牌应采用较低的贴现率；反之，则应采用较高的贴现率。结合品牌所创造的未来收益和依据品牌强度所确定的贴现率，就可计算出品牌的现时价值。具体而言，这一方法涉及三个方面的分析，即财务分析、市场分析和品牌强度分析。

(1) 财务分析。财务分析是为了估计某个产品或某项业务的沉淀收益（Residual Earnings），即产品或业务的未来收益扣除有形资产创造的收益后的余额。换言之，沉淀收益反映的是无形资产，其中包括品牌所创造的全部收益。估计沉淀收益需要注意三方面的问题：①只应包括使用被评估品牌所创造的收益，由非品牌产品或不在该品牌名下销售的产品所创造的收益应排除在外。实际上，企业所销售的产品中，可能大部分使用该品牌，也有一部分不使用该品牌或使用副品牌，如果不将后者创造的收益剔除，就会夸大品牌所创造的未来收益。②合理确定有形资产所创造的收益。对与产品或业务相联系的有形资产，如存货、分销系统、工厂与设备投资等应合理界定，对这些资产所创造的收益做出估计，并从总收益中扣除。③应用税后收益作为沉淀收益。这样做一方面可使品牌收益计算具有一致的基础，另一方面也符合品牌作为企业资产的本性。

（2）市场分析。市场分析的主要目的是确定品牌对所评定产品或产品所在行业的作用，以此确定产品沉淀收益中多大部分应归功于品牌，多大部分应归功于非品牌因素。对于某些行业的产品，如香烟、饮料、化妆品等，品牌对消费者的选择行为产生的影响较大，其沉淀收益的大部分甚至全部应归功于品牌的影响。对于另外一些产品，如时装、高技术产品和许多工业用品，品牌的作用相对较小，此时，产品沉淀收益中相当一部分可能应归因于专利、技术、客户数据库、分销协议等非品牌无形资产。对非品牌无形资产所创造的未来收益，无疑应从沉淀收益中扣除。Interbrand公司采用一种叫作"品牌作用指数"的方法来确定非品牌无形资产所创造的收益在沉淀收益中的比重。其基本思想是从多个层面审视哪些因素影响产品的沉淀收益，以及品牌在多大程度上促进了沉淀收益的形成。"品牌作用指数"带有主观和经验的成分，但Interbrand公司认为，它仍不失为一种较系统的品牌作用评价方法。综合品牌在业务中的作用和业务所产生的沉淀收益，就可以确定由于品牌影响力所形成的未来收益。

（3）品牌强度分析。品牌强度分析是指确定被评估品牌较之同行业其他品牌的相对地位，其目的是衡量品牌在将其未来收益变为现实收益过程中的风险。用Interbrand公司所用的术语来说，就是据此确定适用于将未来收益贴现时的贴现率。

2. 评价品牌强度

Interbrand公司主要从以下七个方面评价一个品牌的强度：

（1）市场性质。一般而言，处于成熟、稳定和具有较高市场壁垒的品牌，强度得分就高。例如，食品、饮料等领域的品牌通常比高技术和时装领域的品牌得分要高，原因是消费者在选择后一类产品时，更多地受技术和时尚变化等方面的影响。

（2）稳定性。较早进入市场的品牌往往比新进入的品牌拥有更多的忠诚消费者，因此应赋予其更高分值。

（3）品牌在同行业中的地位。居于领导地位的品牌，由于对市场具有更大的影响力，因此，它较居于其他位置的品牌得分更高。

（4）营销范围。品牌营销越广，其抵御竞争者和扩张市场的能力越强，因而得分越高。

（5）品牌趋势。品牌越具有时代感，与消费者需求越趋于一致，就越具有价值。

（6）品牌支持。获得持续投资和重点支持的品牌通常更具有价值，同时，除了投资力度外，投资的质量与品牌强度也有密切的关系。

（7）品牌保护。获得注册、享有商标专用权，从而受到《商标法》保护的品牌，较未注册品牌或注册地位受到挑战的品牌价值更高。另外，受到特殊法律保护的品牌较受一般法律保护的品牌具有更大的市场价值。

对于上述七个方面，Interbrand公司分别规定了最高分值，表15-1列出了这些具体分值，也就是"完美品牌"或"理想品牌"所获得的分值。实际上，现实中的任何品牌很难达到这些"完美品牌"或"理想品牌"的强度和地位。

表 15-1　品牌强度的评价指标体系

（1）市场性质（10 分）	（2）稳定性（15 分）
市场份额	长寿性
知名度	内在一致性
定位	持续性
竞争者状况	品牌识别
地域的扩张力	风险
（3）品牌在同行业中的地位（25 分）	（4）营销范围（25 分）
什么市场	地域分布
市场性质	国际市场定位
市场容量	相对市场份额
市场动态性	尊重性
进入壁垒	志向和抱负
（5）品牌趋势（10 分）	（6）品牌支持（10 分）
长期市场份额	信息支持的持续一贯性
趋势预期份额	资金支持的一贯性
对品牌计划的敏感性	高于或低于基准水平
竞争者的行动	品牌许可
（7）品牌保护（5 分）	
注册和可注册性	
普通法律保护	
争议、诉讼	

Interbrand 公司还发展了一种 S 形曲线（见图 15-1），将品牌强度得分转化为品牌未来收益所适用的贴现率。纵轴为品牌强度得分，横轴为适用于将品牌未来收益折为现值的贴现率。可以看出，对于强度分为 100 分的"完美品牌"或"理想品牌"，假定其贴现率为 5%，类似于没有任何风险的长期投资所获得的回报。对于强度分为 0，也就是没有任何品牌价值的品牌，贴现率无穷大。另外，这一曲线还假定，适用于品牌未来收益的贴现率会随品牌强度的增强而降低，但当品牌强度达到一定的水平后，贴现率的下降速度呈递减趋势。

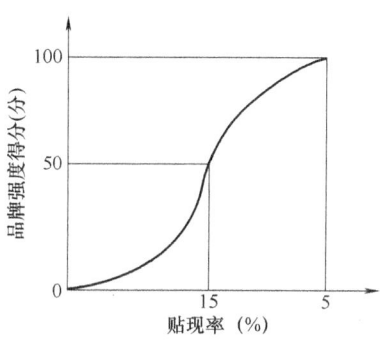

图 15-1　品牌贴现率的 S 形曲线

3. 简要评价

英特品牌价值评估方法是基于品牌的未来收益而对品牌进行评价的方法。这一方法涉及对过去和未来年份销售额、利润等方面的分析与预测，对处于成熟且稳定的市场品牌而言，它是一种较为有效的品牌评价方法。其突出特点表现在三个方面：一是对品牌强度的分析从七个层面考虑，并对每个层面规定最高得分，从而汇总出品牌的强度总分，这在现有品牌评估方法中比较独特，并且反映了品牌强度是由多个因素决定的事实。二是用 S 形曲线将品牌强度分与品牌未来收益所适用的贴现率直接联系起来，即据此将某一品牌的强度分与特定的贴现率相对应，从而用以对品牌未来收益转化为现实收益的风险做出估计，这一点也是颇具创造性的。S 形曲线呈现其特定形状所依据的原则和假定虽然也存在一定的经验成分，但总体而言是符合现实情况的，并非主观臆测。三是考虑了品牌在不同行业和不同产品领域的作用存在的差异，并采用"品牌作用指数"试图从多个方面反映这种差异，这一做法也应予以充分肯定。对"品牌作用指数"具体应如何编制，Interbrand 公司未做详细介绍，但它的这一思想是很有启发意义的。

但这种方法也存在一些局限性。首先，对未来若干年销售、利润情况的预测存在较大的不确定性。未来若干年内经济状况、市场环境、销量和成本结构等方面均可能发生急剧变化，现在和过去的销售态势在未来急剧变动的环境下不一定能够延续。英特品牌价值评估方法的基础恰恰是产品或业务的未来收益，基于未来收益的不确定性，一些学者对这一基础的可靠性提出了质疑。虽然任何管理决策都存在风险和需要对未来做出某种程度的预测，但如何提高预测的可靠性和精确度却是英特品牌价值评估方法不容回避的问题。其次，英特品牌价值评估方法评定品牌强度所考虑的七个因素是否囊括了所有重要的方面，以及各个方面的权重是否恰当，仍有商榷的余地。再次，品牌的价值可能与所有者及其使用目的存在密切关系，英特品牌价值评估方法对此未予反映。同样一个品牌，如"雪碧"，掌握在可口可乐公司手里和掌握在其他公司手里，其价值会有很大不同。在当今兼并风潮迭起、品牌被作为重要兼并对象的条件下，品牌与所有者之间的关系并非固定不变，品牌价值评估过程中不考虑所有者这一因素恐怕有失偏颇。另外，企业在不同阶段的使用意图，如是否将品牌延伸使用到其他产品领域，是否扩大品牌营销的地域范围，无不影响品牌的价值。对此英特品牌价值评估方法同样没有反映。最后，品牌价值是否可以从其他无形资产中分离仍是有争议的问题。"奔驰"的影响与"奔驰"汽车本身的质量，与生产这种质量的技术、员工是难以截然分离的。在能否和如何分离的问题上，Interbrand 公司并未提供最终答案。

品牌视野：万宝路的价值从何而来

英国 Interbrand 公司的英特品牌价值评估方法，是世界上得到最为广泛应用的评估方法。下面通过一个具体例子对必要的思路和步骤做简要的说明。计算公式为

$$品牌价值（E）= 品牌的利润贡献（I）\times 品牌强度系数（G）$$

式中，品牌强度系数（G）是由专家根据品牌性质、稳定性、品牌在同行业中的地位、营销范围、品牌趋势、品牌支持、品牌保护等因素，对品牌强度进行的一种评估。强度越大，系数越高。品牌强度系数在 12~20 取值。

下面以"万宝路"品牌评估为例，介绍英特品牌价值评估方法。

(1) 第一步：调查"万宝路"品牌产品全年在全球的销售收入，为 154 亿美元。

(2) 第二步：计算"万宝路"品牌产品税前的营业利润。计算公式为

$$品牌产品税前的营业利润 = 销售收入 \times 营业利润率$$

"万宝路"产品税前的营业利润 = 154 亿美元 × 22% = 33.88 亿美元

为了评估的客观性，营业利润率是根据咨询人员、竞争对手和烟草行业专家的估计确定的，认为"万宝路"的营业利润率应为 22%。

(3) 第三步：从营业利润中扣除企业的正常投资回报，以计算"调整后的品牌营业利

润",其经济意义在于品牌所能够带来的超额利润。

1)估算与该销售收入规模相对应的企业的正常投入资本。

根据专家分析,1元的销售收入需要使用0.6元的资本,即每产生1元收益,需要使用0.6元的厂房、设备和营运资金等。

正常投入资本:154亿美元×0.6=92.4亿美元。

2)估算投入资本的正常回报。

在不考虑使用该品牌的前提下,资本投入的正常回报率为5%。

资本正常回报:92.4亿美元×5%=4.62亿美元。

3)扣除正常回报,计算品牌带来的超额收益。

品牌的超额收益:33.88亿美元-4.62亿美元=29.26亿美元。

(4)第四步:计算税后品牌净收益即品牌的利润贡献(I)。

公司所得税为43%。

品牌净收益:29.26亿美元×(1-43%)≈16.68亿美元。

至此,"万宝路"的品牌利润贡献(I)已经求出,为16.68亿美元。

(5)第五步:专家根据品牌影响因素打分确定品牌强度系数(G)。

"万宝路"是世界知名品牌中最强的十个之一,因此品牌强度系数(G)定为19。

(6)第六步:税后品牌价值计算。

$$品牌价值(E)=16.68亿美元×19=316.92亿美元$$

但是也应该看到:在品牌评估过程中,不论国内还是国外的评估方法,还依然存在很多不尽如人意的地方。首先,这种评估方法虽然是广为人知的著名方法,但它也只是对品牌评估进行的一种有益尝试。其次,品牌强度系数并没有扎实的理论基础,主要是基于评估师或有关专家的主观判断。

(二)名牌法——国内使用比较广泛的品牌价值评估方法

1. 名牌法简介

国外的品牌价值评估方法虽然已经比较完善,但在我国使用时必须要考虑到国情。目前在国内品牌价值评估业中使用的方法主要有成本法、市场计量法、收益计量法以及在国内影响比较大的北京名牌资产评估有限公司所使用的方法。成本法由于其局限性使用率越来越低,市场计量法以及收益计量法的使用难度比较大,北京名牌资产评估有限公司参照 Interbrand 公司的评价体系,结合我国的实际情况,建立起了我国品牌的评价体系(下称名牌法)。这一评价体系所考虑的主要因素有品牌的市场占有能力(M)、品牌的超值创利能力(S)和品牌的发展潜力(D)。

一个品牌的综合价值可简单表述为

$$P = M + S + D$$

式中,M显示了品牌的历史业绩,主要通过产品的销售收入加以反映;S与消费者的信任度有关,价值越高的品牌,消费者的品牌信任度越高,消费者对该品牌的价格敏感度就越低;D的代表指标比较复杂,但所有指标都与利润有关,主要有商标国内外注册状况、使用时间和历史、产品出口情况、广告投入情况等,在市场经济条件下,竞争越充分,行业之间的利润水平就越趋于平均化。

另外,该方法在评估过程中还提出了"行业修正系数"的概念。由于我国发展市场经济的时间尚短，计划经济体制下造成的行业之间显著的利润率差异依然存在，因此，该评估方法对以上三部分指标都有行业修正系数，其系数采用 3~5 年的移动平均法计算而得。

名牌法将三部分指标的得分按照一定的权重相加后就得到了品牌的总价值。一般而言，三部分指标的权重分配约为 4∶3∶3。同时，根据国内行业的不同情况进行调整，从而达到行业间的比值。例如某品牌所处的行业规模较大，如汽车行业，则与那些处于规模较小的行业内的品牌相比，前者"品牌的市场占有能力"指标的权重就需要相对调低，后者相对调高，以达到平衡。

2. 名牌法评价

名牌法正是在参考《金融世界》品牌价值评估方法的基础上进行一些符合我国国情的改变和创新而得到的，体现了我国品牌市场的客观情况。

但是，从发展的角度来看，名牌法还是一种尚需完善的品牌价值评估方法，它还存在以下一些局限性：首先，名牌法没有严格区分产品品牌价值和公司品牌价值；其次，名牌法所采用的是以市场份额即市场占有能力为主要依据的评估方法，市场占有能力仅是决定品牌价值高低的一个方面，但是仅考虑市场占有能力的品牌价值评估不是全面的评估；最后，参与名牌法评估的品牌数量少，行业分布不均。

四、其他品牌价值评估方法

除了以上介绍的品牌价值评估方法外，还有一种新的品牌价值评估趋势，即基于品牌价值与消费者关系研究的品牌价值评估方法，其中具有代表性的评估方法为 Young & Rubicam 公司的 Brand Asset Valuator（BAV）模型以及大卫·艾克十要素综合评估法。

1. BAV 模型

BAV 模型的前身是朗涛形象力（Landor Image Power）模型。该模型使用邮寄自填问卷，每三年进行一次消费者调查，覆盖了 19 个国家的 450 个全球性品牌及 24 个国家的 8000 多个区域性品牌。调查中由消费者用以下四方面指标对每一个品牌的表现进行评估：①差异性，即品牌在市场上的独特性及差异性程度；②相关性，即品牌与消费者相关联的程度、品牌个性与消费者适合的程度；③品牌地位，即品牌在消费者心目中受尊敬的程度、档次、认知质量以及受欢迎的程度；④品牌认知度，即衡量消费者对品牌内涵及价值的认识和理解的深度。

在消费者评估结果的基础上，该模型建立了两个因子：①品牌强度，等于差异性与相关性的乘积；②品牌高度，等于品牌地位与品牌认知度的乘积。进而构成了品牌力矩阵，可用于判别品牌所处的发展阶段。

BAV 模型强调了从品牌力的角度进行评估，有利于品牌资产的诊断和品牌战略管理。它的优点是比较简单，可以覆盖品牌范围及产品的种类范围很广，该模型摆脱了传统的认知——回忆模型，因而比较新颖。该模型的缺点是，必须以数据库作为基础，而且这一模型不能解释品牌选择及品牌忠诚的机制。

品牌视野：世界品牌实验室（World Brand Lab）评价方法

世界品牌实验室成立于 2003 年，总部位于美国纽约，1999 年经济学诺奖得主罗伯特·蒙代尔为创始人之一。该实验室主要致力于品牌评估以及营销策略相关的咨询，其独创的评估方法"品牌附加值"(BVA)评估模型得到了企业界和金融界的普遍认可。无形资产作为十分重要的战略和金融资产,成为许多企业并购过程中对无形资产评估的重要依据,世界品牌实验室发明的品牌增加值工具箱(Brand Value AddedTools),已经被全世界超过 1000 家大公司引用和采纳。因此,世界品牌实验室的品牌价值评价结果在世界范围内有一定的影响力。

世界品牌实验室于 2004 年开始发布首届"中国 500 最具价值品牌",以及"世界最具影响力的 100 品牌",2005 年则将世界最具影响力品牌数量扩充到 500 个,2006 年新增加了"亚洲品牌 500 强",最终形成了世界、亚洲以及中国三个类别的 500 强品牌榜。之后,三种品牌排行榜则每个年度发布一次。至 2017 年,世界品牌排行榜、亚洲品牌排行榜以及中国品牌排行榜已经分别连续发布了 14 年、12 年和 14 年。2017 年"中国 500 最具价值品牌"排行榜显示,就地区分布而言,分布最多的是北京、广东、浙江、山东、上海和江苏六个省(市);就行业分布而言,分布最多的行业是食品饮料行业、纺织服装行业、汽车行业和金融行业四个行业。

世界品牌实验室使用模型的重点在于将收入回报看作企业拥有品牌的结果,即品牌对于企业现在以及未来的收益贡献率。模型如图 15-2 所示。首先,根据近三年的财务情况预测品牌两年后的财务状况,根据主营收入等财务数据以及 BVA 工具箱计算出品牌的五年税后收益;其次,在设定的贴现率条件下,计算出品牌近五年税后收益的贴现值;最后,将近五年的贴现值之和作为品牌未来的残值,加上五年贴现值平均值与品牌强度系数的乘积,即可得出企业的品牌价值。

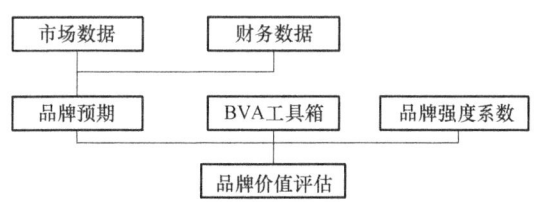

图 15-2 世界品牌实验室品牌价值评估模型

需要说明的是,品牌强度系数包括七个方面,分别为品牌领导力、品牌互动力、品牌趋势、品牌稳定性、领导年龄、品牌行业性质和品牌全球化。其中,品牌领导力主要用品牌的市场份额来衡量,品牌互动力主要用粉丝、顾客以及雇员参与度衡量,品牌趋势用财务趋势以及关键词热度趋势衡量,品牌稳定性用顾客满意度衡量,领导年龄用成立年份衡量,品牌行业性质用同行业对比衡量,品牌全球化用国外收入占比等来衡量。

世界品牌实验室评价方法需要对企业的财务状况进行多个年份的预测,因此适用于连续经营的企业。这种评价方法同样存在低估处于成长期品牌价值以及高估处于衰退期品牌价值的问题。由于其使用的企业样本是企业自行申报产生的,对于没有申报的企业则不能参与排名,因此评价结果不能涵盖所有的企业。

(资料来源:梁城城,胡智,等.国际品牌价值评估方法及其最新进展[J].管理现代化,2018(6))

2. 大卫·艾克十要素综合评估法

品牌专家大卫·艾克认为,品牌资产主要由品牌忠诚度、品牌知名度、品质认知、品牌联想和专有资产五部分组成。而以上五部分借助市场研究方法可以获得量化检测。特定的品牌有其特定的目标消费群体、定位、发展战略及营销策略。通过对目标消费群体进行市场调查，可以获得该品牌在某一个、几个或所有特定项目中的表现（同期自比、竞品对比），通过一定的科学严谨的数理方法，即可检验出该品牌资产的变化情况。

以自己的品牌研究成果为基础，并综合各大企业品牌资产评估方法的优秀成果，大卫·艾克提出品牌资产评估十要素的指标系统。该评估系统兼顾了两套评估标准：基于长期发展的品牌强度指标，以及短期性的财务指标。十个指标被分为五个组别，前四组代表消费者对品牌的认知，该认知分别对应品牌资产的四个维度：知名度、联想度、品质认知、忠诚度。第五组直接反映品牌市场状况。其评估系统如表15-2所示。

表15-2　大卫·艾克十要素综合评估系统

知名度评估	1. 品牌知名度、联想性
联想度评估	2. 价值认知 3. 品牌个性 4. 企业联想
品质认知	5. 品质认知 6. 领导性、受欢迎度
忠诚度评估	7. 价差效应 8. 满意度/忠诚度
市场状况评估	9. 市场占有率 10. 市场价格、渠道覆盖率

品牌资产十要素模型的评估因素以消费者为主，同时也加入了市场业绩的因素。它既可以用于连续性研究，也可以用于专项研究。而且品牌资产十要素模型所有指标都比较敏感，可以以此来预测品牌资产的变化。其不足之处在于，针对具体某一个行业的品牌资产研究，品牌资产十要素模型指标要做相应的调整，以便更适应该行业的特点。例如，食品行业的品牌资产研究与高科技行业的品牌资产研究所选用的指标就可能有所不同。

总之，由于品牌价值概念的多元化及评估要素组合的多元化，使得品牌价值的评估方法不尽相同，而且没有哪一个是十全十美的。但多种方法提供了测评的多种思路，可以采用不同的方法对品牌价值分别加以评估，然后再对比分析，取得一个合理的测评值。如果存在差距较大，则应该仔细寻找差距存在的原因，并进一步对各种方法中不合理的地方加以改进，最终采用何种方法评估品牌价值是由评估目的和现实条件决定的。例如，以未来收益现值为基础确定的品牌价值，是品牌发展战略的最高目标，也是企业未来获利能力的一个"指示器"，为此，就应该采用诸如英特品牌价值评估法、名牌法等未来收益现值法。另外，要考虑当前条件下所能够获得的资料和获得资料的途径，这也是制约品牌价值评估方法实施的一个重要方面。

对于企业而言，最重要的是运用品牌价值评估方法更好地理解和管理所拥有的品牌。品牌评估要从营销、财务和法律等角度进行全面、细致的审视，同时也要考察品牌的业绩、前景、市场机会和竞争状况等。因此，不论品牌是组合发展还是单独成长，品牌价值评估都应成为促进企业品牌战略发展的很好工具。然而目前的评估方法大多是从企业转让、合并、上市等角度而设计的，对于企业经营中的品牌管理、战略管理等没有起到应有的指导作用，因而也没有得到企业足够的重视。品牌价值评估的目的应该是认识品牌价值的本质，寻找提高品牌价值的途径。品牌价值评估应该成为企业经营管理的工具。

品牌之所以有价值，归根结底是因为消费者的购买；品牌价值的来源自然也是消费者。目前的评估方法大多是从企业的角度出发，从企业的成本、销售额、市场占有率以及利润等方面分析、评价品牌的价值，而忽略了对消费者的研究。品牌价值评估要真正成为指导企业经营管理的工具，就应该加强对消费者购买行为和消费者对企业贡献的研究，这是提高品牌价值的方向。

本章小结

（1）品牌是重要的无形资产，完整的品牌价值评估可以填补短期财务评估和长期策略分析间的落差，取得一个平衡点，也是企业实现完整品牌管理的重要途径。

（2）品牌价值是企业和消费者相互联系、作用形成的一个系统概念。它体现在企业通过对品牌的专有和垄断获得的物质文化等综合价值，以及消费者通过对品牌的购买和使用获得的功能和情感价值。

（3）品牌价值评估有三种方法：基于财务核算视角的评估方法、基于消费者视角的评估方法和基于市场视角的评估方法。目前国际、国内流行的几种方法，包括英特品牌价值评估方法、《金融世界》品牌价值评估方法和名牌法等，都有各自的优势和局限。

思考题

1. 找一下你身边接触到的最新的品牌价值排行榜，观察相同的品牌在不同的排行榜中的位置有何不同，并结合本章所学到的知识分析产生这些不同的原因。
2. 结合你身边的品牌价值评估案例，叙述一下品牌价值评估的作用和意义。
3. 分析比较品牌价值评估方法。

案例分析讨论

"北大荒"成为我国第一农业品牌

"积极发展现代化大农业，建设国家可靠大粮仓。"2009年6月26日—28日，胡锦涛总书记在黑龙江考察调研期间，对黑龙江垦区未来的发展提出了殷切希望。

"现代化大农业"迅速在黑龙江垦区成为最热门词汇。

而就在此前的6月16日，世界品牌实验室发布的2009年（第六届）"中国500最具价值品牌排行榜"中，北大荒农垦集团总公司（黑龙江农垦总局的企业名称，称北大荒集团）的"北大荒"品牌以103.37亿元⊖价值排名第65位，突破"双百"（品牌价值过百亿、品牌排名进百强）大关，是该榜单上排名第一的农业品牌。

这是"北大荒"品牌连续六年登上世界品牌实验室发布的"中国500最具价值品牌排行榜"。相比2008年，"北大荒"品牌价值仅一年时间就增加了58.09亿元，排名提高了95位，品牌的跨越式升值引起了各界的高度关注。

⊖ "北大荒"品牌价值在2020年已达1020.36亿元。——编者注

世界品牌实验室主席、1999年诺贝尔经济学奖得主罗伯特·蒙代尔（Robert Mundell）也表示："中国现在最大的竞争力是制造业发达，但确实缺乏一批全球化品牌。在经济转型中，我看好国家电网、苏宁电器、交通银行、北大荒等中国服务业或农业品牌。"

在公众印象里，广为人知的农产品品牌寥寥无几，在不少企业还在走无品牌、零散卖的营销路径时，北大荒集团——这家有着60多年历史、从事中国最传统行业的老公司，正在谋求品牌突破，建设现代化大农业。

一、政企分离带来的品牌萌动

北大荒是中国人耳熟能详的名字。"百里无人断午烟，荒原一望杳无边。"这句诗形象地描述了嫩江流域、黑龙江沿河平原与三江平原一带的广大荒芜地区。

1947年，解放军第一支垦荒部队进入北大荒腹地，创立了第一个公营农场，历经半个多世纪、几代人的艰苦奋斗与开发建设，昔日的北大荒，现已成为我国耕地规模最大、机械化程度最高、粮食综合生产能力最强的国家重要商品粮基地和粮食战略后备基地。

不过，与尽人皆知的地理名词"北大荒"相比，北大荒集团却不甚为公众所知。实际上，1998年，经国务院批准，黑龙江垦区在推进政企分离的基础上组建北大荒集团以来，至2008年，北大荒集团实现当年营收464亿元，在中国企业500强排行榜中名列第96位。

此前，"北大荒"品牌之所以不被公众关注，与其原有体制、地理区位以及品牌意识差等因素不无关系，加之北大荒产品主要依靠国家单一的计划渠道，上缴"原字号"（粗加工）农产品，没有形成具有市场竞争力的现代农业产业体系和销售网络，致使"北大荒"商标、"北大荒"品牌建设相对滞后。

"如果你要打开和占领全国市场，那么你的品牌一定要是国家级品牌；如果你要打开和占领国际市场，那么你的品牌一定要是世界级品牌。"黑龙江农垦总局党委书记、北大荒集团董事长隋凤富对记者说，"品牌需要经营"，北大荒集团作为现代企业，不能再局限于传统的经营模式，更要深入思考如何进行品牌运营，将其打造为一种着眼于未来、兼顾短期和长期利益的有效的企业竞争手段。

二、计划建设28列北大荒品牌列车

"从1965年将'北大荒'三个字申请为商标注册到2006年'北大荒'成为中国驰名商标，我们用了41年的时间；从2004年'北大荒'品牌价值17.91亿元到22.13亿元，我们用了三年的时间；而从22.13亿元到45.28亿元再到103.37亿元，我们只用了两年的时间。"隋凤富告诉《中国经济周刊》，经过多年经营，集团管理层逐渐认识到品牌对于一个企业的重要性，近年来尤其重视品牌建设，"打造企业软实力的理念深入人心"。

"2007年，北大荒集团与北京一家知名企业策划公司达成了品牌整体规划合作项目，共同探讨我国农业集团化企业品牌管控新模式，不仅从视觉形象上规范、统一，还从品牌价值观、愿景、使命等方面强化全员达成共识，既要打造北大荒集团农业龙头企业的商业品牌，也要打造凝聚北大荒精神的文化品牌，使北大荒品牌成为推动集团发展的可贵资源。"隋凤富告诉《中国经济周刊》。据介绍，近几年来，北大荒集团不仅在国内规范企业统一标志，同时也积极开展商标国际注册，向80多个《国际商标注册马德里协定》成员提交了注册申请，将品牌建设上升到战略高度。

"我们在各农场、企业及公路旁设置形象标志牌，物流车队统一粘贴形象标志，不放过任何展示'北大荒'形象的机会。例如在北京、上海等地举办绿色产品博览会，承办'心连心艺术团走进黑龙江垦区'等活动,这些都是打造软实力的范例。"隋凤富告诉《中国经济周刊》,"下一步,我们计划建设 28 列'北大荒'品牌专列,使每年输送数十亿旅客的铁路交通工具成为'北大荒'品牌传播的载体。"

三、垦区 2009 年上半年 GDP 增速达 19.2%

"前些年,北大荒绿色产品配送店很难打进江南地区,随着品牌的升值及公众对品牌的认可,目前配送店已在全国开花,2009 年规模性绿色产品配送店可做到 200 家。"隋凤富说。为了提升北大荒的知名度及公众认可度和依赖度,近几年,北大荒集团除每年自行组织绿色产品推介会进行品牌宣传外,还组织旗下有实力的企业参加德国纽伦堡国际有机食品博览会、韩国有机食品博览会和中国哈尔滨国际经济贸易洽谈会、中国进出口商品交易会、厦门投资会等,2010 年上海世博会的参展工作也在积极筹备中。

"如今,品牌价值的提升为北大荒集团引来了大量投资者、合作者,集团在外来项目的选择上也拥有了话语权。"隋凤富告诉记者,天津市津南区政府邀请他们前去洽谈合作事宜,宁波市也抛来合作"绣球",而美国一家生物制药公司更公开表示"就是冲着北大荒的品牌和资源前来合作",他们携资金和技术,将全球领先的"肝素钠"项目落户黑龙江垦区。

来自黑龙江农垦总局商务局的数据显示,2009 年上半年北大荒集团外贸进出口总额实现 8.04 亿美元,同比增长 84.5%。

"通过参加国际和国内大型经贸活动,北大荒集团在保持对俄贸易稳定增长的基础上,加大了对其他国家市场的开拓力度。"隋凤富告诉《中国经济周刊》,粮油等七大类 80 多种商品出口到 19 个国家和地区,日本、俄罗斯和韩国已成为北大荒集团最大的出口贸易伙伴。从品牌产品到品牌企业,从品牌企业到品牌产业,北大荒集团以品牌为载体,走出了一条以名牌战略带动北大荒集团经贸发展之路。

"品牌增值为我们带来的效益是实实在在的,北大荒集团所属 14 家重点龙头企业 2008 年实现销售额 273 亿元,利润 9.5 亿元,2009 年销售额将达到 363.3 亿元,利润将达 11.3 亿元。"隋凤富表示,随着"北大荒"品牌的快速升值,品牌支撑作用越发明显,尽管遭遇金融危机的影响,但北大荒集团所属米业、麦业、油脂、乳业、商贸等各行业依然保持强劲的发展势头。

"周边环境及国家大形势对黑龙江垦区发展十分有利,我们既占工又占农,国家的三农政策及老工业基地政策为垦区的跨越式发展提供了发展机遇。"隋凤富告诉《中国经济周刊》,在全球经济萎靡不振的背景下,初步统计,黑龙江垦区 2009 年上半年 GDP 仍然同比增长 19.2%,这一增速远远超过同期全国 GDP 增速的 7.1%。

(资料来源:"北大荒"成中国第一农业品牌,价值 103 亿 [J]. 中国经济周刊,2009(30))

讨论题:

1. 仔细分析"北大荒"的品牌价值是怎样蒸蒸日上的。
2. 品牌价值的提升为北大荒集团带来了哪些利益?

参 考 文 献

[1]　何佳讯. 战略品牌管理：企业与顾客协同战略［M］. 北京：中国人民大学出版社，2021.
[2]　凯文·莱恩·凯勒，王海忠，陈增祥. 战略品牌管理：全球版［M］. 北京：机械工业出版社，2021.
[3]　程宇宁. 品牌策划与管理［M］. 4版. 北京：中国人民大学出版社，2021.
[4]　王新刚. 品牌管理［M］. 北京：机械工业出版社，2020.
[5]　李婷. 品牌营销100讲：基础强化与认知颠覆［M］. 北京：机械工业出版社，2019.
[6]　黑尔曼. 品牌社会学［M］. 吕律，张雪，译. 上海：上海三联书店，2019.
[7]　伯格，波赫尔. 品牌年轻化：抓住年轻用户的5大逻辑［M］. 王琼，朱敏，王雅文，译. 北京：中信出版社，2019.
[8]　荣振环. 品牌建设10步通达［M］. 3版. 北京：电子工业出版社，2019.
[9]　官税冬. 品牌营销：新零售时代品牌运营［M］. 北京：化学工业出版社，2019.
[10]　崔雪涛. 影响力：品牌营销与危机公关［M］. 北京：化学工业出版社，2019.
[11]　徐适. 品牌设计法则［M］. 北京：人民邮电出版社，2018.
[12]　苏勇，史健勇，何智美. 品牌管理［M］. 北京：机械工业出版社，2017.
[13]　何佳讯. 品牌的逻辑［M］. 北京：机械工业出版社，2017.
[14]　苗月新. 品牌管理理论与实务［M］. 北京：清华大学出版社，2016.
[15]　汪德宏. 品牌本质［M］. 上海：格致出版社，2016.
[16]　郭伟. 品牌管理：战略、方法、工具与执行［M］. 北京：清华大学出版社，2016.
[17]　奥格威. 一个广告人的自白［M］. 林桦，译. 北京：中信出版社，2008.
[18]　科特勒，凯勒. 营销管理［M］. 王虹，应斌，译. 北京：清华大学出版社，2007.
[19]　阿克. 管理品牌资产［M］. 奚卫华，董春海，译. 北京：机械工业出版社，2006.
[20]　阿克. 创建强势品牌［M］. 吕一林，译. 北京：中国劳动社会保障出版社，2004.
[21]　里斯A，里斯L. 公关第一，广告第二［M］. 罗汉，虞琦，译. 北京：人民出版社，2004.
[22]　里斯，特劳特. 定位［M］. 王恩冕，于少蔚，译. 北京：中国财政经济出版社，2002.
[23]　AAKER D. Building strong brand［M］. New York：The Free Press，1996.
[24]　UPSHAW L B. Building brand identity［M］. New Jersey：John Wiley & Sons Inc.，1995.